文化夹缝谈

朱其训 / 著

生活·讀書·新知 三联书店

图书在版编目(CIP)数据

文化夹缝谈 / 朱其训著. -- 北京：生活·读书·新知三联书店，2013.12

ISBN 978-7-108-04571-3

Ⅰ. ①文… Ⅱ. ①朱… Ⅲ. ①文化理论 - 研究 Ⅳ. ①G0

中国版本图书馆CIP数据核字(2013)第142687号

责任编辑　布　衣
特邀编辑　詹素娟
封扉设计　陶建胜
责任印制　李思佳
出版发行　生活·讀書·新知 三联书店
　　　　　(北京市东城区美术馆东街22号)
邮　　编　100010
经　　销　新华书店
印　　刷　北京隆昌伟业印刷有限公司
版　　次　2013年12月北京第1版　2013年12月北京第1次印刷
开　　本　710毫米×1000毫米　1/16　印张 22.25
字　　数　353千字
印　　数　0,001-8,000册
定　　价　58.00元

目　录

第一章　文化夹缝综述 / 1

一、关于文化及文化夹缝 / 1
二、文化夹缝的性质及其变化 / 14
三、文化夹缝的主要功能 / 47

第二章　中外文化夹缝 / 62

一、民族文化与世界文化夹缝 / 62
二、中外文化构成不同的夹缝 / 86
三、意识形态给力夹缝 / 113

第三章　中国古代近代文化夹缝 / 130

一、中国宗法制度夹缝 / 130
二、中国文化多元的夹缝 / 146
三、中国近代新文化构成的夹缝 / 164

第四章　中国民俗文化夹缝 / 177

一、中国民俗文化夹缝具有很强的生命力 / 177
二、中国传统习俗中的面子、人情、闲话夹缝 / 198
三、中国陋俗夹缝 / 212

第五章　中国处世文化夹缝 / 221

一、中国处世之道"对己"方面夹缝 / 222
二、中国处世之道"对他"方面夹缝 / 234
三、中国处世之道"对物"方面夹缝 / 248

第六章　教育文化夹缝 / 255

一、教育目的的夹缝 / 256
二、教育手段的夹缝 / 268
三、教育管理和教育结果夹缝 / 280

第七章　文化产业夹缝 / 291

一、文化生产是在文化夹缝中进行的 / 291
二、文化产业的夹缝 / 297
三、文化消费的夹缝 / 307

第八章　公共文化服务夹缝 / 319

一、公共文化服务理论夹缝 / 319
二、公共文化服务实践夹缝 / 327
三、公共文化服务创新夹缝 / 336

参考文献 / 348

后　记 / 351

第一章　文化夹缝综述

世上的事物没有比文化更博大精深的了。一个人从出生到死亡,都由文化伴随着。一个民族、一个国家的兴衰成败,也离不开文化的作用。在人类生活中,文化无所不在。我们生活中遇到的种种现象,我们生存面临的种种问题,都是文化现象。文化是人类创造的,又转过来服务于人类,同时,又对人类形成一些意想不到的夹缝。

一、关于文化及文化夹缝

对于"文化",人们一直有着不同的理解,有的学者统计文化的解释已达三百多种,多数解释是大同小异,但文化有广义和狭义之分,我们分析的文化以及文化夹缝中的"文化"取广义的文化内涵。

(一)什么是文化

1. 中外文化从词源上看其含义既相通又有区别

英文的 Culture 源自拉丁语的 Cultus,原意是耕种、栽培,在后来的社会实践中演化成"有教养的"、"修养"、"对人的性情的陶冶"的意思。汉语中"文化"一词早已有之。"文"的本义指各色交错的纹理。《易・系辞下》说:"物相杂,故曰文。"《礼记・乐记》称:"五色成文而不乱。"《说文解字》称:"文,错画也,象交文。""化",本义为改易、生成、造化。如《庄子・逍遥游》说:"化而为鸟,其名曰鹏。"《礼记・中庸》中说:"可以赞天地之化育"等。西汉以后,

“文”和“化”合成为一个词。刘向在《说苑·指武篇》中说：“文化不改，然后加诛。”《文选·补之诗》说：“文化内辑，武功外悠。”可见，古人已把文化合二为一，也赋予“文化”以新的内涵，即“以文教化”之意。比较中国的“文化”之始与“Culture”之始的含义，中国的“文化”专注于精神领域，而“Culture”从人类的物质生产活动生发，引申到精神领域，“Culture”的内涵比“文化”的内涵更为广阔、宽泛一些。

2. 中外“文化”有相近或相区别的定义

英国文化人类学家爱德华·泰勒(E.B.Tylor)在1871年出版的《原始文化》中把文化定义为：“文化是一种复合体，它包括知识、信仰、艺术、道德、法律、风俗，以及其余从社会上学得的能力与习惯。”这一含义中缺少物质文化的内容。后来美国的社会学家、文化人类学家奥格本(W.F.Ogburn)、亨根斯(F.H.Hankins)、威利(M.M.Willey)等学者把泰勒的“文化”定义修订为：“文化是复合体，包括实物、知识、信仰、艺术、道德、法律、风俗以及其余社会上学得的能力与习惯。”[1]中国文化学者陈华文将国外不同学者对“文化”的定义进行了归纳，有“现象描述性定义”、“社会反推性定义”、“价值认定性定义”、“结构分析性定义”、“行为取义性定义”、“历史探源性定义”、“主体立意性定义”[2]七大类别。我们暂且不论这些文化定义的分析科学不科学，仅仅从他们分析文化定义类别的繁杂上就能感到因文化的定义如此之多，已经构成了夹缝。

中国学者对文化也有许多的定义。梁启超在《什么是文化》中讲：“文化者，人类心能所开释出来之有价值的共业也。”[3]梁漱溟说：“文化，就是吾人生活所依靠的一切。”[4]张岱年说：“凡超越本能的、人类有意识地作用于自然界和社会的一切活动及其结果，都属于文化；或者说，‘自然的人化’即是文化。”[5]“自然的人化”为文化，这通俗易懂的解释，比那些学者的文化定义要通晓得多。司马云杰根据泰勒的定义，概括为“文化乃是人类创造的不同形

[1] 转引自孙本文：《社会的文化基础》，世界书局1932年版，第24页。
[2] 陈华文：《文化学概论新编》，首都经济贸易大学出版社2009年版，第7—8页。
[3] 梁启超：《学灯》，1922年12月9日。
[4] 梁漱溟：《中国文化要义》，学林出版社1981年版，第1页。
[5] 张岱年、方克立主编：《中国文化概论》，北京师范大学出版社1994年版，第4页。

态的特质所构成的复合体”。这个解释看似简单，但是“特质”为何物，必须先搞明白，才能理解这个定义。司马云杰对“特质”注解为：“所谓特质，主要有两个含义：第一，特质是指人类创造的最小独立单位。它是独立存在的、含有一定文化意义的单位，又是最小的、不能再分的文化单位。例如，驯养的马是一种特质，是独立存在的最小单位。如果再把马分割为马腿、马蹄子、马头、马尾巴，它就不是独立存在的文化了……第二，特质是指人类创造物的新的内容和独特形式。我们并不是说人类活动的任何社会的、政治的、经济的内容和形式都是文化，而只有在它们以独特的形式表现新的内容的时候，即构成一种新的特质的时候，我们才称之为文化。”[1]这种解释特质和解释文化的方法，似乎还没有讲清“社会的、政治的、经济的内容和形式”不是文化，而在特质时才是文化。毛泽东在论及新民主主义文化时讲：“一定的文化是一定社会的政治和经济在观念形态上的反映。”[2]毛泽东讲的“文化”用“一定”来限制，无疑是一种狭义的文化。中国权威辞典《辞海》中说，文化“广义指人类在社会实践过程中所获得的物质，精神的生产能力和创造的物质，精神财富的总和。狭义指精神生产能力和精神产品，包括自然科学、技术科学、社会意识形态。有时又专指教育、科学、文学、艺术、卫生、体育等方面的知识与设施。作为一种历史现象，文化的发展有历史的继承性；在阶级社会中，又具有阶级性，同时也具有民族性、地域性”[3]。这样定义文化较为全面。《辞海》把“文化”解释为具有阶级性，似乎没有走出意识形态的限制，这可能是“中国特色”解词的缘故。但是，我们肯定《辞海》对“文化”定义的科学性。

我们有必要分析一下文化的类别或构成，以求对文化定义得更为通俗和科学。鲁迅曾说过：“英国的沉着，德国粗豪，俄国雄厚，法国漂亮，日本聪明。”[4]鲁迅讲的是因国家地区的不同而形成的不同文化品格，是不同背景下对文化性格的提炼，由此可以看出因国家民族不同，文化具有不同的品格。张岱年用“四层”的方式分析文化的类别，其实还是在注解文化的定义：“由人类加自然创制的各种器物，即‘物化的知识力量’构成的**物态文化层**”；“由人

[1] 司马云杰：《文化社会学》，华夏出版社 2011 年版，第 9—10 页。
[2] 《毛泽东选集》第二卷，人民出版社 1991 年版，第 694 页。
[3] 《辞海》，上海辞书出版社 2002 年版。
[4] 鲁迅：《南腔北调集·上海的儿童》。

类社会实践中建立的各种社会规范构成的制度文化层”;“由人类在社会实践,尤其是在人际交往中约定俗成的习惯定式构成的行为文化层”;“由人类社会实践和意识活动中长期细缊化育出来的价值观、审美情趣、思维方式等构成的心态文化层”[1]。费孝通认为文化包括三个层次。第一个层次是生产、生活的工具,国家、社会用什么样的工具、器物来生产、生活。第二个层次是组织层次,按照费孝通先生的定义,这个层次包括这个社会怎样把个人组织起来,让单独的个人能够结合在一起,在一个社会里面共同生活以及他们之间怎样互动。它包括很多内容,比如政治组织、宗教组织、生产组织、国家机器等等。第三个层次是价值观念层次,人怎么想,什么可以接受,什么不可以接受;什么好,什么不好[2]。对文化的研究范围详细描述的当推乔治·彼德·马德克,他把文化分为46类,如表1-1所示。[3]

表1-1 文化细分类

(1)基础资料	(2)历史及文化接触
(3)文化整体之情形	(4)语言
(5)传播	(6)利用资源活动
(7)技术	(8)资本
(9)住房	(10)食物
(11)饮料及嗜好品	(12)衣服、装饰品
(13)生活之日常过程	(14)劳动
(15)分工	(16)交换
(17)财政	(18)运输
(19)旅行	(20)娱乐
(21)艺术	(22)数和计量
(23)继承和学习	(24)对自然的反映
(25)宗教	(26)伦理
(27)财产和契约	(28)社会阶层

[1] 张岱年、方克立主编:《中国文化概论》,北京师范大学出版社1994年版,第6页。

[2] 参见郭莹主编:《中国文化讲目录》,北京大学出版社2008年版,第5页。

[3] 资料来源:G.P.Murdock,Outline of Culture Materials,1945,p.16.转引自庄锡昌、顾晓鸣、顾云深等编:《多视野中的文化理论》,浙江人民出版社1987年版,第373页。

续表

(29)家族	(30)亲族
(31)血缘和地缘集团	(32)政治组织
(33)法律和社会制度	(34)集团的抗争
(35)战争与和平	(36)关于身体的概念
(37)性	(38)生殖
(39)幼儿	(40)儿童
(41)青年	(42)结婚
(43)成年	(44)老年
(45)疾病	(46)死亡

司马云杰把文化现象分类列表较为简单，如表 1-2 所示。[1]

表 1-2　文化现象分类

文化形态类别		文化范畴
第一类文化	智能文化	科学与技术知识等
	物质文化	房屋、器皿、机械等
第二类文化	规范文化	社会组织、制度、政治和法律形式、伦理道德、风俗、习惯、语言、教育等
	精神文化	宗教、信仰、审美意识、文学、艺术等

同时，司马云杰还把中国文化分为“齐鲁文化、关越文化、三晋文化、楚文化、巴蜀文化、燕赵文化”等区域类别。斯宾格勒把人类历史上文化概括为埃及文化、巴比伦文化、印度文化、中国文化、希腊罗马古典文化、玛雅文化、伊斯兰文化、西欧文化等。

3. 我们确认的文化概念

文化指纯自然物体之外的人类在生存、生活、发展过程中的生产能力和创造出来的一切成果。

[1]　司马云杰：《文化社会学》，华夏出版社 2011 年版，第 14 页。

(二)什么是夹缝

夹缝是人类社会中普遍存在的社会现象。只要有人群的地方,都有矛盾,都有夹缝。曾有一位伟人讲过,只要有人群的地方都有左、中、右。而那“中”往往就是夹缝之“物”,而“左”和“右”是形成夹缝的“物体”。夹缝不同于矛盾,矛盾一般是指客观事物和人类思维内部各个对立面之间的相互依赖而又相互排斥的关系,特指对立的事物互相排斥。矛盾一般由矛盾双方构成,而夹缝不是。夹缝是由以人为主体利用事物而形成的,并且要由三方以上才能够构成。人们常说受“夹板儿气”,指受到了双方的责难,这就是夹缝现象。

1. 夹缝的概念分析

夹缝原指两个靠近的物体中间的狭窄空隙。而用在夹缝学中的夹缝指两个以及两个以上的事物对第三个事物或更多事物构成的挤压态势。

世界上夹缝的主体是人。人是世界上最聪明、最活跃、最具创造性的动物。《尚书·泰誓上》说:“惟天地万物父母,惟人万物之灵。”人是能制造工具并使用工具进行劳动的高等动物,会思考、有思想。因此,我们认为,人是世界上一切夹缝的主体。也许有人会说,事物同样可以成为夹缝的主体。严格地说,事物中除了纯自然的物体之外,其他事物又都是由人创造和发展的,因此说,人,是夹缝的主体。人,虽然有时又与自己创造的事物一起构成夹缝主体方面,但是,人归根结底是夹缝主体方面中的主要构成部分。我们认为人是夹缝的主体是因为人是夹缝的“灵魂”。

2. 以人为主体的夹缝类别

人是精神夹缝的主体。人的信仰、理想、心理满足的追求等意识上的东西,源自人的思维。人们追求信仰、理想、心理的满足,就容易形成精神方面的夹缝。例如:信仰佛教、基督教、伊斯兰教的人,是因不同的精神追求形成了不同的信仰主体。信仰主体不同就会构成不同的信仰夹缝。即使同一信仰主体中不同的个体,由于对教义的理解、个人的性格不同等原因,也会形成夹缝。同样,无信仰的人对有信仰的人,也会构成不同的夹缝。构成精神夹缝的主体是人。被挤压的夹缝“对象”也是人。

人是物质夹缝的主体。这里的物质是相对精神而言的。物质是独立于人的意识之外的客观实在,我们在这里特指生活资料部分。物质是基础,在有了人类之后,物质是为人类服务的。人类为了追求物质享受,制造了许许多多的物质夹缝。人类还构成了追求物质最大化的夹缝。人们利用物质而生存，这是合理的、科学的。但挥霍物质、毁坏物质，以追求利益最大化为荣，以浪费物质为荣，这不仅仅对物质构成了夹缝，还通过物质对不同的人形成夹缝。科学运用物质、优化物质结构是人类反思之后的走势，这种走势也对挥霍物质的那些人构成夹缝。由此看来，人是物质夹缝的主体。

人是事物夹缝的主体。事物指客观存在的一切物体和现象，严格地讲，事物包括了物质。在“物质夹缝”中，我们特指物质为人的生活资料。从刀耕火种到卫星上天，从能源的运用到世界霸权，人类对物质的运用因目的不同，形成了对物质及物质持有者的夹缝；同样，物质也反作用于人类，气候变暖、水资源的短缺、大气的污染对人类形成了物质的夹缝，而这些夹缝又是由人的行为构成的，因此说人是事物夹缝的主体。

3. 夹缝社会现象分析

夹缝必须由三方或三方以上才可以构成，夹缝不同于矛盾之处，在于夹缝的性质，夹缝有时并不是对立的几方，而是统一的几方中出现的互动现象。例如中国最典型的婆媳关系，这种关系形成了婆媳夹缝，这夹缝可以对媳妇的公公即婆婆的丈夫，也可以对婆婆的儿子即媳妇的丈夫。如果这种关系中一旦有一方发生了变化，就会变成另外的夹缝形式，像公婆对媳妇的夹缝，公公和儿子对媳妇的夹缝，也可能变成小两口共同对付婆婆，形成小辈对长辈的夹缝等。夹缝伴随一个人人生的全部过程。人一直在夹缝中生活、生存和成长，有许多人在去世后其名声仍在文化的夹缝中“游荡”；同样，人也在为他人或事物制造夹缝。社会的夹缝可以分为人与人之间的夹缝，人与组织之间的夹缝和人与社会之间的夹缝，这些夹缝现象一般都是文化夹缝现象。

其一，人与人之间的夹缝现象。人与人之间的夹缝是较为复杂的夹缝现象，而且又是主要的夹缝现象。许多夹缝都是由不同的人形成的，又是针对某些人进行挤压的。例如现在的独生子女家庭，家长希望自己的独子成为全才，成为人上人，往往让孩子在懵懂的时期就学习美术、音乐、舞蹈或去补习数学、外语、语文等等。在孩子学什么上，家长之间往往形成了夹缝，父母两人中，有一个让孩子学习美术，另一个却让孩子学习音乐，如此种种，便形成了学习形式的夹缝。人与人之间的夹缝一般不少于三方才能成为夹缝形态。如果只有两方，夹缝的形式便不表现出来。

其二,人与组织之间的夹缝现象。人与组织之间的夹缝一般由两个独立的组织针对某一个人,或若干个领导以组织面目出现,针对一个人形成的夹缝。这种现象一般是某一组织中形成了小圈子,这些小圈子在组织中发挥了不应有的作用,对某些个人形成一种夹缝。这种夹缝在不太民主的组织中最容易出现,而且这种夹缝又往往容易造成个人腐败、组织瘫痪,最终造成组织的消亡。

其三,组织与组织间的夹缝。这是一种名为组织、实为个人的夹缝形式。在民主观念较为"淡薄"的地方,组织与组织的夹缝多是由上级组织或同级组织间权力较大的组织"制造"夹缝。这种组织夹缝最终还是以个人的思想和行为表现为"组织的形式"。上级领导以组织面目出现,对下级组织施加压力,以达到上级组织的某些目的。当然,下级组织也往往是某个人代表组织受挤压。例如,上级领导想超越自己的权力范围提拔职位较低的某个人,对下级组织打招呼,显然那职位较低的人与上级领导有较深的交往,这样就形成了上级组织与下级个人之间的夹缝,但表现的形式却是上级组织构成的夹缝。这在官场上是常见的夹缝形式。在民主较为发达的国家或地区,则是由某组织与某组织对民众形成的夹缝,或某组织与民众形成的夹缝,这在大选中表现得最为突出。例如,2012 年台湾地区大选,"马组"联盟(马英九代表的国民党组织联盟)、蔡组联盟(蔡英文代表的民进党联盟)、宋组联盟(宋楚瑜代表的亲民党联盟)均以组织面目出现,选出某人当台湾地区领导人。在大选中,不同的组织,使出不同的招数,在民间宣传造势拉选票。这是典型的组织夹缝形式。

其四,人与社会之间的夹缝。所谓社会,是人与人之间有机结合而成的共同体,人与社会的夹缝,多是指人与社会这个共同体之间的夹缝。人对社会形成的夹缝从有人类到现在一直存在着,比如人们要想生存,必须了解自然,改造自然,如果改造得不科学,就变成了破坏自然。像现在的太空竞赛,美、俄、法、英、印、日等多个国家,为了争夺太空资源,向太空发射人造卫星、宇宙飞船、各种类型的探测器,已造成了许多的太空垃圾。这不仅会影响太空的安全,更会影响人类的安全。同样,这些国家利用太空探测,获得其他国家得不到的信息,以便称霸世界。这种夹缝的结果是可怕的。在利用自然上,人类污染了自然,自然有自身的规律,就要进行调整,自然正是通过调整实现对人类的报复。这便是部分人由于不尊重自然规律而对另一部分人构成的夹缝形式。

（三）什么是文化夹缝

我们已对夹缝做了简单的分析，可以帮助理解什么是文化夹缝。文化夹缝是夹缝的一种。由于文化涉及面广，文化夹缝现象就必然会很多。

1. 文化的概念本身就处在夹缝之中

文化在人类发展史上源远流长。文化发展的态势，越来越繁荣，越来越辉煌，恰如黑格尔言及哲学发展史时所喻："有如一道洪流，离开它的源头愈远，它就膨胀得愈大。"[1]而人们对文化的研究也越来越宽泛，越来越深远。不同的文化通过交流、交融使"原本的文化"走出国门，走出区域，走出民族，走向世界。正如马克思所言："各民族的精神产品成了公共财产。民族的片面性和局限性日益成为不可能，于是由许多种民族的和地方的文学形成了一种世界的文学。"[2]

文化的多种定义已对文化概念形成夹缝。一位国外学者这样描述："我受托一项困难的工作，就是谈文化。但是，在这个世界上，没有别的东西比文化更难捉摸。我们不能分析它，因为它的成分无穷无尽，我们不能叙述它，因为它没有固定的形状。我们想用文字范围来确定它的意义，这正像要把空气抓在手里似的：当我们去寻找文化时，它除了不在我们手里以外，它无所不在。"[3]而人们给文化的定义正如这位学者所讲的那样，繁杂而困难。"据不完全统计，迄今为止，关于文化的定义已达300多种。正如有论者指出那样，文化定义本身就已构成了一种文化现象，即'文化定义'现象，或者说，林林总总、众说纷纭的文化定义问题本身已构成文化研究的对象或问题域。"[4]不同的学者，依据不同理论体系，根据自己的理解，定义出不同的文化概念，形成了一种文化概念的夹缝，而这些定义的本身也构成了文化现象。

---

[1]　[德]黑格尔：《哲学史讲演录》第1卷，贺麟、王太庆译，商务印书馆1959年版，第8页。

[2]　《马克思恩格斯选集》第一卷，人民出版社1995年版，第276页。

[3]　转引自殷海光：《中国文化的展望》，中国和平出版社1988年版，第26页。

[4]　桂翔：《文化交往论》，人民出版社2011年版，第4页。

文化定义过程中形成的夹缝有异质和同质的区别。从林林总总的文化定义来看,这些定义形成的夹缝有异质和同质的区别。“与社会学和社会心理学这两门姐妹学科相比,新兴的人类学所解释的恰恰是文化的差异;事实上,人类学所研究的大部分对象是关于文化差异的,至少在许多情况下,人类学所注重的乃是与统一的人类自然类型相联系的文化的多样性。”[1]当然,文化概念也有趋同的,即只是概念涵盖的范围稍有区别。文化概念形成的夹缝,推动了文化概念向更好更科学的层面发展。“哲学系统的分歧和多样性,不仅对哲学本身或哲学的可能性没有妨碍,而且对于哲学这门学科的存在,在过去和现在都是绝对必要的,并且是本质的。”[2]

2. 文化夹缝概念分析

文化夹缝是由夹缝引申和发展而来的。所谓文化夹缝指两个以上的人的意识或利用文化事物对第三方形成具有文化内容的挤压态势。

文化夹缝具有显著的特点,那就是文化夹缝必须由三方才能构成,两方构成夹缝对第三方实施挤压。例如印度佛教文化在印度消失的过程说明了文化夹缝的巨大作用。佛教兴起于文明古国印度,乔达摩·悉达多创立佛教之后,佛教成为世界三大宗教之一。公元2世纪左右,佛教由印度传入中国,经过几个世纪的传播融合了儒学、道教,成为中国传统文化的主要形式之一,隋唐之后佛教又传入日本、朝鲜,对这些国家的文化发展产生了较大的影响。10世纪之后,伊斯兰教势力进入印度,加上印度教兴起,佛教在印度遭受到无情的挤压,自那时起,佛教在印度全面消失了。

3. 文化夹缝是针对文化现象而言的

文化夹缝的形成并不都是有意识的,有许多的文化夹缝是在人们作出决定之后才出现的。而所有的文化夹缝都是针对文化现象而言的,又必须用文化解释夹缝现象。

文化夹缝多是在人们的行动中自然形成的。文化夹缝必须由三方才能构成,尽管其中有的一方可能是组织,但是,组织是人构成的,又是由人领导的。

---

[1] [美]莱斯莉·A.怀特:《文化科学——人和文明的研究》,曹锦清译,浙江人民出版社1988年版,第2页。

[2] [德]黑格尔:《哲学史讲演录》第1卷,贺麟、王太庆译,商务印书馆1959年版,第24页。

文化夹缝的构成者并不是有意识地为第三方构成夹缝,让第三方受到挤压,而是当各方在文化活动中有所作为时,夹缝就构成了。例如我们体会最深的高考夹缝,就是人们在行动中自然形成的夹缝,而且这个夹缝被“夹”的角色会不断转换,由“夹”的一方转化为被夹的一方。高考夹缝最让我们同情的是学校、家长针对考生构成的这类夹缝,这是应试教育的夹缝。应试教育的夹缝,不是学校和家长有意构成的,而是在采取名曰提升学生应试分数的行动时形成的。高考夹缝的第二种类型是家长所处的夹缝。家长在朋友、同事的关心下,希望自己的孩子考得好一些,在学校的告诫下,不断督促孩子复习迎考,还要小心翼翼地为孩子准备生活用品。学校和社会,包括学生自己对考生家长形成了夹缝,这种夹缝的夹力不小于学生处在夹缝中的夹力。有人说高考高考,实际上是在考家长,这话有些极端,但也不无道理。学生考出了理想的分数,就要选择学校,选择专业,选择未来的就业方向;学生考试成绩不理想,家长则要为学生找补习点,以备来年再考;实在不想补习的那部分考生,家长还要为他选择技校就读,好掌握一门技术,将来便于就业。农村的孩子则选择打工,从此与学校无缘。现在又多了一考,不少高校自主考试,一般在2月中下旬完成,家长还要带着孩子去不同城市、不同学校去应对那些“自主考试”。家有孩子要参加高考的家长们,吃不香睡不好的有之,烧香求佛的有之,算命占卦的有之,可怜天下父母心,恐怕也只有中国的父母才能理解这句话的真切含义。高考夹缝的第三种类型是国家相关部门所处的夹缝。这个夹缝由家长、考生、中学老师以及部分社会人构成,是针对国家教育相关部门负责人的。年年高考年年怨,说不尽的高考,提不尽的意见,搞不尽的改革。有关部门一方面要求学校为学生减轻负担,搞素质教育;一方面又抓住升学考试的指挥棒不放。“自主考试”也好,特长生入学也好,最终还要通过那较为统一的文化考试。不同省份的考生在同一所大学同一个专业,录取的分数线又不相同,这是为了照顾不同省份的“文化层次”。社会批评、家长埋怨、学校不满、考生牢骚,教育主管部门处在这高考的夹缝中不能自拔。社会、家长、学校、考生并不是有意识地针对教育主管部门形成夹缝,而是在针对高考这一事物采取不同的行为时对教育主管部门形成了夹缝。高考夹缝的第四种类型是中学所处的夹缝。中学抓升学率,这是高中教育的潜规则。有了这个潜规则,中学老师,校领导们处在夹缝中是必然的了。人们多年来形成的习惯是看学校的高考升学率。当一年高考录取线公布之后，人们便会对中学加以评价。前几年，年年都有关于高考状元出自某某学校的报道，对中学的压力很大。有些城市，曾出现因为考生高考录取分数过线率低而调换教育主管领导、中学校长的现象。他们同样为处在政府、社会人、家长、考生的夹缝之中而苦恼。高考夹缝的第五种类型是某些社会人所处的夹缝。高考本来与某些社会人没有多大的关系，但某些社会人却被卷入了夹缝中。每年6月的7、8、9日三天为全国高考时间，不少社会人的行为受到了限制。诸如有关部门要求工地不得在夜里有噪音，一般车辆不得在考场门前通过，出租车组成爱心车队、不收考生的出租车费等等。几乎在高考那几天“全民皆兵”了。这种针对某些社会人的夹缝，夹力不大，时间也不长，但已使社会人感到许多的不便。

文化夹缝的主体是人。夹缝的构成主体是人，文化夹缝的主体也必然是人。有人可能会说，夹缝的一方可能是某些制度、法律或某一客观存在的事物。这话没有错，但制度、法律等事物是人制定又由人来执行，实际上还是人的意志的另一种体现。因此，构成夹缝的主体是人，夹缝中的被夹者也是人。例如2012年著名的“中国足球大审判”中近40人陆续被判刑，但球迷、专家们均不看好此事件能带来行业自律。可律师们都非常满意，在逮捕足球受贿者时，使用了法律，这法律代表了正义。同样是政府有关部门中的有关人员，受贿者处在了“法律”和行贿者的夹缝中，结果被判了刑。但这一夹缝远远没有化解。从受贿者来看，不满意自己被判；从球迷来看，认为该重判；执法者就处在了不同层面“社会人”形成的夹缝中。从“社会人”层面看，体育社会学者金汕说：“黑哨被判了，贿赂黑哨的俱乐部高升了。”“10天前中国足协在香河宣布成立职业联赛理事会，声称中国足球‘管办分离’，改革迈出了重要一步。但上午成立了理事会，下午选理事会执委就有山东鲁能、长春亚泰和青岛中能等中超俱乐部老板入选。这些都是在这次足坛扫黑风暴中被证实曾经行贿的俱乐部，中国足协居然没有制定规则阻止涉案俱乐部的老板做执委，简直是又拿中国足球开玩笑。”[1]难怪社会学者以及球迷们对法院的判决以及中国足协和足管中心不满。《中华人民共和国刑法》第三百八十九条：“为谋取不正当利益、给予国家工作人员以财物的，是行贿罪。”“在经济往来中，违反国家

[1] 郭剑：《中国足球大审判，扫黑还是洗白》，《中国青年报》2012年2月19日。

规定，给予国家工作人员以财物，数额较大的，或者违反国家规定，给予国家工作人员以各种名义的回扣、手续费的，以行贿论处。”第三百九十条：“对犯行贿罪的，处五年以下有期徒刑或者拘役；因行贿谋取不正当利益，情节严重的，或者使国家利益遭受重大损失的，处五年以上十年以下有期徒刑；情节特别严重的，处十年以上有期徒刑或无期徒刑，可以没收其财产。”应当依法追究行贿者责任，而法院没有做，中国足协也极力回避。人们在“中国足球大审判”之后一直在问：受贿的人现在终于以受贿罪被定了罪、判了刑；而那些被查实的俱乐部和它们的老板们，不仅不受处罚，而且还成为职业联赛理事会的执委。他们能搞好中国足球事业么？我们感到作为法院、作为中国足协和足管中心、作为行贿者的那些俱乐部处在这种夹缝之中，大众应该怎样评判他们?!

必须用文化来解释和分析文化夹缝。文化夹缝是文化的一种现象，存在于人们的文化活动之中，它是夹缝的一种。文化夹缝必须用文化来解释和分析。“文化必须用文化来解释，我们已经看到，文化是一个连续的统一体。每个文化要素，或各要素的结合体，文化发展的每一个阶段产生于更早的文化环境。”[1]因为人们的生活，都受文化的影响。“我们按照人类——个体的或整体的人类——的方式所做的一切无不深深地受到我们的文化的影响，我们的饮食习惯、婚姻习俗、是非观念、审美标准、丧葬礼仪，我们的哲学和宗教。总之，我们的整个生活，都是由文化决定的。”[2]“一部人类社会发展史，是人类生命繁衍、财富创造的物质文明发展史，更是人类文化积累、文明传承的精神文明发展史。人类社会每一次跃进，人类文明每一次升华，无不镌刻着文化进步的烙印。”[3]用文化来解释文化夹缝现象最终还是归于实践，因为一切文化都是人们在实践中创造的，我们之所以强调用文化来解释文化夹缝，就是为了更好地了解和理解文化夹缝，并把文化夹缝的理论放到文化实践中去检验。

必须用实践来检验文化夹缝理论。“只有人们的社会实践，才是人们对

---

[1]　[美]莱斯莉·A.怀特：《文化科学——人和文明的研究》，曾锦清译，浙江人民出版社1988年版，第325页。

[2]　同上书，第76页。

[3]　胡锦涛：《在中国文联第八次全国代表大会、中国作协第七次全国代表大会上的讲话》(2006年11月10日)，《十六大以来重要文献选编》(下)，中央文献出版社2008年版，第751页。

于外界认识的真理性的标准。""真理的标准只能是社会的实践。实践的观点是辩证唯物论的认识论之第一的和基本的观点。"[1]我们只有把文化夹缝现象与人类的社会实践联系在一起,才能认清文化夹缝形成的原因、文化夹缝的本质、文化夹缝与文化的关系,从而才能把握文化夹缝的实质,化解文化夹缝的某些"夹力"。

文化夹缝和文化冲突。文化夹缝是由三方或者三方以上的文化主体构成的,而冲突不需要三方或三方以上的主体,只需两方主体就可以发生。冲突说到底是矛盾,"文化冲突是不同性质的文化之间矛盾性的表现"[2]。美国学者亨廷顿说:"在后冷战的世界中,人民之间最重要的区别不是意识形态的、政治的或经济的,而是文化的区别……在这个新世界里,最普遍的、重要的和危险的冲突不是社会阶级之间、富人和穷人之间,或其他以经济来划分的集团之间的冲突,而是属于不同文化实体的人民之间的冲突。"[3]亨廷顿扩大了狭义的文化范围,因此,有学者批评说应是"利益"冲突,但从广义文化来看,"利益"是人创造的,同样属于文化的范畴。冲突是矛盾,矛盾一般是两方构成的。如果矛盾成为了多方,必然会改变矛盾的性质,同时会促使矛盾化为带有对立性质的夹缝。文化夹缝由三方或三方以上的文化主体构成,夹缝主体缺一不可,并且不能用矛盾来解释夹缝现象。

二、文化夹缝的性质及其变化

事物的主要特征反映事物的主要性质。性质是一事物区别于他事物的内在规定性,是区别于其他事物的根本属性。文化夹缝有不同的类型,根本的区别在于文化夹缝的本质不同,即夹缝的根本属性不同。我们分析文化夹缝的根本属性是从被夹者即文化夹缝的第三方着眼的,因为文化夹缝的自身属性

---

[1] 《毛泽东选集》第一卷,人民出版社 1991 年版,第 284 页。

[2] 司马云杰:《文化社会学》,华夏出版社 2011 年版,第 296 页。

[3] [美]塞缪尔·亨廷顿:《文明的冲突与世界秩序的重建》,周琪等译,新华出版社 1999 年版,第 7 页。

就是实现对第三方的挤压。因此,我们从第三方(即文化夹缝人层面)来分析文化夹缝的性质,便于对文化夹缝的理解。文化夹缝的性质主要分为良性文化夹缝、恶性文化夹缝、中性文化夹缝和文化夹缝在特定环境下的质化。

(一)良性文化夹缝

文化夹缝除了民族性的夹缝之外,其他的夹缝基本上都是自然形成的。而自然形成的文化夹缝中,有许多的夹缝又都是良性夹缝,即对被夹者——夹缝人具有促其发展的作用和功能。

1. 文化夹缝促生性

所谓促生性文化夹缝指文化夹缝对夹在夹缝中的第三方,即夹缝人,具有夹压生成的功能性质。这是良性夹缝中较好的性质特征。

文化夹缝可促成新的社会关系。不同的个人力量,通过文化夹缝可以生成新的力量,“只有在这些个人的交往和相互联系中才是真正的力量”[1],才能形成新的社会关系,从而推动文化的进步。“社会关系的含义在这里指许多个人的共同活动,至于这种活动在什么条件下、用什么方式和为了什么目的而进行,则是无关紧要的。由此可见,一定的生产方式或一定的工业阶段始终是与一定的共同活动方式或一定社会阶段联系着的,而这种共同活动方式本身就是‘生产力’。”[2]文化夹缝往往是通过许多人的共同活动实现的。这种共同活动不仅会改变夹缝人,而且会在共同活动中,改变构成文化夹缝的双方或多方,从而引起文化夹缝的变化。

文化夹缝可以促成夹缝人革新生存方式。所谓革新生存方式是指,人们在文化夹缝中改变了自己的生存手段,这是为了生活。“因此我们首先应当确定一切人类生存的第一个前提,也就是一切历史的第一个前提,这个前提是:人们为了能够‘创造历史’,必须能够生活。”[3]在许多人为构成的文化夹缝中,夹缝改变了人们的生存条件,改变人们自身的生活方式,使夹缝人不断应对,以求较为体面地生存。例如利比亚,本来是反政府的示威,政府军去镇压,引发了国内不同派别的冲突。此时西方国家认为时机成熟,帮助反政府武

---

[1] 《马克思恩格斯选集》第一卷,人民出版社 1995 年版,第 128 页。

[2] 同上书,第 80 页。

[3] 同上书,第 78—79 页。

装训练部队,以各种武器支援,并且以多国部队空袭利比亚,推翻了卡扎菲政权。现在的利比亚冲突不断,每天有人伤亡,许多工业生产停滞,不少人认为生存条件不如冲突发生之前。许多人生活没有着落,连看病都要去约旦等国家。可见战争夹缝迫使人们改变自己的生活方式,甚至离乡背井。这一场由西方多国部队和反政府武装对卡扎菲政府构成的夹缝,究竟谁能在此生存下来,还有待时日以证。

文化夹缝可以使夹缝出现质变。所谓质变指夹缝在施夹过程中既改变了夹缝人的观念乃至生存方式,也可以使文化夹缝自身发生变化。"人们的观念,观点和概念,一句话,人们的意识,随着人们的生活条件、人们的社会关系、人们的社会存在的改变而改变。"[1]例如:文化偶像韩寒,高中辍学,其父母以及老师仍希望他能考上大学,可韩寒因几门科目不及格"无法"参加高考。韩寒从父母、老师对自己构成的考大学夹缝中逃出,专职从事写作,从而改变了原夹缝的性质,写出《三重门》等作品,成为了文化偶像。近来又在网上讨论革命、民主、自由等,构成了对其他文化人的夹缝。这种使原"构架"在自己身上的夹缝转为"构架"在其他人身上夹缝的变化,是夹缝的一次彻底的质变。

2. 文化夹缝复合性

文化是在传统文化基础上发展而来的,文化夹缝随着文化的发展也在不断地变更。由于文化夹缝是一种文化现象,因此,文化的创新必然会推动文化夹缝新形式的出现。就文化夹缝自身的作用来讲,文化夹缝在发挥其"夹力"作用时,本身也在创新。文化的创新活动,改变着人们的某些观念,同样也对文化夹缝构成的多方以教育和引导。

文化夹缝有独特的教育性。任何文化夹缝对夹缝人都具有独特的教育、教训的作用,有时这种教育作用不被夹缝人所领悟;同样,构成夹缝的双方乃至多方也不一定对夹缝的教育作用有所领悟;身在某个文化夹缝之外的人对夹缝的教育作用也不会有太多的领悟。从中国独生子女这个独有的夹缝来看,生活方面,孩子受到独一无二的照顾;学习方面,孩子拥有独一无二的条件;关爱方面,孩子得到了爷爷、奶奶、父母、外公、外婆等多重独一无二的爱

[1] 《马克思恩格斯选集》第一卷,人民出版社 1995 年版,第 291 页。

护。独生子女的父母会从自己受教育的夹缝中领悟到一些独有的经验,用在孩子培养上,使孩子得到独一无二的经验引导。作为独生子女,对这种独一无二的关爱体会并不深,这是中国家庭教育文化夹缝的悲哀。

文化夹缝具有极强的复制性。所谓复制指文化夹缝具有文化基因复制的特性,再生出同样性质和类别的夹缝来。文化的创造一般都以已有的文化为条件的,越往后发展,越是如此。文化夹缝的构成,也具有这种特征。“历史的每一个阶段都遇到一定的物质结果,一定的生产力总和,人对自然以及个人之间历史地形成的关系,都遇到前一代传给后一代的大量生产力、资金和环境,尽管一方面这些生产力、资金和环境为新的一代所改变,但另一方面,它们也预先规定新的一代本身的生活条件,使它得到一定的发展和具有特殊的性质。由此可见,这种观点表明:人创造环境,同样,环境也创造人。”[1]例如:中国的年文化,几千年来,世事沧桑,但年文化一直传承,且年年过年年年过。年文化中“回家过年”的文化夹缝,一直被人们自愿地复制着。有钱没钱,回家过年。每到年底,返程的人们,通过“海、陆、空”直奔家去,形成了中国独有的“春运”文化夹缝。这种表现,以铁路为最。近年京沪高铁开通,京沪线要好一些,但价格便宜的京沪普通客车,一样人满为患,一票难求。以政府为夹缝一方,以返家的人们为夹缝的另一方,对“铁路人”形成了夹缝,这种春运文化夹缝,一直年年春运年年“夹”。这种夹缝文化不断地复制,只是在往年的基础上服务有所改善而已,其他一如往年。一旦春运结束,这种春运文化的夹缝就隐去了,而一旦春节再次到来,新的春运文化夹缝又自然地形成了。

文化夹缝具有多元性。所谓“多元”,指构成夹缝的条件较多以及夹缝角色转换较快。文化夹缝的“元”,又多指构成夹缝的几方。我们常见的夹缝以三方面构成的较多,但有的文化夹缝由三方以上构成。图 1-1 是三方构成夹缝的示意图。

甲方和乙方构成夹缝,丙方处在夹缝中。

丙方一般称为文化夹缝人。在文化夹缝的构成中,构成文化夹缝的元素有时是多方的。例如:一部电视剧构成的夹缝形式就由诸多方面的元素构成:有剧作家、投资者、拍摄者(导演、演员、剧务等)、广告人、播放台、观众、评论

[1] 《马克思恩格斯文集》第一卷,人民出版社 1995 年版,第 92 页。

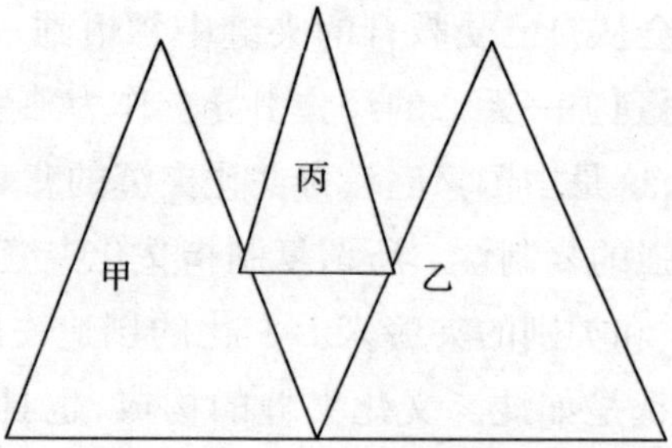

图 1-1　三方夹缝图

家等。众多的元素构成了电视剧的文化夹缝。当然,夹缝的力量大小最终还要看观众对电视剧的认可度。在一部电视剧的拍摄和播放过程中,电视剧这一文化夹缝可能会根据拍摄过程和播放过程的不同,不断地变换夹缝的实际"主体",即有时某人既是夹缝构成者,有时他又成为文化夹缝人,表现出夹缝角色的多元。从电视剧的拍摄过程看,导演和剧作者、投资者对演员构成拍摄夹缝,而在电视剧播放之后,导演又处在了观众和评论家构成的夹缝之中,此时的导演已从夹缝构成者转变成夹缝人。

3. 文化夹缝的时空性

所谓时空性指文化夹缝存在的形式。时空即时间和空间,时间是文化夹缝运动的顺序性和持续性;空间是文化夹缝的伸张性,表明文化夹缝的位置、作用和形态的特性。"时间实际上是人的积极存在,它不仅是人的生命的尺度,而且是人的发展的空间。"[1]马克思这句话表明时间空间既是以人为主体的文化夹缝的存在形式,也是文化夹缝的展开方式。同时,"时间和空间的客观概念必定是通过服务于社会生活再生产的物质实践活动与过程而创造出来的"[2]。不同的夹缝形式,体现不同的时间和空间概念。时间和空间与人对文化夹缝的感受相关联;在平时,人们对时间和空间的感受具有很大的可变性。在恶性的文化夹缝中,夹缝人会感到度日如年;在良性的文化夹缝中,人们又会感受不到时空的变化。人们常说人逢喜事精神爽,恼、闷、愁、怅,瞌睡多,也说明人因对文化夹缝感受不同而对时空感受也不同。

[1]　《马克思恩格斯全集》第四十七卷,人民出版社 1979 年版,第 532 页。

[2]　戴维·哈维:《后现代的状况——对文化变迁之缘起的探究》,商务印书馆 2003 年版,第 255 页。

从时间层面看，文化夹缝具有顺序性。所谓顺序指文化夹缝构成和文化夹缝中构成夹缝的主体以及夹缝人有一定的次序。文化夹缝构成是各式各样的，但有着和文化相关的一定的顺序，那就是我们有时按文化夹缝的性质划分的民族的、宗教的、社会的、古今的、民俗的、教育的、家庭的夹缝等。按照夹缝构成的紧密程度，我们又把文化夹缝分成松散的和紧密的。构成夹缝的主体也有一定的顺序，比如构成夹缝的主体的主要方面和次要方面。如果构成夹缝主体的事物不只是两个，而是两个以上，便更能分出主次来。

从时间层面看，文化夹缝具有持续性。所谓持续是指文化夹缝构成并不是一时的现象，许多文化夹缝的夹力是持久的，构成也有一定的规律，其作用也是连续不断的。例如春运的文化夹缝，年年春运，年年形成文化夹缝。社会对某些文化名人形成的夹缝也是如此，生前夹缝存在，死后还会处在来自各方形成“名声”的夹缝之中。

从空间层面看，文化夹缝具有伸张性。所谓伸张是指文化夹缝会随着事物的发展扩大或缩小，有时还会消亡。文化夹缝是客观存在的现象，其在发展中发生变化是必然的。从夹缝构成主体来看，文化夹缝主体会因夹缝人的变化而发生变化。例如：家庭夹缝，父母亲都希望孩子考上大学，上一个容易就业的专业。父亲和母亲以及孩子会在上学选择某一专业上形成不同意见。这便构成了教育的夹缝。当孩子上学确定了某个专业之后，这个教育夹缝暂时缩小了，构成夹缝的人和夹缝人甚至都感受不到夹缝的存在了。当孩子毕业后，如果选择的专业容易就业，这个夹缝就随之消亡了；如果选择的专业不容易就业，夹缝还会再次显现出来，父母、孩子会互相埋怨。这种伸张性有时会影响孩子的一生。

4. 文化夹缝的特殊性

文化夹缝是文化的构成部分。“人的生活世界是人的实践活动创造有意义的文化世界。”[1]从文化夹缝的存在方式上看，文化夹缝可以分为物质夹缝、精神夹缝、活动夹缝。从文化夹缝的内容上看，文化夹缝可以分为政治夹缝、经济夹缝、社会夹缝、学术夹缝、艺术夹缝、军事夹缝。从文化夹缝的主体上来看，文化夹缝可以分为个人的、国家的、阶层的、民族的、团体的夹缝等。

---

[1]　邹广文：《当代文化哲学》，人民出版社 2007 年版，第 154 页。

许多文化夹缝不是有意识构成的;许多文化夹缝是可以解“夹”的。所谓文化夹缝的特殊性指文化夹缝构成的主体、内容、环境以及解夹方式的独特。

文化夹缝自身构成特殊。我们已分析过,夹缝不是矛盾,矛盾是对立的、双方的;夹缝有对立的,也有不是对立的,夹缝必须是三方或三方以上的人才能构成。当然,矛盾在另有一方参与的情况下,就可能转化成夹缝。同样,夹缝在某一方退出的情况下,有时可能转为矛盾,这只是个别现象。文化夹缝的独特还表现为它是一种文化现象。文化夹缝针对夹缝人施加挤压(夹力),这夹缝人可能是某一个人也可能是某些人,有时甚至是一个民族、一个国家,或者是更多民族和国家。例如,第二次世界大战,以德、意、日等国家为首构成了对世界多国、多民族的军事夹缝,给人类造成了巨大的灾难。这个军事夹缝的构成是独特的。

文化夹缝主体特殊。构成文化夹缝的主体必须是两方或两方以上。夹缝主体往往是因为自己某种目的而采取行动时使自己成为夹缝主体,而构成夹缝。夹缝主体的特殊性在于主体必须两方或两方以上;夹缝主体的特殊还在于夹缝主体有目的地采取某种行动时才能成为夹缝主体。例如:清朝时西方基督教传教士来中国传教,仔细地研究了中国的经学、佛教、中国人的文化习俗以及文化心理,研究后传教士们发现要想让基督教在中国站住脚,必须服从中国政府的安排,适应中国人的文化习俗以及文化心理。他们研究后发现,中国人崇尚祖宗、信奉皇帝,并不太迷信宗教,于是便顺应中国人缺乏科学知识的现状,允许教徒崇拜祖宗、尊崇皇帝。由于这种传教方式适合了中国人的文化习惯和文化心理,传教活动一度热火朝天。到了1704年(康熙四十三年),欧洲罗马教皇突然发出教令,禁止教徒崇拜祖宗。这引起了清朝上下的不满。1707年,康熙监禁教皇公使的行动,禁止教士自由布教。从此,基督教在中国的传播受到了挤压,成为夹在中国政府、教徒以及其他宗教信徒和百姓的文化习俗夹缝中的东西。[1] 同时,基督教徒感受的夹力更大,一方面传统文化和宗亲们要求崇敬祖宗,一方面信了基督教又“不得”崇敬祖宗,他们处于两难的夹缝境地。

文化夹缝的夹缝人特殊。所谓夹缝人是指被夹在夹缝中的那一方。所谓

---

[1] 参见司马云杰:《文化社会学》,华夏出版社2011年版,第211页。

夹缝人特殊,指形成被"夹"的夹缝中间者身份、态度等方面独特。从夹缝人的构成看,可以是一个人,也可以是一个群体,有时又针对某人所相关的某特殊事物;从夹缝人的身份看,上到"总统",下到平民百姓,一样都可以成为夹缝人;从夹缝人的态度看,可以与构成夹缝者对立,可以中立,有时在夹缝结果出来时又会与构成夹缝的某一方一致。例如:著名的"西安事变",因为蒋介石打内战积极,打日本消极,提倡"攘外必先安内"的政策,张学良、杨虎城于1936年12月12日扣留了蒋介石。扣留蒋介石之后,张、杨两位将军便进入了两难的境地,宋美龄等国民党中的部分人要求无条件放蒋;东北军中许多爱国志士以及国民党中部分人要求杀蒋;一时众说纷纭,张、杨处在夹缝之中。张、杨两位将军扣蒋的目的是让蒋停止"剿共",改组政府,出兵抗日,西安事变最终使蒋介石被迫接受停止"剿共"、一致抗日的主张,迎来了第二次国共合作。

文化夹缝内容特殊。我们讲文化夹缝内容特殊是因为构成夹缝的"文化"特殊。文化定义的宽泛,必然使构成文化夹缝内容的特殊。文化夹缝的内容包括政治、经济、社会、科学、艺术等,也包括人们的生活生存方式,总之,一切"自然的人化"内容都有可能成为文化夹缝的内容(即文化夹缝的主题表述)。例如:韩寒、方舟子之争,我们讲"代笔门"夹缝,"代笔门"就把夹缝的内容直接概括出来,这种概括是讲由方舟子和韩寒的出版商对韩寒形成的夹缝,不是韩、方冲突。

文化夹缝挤压方式特殊。文化夹缝一般是由三方构成的。三方以及三方以上构成文化夹缝的挤压方式看似都是在帮助夹缝人,实际上是要求夹缝人听从自己的意见。夹缝构成者代表构成夹缝某一方的利益,对夹缝人实施挤压。这种特殊的挤压方式就是通过夹缝人的"行为"实现夹缝构成者的目的。仍以"西安事变"为例,宋美龄等人希望张学良、杨虎城平安放蒋;东北军将领和国民党内部某些人希望张、杨杀蒋,而中国共产党则有自己的主张,在构成夹缝的两边游荡,多方都对张、杨实施挤压。

(二)恶性文化夹缝

文化夹缝除了我们分析的良性夹缝之外,还有恶性文化夹缝。恶性文化夹缝指阻碍了事物正常发展,改变了文化夹缝构成性质,破坏夹缝人的生活生存条件的夹缝形式。有些夹缝甚至是毁灭性的夹缝。

1. 恶性文化夹缝的阻碍性

所谓阻碍是指文化夹缝使夹缝人或者夹缝构成者不能顺利发展。这种阻碍性可能直接对夹缝人或夹缝构成者起作用,或者通过夹缝结果对其他社会人起作用。这种性质的夹缝应当引起我们重视。

恶性文化夹缝具有私利性。所谓私利是指文化夹缝使夹缝人处在保己的境地。毛泽东曾说过:“公和私是对立的统一,不能有公无私,也不能有私无公。我们历来讲公私兼顾,早就说过没有什么大公无私,又说过先公后私。”[1]一个民族如果人人只为己,这个民族非垮不可;一个家庭如果个个为己,这个家庭也不会成为“富裕、幸福之家”。在物欲膨胀的今天,弄到钱就是英雄,不问钱从何处来,这种是非不分的生存状态,最终会毁掉一个民族。例如:南通汽运集团飞鹤快客公司驾驶员殷红彬见到一位老太太倒地,按中国道德要求,父母、老师的教育,要去扶起老人;而社会道德滑坡,不少人扶起倒地的人后反而被认为是“肇事者”,司机朋友们多数都讲不能去扶倒地的人。这事让殷红彬遇上了,扶还是不扶?殷红彬处在这看似简单的夹缝中,殷红彬去扶了。这一扶,老人及老人的家人都认为他是“肇事者”,并报了警。好在殷红彬车内有录像,将他整个救人过程记录下来,还了自己一个清白。这件事经中央电视台披露之后,老人及老人家人才改口并致谢。[2] 如果没有录像会怎么样?因此,并不是所有扶人的人都这么幸运。天津许云鹤就没有那么幸运了。许云鹤扶起违章爬马路护栏摔倒的王老太,被天津市红桥区人民法院判赔 108606 元。法院判决的理由是:“车主许云鹤发现王老太时只有四五米,在如此短距离内作为行人的王老太突然发现车辆向其驶来,必然会发生惊慌错乱,其倒地必定是受到驶来车辆的影响。”据许云鹤回忆,当时王老太横过半条马路,准备跨越护栏时被护栏牵绊,落地两步就咕咚摔倒在地。许云鹤赶忙停车,从车里翻出创可贴给老太包扎上,并拨打了 120。在这时,王老太拿起电话,说了一句让许云鹤从头凉到脚的话:“我在马路上让车给撞啦!”为此,许云鹤花费了 3000 元,通过司法鉴定,证明自己的车辆不曾与王秀芝老太

---

[1] 《毛泽东文集》第八卷,人民出版社 1999 年版,第 134 页。

[2] 《江苏司机扶起摔倒老人被诬肇事者事件》,《天涯社区》。www.tian.Ya.cn.

太发生接触。但法院仍判他的车影响了王老太太，使之惊慌错乱。[1] 同样，许云鹤在救与不救时仍处在一种道德夹缝中，良心，老师、父母从小教育要救助他人，而现实社会“碰瓷”者很多，包括自己的家人、朋友不让自己去救助他人。在救与不救之间，许云鹤选择了救，却救出了问题。此种夹缝很多：南京彭宇案件、河南郑州李凯强案件、温州刘子龙事件等，都是因救人而官司缠身。这么一来，倒地老人无人救助了：“武汉 88 岁老人摔倒，因无人敢施救而死”、“上海一老人当街摔倒血流满面无人搀扶”、“福州七旬老人摔倒头部渗血数十人围观无人扶（有两名孩子跑过去想将其扶起来，可由于力气小，好几次都没有成功）”……现在，《国家“十二五”时期文化改革发展规划纲要》中明确要求：“深入开展学雷锋活动，采取措施推动学习活动常态化。”[2] 改革开放三十多年，重新提出学雷锋活动，那么我们的政府的相关部门如何公正对待学雷锋的人，倒被卷进了另一种夹缝之中。也许，那曾判好人赔偿的法官应有良心的醒悟。

恶性夹缝具有盲目性。所谓盲目是指夹缝使夹缝人感到盲目和夹缝构成的盲目。改革开放之后，以经济建设为中心，人们一哄而上想办法多挣钱，似乎有钱就是英雄。让一部分人先富起来很好，但富起来的人和未富起来的人不应丢掉原有的信仰。我们不得不承认，新中国成立之后中国人几乎都信仰马克思主义、共产主义、毛泽东思想，改革开放了，中国人信仰什么成为问题。中央政府号召人们信仰马列主义，信仰中国特色的社会主义，而部分基层干部和那些富人一样，家中摆财神，认为有钱就会拥有一切。有钱人的生活的确让人羡慕：住别墅、开名车、吃山珍海味，应有尽有。百姓有什么？处在信仰夹缝中间的中国下层百姓，开始寻找精神依托，如是就有了当下许许多多的五花八门的信仰了。当然，在信仰的夹缝中也有人什么都不信，只信自己。中国人的信仰一段时间出现了盲目性，因此，那信仰夹缝中“有信仰”的人也未必都是真有信仰，而是求得一个心灵的慰藉。“因为在心灵状态中，现在占主导地位的仍然是被理性理念规范和控制的意见和情感。就像在丛林被伐后，灌木就会占据大树的位置。这就是说，当伟大的信念被摧毁时，渺小的信念就会取而

[1] 《为什么老人摔倒无人敢扶》。blog.sina.com.cn/u/1307683247.

[2] 《国家“十二五”时期文化改革发展规划纲要》，《光明日报》2012 年 2 月 16 日。

代之,并将以糟糕的方式去承担伟大信念的功能。"[1]这是信仰夹缝"伟大信念"缺失的结果。

恶性夹缝会造成道德缺失性。道德修养一直是人类文明的象征。道德修养被推崇为最高的精神境界。但是,在物欲横流的今天,道德修养似乎被"经济富有"所替代。有钱人可以成为明星、名人,有钱人还可以成为政治明星,成为千百万年轻人推崇的偶像。同时,世界极力推崇发明创造,把有发明创造的人奖励成"经济富有者","'知识就是力量',这句话支配着时代精神。但是人们忘记了,科学不是教养。我们的世纪教给我们的是,与知识的增长相比,有教养的人可以少一点"[2]。科学名人、经济名人是社会构成部分,实不可缺,但如果这些名人们缺少道德修养,那将成为一种灾难。文化夹缝的夹力,可以造成人的道德的缺失。例如前面列举的"江苏司机扶起摔倒老人被诬为肇事者"的实例。一边是老人的家里人怕花钱给老太太治伤,让老太太诬陷殷红彬;一边是殷红彬坚持实事求是,称自己是做好事。报警后,公安出面,观看车上录像,把事情弄清楚了,经中央电视台披露后,老太太家人才向殷红彬表示歉意。道德的滑坡,不是小事,已让人感到心寒,同时也会让社会风气倒退,社会缺少了起码的道德准则:诚信。古人讲:"人无信不立。"《国家"十二五"时期文化改革发展规划纲要》中指出:"把诚信建设摆在突出位置,加强诚信教育,大力推进政务诚信、商务诚信、社会诚信和司法公信建设,抓紧建立健全覆盖全社会的诚信系统。"[3]且不说近年来较大的诚信事件如三鹿毒奶粉事件、周老虎事件、唐骏"学历门"、河北大学校长"抄袭门"等,单2011年几个诚信事件,已足以让人触目惊心:家乐福价格"欺诈门"、"瘦肉精"事件、"染色馒头"事件、郭美美与红十字会事件、达芬奇家具造假风波、地沟油事件等。中国人民大学社会学系教授周孝正说:"诚信是作为一种社会关系存在的,与制度因素和社会变迁的影响密切相关。""随着近年来社会结构的变化,社会诚信状况不但越来越差,有些方面甚至极其糟糕,这已经成为中国一个显著的社会问题。"[4]温家宝曾讲:"近年来相继发生'毒奶粉'、'瘦肉精'、'地沟

---

[1] [法]阿尔贝特·施韦泽:《文化哲学》,上海世纪出版社2008年版,第65页。

[2] 同上书,第25页。

[3] 《国家"十二五"时期文化改革发展规划纲要》,《光明日报》2012年2月16日。

[4] 李慧:《如何弥合社会诚信"断裂带"》,《光明日报》2012年2月11日。

油'、'染色馒头'等事件,这些恶性的食品安全事件足以表明,诚信的缺失、道德的滑坡已经到了何等严重的地步。"[1]而诚信与制度因素和社会变迁的影响密切相关。这样才能从根本上根治诚信缺失的问题,也才能化恶性文化夹缝为良性文化夹缝。

2. 恶性文化夹缝的奴化性

文化是通过精神系统发挥作用的。恶性文化夹缝是通过人的教育等精神方面起作用,从而体现出一种意想不到的夹力。恶性文化夹缝的奴化性指夹缝人甘心处在劣势地位。在恶性文化夹缝的作用下,夹缝人有可能表现出特有的媚性、顺化性和背叛性。

恶性文化夹缝使夹缝人表现出一种媚性。所谓媚性指夹缝人有意讨好夹缝构成者。媚性是一种缺少骨气的表现,也是某些夹缝人为了生存而采取的保身办法。在中国的战争文化夹缝中,最为典型的就数郝鹏举了。郝鹏举是一个十足的势利小人,是典型的媚性之徒。在蒋介石和汪精卫的两股势力夹缝中,他先弃冯玉祥投蒋介石,然后弃蒋介石投汪精卫,1944 年在汪精卫死后又转投蒋介石。这其中反反复复,不断从这家到那家,何其热闹。一方面蒋让他保存实力,准备将来反共用;一方面汪让他忠于日本,效忠天皇,当上伪淮海省省长。郝在这两股势力夹缝中表现得媚性十足,令人作呕。在郝被新四军生擒后,陈毅曾写下一首诗评价他:"教尔作人不作人,教尔不苟竟狗苟。而今俯首尔就擒,仍自教尔分人狗。"

恶性文化夹缝使夹缝人表现出一种顺化性。所谓顺化指夹缝人在恶性文化夹缝中表现出一种听从、顺应的特性。恶性夹缝构成有时是非常奇特的,在夹缝构成者当中,构成夹缝的一方可能是恶的,构成夹缝的另一方可能是善的,这会让夹缝人无所适从;也有可能构成夹缝的双方都是恶的,会使夹缝人表现出更强的顺化特性。例如:日本占领中国时期,实行奴化教育。教日文、说日语,规定如果进入日本设立的小学,全部免费。而当时爱国人士也在城镇中办学,教中文,说中国话,这使处在两种形态教育下的孩子以及家长们感到不适,不少家长选择了日本办的小学,表现出一种顺化性,成为"大大的良

[1]　参见黄昱梅:《温家宝痛斥染色馒头瘦肉精等事件:道德滑坡严重》,《人民网》2011 年 4 月 18 日。people.com.cn.

民”。当然,在那种高压状态下,若有不顺,怕会有生命危险。直到新中国成立后,那些曾在日本学校学习过日文的个别人还对日本学校发点心、发糖果之举津津乐道,可见奴化、顺化余毒之深。

恶性文化夹缝使夹缝人具有了一定的背叛性。所谓背叛指夹缝人在文化夹缝中服从、听从夹缝构成者一方时,由于构成夹缝的另一方用力加大,夹缝人很可能转向服从、听从构成夹缝者的另一方,或者选择走出夹缝。恶性文化夹缝使得夹缝人走出夹缝是一种常见的文化现象。例如:在英国占领的印度,英国以优势文化征服者自居。正如达·瑙罗吉所讲:他们“以冷漠的态度,粗暴的方法,拙劣的口实,去破坏和消灭印度的文明。这种破坏并非仅仅只是触动它的表面,而是摧毁印度社会的整个结构。……‘以前的统治者像屠夫那样乱砍,而英国人则利用科学的解剖刀直刺心脏。’”[1]英国人在印度各地建立学校,实行英语教学。正如马克思所讲:“印度社会根本没有历史,至少是没有为人所知的历史。我们通常说的它的历史,不过是一个接着一个的入侵者的历史,他们就在这个一无抵抗、二无变化的社会的消极基础上建立了他们的帝国。”[2]1885年,印度进步人士组成了印度国民大会党,但由于穆斯林担心国民政府在印度成立会使他们处于印度教的统治之下,便成立了穆斯林联盟。在英国人的干扰下,国大党分裂为极端派和温和派。英国人联手温和派挤压极端派。在英国人和温和派的夹缝中,极端派退出了国大党,后又联合、再分裂等等,都是在文化夹缝中完成的。分裂,其中必有一派成为背叛者。

恶性文化夹缝使夹缝人具有一定的习俗性。所谓习俗是指夹缝人具有独特的习性和风俗。我们知道,不同的文化模式有不同的历史个性和价值取向,如果不从心理上加以纠正,怕是得不偿失。鲁迅曾讲过:“倘不深入民众的大层中,于他们的风俗习惯,加以研究,解剖,分别好坏,立存废的标准,而于存于废,都慎选施行的办法,则无论怎样的改革,都将为习惯的岩石所压碎,或者在表面上浮游一时。”[3]中国传统文化中有许多恶性的东西,小脚文化就是之一。小脚成为文化,让世人哭笑不得。有人讲小脚文化是变态文化、封建文

---

[1] 转引自倪健中:《国是论衡·人文大国》(上册),中国国际广播出版社1997年版,第131页。

[2] 《马克思恩格斯选集》第一卷,人民出版社1995年版,第767页。

[3] 鲁迅:《二心集·习惯与改革》,人民文学出版社1998年版。

化、吃人文化。不管是哪样的文化，我们都不得不承认，那是中国独有的文化现象。关于小脚，有的说是起于五代[1]，有的说是起于南唐李后主[2]，可民间说是起源于商纣。无论起源于何时，那总归是有历史了。中华几千年文明，都没有奈何得了这独有的小脚习俗。就算是从南唐李后主开始的，公元961年至民国，也有近千年的历史。在这千年之中，摧残了多少妇女，使一个正常人成为残疾，是何等的力量。明朝朱元璋因马皇后大脚，曾下令放足，只在皇宫里推行，并且还不彻底。到了清朝，因为满族人并无缠足习俗，故视汉人缠足为罪行。顺治二年(1645)皇帝下诏：凡是时所生女子，严禁缠足。康熙元年(1662)再次规定：如查得元年之后所生女子缠足者，罪其父母，其父有官者交吏兵二部议处，平民则交刑部处置。情节严重者杖责四十大板，流放十年。乾隆帝后来又多次降旨严禁，但乾隆帝的禁令只煞住满族女子的裹足之风，汉族民间女子依然裹足如故。孙中山就任临时大总统后，于1912年3月13日发布命令通饬全国劝禁缠足。但有些妇女口头上赞成放足，暗地里却偷偷缠足。民国十八年(1929)三月，政府又发布放足布告。为解放妇女的小脚，专门成立了领导班子，县长担任班子首脑，对不放足的妇女进行惩罚，如此等等，可见这小脚文化夹缝，其力量有多大。在这个夹缝中，政府让放足，男人们喜欢小脚，在那个小脚时代，大脚女人是嫁不上好男人的。在放与缠的夹缝中，妇女们也无所适从。从明代开始，不仅没有禁住，反而越来越厉害。到了清朝，三令五申都没有效果，可见夹缝力量之大。从政府是“夹缝人”的层面看，有时皇帝大人也无可奈何。

3. 恶性文化夹缝的毁灭性

所谓毁灭是指文化夹缝巨大的破坏力有时会使某一事物消亡。恶性文化夹缝的力量不能小看，夹缝产生的巨大力量，会使夹缝人妥协让步，有时即便让步，也会遭到毁灭性的夹击。

恶性文化夹缝具有极强的推动事物消亡的力量。文化事物的生存和发展，虽然都与人的活动有关，但自身有一定的发展规律。在文化夹缝中，恶性文化夹缝在一定人员的操作下，会使另一种文化事物(仍由人来操作)走向衰

---

[1] 杨仕智：《小脚文化是啥文化?》，《人民网》2002年10月31日。people.com.cn.

[2] 李瑞：《小脚文化，历史上第一个小脚女人是谁?》，《中国网》2007年3月19日。china.com.cn.

落乃至消亡。例如:在佛教的发祥地印度,佛教势力至今仍处于弱势。我们知道,古印度的发展是与佛教文化分不开的。与基督教相比,佛教的教义更利于人们关系的融洽。佛教的忘我和灭欲的说教也有利于人与自然的关系和谐,但又正是由于这种忘我的精神使得自身缺少斗争性。在10世纪后,伊斯兰教侵入,印度教兴起,印度全国形成了一百多个由伊斯兰教和印度教构成的封建国家。伊斯兰教要求人民信伊斯兰教,诋毁佛教、印度教;印度教让人们信印度教而诋毁佛教和伊斯兰教。这种文化信仰上的斗争,带有鲜明的敌对的宗教意识。佛教提倡"灭欲""忘我"的教义,使得信徒们一再忍让,结果佛教成为典型的夹缝宗教,僧侣们不得不外逃。到了13世纪,印度境内的佛教寺院基本被毁。

恶性文化夹缝具有极强的破坏性。所谓破坏指构成夹缝的双方,运用极端的手段对"夹缝文化"施加夹力,从而使某种文化现象受到破坏。例如:中国历史上的秦始皇焚书坑儒,是文化受到破坏的典型。秦始皇34年(公元前213),朝廷高官淳于越反对实行郡县制,而丞相李斯赞成郡县制,淳于越要求根据古制,分封子弟,李斯加以驳斥,主张禁止儒生(读书人)以古非今,以私学诽谤朝政,自此形成了对秦王朝的执政文化夹缝。从情理上讲,两方意见不同,一个要秦始皇尊古制,一个要秦始皇创新,本应对皇帝是有用的,夹缝并不恶。但当文化夹缝转为个人私利时,夹缝性质发生了变化。秦始皇为了保皇朝巩固,李斯为了保丞相位置稳固,便对儒生们下手了。秦始皇采纳了李斯的建议,"非秦纪皆烧之;非博士官所职,天下敢有藏《诗》、《书》、百家语者,悉诣守尉杂烧之;有敢偶语诗书者弃市;以古非今者族;吏见知不举者与同罪;令下三十日不烧,黥为城旦,所不去者,医乐卜筮种树之书。若欲有学法令,以吏为师。"(《史记·秦始皇本纪》)秦始皇"下焚书记命,行偶语之刑"(《隋书·牛弘传》)。其实,秦始皇在此时只是焚书。第二年,许多方士(修炼功法炼丹的人)、儒生攻击秦始皇,秦始皇派人调查,将四百六十多个方士和儒生挖大坑活埋。这就是"坑儒"[1]。这种破坏力是极大的。秦始皇焚书坑儒固然不对,但为了统一天下,采用极端的手段,似乎能够理解。秦始皇在建立统一帝国的同时,还致力于思想文化的统一。战国时期,诸侯割据,政出多门,法各不一,"田畴异亩,车涂异轨,律令异法,衣冠异制,言语异声,文字异形"(许慎

[1] 参见张岱年、方克立:《中国文化概论》,北京师范大学出版社1994年版,第90页。

《说文解字·叙》)。为此,秦始皇做了几件大事,为历史所称颂。一是文字的整理与统一工作,实现了用小篆来"书同文";二是定车宽以六尺为制,统一车辆形制,一车通全国,"车同轨";三是统一度量衡,实现"度同制";四是以法为教,实现"行同伦";五是废除过去的国家制度,打破地区壁垒,实现"地同域"。另外在思想学术的统一方面,也具有深远的影响,倒是证明了"破"与"立"的辩证原理。

恶性文化夹缝具有极强的冲击性。所谓冲击是指对原有夹缝形态文化的干扰和打击。这种冲击主要表现在迫使原有的文化习俗发生改变而引发的夹力。例如:清康熙年间,基督教在中国传播,教皇开始同意教徒拜上帝也拜祖宗,后又不让教徒拜祖宗,这有违中国的人伦文化。于是康熙下旨禁止教皇公使活动,教徒们也纷纷退教,基督教的传播在中国受阻。以罗马教皇的传教士为夹缝一方的夹缝构成者要求教徒不崇拜祖宗,以中国皇帝和习俗为夹缝另一方的夹缝构成者要求教徒崇拜祖宗,夹缝者中国的教徒们受中国文化的影响深,退教是正常的。这种文化夹缝的冲击力是巨大的。

恶性文化夹缝具有一定的愚昧性。所谓文化夹缝的愚昧指夹缝人对文化夹缝的懵懂和不理解。文化在不断创新,尤其是在世界一体化的今天,地球已成为地球村,各种文化互相激荡,各种创新日新月异,文化已进入了一种"裂变"的时代。文化的民族性受到极大的挑战。各种文化在碰撞之中会产生许多夹缝,而许多夹缝人对此并不能理解和接受,对新的文化现象进行抵制、破坏,有时让人心痛又让人捧腹。例如:清朝同治六年(1867),为了培养外交人员,在总理衙门设同文馆,教授部分外交人员外语,遭到了不少官员的反对。这些官员向皇帝报告,反对这样做。他们认为,当时"久旱不雨,屡见阴霾蔽天,御河之水源竭,都中之疫厉行"等天象的变化,都与时政有失相关,于是以"清流舆论"者的身份,强词夺理地反对设立同文馆。[1] 皇帝决定架设电线,建造铁路,有些官员又认为"电线之设,深入地底,横冲直贯,四通八达,地脉既绝,风浸水灌",不顾"祖宗邱墓",不适宜"尊君亲上"[2];"铁路必铲墓折庐,踩田堙井,纷纷滋扰,民何以堪"[3]。1865 年,在上海架设电线时,乡人

[1] 中国史学会:《洋务运动》第 2 册,上海人民出版社 1961 年版,第 43 页。

[2] 中国史学会:《洋务运动》第 6 册,上海人民出版社 1961 年版,第 331 页。

[3] 宓汝成:《中国近代铁路史资料》第 1 册,中华书局 1963 年版,第 151 页。

也“谓电线有碍风水”，割电线，毁电杆；1884 年，大北公司架设从上海到北京的电线时也遇到破坏，许多人把“电杆作柴，铜线作钉”[1]。皇帝代表政府要修铁路、架电线、培养外交人才，一部分大臣坚决反对，构成了文化夹缝，使得修铁路、架电线、学习外语的人受到了这种因“进步”和“落后”构成的文化夹缝挤压。这种愚昧性不仅仅在过去有，而且现在还有。当代有些官员坐车讲吉利号，住楼讲楼层号，办公室讲风水，出门选吉日，遇事去拜佛求神，是一种翻版的现代愚昧。

恶性夹缝使夹缝人产生屈从性。所谓屈从指夹缝人不敢反抗而委曲服从。屈从一般指夹缝人在新的社会文化环境下重新适应和无奈地顺从。在新的社会文化环境下，夹缝人的思想、情感、心理、性格、行为、习惯都要随着新的文化环境而改变。清朝军队入关，灭了明王朝，统治了中华大地，要求所有臣民中的男人必须留长辫子，这种习俗不伦不类，不说留辫子不方便，单说那习俗也应该随着男人个人习惯而行吧。但是皇帝老儿规定，男人必须蓄长发，否则，杀头，这就是历史上所说的“不留发则不留头”的清朝的法律。何等的暴力，何等的强迫，何等的愚昧，何等的独裁。当然，也有明朝遗老们反对，决不留长发，结果也可想而知。按汉族的习俗以及明朝遗老们的建议，不留长发；而新朝廷要求必须留长发，两股势力的夹缝，使全国的男人感到了夹力，最后，男人们还是屈从了朝廷的势力。又例如：中国的新媳妇嫁人，往往处在不同的文化夹缝中。在过去，新媳妇是不好做的，不仅要像下人一样地干活，还要小心翼翼地侍候公婆、侍候丈夫。新媳妇原来在娘家的习惯、规矩在婆家统统要改掉，要改同婆家的习惯、规矩一样，如果不这样，必然会造成婆媳不和、夫妇不睦、邻里不近。而在婆家，要尽快熟悉公婆的喜好、丈夫的喜好，还要熟悉邻里的情况。唐代诗人王建在《新嫁娘》一诗中讲新娘“三日入厨下，洗手做羹汤。未谙姑食性，先遣小姑尝”[2]。新嫁娘三日之后要在婆家开始劳动，做好的羹汤是否合公婆、丈夫的口味，只有先找小姑子尝尝羹汤，小姑自小长在婆家，对公婆的习惯、喜好非常清楚，尝后的评价则可以作为新嫁娘调羹汤味的标准，以此达到公婆满意。婆家的口味、习惯和娘家的口味、习惯形成了饮

[1] 叶晓青：《中国传统文化在近代》，《历史研究》1985 年第 1 期。

[2] 王建：《唐诗选》（下），人民文学出版社 1978 年版，第 98 页。

食文化的夹缝。当然，娘家人肯定希望闺女嫁到婆家得到婆家的认可，可那种“习惯”不是一下子就可以改同婆家一样的。作为夹缝人，新娘子以及她的做羹汤的手艺，都会受到一次严峻的考验。在那个礼教盛行的时代，一些大家族，给媳妇立的规矩是很多的，媳妇受不了婆家的规矩而投河、悬梁自尽以及郁闷而亡的不在少数。因此，中国民间有顺口溜说“人要熬，井要淘。多年的媳妇熬成婆，多年的大路熬成河”，讲的就是那个传统文化的时代。应该说，在文化夹缝中，夹缝人为了适应新的文化夹缝，必须作出一定的牺牲，付出一定的代价。尽管夹缝人并不想这么做，但又必须这么做，否则，就会倒在生活习俗的夹缝之中。

（三）文化夹缝的固有性质

所谓固有性质指良性夹缝和恶性夹缝特性之外的带有构成夹缝特有性质的夹缝特征，是良和恶夹缝所共有的特性。夹缝固有性一般是指夹缝构成的自然性、针对性和控制性。

1. 文化夹缝的自然性

所谓自然性指文化夹缝是在自然中形成的或者夹缝对夹缝人形成一种自然而然的夹力，这种夹力发挥着促成或者破坏的作用和功能。从文化的自身来看，文化具有极强的自然性。文化的创造和发展必然以一定的自然环境为条件；从生物学的角度来看，作为文化创造主体的人，属于生物界的一个种群，具有生物的本能属性。[1] 从人的生存自然性来看，其形成自然性夹缝的特性非常明显。马克思曾讲过：“人们为了能够‘创造历史’，必须能够生活。但为了生活，首先就需要吃喝住穿以及其他一些东西。”[2] 人类为了生存，一方面要克服自然对人类自身的威胁，而保证自己的平安；另一方面，人类还必须向自然索取能量以及营养，以保证自己的正常生活。这样，人在物质生产活动中必须处理着三重关系或三个方面的矛盾：人与自然的关系（矛盾），人与人的关系（矛盾）和人与观念的关系（矛盾）。其实，人与自然的关系、人与人的关系、人与观念的关系并不是全部能用矛盾来解释的，许多的关系正是夹缝关

[1] 参见陈华文主编：《文化学概论新编》，首都经济贸易大学出版社 2009 年版，第 74—75 页。

[2] 《马克思恩格斯选集》第一卷，人民出版社 1995 年版，第 79 页。

系，而且这种夹缝关系也在不断地变化着，比双方的矛盾要复杂得多。

文化夹缝“食”夹缝的自然性。为了生存，人们必须吃饱肚子，“民以食为天”，人是铁，饭是钢，一天不吃饿得慌。为了吃，人们又必须向自然索取。人类不仅食用兽类、鱼和虾等动物，也食用植物。各种食物链交织成错综复杂的“食物网”[1]。在人类进化的文化夹缝中，一部分人不赞成食某些动物即禁食某些动物，而另一部分人坚持可以食这些动物，双方形成了一种食用某些动物的文化夹缝，形成了食文化的夹缝。当然，有人不顾禁食者的建议，也不顾可食者的建议，以吃饱肚子为准则，这也是夹缝人无奈的选择。《水浒传》中的鲁智深做了和尚，要遵守佛教的教规“不杀生”的戒律，即不可食肉。在这个夹缝中，一方面是社会人从自然中来，都在吃肉，而且朋友赞成鲁智深食肉；一方面是方丈，坚持教规不准鲁智深食肉，鲁智深是既当和尚又想食肉，处在饮食文化的夹缝中。这也就生出了济公和尚的：“酒肉穿肠过，佛祖心中留”的自我解脱。中国饮食文化非常丰富，有许多饮食禁忌。例如：中国许多地区有禁食牛肉的习俗，对农耕民族来说，牛是主要的劳作工具，显得比人还辛苦，又有助于人，通人性，不忍心杀食，随后成俗。过去，苏州人不食牛肉，牛死后常将其抛入河里。[2] 在1960年困难时期，人们处在饥饿之中，江苏东海县某村的一头牛死了，大队支书按习俗要挖坑埋了那头老牛，大队长不同意，认为一头牛的牛肉可以解决村里人的一顿饥饿，坚持把牛肉分了，结果争执不下，让村民们投票，投票的村民即处在了夹缝之中。村民们感到，是按习俗埋牛，还是吃牛以填饱肚子，是一个难题。投票的结果是大部分村民同意先吃了再说，少数村民坚持埋掉，结果是少数服从多数。直到“文化大革命”，那些同意埋掉老牛的人还写大字报，批判大队长良心不正等等。

文化夹缝“住”夹缝的自然性。对中国人来说，“住”大有文化可谈，因为中国人是一个定居的农业民族，不仅注重居住的功用，而且将住房与“家”兴紧密相连。住房的选址、建房时的材料、住房的朝向、什么房子内住什么年龄的人等等，都有讲究。其实，住房的结构、朝向是顺应自然的，有一定的科学性，其他的文化讲究，是没有太多道理的。例如：民国二十一年（1931）《平坎

---

[1] 参见童思正：《文化人类学》，上海人民出版社1989年版，第62—63页。

[2] 参见万建中：《中国民间禁忌风俗》，中央编译出版社2010年版，第48页。

县志》记载了当地置门规范:“朝门与大门宜各稍偏左、右,忌正对”,“口外壁侧面尤忌开门(俗称‘白虎张口’)”,“朝门、大门左、右、前三方,忌按近邻舍高出之屋顶”,“屋外街路或田塍宜横过,或曲过,忌直形、交叉形正对朝门、大门(直路俗呼‘箭射’,交叉路俗称‘人字杀’)”,“宜朴素,忌彩画、雕刻过盛(俗称‘庙宇派’)”。[1] 此规范条文成文在民国时期,不少绅士对此提出质疑和反对。这样一来,民间造房子有了困难,是按此规范来,还是按自己家乡的习俗来呢?已有房屋的人也困难了,是改建呢,还是保持旧貌?再如当今社会的房产业兴衰,是让全国人民揪心的事。中国房地产业在土地价格拉动下,如大气球一样直升高空,让工薪阶层和平民百姓望“房”兴叹,工薪人员一辈子也买不起一套好房子,大城市中几万元才能买一平方米的房子被百姓称为“天价”。一方面是政府把土地“卖”给(说是使用权转让)房产商,政府大赚其钱,称为土地财政;另一方面是商人,希望房价越高越好。还有一方面是有钱人趁机炒房,浙江就出了不少炒房团。对于普通百姓来说,无论房子的风水如何,都买不起房,只好等着住政府的安居房。对于工薪阶层来说,孩子结婚比高低,无论如何都要买一套住房,结果贷款买房,从此成为了“房奴”。政府低价收回农民的土地,农民成为失地者,但农民却与房子无缘。这样一个互相牵连的“房子网”,真让十三亿人揪心不已。中央政府和开明人士要求人们相信中央政府控制房价的能力;地方政府为了赚钱和房产商一起“阴谋”推升房价;平民百姓不得不在这房价的夹缝双方中小心翼翼地选房和购房。而那些炒房者和有钱人则希望房价越高越好,他们也可以多赚一笔。中国房地产进入了一个畸形的夹缝时期。

文化夹缝“衣”夹缝的自然性。“衣、食、住、行”是常挂在中国人嘴边的话,衣有时又是四项之首。在中国,不同的时代有不同的服装,唐装、汉服、明衣、清袍、中山装等,时代变迁,衣服也会有所变化。从全球来讲,一个民族的服饰,是民族习俗习惯的一个最为直观的层面,是民族文化艺术的重要组成部分,是一个民族的“门面”。而“衣”又主要表现在颜色、款式、穿戴、放置等几方面。中国人衣服的颜色,非常讲究,如黄色过去只有皇帝才可以用。实际上中国历代对衣服的颜色都有所规定,这些颜色的规定不是缘自审美层面,而是

[1] 万建中:《中国民间禁忌风俗》,中央编译出版社2010年版,第65页。

给颜色赋予了象征意义。董仲舒《春秋繁露·服制》上说:“散民不敢服杂彩,百工商贾不敢服狐貉,刑余戮民不敢服丝元纁、乘马。”这是汉武帝时对服色的禁令。汉成帝永始四年(公元前13年)有诏令,诏令说:“青、绿氏所常服,且勿止。”颜师古为此注:“然则禁红、紫之属。”而民间则以白、黑色等为凶色。《礼记·曲礼》说:“为人子者,父母存,冠衣不纯素。”这种习俗在魏晋南北朝以及隋唐时代,中断过,从上到下,都可以穿白衣,或白帽,到了宋代,又严格起来。《宋史·舆服志》记载了孝宗乾道初“‘窃见近日士大夫皆服凉衫,甚非美观。而以交际、居官、临民,纯素可憎,有似凶服’……于是禁服白衫。……自后凉衫只用为凶服矣。”至宋之后,白色为凶色被政府确定下来。最有意思的是中国民间有不戴绿头巾、绿帽子的习俗。这主要缘自官方的一些规定而形成的习俗。唐人李封做延陵(今江苏丹阳一带)县令时,下级有罪便叫裹上青绿色头巾以示处分。到了元代、明代,政府又规定娼家男子戴绿头巾。《中国娼妓史》讲:“后代(元代后)人以龟头为绿色,遂目着绿头巾为龟头。乐户妻女大半为妓,故又叫开设妓院以妻女卖淫的人为龟,或叫乌龟。又以官妓皆籍隶教坊,后人又呼妻女卖淫的人为戴绿头巾,或叫戴绿帽子。”[1]这是中国独有的文化习俗。像穿衣的款式、穿戴的方法、衣服放置的方法等,都有要求,人们稍不注意便进入了衣服文化的夹缝。例如:2012年两会期间浙江省的30名女代表决定集体穿旗袍亮相人民大会堂。自此,网上引发了争议,也引起公众的关注。一方面,“百年旗袍展”的主办方,积极引导浙江女代表集体穿旗袍,一方面网民们热议,认为旗袍多是太太小姐们的着装,人大开会不宜穿,按会议要求开会一律着正装,才出现了浙江的30名女代表只好放弃穿旗袍开会的做法。[2] 作为女代表,有人还是想穿旗袍的,但抵不过会议要求,只好放弃。这种着装的夹缝在当下中国正式会议场合是常见的。

文化夹缝“饮”夹缝的自然性。这里的“饮”是指饮酒。饮酒在中国是最为平常的事情。民间一句话叫做“无酒不成席”。一个人可以喝酒,叫喝闷酒;多人可以喝酒,那就是乐酒了。喜事要喝酒,那叫喜酒不醉人;丧事也喝

[1] 参见万建中:《中国民间禁忌风俗》,中央编译出版社2010年版,第52—54页。
[2] 参见赵鹏:《浙江女代表“旗袍秀”被全面叫停》,《京华时报》2012年3月7日。

酒,那叫"谢吊"酒。谈生意要喝酒、朋友相聚要喝酒、上下级喝酒下级要敬酒。有些顺口溜讲得好:过年多喝酒,跟着好运走;喜酒要多喝,不喝是过错;闲酒经常喝,全当是娱乐;遇事不顺心,最好喝一顿。酒是友情钩,勾起是朋友;酒是友情剂,越喝越紧密;酒是友情针,缝合间隙人。老让小,喝得好。有朋远方来,把酒乐开怀;酒似清清水,涤污冲百晦;坐后无清闲,雨露应均沾;高寿不容易,祝福在壶里。等等。酒场堆里,还有不同的名称:酒仙、酒圣、酒魁、酒贤、酒鬼、酒魔、酒棍、酒奴等。不同的地方也有不同喝酒要求:河南人先端为敬;江浙人先喝为敬;山东人碰杯为敬;蒙古人醉客为敬;苗族人交杯为敬;东北人喝透为敬。农民对喝酒的评价是"一杯酒一瓶油,一场酒一头牛"[1],这是对官场喝酒心怀不满的说法。改革开放后,中国的酒文化真是越来越"深奥"了,酒场的夹缝也越来越厉害。例如,如今各地严查酒驾,喝醉酒后仍旧开车,警方称为"醉驾",认为喝醉后驾车,容易给路人带来危险。《中华人民共和国刑法修正案(八)》做了新规定:"酒驾"发生交通事故,构成犯罪的依法追究刑责,并吊销驾证,终身禁驾;酒驾罚款1000元以上2000元以下,暂扣驾驶证6个月,再次酒驾拘留10日和罚2000元,吊销驾驶证;酒驾营运机动车,拘留15日,罚款5000元,吊销驾驶证且5年禁驾。"醉驾"一律吊销驾照,5年禁驾;醉酒驾驶营运机动车吊销驾驶证,10年禁驾并依法追究刑责;重新取得驾驶证后,不得驾驶营运机动车。这些规定加上交警的严查,对酒驾和醉驾有所控制。但处在夹缝中的"酒民"们,一样会受到朋友的"谴责"。法律和执法者交警以及家人为夹缝构成者一方,坚决反对酒后开车;朋友、酒友构成为夹缝的另一方千方百计劝酒,反对上桌不饮酒。处在夹缝中的开车者有时既不想失去友情,又不敢违反法律。

文化夹缝"言"夹缝的自然性。言是指语言。只要一个人活着且不是哑巴,必然要讲话,而讲话就容易自然而然地形成许多语言的夹缝。中国有句俗语讲"谁人背后不说人,谁人背后无人说",讲的就是语言夹缝的存在以及夹力之大。让人不容易感受到的是那种"闲话"夹缝,让人望"闲"生畏。除了闲话之外,还有某些场合适合说的话,另一场合则不能说;平时可

[1] 张向持:《酒煮中国》,民族出版社2005年版,第1页。

以说的话，过年时则不能说。这种语言夹缝在中国很多。中国民间有一则故事讲语言禁忌引出的笑话：徽州某男人新婚，因为语言不畅，媳妇在回家拜年时对丈夫说，最好别说话，要说只说“新年好、发大财”。谁知岳父近年连年打官司，恼火异常。除夕父亲和两个儿子商议：“明天新年了，爷仨各说一句吉利的话，保佑来年好运，不再打官司如何？”两儿子说：“父亲大人先说。”父亲说：“今年好！”长子说：“晦气少！”次子说：“不得打官司。”这三句话共十一字，写一长条贴在中堂，让人念诵，以图吉利。上午女儿和女婿来拜年，女婿礼毕，相安无事，那有些口吃的女婿真的没有说话。大舅子见妹夫只笑不语，就想逗他说话，妹夫笑而不答。突然女婿指着中堂的条幅说：“这这这……”，女儿知道自己老公说话不畅可念文章、唱歌都畅，就对丈夫说：“你念！你念！”丈夫念道：“今年好晦气，少不得打官司！这这这……”媳妇赶忙上前捂住了丈夫的嘴。语言不畅则无大碍，倒是这断句把意思给念反了。大舅子想逗妹夫说话，妹妹不让丈夫说话，妹夫处在这种说话和不说话的夹缝中。结果女婿这一说，倒是让岳父更加心堵。还有一则有关说话的故事叫“不多说话”，其实这是一则因不会说话而引出的走亲戚的夹缝。故事说有一个人特别爱说话，亲友们对他这毛病都很讨厌，因为他该说的说，不该说的也说，和他一块出门办事儿，不知丢了多少次人。因此，同族爷们儿谁家有喜恼的事都尽可能不让他去。一次，他的堂妹生了个白胖小子，家里人要去庆贺，其他人都通知了，就没有通知他。他是这个小孩子的舅舅，想去，按理他也该去。他知道自己话多不好，就找父母，让去讲情。父母找到了他的大伯，让大伯带他去。他也跟大伯发誓不多说一句话。父母让他去，大伯及家人不让他去，因为他的话多不好。在这个夹缝中，他选择了不多说话而去了。那天，到了堂妹的婆家，他除了吸烟、喝水、吃菜，果真连一句话也不说，必要的寒暄也没有了。大伯及同去的亲友都很满意。饭后，离开堂妹婆家时，全家人急忙出来送客，他突然很亲热地又像是非常委屈地抓住妹夫的手说：“兄弟，今天我可没有多说话，你的小孩死了，可不能怪我啊！”[1]这家伙还是把不该说的话说了。

---

[1] 万建中：《中国民间禁忌风俗》，中央编译出版社2010年版，第45—46页。

2. 文化夹缝的针对性

所谓针对性是指夹缝构成者对“夹缝人”有目的地构成夹缝，虽然有时处在夹缝中的可能只是某种事件，但那事件的后面或者核心仍然是人。针对性是夹缝的主要特性之一，针对性是对夹缝构成的总体而言的。我们把夹缝构成性质分成良、恶等形式，是相对而言的。况且，夹缝在运转中具有很大的变异性，这在下边还会作具体分析。夹缝的针对性是文化夹缝本身固有的性质，可以对良性夹缝而言，也可以对恶性夹缝而言，是良性文化夹缝和恶性文化夹缝共同的性质。就良性夹缝而言，夹缝可以有针对性；对恶性夹缝而言，夹缝也可以有针对性。这里的针对性实质上是指夹缝针对夹缝对象而构成了夹缝。因为一个夹缝如果没有了夹缝对象，就不成其为夹缝。

针对个人的文化夹缝。所谓“个人”指夹缝是对某一个具体个人的。针对个人的文化夹缝很多，夹缝构成者可能是“个人”，也可能是群体。针对个人的文化夹缝可以是良性的、恶性的、中性的；从另一层面讲，夹缝可以是教育的、生活的、工作的、军事的等内涵。例如：湖北省蕲春县有一所以著名文艺理论家胡风命名的中学——胡风中学，这所学校里有一名叫王能兴的同学辍学，引发了一些故事。王能兴是胡风中学九(3)班的学生，平时成绩不太好，有厌学情绪，平日隔三岔五地溜到网吧上网，开学不到四个月就违纪十多次，学校没有办法，就把他送回家，让他在村小学教书的母亲教育一下，实际上是一种不明说劝退而劝退的形式。王能兴有个舅舅在深圳打工，听到这个消息，给县教育局长田辉霞发了帖子，言辞激烈。田局长就自个儿到了胡风中学，同中学校长到了王能兴的家。王能兴一家四口，父母之外还有一个妹妹在读书，家中希望王能兴读书。田局长同王能兴谈心，对王能兴说：“学习差一点不要紧，关键是要树立信心。尽到自己最大努力就行，能学多少算多少。不要与成绩好的同学比，自己跟自己比，每天都有一点进步，积少成多，知识就增长了。”说得王能兴心服口服。田局长对校长讲：“对学习有困难的学生，要注意因材施教，要多鼓励，要特别注意保护他们的自尊心。可以在学习上降低要求，不能以考试成绩排队站位，免得伤了他们的自尊心。”在这次成功的家访之后，蕲春县教育局规定：县教育局机关干部必须家访，并有了制度。[1] 这个故事

[1] 高永祥、张常华、汪文华：《局长夜访农家劝学记》，《中国教育报》2012年1月19日。

发生在民众之间,以学校为一方“劝学生退学”,以家长为一方“劝学生上学”,以教育局为一方,既要劝孩子上学,又要劝学校收孩子,还要劝家长学会引导孩子,这三方构成的教育夹缝,都是针对九年级学生王能兴的。王能兴在夹缝中复读了,不知以后是否有所改变,但这个夹缝明显是针对王能兴个人的。但愿我们的县级教育局长都能像田辉霞那样,为孩子着想,让孩子们亲身感受到政府的温暖。针对个人的夹缝还有针对领导的、过去领袖的;有针对同学、朋友、家人的;有针对某些所谓“名人”的等。这其中有良性的,也有恶性的。针对王能兴个人的教育夹缝,是一个良性夹缝。

针对群体的文化夹缝。所谓针对群体指夹缝人是群体而不是某一个人的夹缝形式。当然,在中国特色的社会主义中国,针对群体的夹缝有时会落到某一个人的身上,因为中国的夹缝问题一般要靠某一个有权力的“人”来解决。在这种表面为集体而实为个人的领导形式中,一定要注意夹缝形成的性质,以保证夹缝问题在和谐的氛围中得到化解。例如,现在较为民主的、为民办事的领导多都有自己的博客,他们往往会公开自己的联系方式,以便为民众解决某些实际问题,或者方便听取民众的呼声。但有些领导却不赞成这样做。近日湖南省湘潭市政府在《湘潭日报》和湘潭政府门户网上公布了 36 个市直部门共 508 名领导干部的联系方式,这的确是一件大好事,老百姓不要去找领导了,可以通过电话的方式反映自己的诉求。有些地方,找领导是找不到的,即使找到了某些领导,问题也解决不了。因此,又形成了中国反映诉求的独特方式:上访。上访容易给上级部门形成压力,被认为是社会不稳定因素之一。湘潭市政府公布领导联系方式,可以解决实际问题,受到民众的欢迎。但是,湘潭市政府在网上公布半天就删除了领导的联系方式。湘潭政府部门解释说,领导害怕骚扰。真是一个自哄自的笑话。湘潭市民谭先生说:“公布领导干部电话,是打造现代阳光政府的题中之意,要公开就应该彻底、全面,让更多的人真正感到政府部门应有的诚意和善意,断不能为了完成任务而作秀。”[1]此话说得真切,要么,就别公开,公开了又删除,作秀的方法不高明。这个政务公开的夹缝,以某领导为一方反对公开电话,以民众为一方希望公开电话,构

[1] 参见阮占江、赵文明、刘文楠:《湘潭公开领导联系方式半天即删除,领导害怕骚扰》,《法制日报》2012 年 3 月 1 日。

成了一个政务公开和不公开的夹缝。处在夹缝中间的那个公开电话的部门(尤其是部门的负责人),其夹力一定不小。其实,这个夹缝在实施夹力的过程中已发生了变化,倒不是公开电话者夹力大,在民众舆论面前,那些领导尤其是那位让删除电话号码的领导的夹力应该更大些。

针对民族的文化夹缝。针对民族的文化夹缝指不同的民族文化在互相碰撞中受到来自两个以上民族的文化挤压。民族的文化是每个民族的旗帜,也是民族的根。"无论古代,还是现代,文化都是有民族性的。文化的民族性是从种族血缘关系中分化出来的一种社会属性。"[1] 例如:历史上"十字军"东征是较为典型的针对民族的一大文化夹缝。十字军东征(The Crusadbs,拉丁文:Cruciata,1096—1291)是在罗马天主教皇的准许下,封建领主和骑士对地中海东岸的国家发动的持续了近两百年的宗教性战争。这次战争既针对伊斯兰国家,也针对了天主教以外的其他基督教派。两百年的9次东征,可谓凶残和不计手段。正如拉尔夫等人所说:"几乎每一种文明迟早都会有帝国主义的倾向。当然有些文明的罪恶倾向比另外一些文明的倾向严重得多。但是某种程度上的扩张主义几乎是所有文明的共同特征。"[2] 构成夹缝的一个是教皇,另一个是欧洲贵族大贾。教皇为了传教,而欧洲贵族大贾为了经济利益,借战争进行掠夺,战争中意大利、法国等国家都分别获得了经济上的好处。宗教的一方、贵族大贾的一方,对地中海东岸的国家构成侵略的夹缝。当然,这次大的民族文化夹缝也给西方带来了收获:新的词汇随着东征后加入欧洲的语言里,像 cotton(绵)、muslin(平纹细布)、divan(沙发床)、bazaar(市场)等。十字军带回来的金银财宝增加了西方地方上的货币供应,大力提升了经济的增长。[3]

3. 文化夹缝的控制性

文化夹缝的控制就是对文化现象的管理,使文化夹缝按照有利于文化发展的方向进步。文化夹缝的控制可以分为强制和非强制、直接控制和间接控制、有组织控制和无组织控制、有制度控制和非制度控制、暂时控制和永久控

---

[1] 司马云杰:《文化社会学》,华夏出版社 2011 年版,第 228 页。

[2] 宋开之:《中外文化概论》,河海大学出版社 1999 年版,第 149 页。

[3] baike. baidu. com /view 25402.htm.

制、局部控制和全部控制等。[1] 我们只从文化夹缝面上控制的层面进行分析。

文化夹缝的决策控制。所谓决策指控制文化夹缝时控制者决定策略或办法。就现在的世界组织形式而言，独裁是存在的，只是以一种“民主”的方式摆在人们面前。就世界的民主而言，没有绝对的民主，“民主一些”也只是相对一些不民主而言的。文化夹缝的决策需要民主，需要更多人的参与。而在控制过程中，中国几千年一直处在“朕即国家”的状态中，在近代还出现过不是“皇帝”却胜似“皇帝”的慈禧，进入了比独裁还坏的状态。像清代的“文字狱”，就是一种无事生非的独裁决策。民主社会也需要个人决策，但这种个人决策是在集体控制之下的，纯粹的个人决策几乎绝迹。文化夹缝的决策，往往取决于决策者对夹缝构成的需求，当然，文化夹缝的决策者在决策时并不知道会构成夹缝，但决策者知道自己的决策会形成矛盾。例如：南京大学校庆新闻发布会宣布，南京大学110周年校庆“序长不序爵”。所谓“序长不序爵”，指只按年龄排前后，不以官位论大小。这是一个不小的进步，但愿全国大学能形成这个风气。南京大学敢作出这样的决策，说明南大已进入一个民主新阶段，这是平民所希望的。当然，有一些南大出去的校友，还是希望序爵的，那是一种“露脸”的最佳方式。这个文化夹缝，以现有的南大校领导为夹缝一方，以某些校友和坚持社会官场习俗的人为另一方，在排序上形成夹缝。而处在夹缝中的校友们，许多人已看淡了排序的问题。南京大学常务副校长张荣在新闻发布会上，正面回应了舆论的议论：“其实十年前我们100周年校庆时也是‘序长不序爵’”的原则，而且今后我们在其他学术类活动时都将沿用这个原则。这个文化夹缝的控制就具有进步性。

文化夹缝的组织控制。文化夹缝的组织控制指“组织”利用一定手段控制文化夹缝的发展，这个组织一般指“统治者”。我们知道，任何社会都有它的组织系统，组织系统是统治者实行管理的工具系统，没有这个系统，就不可能实现统治。当然，近代的组织又有许多新的含义，像党团组织，指一个具体的按一定宗旨建立起来的集体，在这种组织内部也有一定的系统，同时，这些党团组织又是统治者用来管理社会的一种工具。例如：中国古代宗法社会，从

---

[1] 参见司马云杰：《文化社会学》，华夏出版社2011年版，第353页。

中央到地方,乃至到家族都有一层层、纵横交叉的组织系统,这个系统中等级森严,纪律严明,下级服从上级,全体服从皇上。明朝崇祯十五年(1642),为了查禁一部《水浒传》,动员了从内理事、都察院到各省巡按、王城御史及道府有司以至于里甲。一方面大张榜示,不许隐匿,垂为厉禁;另一方面清丈其地,肃清窟穴,萑苻屏迹。[1] 在查禁《水浒传》这个文化夹缝中,皇帝态度坚决,不支持草民造反,非查不可,构成了夹缝的一方;而对于百姓来讲,喜欢《水浒传》,是因为它宣扬一种杀富济贫、替天行道的"公平"精神,是平民百姓求之不得的,构成了夹缝的另一方。而处在夹缝中的,倒是那些里甲,既要传皇上的旨意,完成清查任务,又要面对百姓,不能祸害乡里。《水浒传》没有查尽,倒是崇祯帝在两年之后,失去了大明江山。这是崇祯没有想到的。当然,查禁《水浒传》不是崇祯帝有意构成这个夹缝,是他采取了查禁之后,自然形成了夹缝。其实,在这个文化夹缝中,皇帝和官员对平民百姓也构成了夹缝。皇帝为保江山,官员为保职位,对民众构成了查禁《水浒传》的夹缝。

文化夹缝的结果控制。所谓文化夹缝的结果指某种文化夹缝现象造成了一定的"后果"之后,组织者采取措施,控制"后果"的恶化或者异化。人是有预测性的动物,但预测不等于结果,有许多的预测并没有达到预测的效果,因此,组织者必须加以调整和控制,以求文化夹缝的结果能够接近预测的结果。社会上,文化夹缝的结果控制是较为常用的方法。例如:作为高考改革的一项重要举措,大学的自主招生已到了第十年。这当中有复旦大学的"千分考",有北京大学的"实名推荐",有"华约"(清华联盟)、"卓约"(理工联盟)、"北约"(北大联盟)等联盟。无论哪种盟约,都有4个问题:一是在缺少诚信的环境下,如何做到没有"人情招生";二是这种自主招生关注学生的知识结构、思维能力、学科特长等等,农村孩子肯定比不上城市孩子;三是学生参加自主招生的成本较昂贵,农村家庭有巨大的压力。到了自主招生的那两天,学校周边的宾馆已找不到房间,有的考生提前三个月才能预订到房间,这又有了"公平危机";四是等于把过去的一次高考弄成了两次。[2] 这样一来,本来带有改革意思的自主招生,有成了"鸡肋"的危险。一边是高校(试点)赞成,构成了

[1] 孔另境:《中国小说史料》,中华书局1959年版,第38页。

[2] 参见袁新文:《当心自主招生沦为"鸡肋"》,《人民日报》2012年2月24日。

夹缝的一方;一边是部分家长和考生反对,尤其是农村考生,只能"望考兴叹",比如一个边远山区的孩子,要跑到上海去考试,这有点不可思议,这些考生和家长构成了夹缝的另一方。处在夹缝中间的是部分考生和家长以及"领导者"(教育行政主管部门负责人)。部分考生愿意参加自主招生,因为自主招生有更多的机会。2012 年自主考生已突破了十万人。对于教育行政主管部门来讲,自主招生"夹力"不小。在 2012 年"两会"期间,教育部副部长杜玉波讲:"自主招生不能弄成'小高考',今年出规范健全责任追究机制。"[1]看来,对"小高考"的试验要加以控制了。这个文化夹缝是在经过十年试验取得了一些成果之后,才进行有效控制和改革的。当然,自主招生每年都有一些微调,但不像这一次调整之大。"今年一定会出台一个进一步规范自主招生行为的意见。同时,也要建立试点高校的准入退出机制,健全责任追究机制,维护招生公平。"[2]

(四)文化夹缝的质化

文化夹缝的质化是指在文化夹缝构成之后,夹缝的结构以及性质发生的变化。我们把夹缝结构作为质化的内容之一,是因为在同一文化夹缝中,构成夹缝的构成者有可能转化为"夹缝人",实质上是夹缝的构成发生了质变。夹缝性质变化指夹缝的本质和功能发生了变化。

1. 文化夹缝的内化

文化夹缝的内化是指在文化夹缝内部,夹缝的构成方式和性质发生了改变。这种现象在良性文化夹缝和恶性文化夹缝中都有。

物质文化夹缝向精神文化夹缝转化。马克思说过:"人们奋斗所争取的一切,都同他们的利益有关。"[3]人们理解利益多为物质层面的,但利益有时会向精神层面转化。毛泽东说过:"对于物质可以变成精神,精神可以变成物质这样日常生活中常见的飞跃现象也觉得不可理解。因此,对我们的同志,应

---

[1] 刘璞、石小磊、仇惠栋:《自主招生不能弄成"小高考",今年出规范健全责任追究制》,《扬子晚报》2012 年 3 月 5 日。

[2] 同上。

[3] 《马克思恩格斯全集》第一卷,人民出版社 1956 年版,第 82 页。

当进行辩证唯物论的认识论的教育。”[1]就文化而言，物质可以变精神，精神可以变物质，那么，文化夹缝是一种特有的文化现象，同样物质可以变精神，精神可以变物质。文化夹缝从物质向精神转化，其夹缝人并没有变化，而夹缝的内涵却发生了质的转变。例如：中国首善陈光标，小时家中非常穷，在他两岁时，一个哥哥和一个姐姐因穷而去世。他卖过水，卖过冰棒。在他大学毕业后的经商过程中受过骗。在创业过程中，他一直处在经营的物质夹缝中。他从生产经销“跨世纪家庭 CT”开始，掘得了人生的第一桶金。之后，他又生产“灵芝胶囊”，2000 年组建江苏黄埔投资集团，成为著名企业家。到 2010 年 10 月止，陈光标已累计捐款、捐物达 14 亿元人民币。由于他捐款好搞轰动效应，甚至采取砸自己的轿车等举动，引起了社会的非议，对他形成了夹缝。夹缝的一方是部分社会人需要他的善举，希望他做到底；夹缝的另一方是反对他的高调和冲动的善举的另一部分社会人，怀疑他另有动机。这让成为夹缝人的陈光标左右为难了。著名主持人崔永元在 2012 年“两会”时对记者们说：“我和陈光标是很熟的，他有干好事的冲动，但是他老是因为这种冲动干砸了。”在记者问他关于陈光标高调做慈善时，崔永元说：“他有时候可能太看重规模化了，一下就想让千万人受惠，其实我觉得倒不如一个一个来得实惠，帮一个就帮扎实了、帮具体了，别让他老出意外。”崔永元又说：“他现在好歹用的是自己的钱，要是用慈善总会的钱，他早就歇菜了。”[2]陈光标有钱，有钱有物捐出去，救济那些需要的人，是一种物质上的奉献和帮助，是一种慈善的举动，又好冲动、好搞轰动效应，引起一部分人的不满，对此提出一些质疑，从而进入了一种精神文化方面的活动，这是由物质文化向精神文化转变的一种过程。

文化夹缝的内部构成变化。文化夹缝内部构成的变化，是指文化夹缝在运转过程中夹缝结构发生了变化，也就是说构成夹缝的夹缝者有可能变成了夹缝人。夹缝结构的变化虽然不多，但能在一些夹缝构成的变化中见到。例如，《南方都市报》记者到广州某小学采访开学情况，尤其是采访一年级的学生对学校、对社会、对家长、对自己还有哪些要求。在记者采访之前，学校已和

[1]　《毛泽东文集》第八卷，人民出版社 1999 年版，第 321 页。

[2]　李纲：《崔永元谈陈光标高调做慈善：他好歹用的是自己的钱》，《齐鲁晚报》2012 年 3 月 9 日。

家长说过,要教育孩子配合记者,小学班主任也和孩子们交代了,要尽量讲“真话”。家长交代孩子要尽量讲“好话”。结果一个孩子的回答让家长、学校、记者都感到惊诧。记者问一个一年级的小女生:“你长大了想做什么?”女生说:“想做官。”记者问:“做什么样的官?”女生回答:“做……贪官,因为贪官有很多东西。”[1]这个夹缝一方是学校以及学校老师,另一方是孩子的家长,处在夹缝的一年级小女生干脆讲了自己感受最深的实话:“做贪官。”这是社会价值观带给学生的影响,让人震惊。中国抓文化建设,抓社会主义核心价值观的确立,是时候了。物欲横流,精神式微,前景可怕。这个夹缝内部构成的变化表现为原本对小女生的夹缝,让小女生一番实话,使老师和家长处在了夹缝之中。这是小女生的价值观与社会提倡的价值观构成的文化夹缝。

文化夹缝性质的变化。文化夹缝性质的变化是指文化夹缝的内部性质的改变,即由良夹缝向恶夹缝或中性夹缝转化。这与异化有相近之处。文化夹缝性质的变化具体是指在同一个夹缝中,夹缝的内容发生了质变,从而引起夹缝的变化。例如:西部某政协委员讲的投票故事,最能说明夹缝性质的改变。投票,原本是针对被投票者或者被决议者的,但被投票者或被决议者采用了另外的方式,使夹缝的性质发生了变化,原构成夹缝者反而成了夹缝人。故事讲,一天会议选举,会议主办方要求凡弃权的和反对的要在票上画钩,赞成的不用动笔,在会场上,你只要动笔,要么意味着弃权,要么意味着反对,主办者包括被投票者都在会场上,一目了然。本是发扬民主,要么赞成某事或某人升任,要么反对或者弃权。夹缝人是被投票者,经主办会议者这么一“科学投票”,原本想反对的或弃权的与会者,成了夹缝人,你动笔,就暴露了自己;不动笔,又无法表达自己的意愿。在这种形似民主实则独裁的伪民主的投票中,不少人只好违心,把不动笔的票投入票箱。细细品味这类伪民主,我们不得不佩服主办者的心计。

2. 文化夹缝的外化

文化夹缝的外化是指文化夹缝对环境的改变,或者外部环境使文化夹缝发生了变化。文化夹缝不是一成不变的,它既会因夹缝内部的变化而变化,也

[1] 成商:《长大了要做贪官》,《中国楹联报》2009年9月11日。

会因夹缝的环境变化而变化。说到底文化夹缝的外化可以称为“外在化”和“异己化”。

文化夹缝的隐性变显性。文化夹缝构成分为隐性和显性的两种。在没有外力或者内部没有变化的情况下,夹缝一般不会显示出来。一旦有了外力或内部结构变化及某一事物引发,原来隐藏的夹缝会变成显性夹缝,并且对夹缝人施以夹力。例如,在中国传统的儒学、道家等文化中,董仲舒的独尊儒学主张被汉武帝采纳,推行流传,成为汉代文化思想的主流。到了汉末董卓之乱,使汉帝国崩溃瓦解。这一动乱,使一元化的儒学独尊文化模式发生了变化。此时产生了“玄学”。玄学是由老庄哲学发展而来的,其宗旨是“贵无”,其最高主题是个体人生意义价值的思考[1],这一主题符合中国士人的玄远、清虚的生活情趣。本来这种情趣在士人中早已就有,只是并没有形成玄学这样的“学问”。当这一学问形成后,使原本平静的独尊儒术的文化和思想受到了冲击。“两学”形成了显性夹缝,使士人以及平民都处在了这种文化的夹缝中。本来“两学”文化就有冲突,但没有形成夹缝,由于文化模式的变化,使原有的隐夹缝变成了显夹缝,实现了文化夹缝的外化。

文化夹缝的统一对外性。所谓统一对外是指几种文化模式并存相安无事时,民族文化突然对外来文化发力,使外来文化处在传统文化的夹缝中。中国明清时期的“闭关自守”,首先表现在文化上的“闭关自守”,使得国力下降,工业发展停滞。在外来文化与民族文化冲突时,中国人采取排斥、打击的手法,夹击外来文化。康熙后期从基督教不许教徒拜祖宗开始,中国文化中的宗法专制的社会结构文化和伦理传统型文化形成了统一性夹缝,一致夹击传教士,到了雍正年间,耶稣会士被逐出国门。专制的结构文化让人们尊皇帝,伦理传统文化让人们崇祖宗,基督教文化让人们信上帝。由此引发了信仰冲突,处在夹缝中的夹缝人原本是中国百姓,后来基督教徒也成为了夹缝人,这是文化夹缝统一对外的性质决定的。

文化夹缝的分化性。所谓分化是指文化夹缝的构成者,主、客体在一定情况下发生了变化,化出了新的文化夹缝主客体的过程。文化夹缝的分化,存在一切文化夹缝之中。例如:佛教传入中国,与中国的本土文化相结合,使得佛

---

[1]　参见张岱年、方克立:《中国文化概论》,北京师范大学出版社1994年版,第93页。

教发生了变化。晋有三论,后魏有地论、净土二宗,南朝宋世则有毗昙、律、成实、涅诸宗。梁时禅宗初兴,及陈、隋之际则出现了华严、天台、摄论三宗,并各有自己的文化宗旨。这种佛教的分化,便形成了佛教文化的夹缝。再分化,则夹缝更多,其夹力也愈大。

文化夹缝的异化性。所谓异化是指相似或相同的事物逐渐变得不相似或不相同,在哲学上指把自己的素质或力量转化为跟自己对立、支配自己的东西。文化夹缝的异化指把原来对自己有利的夹缝变成对自己不利的或有害的夹缝。马克思说:“无论哪一种社会形态,在它们所能容纳的全部生产力发挥出来以前,是绝不会灭亡的,而新的更高的生产关系,在它存在的物质条件在旧社会的胎胞里成熟以前,是绝不会出现的。所以人类始终提出自己能够解决的任务,因为只要仔细考察就可以发现,任务本身,只有在解决它的物质条件已经存在或者至少是在形成过程中的时候才会发生。”[1]异化现象的出现,必须具有一定的条件。例如,苏共的解体引发苏联的解体,就是一种文化夹缝异化。对于西方发达国家来讲,希望苏联西化,因此千方百计在精神、物质上创造改变苏联的条件。对苏联人民来讲,反对腐败,要求民主,是正确的要求。以叶利钦为首的共产党的异化力量,为了实现个人执政的目的,推动了民主运动的质变。虽然之前美国等西方发达国家花了不少力量,费了不少心思,也没有改变苏联。只有从苏联和苏共的内部,才能搞垮苏联。“唯物辩证法认为外因是变化的条件,内因是变化的根据,外因通过内因而起作用。鸡蛋因得适当的温度而变化为鸡子,但温度不能使石头变为鸡子,因为二者的根据是不同的。”[2]由于苏联执政党——共产党内部出现了叶利钦这样的异己力量,加上原属于共产党领导下的人民的反对,使得原本一致对付国外异己力量的文化夹缝,成为了以叶利钦等政治人物为文化夹缝一方,以人民代表为夹缝的另一方(西方发达国家全力支持国内这“两方”)对苏共施夹,结果是叶利钦成为俄罗斯总统,世界第一国土“强国”分化瓦解。这种文化夹缝是较为典型的“异己”式夹缝。

---

[1] 《马克思恩格斯选集》第二卷,人民出版社1995年版,第33页。
[2] 《毛泽东选集》第一卷,人民出版社1991年版,第302—303页。

三、文化夹缝的主要功能

文化夹缝的功能是指文化夹缝在文化活动中所发挥的作用。功能原义指事物或方法所发挥的有利作用。随着事物的发展,我们发现,事物并不是都发挥有利作用,诸如文化夹缝性质的本身就有良、恶之分,其功能也必然有有利和不利的方面。同样,在文化夹缝中,文化夹缝的功能对夹缝人有利,必然就不利于夹缝构成者;文化夹缝的功能有利于夹缝构成者,必然不利于夹缝人。在同一个夹缝中,文化夹缝有利于夹缝构成者的一方,必然不利于夹缝构成者的另一方。因此,我们认识夹缝功能的内涵,必须突破原有"功能"所固有的含义,给文化夹缝的"功能"赋予新的含义。文化夹缝的功能主要有择优的功能、恶化的功能和调控的功能。

(一)文化夹缝的择优功能

所谓择优指选择优秀。文化夹缝的择优功能是指文化通过夹缝而淘汰劣文化的文化现象,选择优秀的、进步的、文明的社会文化行为。

1. 文化夹缝具有强烈的竞争功能

竞争,说到底还是一种文化现象。文化夹缝的竞争是指构成夹缝的各方在对文化夹缝人施夹的过程中实现自己的争胜目的,或者使夹缝人按自己的意图行事。

文化夹缝的物质竞争功能。一切文化现象都是随经济变化而不断地变化,因为一定的社会基础制约着整个上层建筑。而在物质并不十分丰沛的阶段,恩格斯认为:"历史中的决定因素,归根结底是直接生活的生产和再生产,但是,生产的本身又有两种:一方面是生活资料即食物、衣服、住房以及为此所必需的工具的生产,另一方面是人类自身的生产,即种的繁衍。"[1]生活生产以及繁衍生产一样是物质生产。而普列汉诺夫明确表示:"社会的心理永远

---

[1] 《马克思恩格斯选集》第四卷,人民出版社1995年版,第2页。

顺从它的经济的目的,永远适合它,永远为它所决定。"[1]在这种物质生产中,文化夹缝显现物质竞争功能是必然的。例如,中国改革开放之后,实践的是让一部分人先富起来的理论,许多个体企业应运而生。在中国人传统的官本位理念支配下,有人选择公务员,有的公务员却选择"下海"。"下海"的公务员多数已成为商海中的弄潮儿,而在公务员岗位上的不少官员,一直平淡、朴直。在生活上,"下海"的那部分公务员早已有好车、好房,让公务员们羡慕不已,也有不少公务员后悔,早年应该"下海",不至于今日清贫。在改革开放的大背景下,中央鼓励人们下商海致富,成为改革开放文化夹缝构成的一方;而传统观念的人们以及公务员的家庭成员多是担心或反对"下海"经商,成为构成夹缝的另一方。"下海"和不"下海"的公务员都处在这种历史的文化夹缝中。在公务员岗位上的人,必须努力工作,争取早日进步,超过周围的同事;"下海"经商的那部分官员,也千方百计经营,争取多赚钱、赚大钱,最好能上胡富排行榜。这种不同行业互相间的竞争以及同行业间的竞争无时不在。

文化夹缝的精神竞争功能。马克思讲:"统治阶级的思想在每一时代都是占统治地位的思想。这就是说,一个阶级是社会上占统治地位的物质力量,同时也是社会上占统治地位的精神力量。支配着物质生产资料的阶级,同时也支配着精神生产资料,因此,那些没有精神生产资料的人的思想,一般地是隶属于这个阶级的。"[2]什么是统治阶级,就是掌握了政权的那个阶级。近年来我们讲阶级讲的少了,其实只要有国家存在,阶级必然存在。统治阶级一般都会"统一意志",对内、对外实施一种夹力,在一定的环境下,就会产生精神式的文化夹缝,从而推行自己的"思想"。不同国家、民族,都希望自己的思想能够占据世界统治地位。例如,利比亚的动乱,既有西方发达国家所谓的民主思想的传输,也有国内反对派要求"民主"的附和,附和的目的是为了争权、争利。而西方发达国家又完全是为了自己的"石油利益"。2011 年 2 月 18 日,利比亚多个城市出现抗议活动,要求政府下台,抗议活动波及首都的黎波里。游行者与安全部队发生冲突。2 月 19 日,政府军武力镇压抗议示威者。2 月 23 日,示威者夺取机场。2 月 25 日,欧盟对利政府实行武器禁运。3 月

[1] 参见司马云杰:《文化社会学》,华夏出版社 2011 年版,第 123 页。

[2] 《马克思恩格斯选集》第一卷,人民出版社 1995 年版,第 98 页。

19 日，法国率先空袭利比亚，此时开始，利比亚进入了战争的夹缝，最终以卡扎菲死亡而告结束。因为文化不同、不同国家的利益诉求不同，引发的战争一直没有停止过。一方面是国内反对派的民主，成为夹缝的一方；另一方面是西方发达国家的渗透，成为夹缝的另一方，使合法的总统以及政权包括“独立”的思想处在了夹缝中。这种精神上的竞争形成的夹缝，最终转为一场战争。说到底战争是一种文化夹缝现象，正如毛泽东所言：“政治是不流血的战争，战争是流血的政治。”[1]政治的本身就是典型的文化现象。

文化夹缝的人才竞争功能。人才是人类社会竞争的核心，文化夹缝中的人才往往又是夹缝人。文化夹缝中，人才竞争是夹缝形成的重要原因。人才竞争一般指国家间或民族间的人才竞争，也指人才之间的德、才竞争。例如：中国杰出科学家钱学森，就曾被中美两国争夺而处在了夹缝之中。当时的美国海军次长金布尔声称：“钱学森无论走到哪里，都抵得上 5 个师的兵力，我宁可把他毙在美国，也不能让他离开。”由此，美国政府阻挠钱学森回到中国。1955 年 10 月，钱学森历尽艰辛回到了新中国，进而为中国的火箭、导弹和航天事业作出了不可磨灭的巨大贡献。在这个人才夹缝中，中国政府欢迎和希望钱学森回中国，美国政府不让其回中国，对其形成了前所未有的夹缝。

2. 文化夹缝具有挤压功能

文化夹缝的挤压，实际上是构成夹缝的各方对夹缝人发力的过程。文化夹缝的挤压主要表现在信仰的挤压、习惯的挤压和日常行为的挤压。

文化夹缝具有信仰方面的挤压功能。不同的民族文化哺育了不同的民族心理和精神气质，形成了不同的精神信仰，不同的信仰又形成了不同的文化夹缝。人们正是通过对夹缝人以及某些夹缝构成者实行挤压而运用文化夹缝的。文化夹缝的挤压，有时是人们有意识进行的，有时是无意识进行的。例如：就中国的道教和佛教而言，两种文化曾互相排挤、打击，构成了夹缝，使人们难以选择。佛教自汉明帝永平十年（67）正式传入中国，东汉顺帝年间（126—144）道教兴起，两教与儒学一起相互激荡，尤其是佛、道两教激荡形成了冲突。道教的教徒们认为道教是正统，先于佛教，编造了老子西游化胡成佛的故事来说明佛教为道门弟子，《老子西升经》、《老子化胡经》属这类作品。

[1] 《毛泽东选集》第二卷，人民出版社 1991 年版，第 480 页。

佛教教徒便伪造经典，讲佛教三弟子震旦化教，儒童菩萨为孔丘，净光菩萨为颜回，摩诃迦叶为老子。佛教徒作《笑道论》，道教徒则作《道笑论》，相互指责和诋毁[1]，同时向没有信仰的人们宣传自己的教为正宗、正统，让人们信仰他们的教，成为他们教的教徒。这种挤压一直到后来演化为两种教文化的流血冲突。

文化夹缝具有习俗方面的挤压功能。中国有句俗语：十里不同风，百里不同俗。文化区域不同，就具有不同的习俗。在习俗上，往往会构成不同的夹缝，对不同习俗的人施以挤压。南甜、北咸、东辣、西酸的口味，不仅仅是一种口味的需要，实际上是一种食品文化的体现。河南人喜欢豫剧，山东人喜欢吕剧，上海人喜欢越剧，安徽人喜欢黄梅戏，这正是不同区域的文化习俗形成的。例如：中国现在不少城市制造在中国境内的“欧洲”，如天津的“意大利”，距北京20分钟火车车程，在这片“欧洲”世界里，红色的房子闪闪发光，面积6万平方米土地上，遍布着品牌专卖店和比萨饼店，这是为想通过购物来表明自身地位的中国人营造的世界，这里是有钱人购物的天堂。不知何时，中国的有钱人形成了购买欧洲名牌的习俗，欧洲人和中国的有钱人相通，对平民百姓构成了一个可望而不可即的购物夹缝。这种为那些好显示身份地位的有钱人准备的“人造飞地”，正在中国各地涌现。这儿有一块“荷兰”，那儿有一片“英国”，别的地方还有一片“瑞士”和“西班牙”，如此等等。“调查表明，在这个充斥着仿冒 iphone 手机和假拉菲红酒的国度，中产阶层依然想购买高质量产品。”[2]

3. 文化夹缝具有和合功能

和合指和谐、合拢、融合。文化夹缝的和合，指通过夹缝，使原本有“对立”的夹缝构成性质变成了和谐的性质。

文化夹缝具有凝聚功能。文化精神具有巨大的思想统摄性，文化夹缝同样具有凝聚力量。它会使构成夹缝的双方或多方以及夹缝人暂时放弃夹缝的副作用，而体现出少有的一致性。例如，抗日战争期间，中华民族到了最危险的时候，中国国共两党再度合作，形成全国各党派、各族人民的统一战线，改变

[1] 参见司马云杰：《文化社会学》，华夏出版社2011年版，第299页。

[2] [德]桑德拉·舒尔茨：《中国制造的“欧洲”》，《读者》2012年第6期。

多年国共之间的敌对状况，一致抗日。原本是两个为争取全国人民来支持和拥护自己的对立党，实际上对全国人民构成思想上、军事上的夹缝。但是，到了日本全面侵略中国之后，两党再度合作，最终取得抗日战争的胜利，这种凝聚力量非常之大，团结的精神非常之强。

文化夹缝具有整合功能。文化的本身一直具有极强的整合能力，文化夹缝在施夹过程中同样具有整合功能。所谓整合，就是通过夹缝构成者的整合，使夹缝的夹力更大，或通过夹缝构成者与夹缝人的整合，减少夹缝的夹力，化解夹缝问题，实现共同的目标。例如，中国古代文化具有极强的多元性，不同的区域，形成不同的文化，包括语言的发音，像齐鲁文化、巴蜀文化、荆楚文化、吴越文化、岭南文化等等，这些不同的文化互相碰撞，有的联手，对其他文化区域的人构成夹缝。尽管各地文化特点显著，在历史变迁中，又夹又合，逐渐形成了中华的大文化。

文化夹缝具有激励功能。中华文化自强不息的精神，一直激励着整个民族不断前进。中华文化把个人、家庭和国家的利益看成一个整体，对个人同样具有激励作用。文化夹缝的激励功能，主要体现在对夹缝人以及夹缝之外的人的激发鼓励。例如，中国近代史上著名的五四运动，以反帝反封建为旗帜，谱写了壮丽的诗篇。1919 年 1 月，第一次世界大战战胜国在法国巴黎召开所谓的“和平会议”。巴黎和会不顾中国也是战胜国之一，竟然决定将德国在中国山东的权益转让给日本。此消息传到国内，北京学生群情激愤，学生、工商业者、教育界、爱国团体纷纷通电，斥责日本的无礼行径。1919 年 5 月 1 日，北京大学的一些学生获悉和会拒绝中国的要求，当天，学生代表就在北大西斋饭厅召开紧急会议，决定 1919 年 5 月 3 日在北大法科大礼堂举行全体学生临时大会。临时大会决定：一是联合各界一致力争；二是通电巴黎专使，坚持不在和约上签字；三是通电各省于 1919 年 5 月 7 日国耻纪念举行游行示威运动；四是定于 1919 年 5 月 4 日（星期日）齐集天安门举行学界之大示威。随后发生了“火烧赵家楼事件”，军警予以镇压，并逮捕学生代表 32 人。1919 年 5 月 11 日，上海成立学生联合会；1919 年 5 月 14 日，天津学生联合会成立；1919 年 5 月 19 日，北京各校学生同时宣告罢课。天津、上海、南京、杭州、重庆、南昌、武汉、长沙、厦门、济南、开封、太原等地学生也先后宣告罢课，支持北京学生的斗争。1919 年 6 月 5 日，上海工人开始大规模罢工，以响应学生罢课。

上海的罢工波及各地，全国22个省150多个城市都有不同程度反应。面对强大社会舆论压力，曹、陆、章相继被免职，总统徐世昌提出辞职。1919年6月28日，中国代表没有在和约上签字。外国侵略者不断觊觎中国领土，学生坚决反对，北洋政府则摇摆不定。北洋政府虽是执政者，一样成为夹缝人。五四运动激励全国学生、工人，先后投入反帝反封建的爱国运动，至今，这种激励力量仍然很大。

（二）文化夹缝的恶化功能

文化夹缝的恶化功能指文化夹缝催化了原本正确的事物，助推了不良现象，改变了夹缝人的心理。

1. 文化夹缝具有迷信功能

这里的迷信不是指相信神灵鬼怪等超自然的东西，而是指盲目的信仰崇拜，从而失去了本位，丢掉了科学。这样的迷信文化夹缝功能在中国历史上是常见的。

中国文化盲目"崇君"性的夹缝。"崇君"是指尊崇皇帝。中国几千年文化历史，朝代更替，人才辈出，但都没有逃脱"尊君"思想的规范。历史上绝对尊君论则是由法家提出来的，韩非从天下"定于一尊"的构想出发，提出了"事在四方，要在中央，圣人执要，四方来效"（《韩非子·扬权》），认为国君具有无上威权，对臣民畜养以供驱使，而臣民对君则必须唯命是从。[1] 像国君的"金口玉言"、国君是"真龙天子"等，把国君神化。"天子受命于天，天下受命于天子"（《春秋繁露·玉杯》），国君也自视"朕即国家"。中国是农业大国，靠天、地、君生存，当时崇君还可以说有一定的道理。但是，盲目崇君而且至今仍念念不忘，让文化人感到羞愧。盲目崇君夹缝，使文化、经济前进不同步，一直走不出黄炎培所讲的兴衰的周期律。构成这种文化夹缝的一方是中国崇君习俗以及推行崇君并获得国君好处的大臣；另一方是文化开明人士，他们反对尊君，要求民主、自由和平等。其实大多数民众是赞同民主、自由和平等的，但有的民众一旦遇到了"君主"，则变得更加奴才起来，恨不得立马生出个尾巴来，使劲摇它几下，以示对"君主"的崇敬、顺从。"在中国古代，除少数异端思

---

[1] 参见张岱年、方克立：《中国文化概论》，北京师范大学出版社1994年版，第362页。

想家提出过犀利的非君论外，多数学派的思想家都有不同程度的尊君思想。"[1]那夹缝第三方的"国君"，则最愿意听到"万岁"的呼声。处在夹缝中的多数百姓们，只好顺从那些臣子们的崇君思想，即使有所不满，也只好期待另一个君主比前一个君主好些，仍然心甘情愿地听从君主们的摆布，处在崇君的文化夹缝之中不能自拔。

中国文化虚伪的民本性夹缝。中国古代社会中，民本思想和民本的提法是非常虚伪的，在中国封建这一集权社会中，统治者剥夺了人民群众的一切权利，将军、政、财大权全部集中到皇帝个人手中。这就是马克思多次论述的"亚细亚生产方式"土壤中生长出来的"东方专制主义"。[2] 既然已是专制，哪里还有民本可谈？民本，只不过是思想家们的空想而已。孟子说："民为贵，社稷次之，君为轻，是故得乎丘民而为天子，得乎天子为诸侯，得乎诸侯为大夫。"（《孟子·尽心下》）稍晚的荀子讲："君者舟也，庶人者水也。水则载舟，水则覆舟。"（《荀子·王制》）这种告诫，只有李世民反复强调过，到宋、元、明、清，早已不提，尤其是在明朝，把孟子的这一段话全部删光。其实，在民顺、民服、民从的情况下，统治者的民本讲得就好，调子也就高，到了一有风吹草动之时，"民本"便变成了"残民"、"贱民"、"虐民"。在需要的时候，中国的统治者都讲"民为本"，在不需要的时候，便撕下那张"民为本"的脸面，成为"君为本"，这就是中国的民本文化。例如：明朝的朱元璋，来自平民，对民间疾苦非常了解，一方面他提倡为民，让民安居乐业，一方面他又删除孟子的为民的话语，为己所取。在这个夹缝中，构成夹缝的一方要求以民为本，使得皇上让步，为民着想；以皇帝及亲信为另一方（当然大臣讲出）讲以皇帝为本，即"民以君为主"，这双方构成的民本夹缝，延传至今，使百姓搞不明白，到底是以谁为本。当然，在中国直至今天，不少官员还认为应该以"天子"为本，这是亚细亚顺民思想所决定的。

中国文化的重人伦轻自然夹缝。中国文化不同于其他民族的文化的最显著特点在于以"人"为核心，体现在哲学、教育、科学、艺术各个领域。中国人讲究天人和谐、天人合一，表现为重人文、重人伦的特点，但在对于自然界本身的认识和改造方面，从未重视。中国思想家总是在"利用自然知识以说明政

---

[1] 张岱年、方克立：《中国文化概论》，北京师范大学出版社1994年版，第362页。

[2] 同上书，第363页。

治、道德方面的主张，而不以自然本身的研究为目的”[1]。西方文化多是强调征服自然、改造自然，以求人的生存和发展、对于西方文化的这一特点，我们的祖先却不赞成。朱熹说：“如今为此学而不穷天理，明人伦，讲圣言，通世故，乃兀然存心于一草一木、器用之间，此是何学问！如此而望有所得，是炊沙而欲其成饭也。”（《答陈齐仲》，《朱文公文集》卷39）世界著名中国科技史专家李约瑟说：“儒家相信宇宙的道德秩序（天），他们使用‘道’一词，主要地——如果不是唯一地——是指人类社会里的理想道路或秩序，这在他们对待精神世界和知识的态度上表现得很明显。他们固然没有把个人与社会人分开，也没有把社会人与整个自然界分开，可是他们向来主张，研究人类的唯一适当对象就是人本身。”[2]在教育领域，国家往往派身份较低的人去学习自然科学，像唐代的“二馆六学”，即弘文馆、崇文馆、国子学、太学、四门学、书学、算学、律学，招收的弟子依照出身的品次高低，其中“六学”中的书、算、律被排在最后，其学生为八品以下官员的子弟以及庶人子弟。这种情况，说明了自然科学在当时的地位。在古代学术史上，关于严密逻辑结构的理论，关于技术性控制的实验，都没有得到重视和发展。[3] 这样一来，一直处于科学技术领先的中国，从16、17世纪开始落后了。儒家推崇人伦，君臣纲，为夹缝的一方；社会实践和生活需要自然科学的人们为夹缝的另一方，使那些甘愿学习和运用自然科学的人处在了夹缝中，一直不被社会重视。

2. 中国文化夹缝具有催化功能

夹缝文化的催化功能是指夹缝文化会使原有的文化现象在夹缝的夹击下向更新方面、更深方面转化。这种转化有向好的方面变化之时，也有向恶的方面变化可能。有些文化夹缝，只有在中国才能构成。

性别差异的偏向性。在中国的传统文化中，人们十分重视性别差异，而且大多数人重男轻女，男尊女卑，造成了许多人为的文化夹缝。在封建时代，对妇女有“三从四德”的明确规定。“三从”：“未嫁从父，既嫁从夫，夫死从子”（《礼仪·丧服·子夏传》）。“四德”：“妇德、妇言、妇容、妇功”（《周礼·天

[1] 赵纪彬：《论语新探》，人民出版社1970年版，第2页。

[2] 李约瑟：《中国科学技术史》第2卷，科学技术出版社、上海古籍出版社2008年版，第8页。

[3] 参见张岱年、方克立：《中国文化概论》，北京师范大学出版社1994年版，第369页。

官·九嫔》)。东汉班昭在《女戒·妇行》中对“四德”做了注释:“清闲贞静,守节整齐,行己有耻,动静有法,是谓妇德;择辞而说,不道恶语,时然后言,不厌于人,是谓妇言;盥浣尘秽,服饰鲜洁,沐浴以时,身不垢辱,是谓妇容;专心纺织,不好戏笑,洁齐酒食,以奉宾容,是谓妇功。”中国人认为只有男人才能传宗接代,并形成了孩子姓氏从父不从母的文化。这种礼教的方式,已给妇女们形成了一种习俗式的文化夹缝。一个女人,娘家要求这样,婆家要求那样,社会规范又是一样,夹缝的日子不好过。例如,如今的独生子女,结婚之后孩子姓谁姓,成了大问题。《扬子晚报》报道:2012 年 3 月 1 日晚 10 点左右,南京浦口警方接到报警求助称,一中年女子躺在马路上,情绪失控。一问原来是因为孩子出生后随谁姓的问题。小两口女方姓刘,男方姓李,在婚前说好将来孩子随母姓,如今刘某已怀孕 5 个月了,小李变卦了,要孩子生下来姓李,这才有刘某母亲大闹,非要带女儿回娘家不可。在这种习俗的文化夹缝中,女方家人坚持随女姓,男方家人坚持随男姓,各不相让,倒是让小两口处在夹缝之中。此篇报道还说,李某、刘某两家老人见面谈此事,没有谈拢吵了起来,女方母亲才躺在马路中间。刘某感到很尴尬、很纠结,又舍不得爱人。[1] 这类习俗的夹缝会越来越多。

官本位的歪曲性。中国几千年的封建社会,官为本、为贵、为荣、为尊成为独有的文化现象。这种文化现象催生了许多官本位的文化夹缝,又使多少人在这种文化夹缝中扭曲了精神而不能自拔。中国文化中有“学而优则仕”之说,还有“劳心者治人,劳力者治于人”的心理教育,形成了根深蒂固的官本位思想,而且越来越严重。在中国,官是一种名、权、利俱有的职业,所以很多人梦寐以求。《儒林外史》一书中的范进,从 20 多岁一直考到 54 岁,考了二十多次,终于中举。其实今天的考公务员,不亚于那时的范进中举的心态。例如,江苏省 2012 年公务员的考试报名 30 多万人,甚至出现了“千人争一岗”的局面。可全省计招录人数仅为 6748 人,平均为 45 人竞一岗。竞争最激烈的职位报考人数达 717∶1,这是无锡市国土资源局下属的一个科员的职位。[2] 在这个官本位的文化夹缝中,家人的希望和要求成为了夹缝的一方,社会人的习俗和政府官员对岗位人员的需求形成了夹缝的另一方,报考公务员的人处在一种文化

[1] 参见任国勇:《外婆躺马路哭闹要让外孙随女姓》,《扬子晚报》2012 年 3 月 3 日。

[2] 参见易保山:《2012 年江苏公务员报名即将截止,报名人数已逾 24 万》,《扬子晚报网》2012 年 2 月 13 日。

夹缝之中。家人都希望自己的孩子考上,官员们希望招到自己需要的人,通过笔试、面试,最终才能确定报考者的命运。

风俗文化的恶俗性。文化夹缝中,最为恶劣的习俗是赌博,而中国人的爱赌远远超过其他国家。中国的赌博形式可能有一千多种,麻将是较为普及的一种。其实,无论是麻将、斗鸡、赛马、桥牌以及现在江苏流行的掼蛋,都是一种娱乐的形式,正常进行是有益于健康的。像麻将,娱乐者在玩的过程中,必须眼观四方,用心思考,科学地进行排列组合,对人的思维具有很好的锻炼作用。但用麻将牌进行赌博,则是一种恶习了。不少人明知赌博不好,但却深陷其中不能自拔。例如,一篇《麻将——部分中国人的挚爱》博文说:"说起牌瘾大,确实有大的。我的同事告诉我,她妈妈八十多岁了,牌瘾可大了。她常常跟她女儿说:'我死后什么东西都不要,给我一副麻将就行了。'"[1]其实这种"玩"就是一种半赌博的形式,老太太赌的钱并不多,但没钱觉得没有刺激,这种现象在打麻将的人群中广泛存在。在这恶习的文化夹缝中,夹缝一方是政府不让赌博;夹缝的另一方是家人孝敬老人,让老人有事做;赌友们坚持去赌,尤其是那些上次赌输了的人,一心想再赢回来。作为那八十多岁的老太太及一些好赌之人,被恶习夹在中间,明知赌博不好,不去赌也觉得不好,去和不去成为赌者的心病。

3. 文化夹缝具有至化心理功能

所谓至化是指夹缝人在夹缝中或者遭到夹缝夹击之后改变了原有心理的过程。世界上活着的正常的人,每时每刻都在进行着心理活动。而夹缝往往通过夹力,使夹缝人在夹缝现实中改变自己多年已有的是非观、价值观和伦理观。

文化夹缝可以使夹缝人产生听天由命的心理。不少中国人是信命的,孔子在《论语》中曾讲过:"死生有命,富贵在天。"[2]所谓"命运"指人的生死、贫富和一切遭遇是生来注定的。国人在遇到了不可克服的障碍时,往往转向了信命,而文化夹缝往往又催使人们走进信命的夹缝中。例如:明代朱棣发兵夺了朱元璋孙子、朱棣亲侄子的皇权,当时被认为是命运的安排。朱元璋为了

---

[1] 邹元初:《话说中华文化》,昆仑出版社 2012 年版,第 162—163 页。

[2] 《论语》,见陈襄民《五经四书全译》第 4 卷,中州古籍出版社 2000 年版,第 3160 页。

让孙子能够掌牢大权，先杀能威胁到皇权的功臣，编《昭鉴录》，对诸皇子进行示范性的宗法教育；再编《永鉴录》，又颁《皇明祖训》，把皇帝、藩王、臣下所应该恪守的，该做和不该做的事，都细加列举，以法令和制度形式规定得一清二楚。一次，朱元璋看到丝丝马尾随风飘动，便随口出了一个上联"风吹马尾千条线"，让燕王朱棣与允炆叔侄二人分别对出下联。允炆对"雨打羊毛一片毡"；朱棣对"日照龙鳞万点金"。朱元璋点评：允炆合乎韵律，太柔弱；燕王有气派。这也是后人认为是命中注定的结果。[1] 同样，霸王项羽，在四面楚歌时，自刎乌江，大喊"天亡我也，非战罪也"，认为自己的结局是命中注定的。

文化夹缝可以使夹缝人产生从众心理。中国人的从众心非常广泛和别致。一般的人都会随大溜地作出自己的决定，尽管有时认为别人的做法不妥，却同样随之而做。由于国人这种心理现象很普遍，所以，形成了中国的从众文化，构成了从众文化夹缝。例如：2011 年 3 月 11 日，日本东北部海域发生里氏 9.0 级大地震，地震引发海啸，造成日本福岛第一核电站 1–4 号机组发生核泄漏事故。社会上有人传言说碘可以防核辐射，而食盐中含有碘，国人们便跟风一起抢购碘盐。这样一来，出现了两种结果：一种是从众心理使很多人抢购碘盐，使碘盐脱销；另一种是有人有关系，走后门抢购到了许多碘盐，据说有的人有几百斤，几十年都吃不完。在这个从众的文化夹缝中，构成夹缝的一方是有人传谣言，迷惑一些人；构成夹缝的另一方是"盐商们"，要多少都能供应。处在从众夹缝中的那些夹缝人，跟风抢购碘盐，结果便可想而知了。

文化夹缝可以使夹缝人产生面子心理。易中天曾说过："面子是中国人的宝贝。面子几乎主宰着中国人的一切。人际关系，要靠面子来处理和维系；社会生活，也要靠面子来决定和操作。就说请客吃饭，什么人该请，什么人不该请；什么人该'再三敦请'，什么人不过随口说说，都一律取决于面子。"[2] 中国独特的面子文化，其作用有积极的一面和消极的一面。从积极的方面看，面子是一部分人的前进动力。为了争面子，人们要努力。另外，面子具有约束力，是人的一种骨气和气节。但文化夹缝中的面子夹缝，消极一面的夹力不

[1] 参见王充闾：《龙墩上的悖论》，中信出版社 2007 年版，第 195 页。
[2] 易中天：《闲话中国人》，上海文艺出版社 2006 年版，第 78 页。

小。如果把面子看得高于一切，过于虚荣，只讲面子，打肿脸充胖子，那就会适得其反。[1] 例如，民间有一则讲一位教书先生死要面子活受罪的故事，让人捧腹。说旧社会有一位教书先生家中很穷，一年四季很少吃到猪肉，但这位先生好面子，天天跟村里人讲吃白米饭、红烧猪肉。为了证明自己吃了猪肉，出门都要用老婆炒菜时用的一块油布擦擦嘴，以显示自己的嘴上“油汪汪”的。那天，老婆一忙，把油布放在灶台上，把孩子的尿布挂在了门边的晒衣绳上，那是孩子刚拉过屎的尿布，上面还有孩子黄黄的大便。这位先生在习惯的作用下，顺手用这尿布擦了擦嘴，胡须上沾满了孩子黄黄的大便。出门后，邻居问先生吃过了，先生说吃过了。邻居问今天吃的什么？先生说白米饭，烧猪肉。邻居问您胡子上怎么黄黄的？先生用手一擦，鼻子一闻，是大便味，自知用错了油布。但先生还是要面子，说那胡子上黄黄的是鸡蛋汤中的鸡蛋花。这种死要面子的夹缝故事很多。在这个夹缝中，一方面先生要面子，一方面邻居喜欢问候调侃，便构成了面子的夹缝。

（三）文化夹缝的调控功能

所谓调控指文化夹缝在一定的条件下具有调节和控制功能。文化夹缝的调节控制，主要从思想上、信仰上、生活方式上、社会关系上进行调控，使夹缝人进入夹缝构成者所希望的正常状态。

1. 文化夹缝对生活方式的控制

所谓生活方式的控制是指对夹缝人实现夹缝环境、生活方式、生存关系等方面的调控，使之按夹缝构成者的愿望而发展。

文化夹缝可以调控人们的生活环境。在人类社会中，人们的生活环境不同，会形成不同的生活习惯。平原上的人们，生活环境主要是土地，人们便创造了村落、家族、邻里一类社会组织，形成了一定的宗教信仰。如果人们从其他环境加入这一环境，一定会处在生活习性的夹缝之中，并逐渐改变自己原有的习惯。同样，在一定条件下，文化夹缝可以改变人们的生存环境，使夹缝人顺从原本没有的生活习俗。例如：清朝入关，为了继承东北固有的文化习俗，让中原男人留辫子。中原男人虽然不满，也有人反抗，但最终还是在“留辫子

---

[1] 参见邹元初：《话说中华文化》，昆仑出版社 2012 年版，第 144 页。

才能留人”的调控下,甘愿留下长辫三百年。

文化夹缝可以调控人们的生活方式。人们的生活方式一直是在不断变化的,有些生活方式变化得大一些、快一些,有些生活方式变化得小一点、慢一点,一成不变的生活方式是没有的。生活方式的变化,在城市周边地区表现得最为明显。中国的城市化进程非常快,尤其是城市周边的农民感受最深。许多农民因为土地使用权的变化一不小心成了城里人,就要按城里人的生活方式生活。那种“日出而作,日落而归”的作息方式,那种“看妇机中织,弄儿床前戏”的生活情趣,早已被高楼大厦和同时起床、同时吃饭、同时上班、同时回家的工业社会的生活方式所取代。生活在城乡夹缝中的人们,走出了区域夹缝,进入了生活方式的夹缝。城里人的生活方式为一方,原有乡下人的习惯为一方,构成的生活方式的夹缝,迫使那些乡下人变成城里人的人在改变自己生产方式的同时,改变自己的生活方式。

文化夹缝可以调控人们的生存关系。生存与生产生活是分不开的,人们为了生存,必须进行一定的生产,而后获得自己的生活资料,以保证生存。文化夹缝可以在人们求生存中改变生存关系。由于有些生存关系是人为的,所以,人们必须在求生存中加以区别。例如,有一则报道足以表明在中国的关系网中,文化夹缝让人们不得不改变生存关系。报道说,某工厂建在一个县,光和县委、县政府搞好关系不行,还要和很多有实权的单位,诸如计委、纪委、民政局、交通局、教育局、卫生局、城建局以至各个公司甚至附近的一个村,都要搞好关系,对他们哪一家也得罪不起。如果他们有十次要东西,一次没给,就马上给你出一个难题。如变电所,他向你要一次车,没给,马上就借口停电,如此等等。[1] 这则报道说的是前几年的事,但现在这种情况也没有多大的改变,不少单位和个人还处在一种生存关系的文化夹缝中。这个报道表明,县委、县政府是希望企业发展的,形成了夹缝的一方;地方各部门和村委会,是希望得到企业“好处”的,构成了夹缝的另一方。作为夹缝人——企业主,必须想方设法改善关系,以减少夹力,保证生存和发展。

2. 文化夹缝对人与人关系的控制

所谓关系是指一个或一个以上的个人或团体与一个或一个以上的个人以

---

[1] 参见杨国枢:《中国人的心理》,江苏教育出版社 2006 年版,第 89—90 页。

及团体间相互作用、相互影响的状态。团体与团体,团体与个人,实际上还是人与人的关系,我们讲的关系与前一节中的生存关系有相近之处,但又有区别。

文化夹缝可以调控亲属之间的关系。亲属一般指血亲如叔(姑)侄、舅(姨)甥、堂或表兄弟(姐妹)等及姻亲如岳婿、翁媳、连襟等。这种关系被中华民族的"血浓于水"的传统文化凝聚着,并不停地争斗、和合,又不停地在和合中构成一种亲缘的夹缝。就中国传统中的婆媳关系而言,这种微妙而现实的关系,让不少家庭头痛。如今的独生子女,形成了中华民族当下的独特的历史阶段的亲属关系。爷爷、奶奶、外公、外婆、父亲、母亲,对着一个独生子女,既让独生子女感到了幸福,也让独生子女感到夹力很大。爷爷奶奶希望孙子成为艺术家,让孩子加课学习美术音乐;外公外婆希望孩子成为科学家,让孩子加课学习数学、物理;孩子的父母有可能还有另外的想法和安排。如此一来,形成了中国独有的亲属关系的夹缝,在这个夹缝中,往往接近或趋同独生子女父母想法的老人,和这个家的关系就显得近一些,否则则相反。

文化夹缝可以调控朋友之间的关系。朋友关系在各种关系中十分重要。就中国非常时髦的餐桌文化夹缝来讲,人们往往认为能一起进餐,那就是缘分,是朋友。其实,宴请时什么人要提前几天请,还要再三敦请,什么人可以随便打个招呼,这些是有讲究的。在进餐厅之前,什么人该先入席,什么人该后入席;什么人坐在首席,什么人坐在主请席,什么人打横作陪都有讲究。一桌酒席,吃得欢天喜地的有;吃得横眉竖眼的也有。有人在酒桌上一见面就成了朋友,有人吃完一顿饭反而成了"敌人"。在酒桌上,十个人十条心正常的,要是九个人或八个人一条心就一定有人被灌倒。酒桌上有段子,酒桌也连着官帽子。在这种酒文化下,请者为夹缝一方,酒"司令"为夹缝另一方,而其他被请的人往往处在夹缝中,当然,有时被"请"的人往往是夹缝"主夹"的重点。酒桌,已成为中国人和谐和改善关系的重要场所。

3. 文化夹缝可以实现社会的融容

所谓融容指融合和宽容,文化夹缝的融容,是指人们从思想观念到行为举止的全面融合与包纳。

文化夹缝可促使人们价值观融容。价值观是引导社会思想观念进步的方向,是人们对经济、政治、道德、金钱等所持有的总的看法。由于人们所处的社会地位不同,生存生活方式不同,价值观也就不同。一种社会制度下必须要有一个较为统一的价值观,用这较为统一的价值观引领社会进步的方向。例如:2012年3月5日之前,中国重提学习雷锋的口号,让人们为之一振。“当交换成为很多人的存在哲学,一切似乎都可以打价签、上架、销售,一切似乎都应该掂量轻重、计较短长,‘理性经济人’几乎成为唯一的物种。有人断言,雷锋早从社会上消失,换算成明码标价的各种服务。”“当冷漠成为很多人的人生面具,意义和价值在怀疑中消解,行动与实践在质问中延宕。扶起跌倒老人会不会反被诬陷撞人?爱心捐助会不会反被贪污挪用?在钢筋水泥的现代社会中,有人感叹雷锋若在也寸步难行。”[1]2003年“二十世纪中国十大文化偶像”评选,雷锋位列第八;2010年“新中国100位感动中国人物”评选,雷锋高票当选。“一边是对雷锋的疏离、怀疑甚至解构,另一边却是对雷锋的认同、呼唤乃至回归。”这段理论阐述说明了文化夹缝的现象。构成夹缝的两种人,一方疏离雷锋,一方认同雷锋,对雷锋乃至学习雷锋的人构成了夹缝。中央重提学雷锋,使夹缝人走出夹缝,对学习雷锋又有了较为统一的看法,实现了价值观的融容。

文化夹缝可以使人们的习惯融容。中国人的“过节”习惯应属最大和最持久的习惯文化了。拿中国最大的文化节日春节来说,怎么过节,几千年在不断改变,但改变中又主要靠传承。无论是移风易俗也好,传统过节也罢,过年的文化总让人感到美中不足。例如:办了三十年的春晚,让人们道不尽说不完。在这个春晚文化夹缝中,一方面人们希望有新意,有看头;另一方面人们也要求不能离开传统,让人们感到家的温暖,感到节日的氛围。虽然文化南北有别,东西不同,但是,在过大年的文化中,人们还是认为办好春晚这台“大戏”不容易,的确“众口难调”,于是,人们在融容中看春晚,在看春晚中过新年,使春晚文化夹缝每每得到缓解。

---

[1]　任仲平:《向我们时代的行动者致敬》,《光明日报》2012年2月28日。

第二章　中外文化夹缝

中国文化同世界文化又整合又冲突，总是按照各自的特点和自身发展的规律不停地发展着。文化间虽然不断地整合和融合，又总能保持各自的文化特征。尤其是文化发展中的民族性，显得越来越突出。

一、民族文化与世界文化夹缝

不同的民族有不同的文化，不同的民族又有相通的文化；同一民族也有文化的差别。说到底民族是因文化而进行区分，也因文化而构成夹缝。

（一）民族性文化与世界性文化的异同

世界性文化包括了民族文化，但民族性文化又与世界性文化有根本区别。每一个民族都有自己的文化，每一个民族文化又都具有自身的特征，正因为这些民族文化有自身的特征，才使自己的民族文化源远流长，得以传承和发展。

1. 民族性分析

就民族性而言，本身就是一种文化。民族性实际上是一个极为宽泛的话题，但也能简括为一句话，那就是一个民族在其文化创造过程中的心理积淀。因而有人称其为集体无意识。[1] 民族性是文化的深层结构，反映了一个民族人们的心理状态，即怎样看待和处理自我与外界关系的方式和评价，因此有

[1] 参见宋开之：《中外文化概论》，河海大学出版社 1999 年版，第 9 页。

人也称民族性为国民性。

民族的概念。所谓民族指具有共同语言、共同区域、共同经济生活以及表现于共同文化上的共同心理素质的人的共同体,是在一定社会历史阶段发展起来的。民族是一个历史范畴,有其发生、发展和消亡的过程。

民族文化及民族性文化。民族文化是民族在历史发展过程中创造和发展起来的,由民族成员共同参与而形成的文化。民族性文化,指民族文化中带有本民族根本特点的文化。民族文化包括了物质文化和精神文化。物质文化包括了民族的饮食、衣着、住宅、生产工具等属于物文化的内容;精神文化指语言、文字、文学、科学、艺术、哲学、宗教、风俗、节日和传统等内容。

民族文化必须保留民族性。民族文化是相对一个民族的全部文化而言的,民族性文化是民族文化中最能代表民族文化特质的那一部分。任何民族的民族文化,都要保持自己文化的文化特质,保留自身的文化特色。今天,全球文化铺天盖地滚滚而来,已经给各民族的文化以巨大的冲击和洗刷,民族文化必须扬长避短,对自己的民族精神应保持、发扬和创新。

2. 世界性文化分析

世界性文化指自然界和人类社会一切的文化现象,它包括了民族性文化。世界性文化是相对民族性文化而言的。世界文化的本质到底是什么?摩尔根说:"人类的经验所遵循的途径大体上是一致的。在类似的情况下,人类的需要基本上是相同的,由于人类所有种族的大脑无不相同,因而心理法则的作用也是一致的。"[1]世界各民族的文化尽管有差异,但有着普遍的本质和共性。"现在,世界各民族的精神产品成了公共的财产,民族的片面性和局限性日益成为不可能,于是超民族的和地方的文化,而形成了一种世界文化。"[2]

文化没有国界。在当今文化大发展、大交流的文化混合中,尤其在网络这一平台的极速推动下,世界已成为一个地球村,世界文化与不同的民族文化实现了最快的融合,同样也很迅速地形成不同的文化夹缝。日本学者加藤同一曾指出,日本文化是"杂种文化",以此说明日本文化对外界的接受和融合,同

[1] 摩尔根:《古代社会》上册,商务印书馆 1983 年版,第 8 页。

[2] 司马云杰:《文化社会学》,华夏出版社 2011 年版,第 241 页。

时，也说明了世界文化的巨大渗透力。在今天，各民族的文化已没有了国界，更没有了"族界"，靠文化防守已不是一种好方法。在世界文化大融合中，必须抓住民族文化的特色，发展和创新自己的民族文化，使自己的民族文化在世界文化中独树一帜。

文化与人类共生共进。人类的文化起源是从人类能够制造工具的那天开始的。人类创造了文化，文化同人类共同进步，共同发展。人类创造了文化，人类也需要文化。在科学进步日新月异的今天，离不开文化的进步，同样，文化的进步也推动了人类自身的发展。当然，在人类进步的过程中，人类做出了一些反文化的举动，像战争，屠杀异族、残杀动物等等，这不仅是不文明的行为，还是一种反文化的现象，应该引起人类的反省。

文化的传承使文化生生不息。传承指传接、保存、流传以及发扬。马克思讲："人们自己创造自己的历史，但是他们并不是随心所欲地创造，并不是在他们自己选定的条件下创造，而是在直接碰到的、既定的、从过去承继下来的条件下创造。"[1]要发展人类的文明，需要传承人类优秀的文化，而且人类一切的科学和文化都有继承性。正因为有前人的铺垫，有后人的传承以及创造，才使人类的文化生生不息。

3. 世界文化与民族文化在不断地融合

所谓融合指民族文化吸收世界文化，世界文化也在不停地吸收各民族的文化，使世界各民族的文化相互吸收、融化、调和而趋于一体化。文化的融合是一种文化的自然现象，在排斥中互动，在互动中吸收，在吸收中涵化，从而成为文化的一体。看中华民族的文化融合就可以明白这个道理。远在古代夏人居于伊洛期间，周围就有许多少数民族，如淮夷、风夷、黄夷、于夷、方夷、畎夷、白夷等；商人居黄河流域时，也有人方、土方、鬼方、羌方、戎方诸少数民族；到了春秋战国时代，这些少数民族的名字不见了，融合为华夏民族。[2]

文化融合首先是一种大组合。这种大组合可能是异质的，也可能是同质的。那些来源不同、性质各异、价值取向有差别的文化，"融汇"在一起，经过

---

[1] 《马克思恩格斯选集》第一卷，人民出版社 1995 年版，第 585 页。
[2] 参见司马云杰：《文化社会学》，华夏出版社 2011 年版，第 307 页。

接近、会合、互动、协调，使原本属于自身的文化性质、形式、价值取向向对方方面转化或双方互动之后产生某种新的文化形式，组合成新的文化体系。例如：中国宋朝的理学，就是儒、道、佛三种文化相互吸收、重新组合生成的一种新的文化形式。

文化融合是一种人文知识的融合。人文知识一般指社会现象和文化艺术的研究，在西方，通常指语言、文学、绘画、音乐、雕壁、建筑、哲学、历史等。人文知识是人类认识、改造自身以及社会的经验总结，人文知识也只有经过个人内化转变成人文素养，才能变成个人的意识、思想、情感乃至行动。人文知识的融合，会使知识互相贯通、融汇，从而推动知识的更新。当然，在这种大融合中，一定会形成不同的文化夹缝，从而推动融合的进程。例如：文艺复兴时期的意大利著名艺术家、科学家达·芬奇不仅潜心研究绘画艺术，还研究光学、解剖学、植物学和数学。这些看来十分芜杂的知识，被达·芬奇巧妙地组合起来，运用到绘画上去，结果，画的精确性、生动性和色彩线条完美结合起来，独辟新径，开创了西欧绘画艺术史上一个新时代。[1]

文化融合是一种人与自然的融合。人出生于自然，自然给予人生存的基本条件，人又在改造自然，利用自然为人类自身服务。人与自然的融合是为了人类自己更好地生存的融合，绝不是对自然的破坏，而是一种长期的"天人合一"，即自然界和人的精神的统一。恩格斯说："我们一天天地学会更正确地理解自然规律，学会认识我们对自然界的习常过程所作的干预所引起的较近或较远的后果。……人们就越是不仅再次地感觉到，而且也认识到自身和自然界的一体性，而那种关于精神和物质、人类和自然、灵魂和肉体之间的对立的荒谬的、反自然的观点，也就越不可能成立了。"[2]恩格斯讲的"自身和自然界的一体性"，就是人类与自然的融合形式，而且是一种最佳的融合形式。而人类和自然界的统一，还有改造自然界的任务。"动物仅仅利用外部自然界，简单地通过自身的存在在自然界中引起变化；而人则通过他所做出的改变来使自然界为自己的目的服务，来支配自然界。"[3]例如：美国科学家沃森专攻噬菌体遗传学，英国科学家克里克擅长数学和物理。两人密切合作，共同发

[1] 参见高占祥：《文化力》，北京大学出版社 2007 年版，第 294 页。
[2] 《马克思恩格斯选集》第四卷，人民出版社 1995 年版，第 384 页。
[3] 同上书，第 383 页。

现了DNA(脱氧核糖核酸)的双螺旋结构。1962年,沃森、克里克荣获了诺贝尔生物学和医学奖。

文化融合是异质文化的融合。不同的意识形态,不同的社会制度产生不同的社会主流文化。为了取长补短,一切治政者必须借鉴先进的文化,坚持"洋为中用"的思想。毛泽东讲:"我们的方针是,一切民族、一切国家的长处都要学,政治、经济、科学、技术、文学、艺术的一切真正好的东西都要学。"[1]又讲:"在与自然界作斗争方面,我们第一个先生是苏联,我们首先要学习苏联,但是美国也是我们的先生。"[2]例如:在异质文化融合方面最成功的当属邓小平的姓"资"姓"社"的论述和实践,解决了发展中异质文化融合的问题。邓小平讲:"改革开放迈不开步子,不敢闯,说来说去就是怕资本主义的东西多了,走了资本主义道路。要害是姓'资'还是姓'社'的问题。"又说:"计划多一点还是市场多一点,不是社会主义与资本主义的本质区别。计划经济不等于社会主义,资本主义也有计划;市场经济不等于资本主义,社会主义也有市场。""证券、股市这些东西究竟好不好,有没有危险,是不是资本主义独有的东西,社会主义能不能用?允许看,但要坚决地试。"[3]邓小平从理论到实践,把异质文化的融合推上了一个新的层次,也为中国的经济发展确定了方向。

文化融合还是子系统文化的融合。在不同的文化体系中,有不少的文化子系统,这些文化的子系统支撑着某些文化系统。不同的文化系统中文化子系统不断地互相作用、彼此交流、互动、影响,最终实现了子系统文化的融合。例如,中国魏晋时期的反切之学、声韵之学就是受佛教文化影响而产生的一种新文化。从那时起,文字读音分出四声,不仅影响了文字本身的发展,而且对后来的诗歌、骈体文、散文的发展也影响极大。[4]

(二)民族文化自身构成了不同的文化夹缝

由于民族文化自身中有不少的文化系列,因此,民族文化自身的系列中同

[1] 《毛泽东文集》第七卷,人民出版社1999年版,第41页。

[2] 《毛泽东文集》第八卷,人民出版社1999年版,第72页。

[3] 《邓小平文选》第三卷,人民出版社1993年版,第372—373页。

[4] 参见司马云杰:《文化社会学》,华夏出版社2011年版,第309页。

样会构成不同的文化夹缝。民族的大区域中,又有不少的小区域,既是行政区域,又是文化区域,有的只是文化区域,却不是行政区域。像山东省的齐鲁文化区域则既是行政区域,也是文化区域;像江苏省是一个独立的行政区域,而它却形成了苏南、苏中、苏北不同的文化区域。苏南,地近上海,其文化与上海和浙江北部相似;苏北,靠近山东,与齐鲁文化相近。而苏中,以扬州为代表,又形成了一个文化区域。

1. 文化区的夹缝

所谓文化区指类似的文化特质的区域。在这一区域中,人们语言、风俗、习惯、文明程度相同或相近。中国俗语讲,一方水土养一方人,讲的就是文化区域的特点。

文化特质区域构成文化夹缝。不同的文化区域本身构成内部文化夹缝;文化区域有时同其他区域一起构成外部文化夹缝;文化区域自身对外也构成文化夹缝。这些夹缝有不同的夹缝类型,所夹的对象也不相同。例如,我们常说关中有百怪,就是一些文化特质区域构成文化夹缝的形式。关中,指在秦岭和黄土高原的怀抱之中,南北宽百余公里,东西长四百余公里,号称八百里秦川,自西周以来,历史上有13个朝代在这里建都。关中有一怪叫做"老少无聊把杠抬",其实并不是无聊,而是一种文化特质形成的文化夹缝。人们只要一清闲,会有几个人或数个人一起闲聊,其中某个人引出一个话题。这些话题既有国内外的,也有前朝今朝的;既有张家李家的,还有大政小事的。当这个人一番高谈阔论之后,便有人对某个问题或某个细节、环节提出疑义。发起者并不示弱,其他人马上参与,你一言我一语,互不相让,有时非常激烈,但绝对不会形成统一意见,也很少形成两种意见,往往是多种观点。这种文化特质的夹缝,往往是发起方为夹缝人,应对方成为夹缝构成者,另外的参与者也成为夹缝的构成者,争得面红耳赤,不亦乐乎。[1] 这种抬杠方式,对于外来人来讲,往往不适应,在抬杠中不插言便罢,一插言准会成为夹缝人。

地理环境区域构成的文化夹缝。不同的区域内容易构成文化夹缝,同一区域内因村落或城市不同,同样会构成文化夹缝,这是由于区域中的各种习俗不相同,文化积淀不同的缘故。例如,关中有些村庄姑娘一般是不外嫁的,被

[1] 参见惠焕章:《关中百怪》,陕西旅游出版社2005年版,第33页。

称为一大怪，究其原因，主要是因为关中地区的地理位置优越，土地好，收成好。在前些年，即使姑娘嫁不出去，宁可独身也不外出。加上关中的村与村之间，乡与乡之间，对外来人歧视和冷漠，姑娘希望得到娘家的关照，因此，不愿意嫁出去，娘家父母也希望自己能得到女儿的照顾，也不希望女儿远嫁。女儿到了婚嫁年龄，首先在村内物色，找不到合适的，再到邻村物色，通婚半径一般在5公里之内。据说不少姑娘因找了外地的婆家受到村里人的笑话、父母亲的埋怨。这种文化习俗，往往对姑娘形成一种习俗夹缝。构成夹缝的一方是姑娘的外地的婆家，尤其是未婚夫，欢迎姑娘嫁来；构成夹缝的另一方是村里人，笑话姑娘嫁到外地。对于姑娘的父母来讲，开始不高兴，后来当然会同意，只不过有些遗憾而已。随着社会的进步，这种文化习俗已受到了冲击，有些村庄已发生了变化。

2. 文化模式的夹缝

文化模式是指民族或国家具有的独特文化体系，即文化构成方式。如以农业为主的中国，众多的农村人口，浓厚的家族观念，重人伦，对祖宗及传统权威的崇拜等互相联系形成了中国的文化模式。以工商业为主的美国，以城市生活为主导，个人主义，总统制等互相联系而形成美国的文化模式。[1] 具体来讲，同是吃饭，中国人主要是吃大米、面食及各种烹调食品，餐具则为筷子、汤勺。而美国人主要是吃面包、黄油，餐具多为刀子、叉子等。文化模式不同，就容易形成不同的夹缝。就一个民族而言，由于区域差别很大，有不同的文化模式，也容易形成不同的文化夹缝，中国人民大学孔子学院院长张立文把中国文化模式总结为五大特色：开放包容、多元一体、独立自主、融合创新、和谐和合。美国社会学家C.维斯拉曾在《人与文化》一书中提出了普遍文化模式的九方面：即语言，包括话语、文字和符号等；物质特征，如饮食习惯、住所、运输用具、衣着、器皿、工具、武器等；艺术，如雕刻、绘画、音乐；科学，如自然科学知识，包括数学、物理、化学，再如社会科学知识，包括经济学、政治学、社会学等；习俗，如各种礼仪、礼节等；家庭与社会制度，如婚姻形式、继承制度、社会控制、教育制度等；财产的占有方式与交易方式；政府，如政体、司法、法律程序等；战争等等。不同的文化模式容易构成夹缝，同一文化模式中，也会形成

[1] 参见《百度百科》:《文化模式》。baike.Baidu. com/view /664634. htm.

夹缝。

个人主义模式的文化夹缝。个人主义模式指文化从松散结构到紧密整合的一个维度。在常规状态下,松散的文化结构通常表现为个人主义的文化模式,而紧密的结构则表现为集体主义的文化模式。这里讲的文化结构的个人主义与我们传统中所讲的个人主义有相通也有区别。传统中认为个人主义是一切以个人利益为根本出发点的思想,而这里讲的个人主义是一种用来界定自身和他人或者群体关系的一种文化模式维度。在个人主义的文化模式中,个体关注自己较多,个人目标优先于群体目标。依据 Hofstede 的研究,在五十几个国家和地区中,欧美的一些国家,像美国、澳大利亚、英国、加拿大等国的

表 2-1　个人主义文化与集体主义文化的差异[1]

集体主义文化	个人主义文化
在社会中,家庭或家族保护人们,人们需要对其忠诚	在社会中,每个人应照顾自己和直系家庭
“我们”的意识居于主导地位	“我”的意识居于主导地位
人格以社会体系为基础	人格以个人为基础
个人对组织有情感依赖	个人对组织不存在情感依赖
加入组织出于道德考虑	加入组织出于计算得失考虑
强调属于某个组织,理想是成为其成员	强调个人的首创和成就,理想是获得领导者的地位
隐私受到组织和家族的参与和介入	每个人都有隐私权
由组织或家庭提供专门知识、秩序、义务和安全	在社会体系中追求自主、多样性、快乐和个人经济上的安全
友谊由稳定的社会关系决定,但需要在这些关系内的威望	需要的是一种特殊的友谊
信仰由群体来决定和安排	信仰由个人来决定
价值标准在群体内和群体外有区别(特殊性)	价值标准适用于所有人(普遍性)

文化都属于典型的个人主义文化模式。与个人主义相对应的是集体主义,集体主义是以紧密的社会框架为特征的,个体被看做是群体中的一分子,群体规

[1] 参见 Gccela:《文化模式》。wenku. baidu. com / vien.

范优先于个人目标，集体主义文化模式中的个体表现出更多的对他人关注的倾向。据 Hofstede 等人研究，在五十几个国家和地区中，南美洲的一些国家，像危地马拉、厄瓜多尔、哥伦比亚等属于典型的集体主义文化模式。亚洲的一些国家和地区，比如中国香港、新加坡、韩国、中国台湾等在个人主义文化模式排名中，位列 30—50 的区间内，其文化模式却是偏集体主义的。而中国，在集体主义之中。[1] Gccela 把个人主义文化与集体主义文化列了一个差异表，见表 2-1。

这个表格主要体现了个人主义与集体主义两种文化模式中人们处理个人与组织之间关系的差异。两种文化模式是不同国度里人们的一种行为习惯，到了具体的文化夹缝中，则由不同的人们体现出来这两种模式，从而对人们形成独有的文化夹缝。应该承认，在流行个人主义文化模式的国度中，一样有集体主义文化模式；同样，在流行集体主义文化模式的国度中，也一样有个人主义的文化模式。例如：新中国成立后，政府一直推行集体主义的文化模式，但一样有着个人主义文化模式。这种文化现象不仅在 1976 年以前如此，1976 年之后个人主义的文化模式更加盛行。两种文化模式被人们选用，从而构成一种文化夹缝。学雷锋，一直是 1976 年前的集体主义文化模式的核心，雷锋 1962 年 6 月 30 日在他的日记中说："我认为，一个革命者，要树立牢固的集体主义思想，时刻都要把集体利益放在第一位。同时，还要坚决打消个人主义，因为个人主义对革命不利，对集体有害。个人主义好比大海中的孤舟，遇到风浪，一碰就翻。集体主义好比北冰洋上的原子破冰船，任凭什么坚冰都可以摧毁。我认为坐在小舟里摇摇晃晃不好，还是坐在原子破冰船上乘风破浪一往无前为好。"[2]改革开放后，集体主义文化模式已成为弱势，个人主义文化模式已成为强势。现在，政府又提倡学雷锋，虽然内容已不同于 1976 年以前的内容，但不少人已不愿意接受。原因是社会上许多人已经信奉"个人主义"这种文化模式，这对一些正直的百姓形成了夹缝。

阳刚性与阴柔性构成的文化夹缝。Gccela 认为阳刚性的维度是用来描述一种文化的主导价值是物质导向的还是人际和谐导向的，用阳刚性维度可以

[1] 参见 Gccela:《文化模式》。wenku. baidu. com / vien.
[2] 《雷锋日记》。zhidao.bai du.com / question / 2330017616.

区分为阳刚性文化与阴柔性文化。阳刚性文化看重男性特质，强调物质上的成功；而阴柔性文化模式允许两性角色的更多的重合，更看重女性的特质，强调生活质量、人际关系，关注质量型生活。在阴柔性文化中，强调男女平等。在Hofstede的53个国家和地区的阳刚排名中，日本、瑞士、奥地利、委内瑞拉、意大利、墨西哥等排前几名，属典型的阳刚文化模式；而瑞典、挪威、荷兰、丹麦、芬兰等国家属典型的阴柔性文化。受儒家文化影响较大的中国香港、新加坡、中国内地等排在了阳刚性文化模式的范围中。Gccela列出了阳刚文化模式与阴柔文化模式的差异表，对比一下还是很有意思的，见表2-2。

表2-2　阳刚性文化与阴柔性文化的差异[1]

阳刚性文化	阴柔性文化
男性必须表现为权威和自信，女性应承担教养孩子的角色	男性不必表现为权威和自信，而且也承担教养孩子的角色
社会中的性别角色是明显不同的	社会中性别角色不是一成不变的
男性应主导社会	性别之间应该平等
表现出权威和自信是价值所在	生活质量是最重要的
生活是为了工作	工作是为了生活
金钱和物质是重要的	人和环境是重要的
独立是理想	相互依靠是理想
羡慕成功者	同情弱者
大的、快的是美的	小的、慢的是美的

这个表格表现的是一种以数量为主还是以质量为主的文化模式。阳刚性文化模式在中国几千年来一直是中国刚、柔文化中的主流模式。这种主流模式在中华人民共和国成立后曾受到过冲击，但由于阳刚性文化模式根深蒂固，没有从根本上改变，这种文化被国人概括为重男轻女。在中国社会中，尤其在农村，人们是非要男孩不可的。中国实行独生子女政策，在农村多是“两生子女”，即至少是两个孩子，有的人家为了生个男孩，生了很多孩子，直到生了男孩为止。在这种阳刚文化模式中，夹缝一方是父母（公婆），夹缝的另一方往

[1]　参见Gccela：《文化模式》（一）。wenku.baidu.com.

往是邻里亲戚,有时是女人的丈夫。例如:“沙漠猎人”讲自己非要生一个男孩的故事,让人心酸。她说,我有一个女儿,聪明伶俐的,我觉得很好,从女儿出生后我的整个心思都花在女儿身上了,我觉得很满足了。可自从婆婆知道这个消息以后,就不高兴了。开始是隔三差五地来我们家做我的思想工作。后来看我还是不松口,就干脆住我家,天天和我老公念叨。我老公感到为难了,思想有了动摇。婆婆还说我是他家的媳妇,竟然没有生出一个继承人,丢了他们家的人。这样重男轻女,形成了阳刚与阴柔文化的夹缝。构成夹缝一方是婆婆,坚持要孙子,看不起孙女;另一方是儿媳妇,坚决不再生,认为一个女儿就很好;刚开始处在夹缝中的是女方的丈夫,被母亲念叨烦了,干脆在公司申请值班,不回家了,叫做耳不听气不生。在这种男女没有真正平等的社会中,生男生女的确是有人计较的,因为阳刚性文化模式占了文化模式的主流。

高权力距离与低权力距离文化模式的夹缝。Hofstede 把权力距离文化模式界定在一个国家中,认为权力距离文化模式是指缺少权力的组织或者机构成员期望和接受权力不平等分配程度的文化内涵。高权力距离的文化认为权力差距是社会生活固有的一部分,上级和下级的地位是不同的。上级制定决策,下达命令,监督下级执行。马来西亚、巴拿马、菲律宾、墨西哥、阿拉伯国家、印度等列在 Hofstede 的 53 个国家和地区权力距离排名的前十名内(其实中国应在前十名靠前),是高权力距离文化的国家。而低权力距离的文化模式认为权力只不过是为了提高社会效率而设立的,上下级之间是平等的关系。在这种文化模式中,社会机构或者组织,乃至在家庭中都体现较高的民主。在商务领域低权力距离文化模式表现为决策体系是分权取向,形成自下而上的决策体系,鼓励员工参与管理。低权力距离文化模式最典型的是奥地利、丹麦、新西兰、瑞典、挪威、芬兰等。美国排在 Hofstede 权力距离排名第 38 位,属于比较偏向低权力距离文化模式的国家。[1]

Hofstede 列出了高权力距离文化和低权力距离文化的差异表,见表 2-3。

---

[1] 参见 Gccela:《文化模式》(一)。wenku.baidu.com.

表 2-3　高权力距离文化和低权力距离文化的差异[1]

低权力距离文化	高权力距离文化
社会上的不平等应缩小	世上应存在不平等的秩序
所有人都应当相互依赖	一些人当独立，大多数人应依靠他人
等级制度意味着角色不同，建立它是为了方便	等级制度意味着存在不平等
上级认为下级是“和我一样的人”	上级认为下级是和我不一样的人
下级认为上级是“和我一样的人”	下级认为上级是和我不一样的人
上级是可以接近的人	上级是不可以接近的人
权力的运用应当合法，并服从于权力运用好坏与否的判断	权力是部分好坏的社会基本事实，与其正当合法性不相关
一切人都拥有平等的权力	掌权者是被赋予了特权的人
掌权者应试图使自己的权力看上去比实际掌握的权力要小	掌权者应试图使自己尽可能表现出有权力的样子
改变社会体系的方法是重新分配权力	改变社会体系的方法是废黜掌权者
有权者和无权者之间存在潜在和谐	有权者和无权者存在冲突

这种文化模式决定了国家命运的不同走向。以高权力距离文化模式为例，浙江省绍兴市越城区皋埠镇黄泾村村民投票罢免村主任，是自下而上进行的。2011 年 8 月 29 日上午，黄泾村村民签名并投票罢免现任村主任王勤学的职务。村主任，是中国最小的官，一般是由村民选上去的。黄泾村村民发现村主任王勤学行为有问题，便请镇政府出面主持投票罢免村主任，可镇政府不出面，村民便自行投票、签名，请镇政府来人监票，镇政府还是不理。村民们只好带着票箱到镇政府去唱票和登记票，镇政府还是无人出面。村民只好在众多村民见证下，打开票箱，进行统计，同意罢免王勤学村委会主任 451 票，不同意罢免的 1 票，弃权 10 票，无效票 6 票。虽然有了结果，镇政府还是不理不睬。这便是高权力距离文化模式中“改变社会体系的方法是废黜掌权者”的又一次实践。高权力距离的文化模式的夹缝中，构成夹缝的一方是镇政府，对村民的要求不予理睬；构成夹缝另一方是村民，要求罢免村主任。村主任在此

[1]　参见 Gccela:《文化模式》(一)。wenku.baidu.com.

事件中成为了夹缝人。

3. 文化价值取向的夹缝

不同的民族具有不同的文化，相同的民族也有文化的差异，不同民族的文化有着一定的价值取向。这些文化价值取向有相近的一面，也有相悖的一面，容易构成文化夹缝。学者们把文化价值取向分为物质文化、行为文化和精神文化，这正是文化夹缝构成的本源。

物质文化价值取向的文化夹缝。一般说来，物质文化是表层文化的一种，是看得见摸得着的外显文化，像建筑、衣服、被子、汽车装饰等。物质文化一般以民俗形式得以保存和发扬，像服务文化、贸易文化、手工业文化，被统称为工商文化。在工商文化中，又以贸易文化价值取向为典型代表。中国有几千年的贸易文化，其中的小贩贸易文化一直随着居民"游走"。在实行城市化的过程中，这种小贩贸易又一直是城管头疼的问题。小贩贸易是走街串巷的"行商"，也有临时支点销售的"临商"。像四季水果、蔬菜、早点、日用品等多以临商为主。在改革开放前，走街串巷的一般是"货郎"，现在这种货郎已经少有了，因为村中许多的店铺代替了货郎。现在的城市让城管头痛的是摊贩。摊贩们把东西往路边一摆，就卖开了，正是城管管理的内容。中国的城管执法，起源于 1996 年 10 月 1 日生效的《中华人民共和国行政处罚法》关于相对集中行政处罚权的规定。该法第十六条规定："国务院或国务院授权的省、自治区、直辖市人民政府可以决定一个行政机关行使有关行政机关的行政处罚权。"这样一来，此法把原来分属于环保、环卫规划、工商等职能部门的行政处罚权全部或部分集中于一个机构，即把一些职能部门所拥有的管理权、审批权和处罚权中的处罚权分割出来，以履行城市管理中相对集中行政处罚权的职责，完成对违反城市管理法规的当事人实施行政处罚，维护城市管理秩序的任务。从 2002 年以来，一些试点城市都相继设立了城市管理行政执法局。[1]这个机构成立正赶在城市化加速的过程中，小贩成为城管局管理的主要对象。全国发生了许多起城管暴力执法事件。例如：2011 年 5 月 24 日下午无锡锡山区东北塘街道城管聘用人员顾豪杰、浦振威等 6 人在东北塘菜场检查时，与位于菜场西门的一处小商品日用品店主发生争执，从视频上看到，一名灰衣男

[1] 参见李姣婷：《城管暴力执法的原因及路径分析》。wenku. baidu.com.

子被城管队员锁喉按在地上，紧接着一名穿红色上衣的男子被另一名城管队员从杂货店拉出，挣扎中双方开始扭打，城管人员采用拖行、踢打、扇耳光方式实施暴力，被录像并挂在网上。迫于群情、舆论压力，城管部门宣布将顾豪杰、浦振威两人清除出城管队伍，事发现场的 4 名城管人员分别处以警告处分。[1] 网民们义愤填膺，认为处理太轻，形成夹缝的一方；城管们认为这视频只拍了尾，开始是店主先动的手，并且给了店主 3000 元赔偿，店主已认可，说明店主也理亏，形成夹缝的另一方。而店主既挨了打，又被网友们说不肯抗争到底等等，一直是这夹缝中的夹缝人。

行为文化价值取向的文化夹缝。在中国传统文化形式中，行为文化与生产文化有相通也有区别，生产文化是以生产民俗为基础的，行为文化是以行动习惯为基础的。行为文化夹缝一般是自然形成的。平原上的民族，由于生态环境是土地，因此这些人们创造了土地耕种、五谷栽培、织布纺棉的文化，创造了村落、家族、邻里一类的社会组织，有了风水、祖宗、土地、神灵的精神信仰；生活在水边的民族，由于生态环境主要是水，因而创造了船只、渔网、风帆的行为文化，也有了渔歌、水神、河伯的精神文化[2]；生活在草原的民族，由于生态环境主要是草地，因而有了帐篷、骑射等行为文化，也有了神鹰、草原神灵的精神文化。不同的行为化价值取向，形成了不同的习俗文化。这种习俗文化在长期的生活中，已约定俗成。例如：有一则发生在平原人和渔民之间的故事，说明了行为文化价值取向的重要。某大学两个同学相恋了，女方是渔民出身，男方是农民出身，女生决定带男生回家让父母过过目，以认可这个未来的女婿。因为女方父亲要出海捕鱼，必须在女方父亲出海之前赶到女方家中，女生讲了许多渔民的风俗，叮嘱男友少说话。到了女方家中，父母都对未来的女婿满意。由于未来岳父第二天要出海，于是在出海前摆家宴，请来了亲朋好友，一方面预祝出海顺利，另一方面也是认亲，即认可这个未来的女婿。酒宴上，男生深得大家喜欢。吃饭时，男生发现一条大鱼的一面吃光了，要翻过来吃。于是男生积极地一边用筷子翻鱼，一边说："翻过来。"谁知此话一出，未来岳父翻了脸，摔酒杯而去。这个婚姻也因此而"搁浅"。岳母倒认为大可不

[1] 参见何刚：《网友拍下无锡城管执法暴力场面》，《金陵晚报》2011 年 5 月 31 日。

[2] 参见司马云杰：《文化社会学》，华夏出版社 2011 年版，第 435 页。

必这么认真,亲戚们却坚决要较真。渔民出海,从来不说“翻”字,因为“翻”会影射渔船在海中翻了。渔民吃鱼需要翻过来吃时,会说:“把鱼调一个。”这个文化夹缝由习俗和坚守习俗的渔民为构成夹缝的一方,岳母等人为构成夹缝的另一方,男生、女生则成为了夹缝人。

表 2-4 河北省定县 453 村各种寺庙及其数量(1930 年)[1]

寺庙类别	数量	寺庙类别	数量	寺庙类别	数量
五道庙	157	马王庙	21	二郎庙	7
关帝庙	123	虫王庙	20	老君庙	6
老母庙	102	药王庙	14	太公庙	5
南海大士庙	80	观音庙	13	河神庙	5
三官庙	48	三义庙	13	孔子庙	5
奶奶庙	45	大寺	13	岳王庙	4
其武庙	41	龙母庙	12	全神庙	4
龙王庙	32	菩萨庙	9	三皇庙	4
玉皇庙	22	土地庙	7	城隍庙	3
仙姑庙	3	天齐庙	1	佛祖寺	1
七神庙	3	天地庙	1	苍山院	1
天仙圣母庙	2	五将庙	1	五灵庙	1
清真寺	2	大王庙	1	三清观	1
关岳庙	2	瘟神庙	1	禹王庙	1
佛寺	2	白塔庙	1	天台寺	1
佛爷寺	2	阎王庙	1	苍姑庙	1
狐仙庙	2	韩祖庙	1	报恩寺	1
北斗庙	1	显兴庙	1	高阁庙	1
九神庙	1	四杰庙	1	木塔寺	1
弥勒庵	1	慈云寺	1	总合计	857

[1] 李景汉:《定县社会概况调查》,中华平民教育促进会,1933 年,第 417—436 页。

精神文化价值取向的文化夹缝。精神文化在民间主要体现在人们的信仰方面。民间信仰从空间上可以分为天庭、冥界（阴间）、人世；从活动主体可以分为神灵、鬼魂、人。民众的麻烦一向很多，生老病死，天灾人祸，当人们在现实中无法解决时，只好从信仰层面在心理上加以调节。由于各地不同的历史文化传统，加上民间固有的交流弱点，信仰的媒介和表达符号难以整合统一。因此，各地的信仰五花八门，异说纷呈，其中，只有一小部分的内容是相通的。新中国成立前各村都有庙宇，数村一般都有一座较大的寺庙。改革开放后，又有大建庙宇的行动。至今为止，全国没有庙宇的普查，我们可以从20世纪二三十年代一些区域性调查中找到一个大体的印象。据1927年统计，金华8个县共有429所神庙，其中供奉土地、地保的60多所，供奉关公的56所，供奉胡公的55所，供奉观音的45所。供奉的主神名目多，神庙名称有300多种。[1] 20世纪20年代末，李景汉主持在河北定县进行全面的社会调查，其中关于庙宇的调查为我们保留了民间信仰的宝贵资料。

民间庙宇兴盛于明清，在清末民初以来的现代浪潮冲击下，总趋势是在逐渐减少，其实是在一边拆毁，一边重建，形成一次次回潮。现如今，不少地区大建庙宇，这是民众信仰的需要。历史有时让人感叹，拆庙宇、建庙宇，简直就是历史的重复，但绝对又不是简单的重复，这真是一个非常有趣的现象。经过中华人民共和国成立后的破除迷信，拆掉了大部分庙宇，到"文化大革命"的"破四旧"，民间庙宇几乎荡然无存。改革开放后，各地又大建庙宇，尤其在最近几年，信仰的多样化，各地新建庙宇又成为一种时髦的潮流。这样的文化价值取向，最容易形成文化夹缝。这边建了佛寺，让村民信佛，那边建了关帝庙让村民信关帝，使得一些民众无所适从。

中国独特的处世之道构成了不同的文化夹缝。纵观中国的文化史，中国人的处世方式很奇妙又很有味道。这些处世之道看似合理，有的还有一些辩证法，但有的处世之道又让你感到莫名其妙。中国的处世之道有"学问"，让你一生学不会。现今社会流行的"三不斗、三不争"在玩笑中透出哲理。三不斗：不与君子斗名，不与小人斗利，不与天地斗巧；三不争：不与上级争锋，不与同级争宠，不与下级争功。汉代刘歆在一篇名为《新议》的文章中把处世之道

---

[1] 参见高丙中：《中国民俗概论》，北京大学出版社2009年版，第317页。

说得非常明白。刘歆说,人与人的交往交接,是"人道之本始,纪纲之大要","才非交不用,名非交不发,义非交不利",所以,"交之于人也,犹唇齿之相济"。马克思指出,人不仅是自然的产物,而且是其全部社会关系的总和,"一个人的发展取决于和他直接或间接进行交往的一切人的发展"[1]。可以说,在中国传统文化流传的几千年中,传统处世之道在一定的程度上支配了中国人的观念意识、行为方式和日常生活。[2] 邹元初在《话说中华文化》中把传统文化归纳为十大类:仁爱、大一统、和为贵、王道、诚信为上、义气为重、家庭至上、孝道为先、勤俭持家、中庸之道。[3] 而郭莹则把中国传统的处世之道提炼为十二个基本范畴:宽、恕、中、诚、信、和、忍、让、防、藏、圆、报。宽,即宽以待人。恕,即将心比心。中,即中庸。诚,即一心一意,真实无妄。信,即诚信,讲信用。和,即和谐。忍,即守弱,不争。让,即恬淡无争。防,即防范。藏,即含蓄不露。圆,即圆通。报,即报答。这十二字处世"真经"有时是自相矛盾的,既然是宽了、恕了,那么还要什么防范呢?再恶的人,再恶的事都可以宽恕了,防已失去意义了。例如:邓小平提出的"冷静观察、稳住阵脚、沉着应付、善于守拙、决不当头、韬光养晦、有所作为"[4],在今天的国际格局中,已引起了争论。中国南海、钓鱼岛,印度与中国边境,是否还能"韬光养晦"下去,已有争议。曲星认为:"在当前的国际形势下,我们更应该坚持'韬光养晦,有所作为'。我们的制度优越性比20世纪90年代初体现得更明显,容易犯意识形态冲动的毛病。"罗援说:"我认为'韬光养晦'是一个策略,只有和'有所作为'结合起来才能叫战略。"崔立如说:"'韬光养晦'的提法,作为今天面对已发生重大变化的国际形势的中国外交方略的表达方式,显然已不适用。"阎学通说:"所有大国成功崛起的战略都不是固定不变的。成功者都是因为他们创造一个新战略,而且在完成崛起前,没人知道这个战略是什么,成功之后才有人给它起个名字,于是成为一个成功战略模式。只有与时俱进的战略才能使崛起成功。固守一个以往曾成功的原则、一个模式、一个战略或一

---

[1] 《马克思恩格斯全集》第一卷,人民出版社1974年版,第515页。

[2] 参见郭莹:《中国文化讲习录》,北京大学出版社2008年版,第172页。

[3] 参见邹元初:《话说中华文化》,昆仑出版社2012年版,第97—131页。

[4] 参见罗援等:《国际格局:再思韬光养晦》,《新华文摘》2012年第4期。

种理论，最终将因不适合时代变化而崛起失败。”[1]这两种认识，已形成了“韬光养晦”的文化夹缝，以坚持“韬光养晦”的学者为夹缝的一方，以认为“韬光养晦”已不适应如今的国际格局的学者为夹缝的另一方。“韬光养晦”说到底只是中国人的处世之道而已。

（三）民族文化与世界文化构成文化夹缝

所谓民族文化，指中华民族的文化。“显而易见的是，在民族的文化中，精神退化了。对于民族的文化而言，精神最多也只是它的装饰而已。实际上，民族的文化具有强烈的物质特性，它是相关民族的所有外在成就的总和，并且与其经济和政治要求结合在一起。……民族的文化感到自己受到召唤，要把它强加于其他民族，并且给他们带去幸福。就像为自己的经济产品寻找市场一样，现代民族也在为自己的文化寻找输出的地方。”[2]而中华文化往往是自给自足，中庸和合。“中华文明不喜欢远征，我们不喜欢打远方的国家。我们从来没有这个想法。”[3]中华民族不远征，使得我们的文化输出滞后。你不远征，人家会远征你，世界其他民族的文化无时不在运动着，从而对人们构成夹缝。民族文化与世界不同的文化构成的夹缝很多，有些夹缝将在下节中分析，诸如价值观、制度、意识形态、宗教信仰等。在这里，我们只分析行为文化夹缝、思维文化夹缝以及不同生活方式的夹缝。

1. 行为文化夹缝

世界上不同的民族有不同的文化，不同的文化有自己的文化特征。这些不同的文化特征对其他的民族以及民族文化均能构成夹缝。行为文化往往是不同民族文化夹缝构成的一大主因。

手势行为语言表达方式容易构成夹缝。人们的行为文化，在日常生活中最为常见的就是手势语言这一文化行为了。这里所讲的手势语言，不含聋哑语言的手势。不同的国度，不同的民族有不同的手势语言，如果不了解手势语言的含义，不仅会闹出笑话，还会构成夹缝。例如竖大拇指，在中国是表示欣

---

[1] 罗援等：《国际格局：再思韬光养晦》，《新华文摘》2012年第4期。

[2] [法]阿尔贝特·施韦泽：《文化哲学》，上海世纪出版社2008年版，第71页。

[3] 余秋雨：《中国文化的脉络与灵魂》，《新华日报》2012年3月21日。

赏或赞扬;而在英国、澳大利亚、新西兰等国,翘大拇指代表搭车,如果反复上翘,则是侮辱人的语言信号。又如,"V"字手势,现在几乎成为世界语言手势了,这个手势V字在英国代表胜利Victory,所以用V来表达胜利的欢欣,用此手势时需以手指背向自己。但在希腊用此手势则必须把手指背向对方,否则就表示侮辱、轻视对方之意。

工作行为容易构成夹缝。不同的国家,工作行为种类很多,不同的工作种类都容易形成工作行为的文化夹缝。例如:中国某服装公司接了一批日本的服装加工单,工艺相当复杂,一件时装涉及五种质地的面料。为此,作为委托方的日本专门派了一名职员过来监督。那名职员来中国时携带的行囊很简单,只有一个小皮箱。在车间里,日本职员总是寸步不离地盯着来来回回干活的中国员工。按照常规,中国员工总是把布叠很多层,然后在第一层摆好纸样,画线之后一刀裁下去,就是几百件衣服,这样省工省时。但是日本职员每次见中国员工铺好一层布之后便立即制止其铺第二层布。在铺好布,摆好纸样,裁布然后进行纽扣定位时,问题出现了:中国国内一贯的做法是不管多少件衣服,裁好后,量好纽扣的位置,一针钻下去,布上立即就出一个小孔,然后流水线的工人就在这个孔的位置缝上扣子及锁好扣眼;而日本职员的做法是,每铺一层布,用不粘手、对人体皮肤无刺激的环保粉笔轻轻在位置上点一下即可。中国员工在工作的时候总是大喊大叫交代事项及纠正工作中发现的错误;日本职员用墙上的小黑板仔细写出注意事项及下一步工作,一目了然,他写的汉字比中国员工写得还工整。中国员工看见黑板上的文字,一下子变得沉默了,也更安静了,那天生产的服装数量是这两天以来最多的。合同约定的五天时间很快就过去了,中国员工加班加点,按时交货,整个工作过程尽在日本职员的监督之下。交货的时候倒不费事,但在包装的时候,日本职员却信不过那台德国产的金属探测器,固执地从皮箱里拿出一台强力磁铁器(很小巧),将每一件衣服从上至下探一遍才装箱。[1] 在日本职员的管理行为文化中,中国员工一部分人认为太细,大可不必,完全可以讲技巧,省事;一部分人认为这样认真、细致,绝不用再返工,或者不用再找一次"针眼"。不返工,等

[1] 参见陈华文:《文化学概论新编》,首都经济贸易大学出版社2009年版,第264—265页。

于提高效率。日本职员从不多讲话，要求全写在黑板上，按黑板上的要求去做就可以了。这种行为文化的明显区别形成的夹缝是工作行为文化的夹缝，是人们工作中常见的。

盲目自大的行为文化容易构成文化夹缝。盲目自大的行为在中国明清两朝达到了极点。明清两朝自视自己的国家为“天朝”，是世界的核心，是“东方天朝大国”。这种盲目不仅让外国人笑话，还使中国的地位和尊严“扫地”。例如：意大利传教士利玛窦带来了欧洲人精制的自鸣钟、天文仪器、地图、眼镜等西方自然科技成果及数学知识，并将其“进贡”给了中国明朝皇帝。尽管中国的士大夫能完全理解其中的含意，但却不信这未开化的鬼子能造出这样的东西，怀疑他们是在变魔术。特别是利玛窦献上的那张地图，差一点要了他的命。幸亏他谙熟中国礼节，立即跪拜求饶，并称那张地图是胡乱之作。中国士大夫认为地图“中国当居正中，而图置稍西，全属无谓”[1]。利玛窦不无感慨地说：“因为他们不知道地球的大小而又夜郎自大，所以中国人认为所有各国中只有中国值得称羡，就国家伟大、政治制度和学术的名气而论，他们不仅把所有别的民族看作是野蛮人，而且看作没有理性的动物。”[2]到了19世纪初期，西方的商品经济取得了巨大的发展，伴随着帝国主义政治的形成，他们不断向中国施压，但清朝政府沿袭锁国政策，坚决拒绝西方商品的涌入。由于清廷极度腐败，地方官员在收取外国商人的贿赂后，便睁一只眼闭一只眼，放外国商人及商品入境，实际上外国的商品已在中国各地私下里交易，而且不断扩大。在这种交往中，英国利用一种特殊的商品打开了中国的大门，这就是鸦片。1839年鸦片输入超过了400万磅，这使得中国的白银大量外流，直接威胁民族的存亡。于是1840年发生了第一次鸦片战争。1858年至1860年发生第二次鸦片战争，中国遭到了更大的失败，中国割地赔款，开放门户，至此，中国实际上完全丧失了主权，而成了西方各国的公地。[3] 中国一批士大夫盲目自大，建议皇帝采取闭关自守的政策；中国另一批士大夫提出“师夷之技”，实现制夷的政策；西方各国加紧制定了侵略政策；中国皇帝无能，全国民

[1] 徐昌治：《圣朝破邪集》卷2。

[2] 《利玛窦中国礼记》，中华书局1983年版，第180页。参见萧功秦：《儒家文化的困境》，四川人民出版社1985年版。

[3] 参见桂翔：《文化交往论》，人民出版社2011年版，第166页。

众却处在水深火热之中,同样处在无奈的夹缝之中。

2. 思维方式的夹缝

思维方式是文化的重要内容,从一定意义上讲,文化就是思维方式,当然,这种思维方式又多指文化思维方式。"文化思维方式本质上就是社会实践活动(包括生产实践活动和生活实践活动)方式、过程、节奏和程序在人脑中的内化。文化思维方式既内在于观念中,又通常以风俗、习惯、规则以及各种仪式的形式表现出来,更多的则是通过外在的行为获得具体的体现。思维方式既是以往实践活动方式内化的结果,又是对现实活动的规范,也是对新问题新实践进行思考的模式。"[1]卡尔·普利布兰姆在《思维方式之矛盾》书中说:"世界各民族之间的相互理解与和睦之所以受到阻碍,不仅是由于语言的复杂多样性,更多由于思维模式的差异——就是说,是由人们确定知识来源和进行有条理思维的方法上的差异所造成的。"[2]差异不是夹缝,但差异可以形成文化夹缝。

认识容易形成夹缝。在文化活动中,思维方式的差异容易影响一个文化人对另一个文化的判断。同样,不同的文化不仅对一些概念的理解乃至解释大不相同,而且会形成认知层面的夹缝。就意识形态而言,有些政党或领袖人物认为是真理的,在其他政党中却成为不了真理,在另外一些政党中还会成为谬论,这就是认识的差别。例如:"德国人和英国人召开商务会议,双方都希望有个成功的结局,然而德国人认为只有真相,绝对的真相,哪怕有些苦涩,才能带来成功。与此相对照,英国人强调真相不应破坏大局。德国人说'真理就是真理'。中国人可不这么看,会加上一句:没有绝对的真理。两种对立的观点可能都正确。大多数东方人和许多意大利人会同意中国人的观点。在德国、瑞典和芬兰,人们会在意邻居怎样想,这种随大流的心态会影响人们重新认清事实的能力。英国人和美国人对真理的看法惊人地相似,即真理是人们根据其意愿进行表达的工具,他们对真理抱着一种实用的看法。"[3]这段分析,已把不同国度中对真理的理解和分析说得非常清楚。德国人认为"真理

[1] 桂翔:《文化交往论》,人民出版社 2011 年版,第 166 页。

[2] 龚光明:《跨文化传统》,生活·读书·新知三联书店 1988 年版,第 73 页。

[3] [英]理查德·D.刘易斯:《文化的冲突与共融》,吴世杰译,新华出版社 2002 年版,第 5 页。

就是真理”,中国人认为“没有绝对的真理”,美英两国认为“真理是人们根据其意愿进行表达的工具”。这几方的认识都能够对第三方构成认识的夹缝,也许几方的认识都有道理,只是因为角度不同或者对“真理”的用法不同。但是,认识不同就一定能够形成夹缝。

思考的结果容易形成夹缝。应该说一个正常的人时刻都在思考着,尽管思考的人并不感到自己在思考,人们思考之后的结果如果表达出来,则容易形成一种思考的夹缝。例如:对“民主”的表达方式,东西方人的看法则完全不同,就是说对“民主”的表达方式,东西方人有不同的思考和不同的思考结果。在西方人看来,“东西方之间的一个重大的区别还在于现代社会不可避免的政治、社会、经济和文化冲突的评价:在西方,冲突一般被认为是不可摆脱的和特定的;它是不可铲除的,而只能通过多种方式来调节和处理。在东方,冲突则被理解为是制造混乱和引起机能障碍的现象;在那里,调节机制也是不发达的,很少有自我调节的防御网,当冲突尖锐化时,首先考虑的是压制。”[1]森格哈斯讲的冲突,说到底是一种民主表达的方式,当一种问题长久得不到解决时,问题的一方会用示威的方式表达,从而引起社会反响,西方人认为对“示威”正常调节处理即可;在东方“示威”几乎与“动乱”是同义词,必须制止或镇压。这两种思维方式无论在东方哪个国家中,都会形成夹缝。

判断方式容易构成夹缝。不同的文化有不同的判断方式,诸如对是非的判断,对进取方式的判断一定不会相同。中国传统文化历来奉行“祖法不可变”、“圣道不可违”、“言必称尧舜”的行为准则,这与“意欲向前”(梁漱溟语)的西方文化确实相去甚远。中国传统文化具有丰富的辩证法思想,但中国传统文化辩证法在很多时候又表现为一种轮回的辩证法,像“五百年必有王者兴”即是一种“循环论”。而西方完全是一种螺旋式上升的发展辩证法。[2]严复说:“尝谓中西事理其最不同而断乎不可合者,莫大于中之人好古而忽今,西之人力今而胜古。中之人以一治一乱,一盛一衰为天行人事之自然;西

[1]　[德]迪特·森格哈斯:《文明内部的冲突与世界秩序》,张文武译,新华出版社 2004 年版,第 135 页。

[2]　参见桂翔:《文化交往论》,人民出版社 2011 年版,第 168 页。

之人以日进无疆,既胜不可复衰,既治不可复乱为学术政治之极则。"[1]说到底,中国人有辩证法,非常好,但中国人的辩证法成为一种静止的辩证法,认为历史是一种循环的,等着五百年王者再兴吧;而西方,则是进取的,是一种发展的辩证法。中国人在一起议论世事时,不少百姓认为,中国不能乱,人太多,愿意认命,而西方是对不正确的东西则反对,争取正确的东西出现。这种对事物判断的方式,容易形成文化的判断夹缝。争取发展者与守旧静止者一定会对一些百姓构成文化夹缝。

思维方式不同容易形成夹缝。中国人从"给力"开始,对各种名词后面都加了"力",什么"文化力"、"思维力"、"先导力",等等。加力是否合适,我们且不说,但可以肯定"加力的作者意在创新"。"思维活动有两种能力:联结与反联结。联结力把新思想、新认识与已有知识联结起来,纳入了能力;反联结力使新发明与已积累的知识相对抗,获取新的发现。"[2]高占祥在讲思维联想时讲了一个故事:说美国一位工程师和一位逻辑学家,两人相约赴埃及著名的金字塔。逻辑学家住进宾馆后,习以为常地写旅行日记。工程师徜徉街头,忽然耳边传来一位老妇人的叫卖声:"卖猫啊,卖猫啊!"一只黑色的玩具猫,标价500美元。妇人解释说,玩具猫是祖传宝物,因孙子病重,不得已出卖换取治疗费。工程师用手一举猫,发现猫身很重,看起来像是墨铁铸就的。不过,那一对猫眼是珍珠的。工程师给妇人300美元,要买下两只猫眼。妇人让他都买了,买一个全猫,工程师坚决不肯。那妇人只好把两只猫眼卖给了工程师。逻辑学家一看这两颗大珍珠,少说也值上千美元,忙问朋友是怎么回事。听工程师一讲经过,忙跑到街上,给了老妇人200美元,把猫买了回来。工程师嘲笑他:"花200美元买个没眼珠的铁猫。"逻辑学家坐下来琢磨这只猫,突然,他灵机一动,用小刀刮铁猫的脚,当黑漆脱落后,露出的是金灿灿的一道金光的印迹。他高兴得大叫:"正如我所想,这猫是纯金的!"原来,当年铸造这只金猫的主人,怕金身暴露,便将猫身用黑漆漆过,俨如一只铁猫,工程师十分后悔。逻辑学家说工程师缺乏一种思维艺术,分析和判断事情不全面,既然猫眼是珍珠做的,那猫身会是铁铸的吗?其实这是思维方式的不同,工程师是片

[1] 严复:《论世变之亟》,辽宁人民出版社1994年版,第1页。
[2] 高占祥:《文化力》,北京大学出版社2007年版,第125页。

面思维的方式，一是一，二是二；逻辑学家是推理的思维方式，由一点而推及全部。不同的思维方式，同样会构成文化夹缝。

3. 生活方式夹缝

所谓生活方式是指人们的生存形式，包括了衣、食、住、行、劳动工作、休息娱乐、社会交往等物质生活和价值观等精神生活方面的内容，生活方式是一个民族文化最直观最鲜明的表征[1]，我们只从生活习俗、生存方式、生活审美三方面加以分析。

人们的生活习俗容易形成夹缝。中国人的习俗非常多，有生产民俗、工商民俗、生活民俗、社会组织民俗、岁时节日民俗、人生礼俗、游艺民俗等，这些习俗最容易给他人形成夹缝。就国际不同民族的习俗而言，差别很大。对中国人来说，红色表示喜庆，白色表示丧葬；而对美国人来说，红色表示恐怖，白色却表示洁净。如果对习俗不了解，不仅会落入夹缝之中，而且还会造成冲突。

人们的生存方式容易形成夹缝。生存方式说到底就是生活方式。中国有句俗语说：靠山吃山，靠海吃海，讲的就是利用自然资源而生存的道理。人们为了生存需要一定的资源条件，因而也就形成一定的生存方式。平原上的人不仅创造了土地耕种等，而且还形成了“土地”文化，崇拜土地、庆丰收的节日习俗和风水等相应的文化现象。水乡的人结网而渔，楼船而居，观风察水，祭河神、海神等。欧洲 16—17 世纪开始向新大陆移民，欧洲殖民者来到了印第安人世代生息繁衍的土地上。印第安人依靠直接的自然资源生存，而白人不仅占有了自然资源，而且利用资源的速度远远超过印第安人，这便引发了印第安人的不满。威斯勒在《美国的印第安人》一书中，把美国印第安人归结为几大食物区，如鲑鱼区、野牛区、玉蜀黍区、木薯区等，正说明了印第安人对自然资源的依赖。印第安人曾指责白人：“你们的国民以为我们像白人一样，没有了面包、猪肉和啤酒就活不下去了。但你们应当知道，我们的至上的神和生命之主给我们提供了食物，它们就在这个广阔的大湖和那森林茂密的山岭上。”“大多数白人和大多数印第安人都意识到，他们的两种生活方式是直接对立的。两个种族都认为对方比自己低级；谁都不愿采纳对方的方式；这就是为什

---

[1] 参见桂翔：《文化交往论》，人民出版社 2011 年版，第 171 页。

么印第安人和白人不能相处的原因。"[1]在这较为对立的生活方式中,平民即处在了生活方式的夹缝中,用印第安人的生活方式,还是用白人的生活方式只好任其选择。

人们的生活审美方式容易形成夹缝。不同的民族有不同的审美情趣、审美习俗、审美风格。在这个民族中,人们认为有些东西是美的,在另一个民族中可能被认为是丑的,这正是审美方式不同的缘故。审美方式不同,容易形成审美夹缝。例如:美国 CNN 称中国皮蛋为"恶心至极"的食物,列"全球十大最恶心食物"之首,引发国人的强烈不满,这迫使 CNN 用中英文两种语言作出正式道歉。[2] 皮蛋在国内也有不同的认识,不少人不吃皮蛋,但很多人喜欢吃皮蛋。美国人审美观不同,弄出了道歉风波。实际这种审美式的夹缝在国内也是常见的。在审美夹缝中,构成夹缝的喜欢和不喜欢的双方,实际上已对谈不上喜欢也谈不上不喜欢的人构成了夹缝。

二、中外文化构成不同的夹缝

不同的民族有不同的文化,这些不同的文化往往因构成不同而形成夹缝。这里讲的"构成",主要是指起源的不同、管理的方式不同和发展的方式不同。

(一)文化起源夹缝

司马云杰认为:"文化的起源是从人类能够制造工具的那一天开始的。"[3]不同的民族,文化的起源不同。有关文化的起源有不同的探讨和研究,研究者认为不同的文化有不同的起源。

---

[1] 李剑鸣:《文化的边疆——美国印第安人与白人文化关系史论》,天津人民出版社 1994 年版,第 55 页。

[2] 参见桂翔:《文化交往论》,人民出版社 2011 年版,第 172 页。

[3] 司马云杰:《文化社会学》,华夏出版社 2011 年版,第 131—132 页。

1. 文化的不同起源说容易构成夹缝

文化因为起源不同，所以就有了很大的区别。不同的文化源自何处，也有很大的争议。文化起源不同和研究文化起源的争议形成了不同形式的夹缝。

中国文化起源“圣人说”的夹缝。《周礼·冬官·考工记》说：“百工之事，皆圣人之所作也。烁金以为刃，凝土以为器，作车以行陆，作舟以行水，此皆圣人之所作也。”[1]中国古人虽然也信神，似乎把神与文化起源联系起来的不多，中国人把文化与祖宗中的“圣人”紧紧联系在一起，认为精神文化也是“圣人”创造或“圣人”让他人创造的。像八卦是伏羲氏“仰者观象与天，俯者观法于地”创造而来[2]；医学是神农“尝百草之滋味，水泉之甘苦”[3]创造而来；历法是尧帝“命羲和，钦若昊天，历象日月星辰，敬授人时”[4]等。“圣人”是谁？祖先们认为“圣人”是氏族祖先，因此，中国人往往崇敬祖宗。其实，文化源自劳动，是人们为了更好地生存，创造了文化。中国的文化起源与国外有异，容易构成文化起源的夹缝。

西方文化起源“多元说”的夹缝。西方对文化起源研究较早而且成果也多。在古希腊罗马时期，人们认为文化的起源是神的创造，因为那时神学占统治地位。正如马克思和恩格斯所言：“统治阶级的思想在每一时代都是占统治地位的思想。这就是说，一个阶级是社会上占统治地位的物质力量，同时也是社会上占统治地位的精神力量。支配着物质生产资料的阶级，同时也支配着精神生产资料，因此，那些没有精神生产资料的人的思想，一般地是隶属于这个阶级的。”[5]柏拉图认为，世界万物都是神、造物主注视着永恒不变的模型创造出来的。像诗人创作诗歌受“神力驱遣”，诗神就像磁石一样给诗人以灵感，使之陷入迷狂，像蜜蜂酿蜜一样，张开羽翼，飞到诗神的国度里，酿成诗歌。[6] 古希腊时期还有经验论的文化起源说。亚里士多德就认为文化是人

[1] 《周礼注疏》卷39。

[2] 《易经·系辞下传》，见陈襄民《五经四书全译》第1卷，中州古籍出版社2000年版，第238页。

[3] 《淮南子·修务训》。

[4] 《尚书·尧典》，见陈襄民《五经四书全译》第1卷，中州古籍出版社2000年版，第295页。

[5] 《马克思恩格斯选集》第一卷，人民出版社1995年版，第98页。

[6] 参见《柏拉图文艺对话》，人民文学出版社1983年版，第7—8页。

类靠习惯、经验模仿许多事物创造的。[1] 随着贸易、经济的发展，人们打开了眼界，有了新的认识。“由于加利福尼亚的发展，必须建立全新的世界交通线，将来这些交通线的作用很快就会超过所有其他交通线。通往太平洋（太平洋实际上只是现在才被打开并将成为世界上最重要的大洋）的主要贸易路线今后是经过巴拿马地峡。……随着开辟经过地峡的通道，海洋航运业也迫不及待地需要迅速发展。……而亚洲、澳洲和美国之间的频繁交往要求开辟从巴拿马和圣弗朗西斯科至广州、新加坡、悉尼、新西兰和太平洋的最重要停泊地……自从有了这种全世界海洋航行的必要的时候起，地球才开始成为圆的。”[2] 从美洲、非洲、东南亚各地带来了前所未闻的语言、风俗和各种文化形式，引起文化研究者的注意，文化起源也就有了新的研究成果。孟德斯鸠的文化地理决定论，孔多塞的人类文化进化图式都是文化起源研究的成果。恩格斯说：“政治经济学家说：劳动是一切财富的源泉。其实，劳动和自然界在一起它才是一切财富的源泉，自然界为劳动提供材料，劳动把材料转变为财富。但是劳动的作用远远不止于此，它是一切人类生活的第一个基本条件，而且达到这样的程度，以致我们在某种意义上不得不说：劳动创造了人本身。”[3] 劳动创造了人本身，劳动也创造了文化。这些不同的文化起源的认识，已构成了文化起源的夹缝。

历史上文化的多元的夹缝。历史上不同的区域、不同的民族形成不同的文化，这些文化的形成，首先取决于人类从自然界获取生活资料而产生的。马克思说：“……整个自然界——首先作为人的直接的生活资料，其次作为人的生命活动的对象（材料）和工具——变成人的无机的身体。”[4] 人们所处的环境差异，正是形成不同文化的条件。人们用以生产自己的生活资料的方式，首先取决于他们已有的和需要再生产的生活资料本身的特性，这一特性决定了不同地区人们的生活方式和思维方式，进而形成不同的文化形式。“仅仅适合于游牧的地理条件，决定了游牧的生产方式，也决定以肉食为主的生活方式，创造了游牧文化或‘马背文化’；而适宜于定居农业的地理条件，决定了农

---

[1] 参见司马云杰：《文化社会学》，华夏出版社 2011 年版，第 129 页。

[2] 《马克思恩格斯全集》第十卷，人民出版社 1998 年版，第 590—591 页。

[3] 《马克思恩格斯选集》第三卷，人民出版社 1995 年版，第 508 页。

[4] 《马克思恩格斯选集》第一卷，人民出版社 1995 年版，第 45 页。

耕的生产方式和以粮食为主的生活方式，创造了农业文化或农耕文明。欧亚大陆东北部广袤的草原成为游牧民族驰骋的乐土；古希腊濒临大海，而土地贫瘠，对外贸易和水上交通工具的发展必然迅速；黄河流域、两河流域、尼罗河流域、印度河流域丰富的水源和肥沃的土地，农业和农业生产工具必然得到长足的发展。”[1]所以，“任何历史记载都应当从这些自然基础以及它们在历史进程中由于人们的活动而发生的变更出发”[2]。我们所说的文化多元，主要表现为：一是尼罗河诸文化。考古学家发现约属于三千万年前的古猿化石，定名为原上猿（Propliopthecus haeckli），后来又发现一只差不多头骨完整，属渐新世的古猿化石，定名为埃及猿（Aego ptopithecus zeuxis），这成为文化演生的起点。[3] 在这个地域，有水，有肥沃的土地，最终演化出生命的物质来。约公元前四千五百年开始，埃及进入了新石器文化和铜石并用文化时期。约公元前三千五百年左右，部族首领便从农业生产中分离出来，从事着专职的社会管理职务。这些职位被赋予了某种全权，这是国家权力的萌芽。同时在埃及也产生了宗教，产生了科学，他们发明了冶金、造纸草纸、玻璃制造等技术。埃及虽然创造了高度发达的古代科学，却没有发展出近现代科学，同中国发展情况基本相同，处在世界文明的夹缝之中。二是古代西亚诸文化。我们习惯称古代西亚文化为巴比伦诸文化，它包括了美索不达米亚平原的早期文明、苏美尔文化、巴比伦文化、客西特文化、亚述文化、加勒底文化、波斯文化、赫梯文化、腓尼基文化、希伯来文化、米诺斯文化等。诸多文化，构成不同的夹缝并形成了冲突。三是印度文化。大约在公元前两千五百年前，印度铜器的使用已开始普遍，自公元前两千五百年开始，印度便转入城市化的印度河文明，此后五百年里达到了鼎盛时期，直至公元前一千五百年，古代印度文明退出历史舞台。古代印度文化是世界四大文明之一，一直处在世界文化进步的夹缝之中。四是高原文化。高原文化是指非洲文化，由于非洲文化被误解，因此，非洲文化一直处在世界文化夹缝之中。“世界没有任何一个民族能像非洲黑人那样，他们创造了古老的非洲文化，却长期被世人所忽略。他们在世界上任何地方都留下了文明的印迹，却被人们蔑称野蛮人；他们在世界各个领域创造了洋

[1] 桂翔：《文化交往论》，人民出版社2011年版，第16页。
[2] 《马克思恩格斯选集》第一卷，人民出版社1995年版，第67页。
[3] 参见宋开元：《中外文化概论》，河海大学出版社1999年版，第31页。

洋文化大观,却被种族歧视的眼光遮挡得一丝不见。这不仅因为种族差异及政治和经济的原因,更是民族文化的本身原因使然。"[1]非洲是一个古老的大陆,动物资源、矿产资源丰富。而非洲的矿产也只有到15世纪以后才得到开发,开发者却无一是非洲人(非指劳动者)。非洲的文化主要是狩猎文化、畜牧文化、农业文化等等。非洲的社会经济单位依然是家族,而不是家庭。奥特拜因说:"在人的世界观里,超自然物,宗教仪式主持者、巫术和邪术等占据着重要的地位。它们往往直接影响着一个人,并且由此产生的种种后果甚至能影响人的一生。"[2]非洲人崇拜信仰有自己的特色,诸如自然崇拜、图腾崇拜、祖先崇拜、部落神崇拜等等。非洲文化包括非洲人,一直处在世界文化的夹缝中,处在世界的夹缝中。五是中华文化。中华文化源远流长,文明起源久远而且早熟。到新石器时代,中国人已学会种植粟、麻和桑,学会了种植稻谷,农耕文明为中国文化的产生和发展打下了坚实的基础。[3]

文化的大融合容易形成夹缝。有的学者认为,文化的冲突才能构成夹缝,这句话非常有道理,但文化由冲突走向融合是文化发展的规律,而显现的文化夹缝往往是在文化融合时期,不同的文化、相同文化中不同的文化观的碰撞才出现的,这种夹缝的夹力非常大。

2. 文化积累方式容易形成夹缝

文化积累指文化的逐渐增加和发展的过程。文化积累,不仅仅是数字上的增加,更多的是文化的创造。文化并不是一下子发明创造到今天的状态,而是人类祖祖辈辈长期积累创造、创造积累而成的,这样不断地积累继承,不断地创新,才推动了人类不断地进步,也形成了不同的文化夹缝,并不断地破除夹缝。

民族文化积累容易构成夹缝。民族文化积累指虽然生活在同一片区域但却生活在不同的自然环境和社会环境中的民族的文化积淀和创新。在文化积累过程中,一方面上一代把经验、知识、技术、思想、方法、道理、科学等传递给下一代;另一方面,下一代通过自己的实践、思考和探索,不断地丰富原有的上

---

[1] 宋开之:《中外文化概论》,河海大学出版社1999年版,第78页。

[2] 凯西·F.奥特拜因:《比较文化分析——文化人类学概论》,河南人民出版社1990年版,第181页。

[3] 参见何炳棣:《黄土和中国农业的起源》,《美国历史评论》第75卷第1期。

代传给的各种知识,并不断地有所发现、有所发明、有所创造,有所前进。[1]在这种发明、创造和前进中,文化发展了。民族文化积累的夹缝,主要是本民族文化对大民族中其他民族文化和个人形成夹缝,以及因民族中新的发明、创造对上一代的东西形成一种冲击,从而构成一种文化夹缝。例如:伽利略时代,人们把早他们两千多年的希腊哲学家亚里士多德的话当做不能怀疑的真理时,伽利略怀疑和推翻了亚里士多德的"两个铁球,一个10磅重,一个1磅重,同时从高处落下,10磅重的一定先着地,速度是1磅重的10倍"的结论。伽利略反复做了多次试验,结果都证明亚里士多德的这句话说错了,那时的伽利略才25岁,已经是数学教授。他向学生们宣布试验的结果,同时宣布要在比萨城的斜塔上做一次公开试验,消息一传开,人们就争论不休。有的人认为伽利略这个年轻人胆大妄为,竟敢找亚里士多德的错;有的人则认为伽利略的试验一定失败;有的人认为伽利略可能是对的,不然不敢公开试验;还有的人抱着无所谓的态度,看看热闹。当然,实验的结果是两个铁球同时着地。在这个后人继承前人的知识和技术的实验中,已形成了文化夹缝,即:怀疑伽利略实验的为夹缝的一方;拥护伽利略的实验的为夹缝另一方,对伽利略的试验构成了夹缝。同时,伽利略为一方,拥护亚里士多德的人为另一方,对已故哲学家构成了文化夹缝。

不同民族的文化积累容易形成夹缝。不同民族的文化积累夹缝是指不同民族之间的文化传播、相互吸收时构成的夹缝。世界上,人类的文化传播是从来没有停止过的,尤其在网络发达的今天,不同民族的文化传播更快、更彻底。不同的民族文化,在传播积累中同样会构成文化夹缝。例如,美国心理学家内斯贝曾经对中美儿童的"类属思维方式"做过实验,这个实验反映出不同的民族类属思维方式在全球一体化中仍有极大的差别。只要把孩子放进不同的民族环境中,孩子的文化习惯就会发生变化,并且形成不同民族文化积累的夹缝。内斯贝在黑板上画了一条狗、一头牛、一块草地,然后让美国的孩子画一条线把其中的两种东西接连起来,结果是大多数美国孩子把狗和牛连起来。在中国孩子中间试验,大多数中国孩子把牛和草地连接起来。这个实验结果表明:美国孩子习惯于类属思维方式,中国孩子习惯

[1] 参见司马云杰:《文化社会学》,华夏出版社2011年版,第137页。

于关系思维方式。内斯贝又让在美国生活的中国孩子实验，结果是生长在美国的中国孩子却倾向于美国孩子的实验结果。类属性思维方式和关系性思维方式，构成了不同民族孩子的思维观念，同样也构成了不同民族文化积累的夹缝。

文化的积累和发展容易构成夹缝。在文化的积累和发展中，积累是发展的前提，没有前人的文化积累，就不会有后人的文化发展。当然，文化的发展又同样成为下一轮文化发展的前提。人类是“通过经验知识的缓慢积累，才从蒙昧社会上升到文明社会的”。司马云杰把人类进化与文化积累汇成一个表格，见表 2-5。

表 2-5　人类进化与文化积累表

<table>
<tr><th colspan="4">地质年代</th><th rowspan="2">距今时间（万年）</th><th rowspan="2">人类进化状态</th><th rowspan="2">文化特质</th><th colspan="2" rowspan="2">考古学分期</th><th colspan="2" rowspan="2">文化社会学分期</th></tr>
<tr><th colspan="2">纪</th><th colspan="2">世</th></tr>
<tr><td rowspan="5">第三纪</td><td rowspan="3">老第三纪</td><td colspan="2">古新世</td><td>7000</td><td>哺乳动物</td><td rowspan="3">无文化</td><td colspan="2" rowspan="3"></td><td colspan="2" rowspan="3"></td></tr>
<tr><td colspan="2">始新世</td><td>6000</td><td>近猿古猴</td></tr>
<tr><td colspan="2">渐新世</td><td>4000</td><td>埃及猿、原上猿</td></tr>
<tr><td rowspan="2">新第三纪</td><td colspan="2">中新世</td><td>2500</td><td>腊玛古猿</td><td rowspan="2">天然工具，能说话</td><td colspan="2" rowspan="2">曙石器时代</td><td rowspan="4">低级阶段</td><td rowspan="6">蒙昧时代</td></tr>
<tr><td colspan="2">上新世</td><td>1200</td><td>南方古猿</td></tr>
<tr><td colspan="2" rowspan="4">第四纪</td><td rowspan="4">更新世</td><td>早期</td><td>300—150</td><td>早期直立人</td><td>制造工具、如砍砸器、石片</td><td rowspan="2">早期</td><td rowspan="4">旧石器时代</td></tr>
<tr><td rowspan="2">中期</td><td>150—30</td><td>晚期直立人</td><td>打制复杂碎石器，用火，洞居，有了音节语言</td></tr>
<tr><td>30—5</td><td>早期智人</td><td>压制和加工石器，兼用骨器，器具有了分工，用火熟食，出现棚式房屋、兽皮衣服及埋葬风俗</td><td rowspan="2">中晚期</td><td rowspan="2">中级阶段</td></tr>
<tr><td>晚期</td><td>5—1</td><td>晚期智人</td><td>复合工具，骨器、木器广泛使用，学会人工取火，原始雕刻、绘画</td></tr>
</table>

续表

<table>
<tr><td rowspan="6"></td><td rowspan="6">全新世</td><td>早期</td><td>1—0.8</td><td rowspan="6">现代人</td><td>早期</td><td>精制复合工具、发明了弓箭、独木舟、手工织物，出现住宅、形成村落</td><td colspan="2">中石器时代</td><td>高级阶段</td><td rowspan="5">野蛮时代</td></tr>
<tr><td rowspan="4">中期</td><td>0.8—0.7</td><td rowspan="4">中期</td><td>发明陶器、家畜驯养，出现原始畜牧业和谷物种植</td><td>早期</td><td rowspan="2">新石器时代</td><td rowspan="2">低级阶段</td></tr>
<tr><td>0.6—0.5</td><td>彩陶，刀耕火种，家畜饲养，出现织布机及各种精制的工艺器和装饰品</td><td>中、晚期</td></tr>
<tr><td>0.5—0.3</td><td>铜器出现，如铜锄、铜铲、男耕女织，农业和畜牧业实行分工</td><td colspan="2">金石并用时代</td><td>中级阶段</td></tr>
<tr><td>0.5—0.3</td><td>加工金属，使用铁器，发明轮陶，农业和手工业开始分工，出现农公社和设防城堡，发明文字</td><td colspan="2" rowspan="2">铁器时代</td><td>高级阶段</td></tr>
<tr><td>中期以后</td><td>0.5—0.3</td><td>中期以后</td><td>文字广泛使用，出现了金属货币和商品交换，农业和手工业进一步分工，私有制形成，出现阶级对立和国家，科学艺术繁荣</td><td colspan="2">文明时代</td></tr>
</table>

司马云杰还认为，“文化的积累的速度是与文化的发展成正比的。”[1]在文化积累过程中，有些民族进步加快了，有些民族在发展中故步自封了。这种积累和发展并不是所有的民族都是同步的，而是有快有慢，有停有进。例如：中华文化，在古代发展是非常迅速的。我们同日本的关系，延绵了两千多年。在隋朝时，中日是“宗属”关系；隋唐时期，是“对等”关系；五代、两宋时期“无邦交”关系；元明时期是“恩怨”关系；到了清代乃至民国，则是“侵略占领”关

[1]　司马云杰：《文化社会学》，华夏出版社 2011 年版，第 141 页。

系,当然是对中国的侵略和占领。[1] 余秋雨说:“中日甲午战争遇到的就是这个问题,我们被自己过去的徒弟打倒了,简直是不知道怎么办了,再加上火烧圆明园,再加上后来八国联军占领我们的首都。平心而论,当时中华文明面临着灭亡。”[2]这些野蛮文化的冲击,是中国近代文化停止发展的最根本的外部原因。“唯物辩证法认为外因是变化的条件,内因是变化的根据,外因通过内因而起作用。”[3]例如,中国从明代开始,大兴文字狱。明代崇祯十五年(1642),为查禁一部《水浒传》,从上到下,层层动员,户户查禁;清代更甚。清朝曾在总理衙门附设同文馆教习西方语言、算学、天文等,对此,一些“保守派”极为愤慨,痛心疾首地反对“师夷长技”,采取极端的排外主义。[4] 在文化的积累和发展中,中国采取了闭封政策,只遵循中国古人之言,不学习吸收外国的先进科学技术,这是中国文化停止进步的根本原因,结果落得了被瓜分的下场。在这个积累和发展的文化夹缝中,多数人希望发展,朝廷趋于保守,一些士大夫既有反对发展的,也有支持发展的,使得发展停止,赞成发展的处在文化夹缝之中,给外国势力的入侵造成了机会。

3. 文化突变的条件不同容易构成夹缝

文化的突变要有一定的条件。“所谓文化突变,就是两种或两种以上的文化特质或要素通过接触、结合产生新文化结构的飞跃过程。”[5]而这种接触、结合是通过文化的传播、文化变迁以及文化冲突来完成的。没有文化的传播、文化的冲突,就不可能达到文化的突变,也就不可能形成性质不同的文化夹缝。

文化传播容易构成文化夹缝。文化传播是一种不同区域、群体等之间的一种文化互动现象。所谓互动,传播方为主动,被传播方为被动,但两者在交融过程中可以实现真正的互动。“文化不存在普遍法则,也没有进化阶段,没有统一的心理活动,没有任何决定论的东西,最多只是趋势。”[6]“有一个事

[1] 参见杨栋梁:《中日两国古代关系的性质与特征》,《新华文摘》2012 年第 1 期。
[2] 余秋雨:《中国文化的脉络与灵魂》,《新华日报》2012 年 3 月 21 日。
[3] 《毛泽东选集》第一卷,人民出版社 1991 年版,第 302—303 页。
[4] 参见司马云杰:《文化社会学》,华夏出版社 2011 年版,第 356—360 页。
[5] 同上书,第 145 页。
[6] 夏建中:《文化人类学理论学派》,中国人民大学出版社 2003 年版,第 80 页。

实，在文化的各阶段，在社会的各个方面，都可以遇见；单是这个事实已足以根本推翻任何历史定律之说——这个事实便是文化传播。传播作用是丝毫无所创造的，然而一切其他动力见了它就像小巫见大巫，在人类文明的总成绩上谁都没有它的功劳大。"[1]文化传播中的夹缝非常多，有些人愿意接受不同的文化形式和内容，有些人则不愿接受其他的文化形式和内容从而构成夹缝。例如，我们现在使用的打字机与计算机采用的是QWGRTY标准打字机键盘，是1874年设计出来的，这种设计最大限度地减少了字母之间的相互干扰，但常用字母却没有都排在第二排，这样打字的速度不是最快，肌肉的伸张程度最小。有人统计，人们在使用这种标准打字机时，只有三成的概率敲击在中间这排，有五成的概率敲击在这排之上，有近两成概率敲击在这排之下，甚至有时力量最弱的手指要敲击的是比较重要和常用字母，如需要左手的小拇指敲"A"键。1932年奥古斯特·德沃夏克发明了克服以上缺陷的新标准键盘。实验结果表明，人们学会使用这种标准键盘时间是学会使用旧的键盘的时间的1/3，速度提高74%，准确率提高68%。这项发明虽好，但并没有赢得广泛的市场，因为制造商、打字员、教师、销售员仍忠于旧键盘，所以今天我们仍旧使用的是QWERGY标准键盘，这是传统的惯性力量束缚了新事物得到传播的机会与可能。[2] 打字机新键盘传播构成夹缝，一方面是制造商、打字员、教师、销售员；一方面是创新键盘者。这两方构成了文化传播的夹缝，使得效率高，省力、省时的新键盘无法使用和推广。

文化变迁容易构成文化夹缝。"文化变迁"是文化学中的主要概念之一，也是文化发展和进步的主要形式之一。所谓文化变迁是指文化系统结构、模式、风格、内涵发生质及量的变化。文化变迁一般有几个过程，像从量变到质变，从器物到观念，从自觉到自发等方面的变化。文化变迁是由几个层面的变化形成的，像社会生产方式的变更，文化内部冲突与分化，生态环境的变化，外来文化的影响等等。在文化变迁中，外来文化的影响表现最为突出。在人类历史上，希腊、罗马、印度和中国在古老文明的欧亚大陆上一度占统治地位。这四大文明在公元3至6世纪纷纷遭到边远游牧民族的猛烈攻击，渐渐走向

[1]　[美]罗维：《初民社会》，吕叔湘译，江苏教育出版社2006年版，第258页。

[2]　参见[美]威廉·A.哈维兰：《当代人类学》，瞿铁鹏等译，上海社会科学院出版社2006年版，第459—460页。

衰弱。其中,希腊、罗马文明长期受到日耳曼人、匈奴人、穆斯林等外族的侵略,旧文化受到了严重的破坏,新文明在旧文明中缓慢产生。在这种变迁的文化夹缝中,入侵者为一方,带来新的文化形式;保卫者为一方,保护着旧的文化,往往百姓处在这种不同的文化夹缝中,不得不顺应文化从内容到模式的变化。恩格斯说:"一切社会变迁和政治变革的终极原因,不应当在人们的头脑中,在人们对永恒的真理和正义的日益增进的认识中去寻找,而应当在生产方式和交换方式的变更中去寻找;不应当在有关的时代的哲学中去寻找,而应当在有关的时代的经济中去寻找。"[1]

文化冲突容易构成文化夹缝。所谓文化冲突指不同的群体(不同个体有时代表群体)之间由于文化模式或其他文化现象中存在较大的差异而引起的交锋或对抗。文化冲突是最容易形成夹缝的文化模式。文化冲突形成的夹缝很多,诸如区域文化冲突夹缝、民族文化冲突夹缝、宗教文化冲突夹缝、阶层文化冲突夹缝、代际文化冲突夹缝等等。以区域文化观念冲突形成的文化夹缝为例:在经济观念上,传统的中国人喜爱存款,自己生活节俭,但为子女的支出却非常慷慨。当然,近几年这种观念受到了很大的冲击。美国人崇尚提前消费,存款的人很少,多是贷款消费,他们为子女攒钱的不多。由于中国政府近几年在想方设法推动国人消费,可以贷款购车、购房、购其他贵重物品等等,这样一来,影响了年轻一代节俭文化观念的形成,打乱了原有节俭文化育人的理念,使许多人在这种冲突的文化观念中无所适从,形成了消费的文化夹缝。在这个文化夹缝中,构成夹缝一方的是政府和银行业人士,鼓励人们超前消费,学习美国的消费理念;构成夹缝的另一方是老一代,反对贷款消费,要求孩子考虑自己偿还贷款的能力;处在夹缝中的倒是年轻的一代人。当然,在这种文化冲突的夹缝中,有时年轻一代人的父母也会成夹缝人。

(二)文化流夹缝

"文化流"指的是在形形色色的文化形态中,所形成的文化体系。这里讲的文化流是用"河流"来形容文化的"河流系域"。人类社会中大大小小的文化形态或具体的文化,构成了人类的文化体系,不同的文化形态在文化体系中

---

[1] 《马克思恩格斯选集》第三卷,人民出版社1995年版,第617—618页。

发挥着不同的作用。就像造房子一样，有的部件起支架作用，有的部件起框架作用；这也像河流，有的河流是干流主流，有的河流是小流支流。[1] 我们用此比喻文化现象，有利于分析文化夹缝构成的形态、性质，以便我们对文化夹缝现象的理解。以河流为喻，处在文化支配地位的文化形态，我们称主流文化；处在被支配的文化形态，我们称为支流文化。

1. 主流文化形成的夹缝

主流文化是主导社会文化发展方向的文化，是社会文化的规范文化。统治者可以通过国家的主流文化，形成国家的、民族的核心价值观，让全社会人员共同遵守。主流文化还可以影响支流文化，使支流文化按主流文化方向发展。当然，支流就是支流，主流就是主流，支流不会因为主流的导引而消失，这就是文化流所特有的特质。正如恩格斯所说："整个伟大的发展过程是在相互作用的形式中进行的，这里没有任何绝对的东西，一切都是相对的。"[2] 文化主流所形成的文化夹缝也都是相对而言的。但"统治阶级的思想在每一时代都是占统治地位的思想"。"占统治地位的思想不过是占统治地位的物质关系在观念上的表现，不过是以思想的形式表现出来的占统治地位的物质关系；因而，这就是那些使某一个阶级成为统治阶级的各种关系在观念上的表现，因而这也就是这个阶级的统治的思想。"[3] 这段话明白地告诉我们，占统治地位的"思想"一定是我们所讲的主流文化。

主流文化的导向性容易构成夹缝。所谓导向，指主导着社会文化前进的方向。主流文化的导向，是主流文化占统治地位的特性，它有形或无形地规范着人们的行为方式和精神文化的内容。"构成统治阶级的各个人也都具有意识，因而他们也会思维；既然他们作为一个阶级进行统治，并且决定着某一历史时代的整个面貌，那么不言而喻，他们在这历史时代的一切领域中也会这样做，就是说，他们还作为思维着的人，作为思想的生产者进行统治，他们调节着自己时代的思想的生产和分配……"[4] 这种对思想的生产和分配进行的调节正是主流文化的导向。例如，在中国凝练核心价值观的过程中，就发生了一

[1] 参见陈华文：《文化学概论新编》，首都经济贸易大学出版社 2009 年版，第 275 页。
[2] 《马克思恩格斯选集》第四卷，人民出版社 1995 年版，第 705 页。
[3] 《马克思恩格斯选集》第一卷，人民出版社 1995 年版，第 98 页。
[4] 同上书，第 98—99 页。

些故事。中国共产党第十六届六中全会提出了建设社会主义核心价值体系的战略任务,指出:“马克思主义指导思想,中国特色社会主义共同理想,以爱国主义为核心的民族精神和以改革创新为核心的时代精神,社会主义荣辱观,构成社会主义核心价值体系的基本内容。”[1]为了提炼中央提出的社会主义核心价值观,不少学者引经据典,创新思维。到目前为止,学界共提出了60种有关社会主义核心价值观的看法与表述,涉及90多个具体范畴(或判断)。比较有代表性的有“富强、民主、文明、和谐”、“民主、公正、和谐、进取”、“人本、公正、民主、和谐”、“民主、平等、公正、互助”、“共同富裕、公正民主、科学文明、人本和谐”、“劳动优先、共同富裕、公平正义”、“集体主义”、“共享共建”、“人的自由发展”等。[2] 理论界关于社会主义核心价值观的表述处在争鸣阶段,构成了社会主义主流文化的夹缝。就社会主义核心价值观的争鸣来说,非常有意思。先是我国研究社会主义学说的著名学者包心鉴在2012年1月14日《光明日报》上撰文《社会主义核心价值观的凝练与建构》,提出可以把社会主义核心价值观概括为:“以人为本,民主公正。”紧接着,杨永志不同意包心鉴先生的观点,撰文《也谈社会主义核心价值观的凝练》,认为社会主义核心价值观应概括为:“友爱、平等、互助、共富。”[3]随后,中央党校马克思主义理论教研部王虎学撰文《核心价值观究竟该如何凝练》,提出了凝练价值观的方法,不同意前两位学者的看法。[4] 黑龙江省委党校副校长祝福恩撰文《凝练核心价值观要以实践为源泉》,认为我们的社会主义核心价值观的凝练要接受前苏联的教训。苏联一是没有提出建设社会主义核心价值体系和凝练核心价值观,导致意识形态建设的滞后、落后;二是苏联共产党常常以强制、强力及行政命令的方式解决思想文化和价值观的问题;三是苏联官方文化、主流文化与大众文化脱节甚至是对立,缺乏实践主体。祝文建议凝练核心价值观要批判地借鉴西方国家较为成功的实践。认为西方发达国家的崛起的动因各有不同,但有一点是共同的,即这些国家都重视思想文化力量。最有代表性的是英国前首相丘吉尔所说的:“宁可失去印度,也不愿失去莎士比亚。”莎士比亚代

[1] zhidao.baidu.com/question/102679005. htnl.
[2] 参见王虎学:《核心价值观究竟该如何凝练》,《光明日报》2012年2月11日。
[3] 参见杨永志:《也谈社会主义核心价值观的凝练》,《光明日报》2012年2月4日。
[4] 参见王虎学:《核心价值观究竟该如何凝练》,《光明日报》2012年2月11日。

表了英国人文精神，失去了莎士比亚等于英国没有精神，没了“魂”，就无法发展了。像美国的核心价值观，有的美国学者概括为“自由、平等、自治”；有的学者提出要在包括“自由、民主、平等和正义”在内的美国价值清单上，再加以“宽容、谦逊、信仰”等。美国著名的政治学者亨廷顿在论及美国核心价值观时指出：“美国信念的价值观是什么？汗牛充栋的研究都会列出子丑寅卯，但所有的分析都提到下列核心政治价值：自由、平等、个人主义、民主、宽政下的法政。”对资本主义的价值观念的作用，列宁曾做了符合事实并肯定性的评说：“资本主义和封建主义相比，是在‘自由’、‘平等’、‘民主’、‘文明’的道路上向前迈进了具有世界历史意义的一步。”可见，列宁肯定了“自由”、“平等”、“民主”、“文明”作为资本主义价值观的功能。[1] 主流文化中，在凝练社会主义核心价值观方面形成了文化夹缝。有学者认为要确立“以人为本，民主公正”，有学者认为要确立“友爱、平等、互助、共富”，还有的认为要确立“富强、民主、文明、和谐”，更有学者认为要借鉴美国的核心价值观等，形成核心价值观的夹缝，有的学者不知不觉成为这特殊夹缝中的夹缝人。

主流文化的制度性容易构成夹缝。我们知道，主流文化一般都是以制度文化的形式出现的，从而规范和引导其他文化顺应主流文化的发展，因此，任何文化都必须注意文化制度的作用。主流文化大多由国家统治者以法律的形式确定下来，如宪法及相关的各种法律法规，便是主流文化的象征。主流文化的制度性，对主流文化之外的文化加以约束，对主流文化内部的文化现象同样加以约束。例如，2012 年春天，个别网民在互联网上特别是微博中编造、传播所谓“军车进京、北京出事”等谣言，产生了恶劣的社会影响。北京市公安机关对在网上编造谣言者依法予以拘留，对在网上传播相关谣言的其他人员进行了教育训诫；国家互联网信息办公室对一批传播谣言的互联网站依法进行查处。[2] 这便是文化制度在发挥作用。互联网看上去自由，但网民也要守制度、守法律。主流文化的主导者、制度的执行者对网民形成了夹缝。

主流文化的服务性容易构成夹缝。主流文化有一个主要任务，就是服务公众。主流文化如果不具有服务性质，将会失去主流“阵地”。《国家“十二

[1] 参见祝福恩：《凝练核心价值观要以实践为源泉》，《光明日报》2012 年 2 月 25 日。
[2] 《人民网》。www.people.com.cn.

五”时期文化改革发展规划纲要》中明确提出“构建公共文化服务体系”。“按照公益性、基本性、均等性、便利性的要求，以公共财政为支撑，以公益性文化单位为骨干，以全体人民为服务对象，以保障人民群众看电视、听广播、读书看报、进行公共文化鉴赏、参与公共文化活动等基本文化权益为主要内容，完善覆盖城乡、结构合理、功能健全、实用高效的公共文化服务体系。”“加强文化馆、博物馆、图书馆、美术馆、科技馆、纪念馆、工人文化宫、青少年宫等公共文化服务设施和爱国主义教育示范基地建设并完善向社会免费开放服务。”“以公共图书馆、学校电子阅览室、社区文化中心为依托，建立和完善未成年人公益性上网场所。”[1]主流文化中的设计设想是非常好的。就学校而言，如果学校电子阅览室成为未成年人公益上网场所，是天大的善事，可惜学校的领导现在不会同意。学校电子阅览室是有利益的，在当下利益当先的情况下，让学校的电子阅览室成为未成年人公益性上网场所，学校不仅不会响应，而且会用种种借口推托此事。在这主流文化服务的夹缝中，一方是主流文化和主流文化的代表者，要求学校电子阅览室成为未成年人公益性上网场所，一方是学校不会开放电子阅览室，这就使未成年人在上网一事上成为夹缝人。

2. 支流文化形成的夹缝

支流文化是指主流文化之外的对主流文化起到一定的辅助作用的或者反主流文化的文化形态和文化内容。支流文化在西方学术界多被称为亚文化（subculture），指那些与社会主导性文化价值体系存在不同的某些文化。像从事不同职业的人形成各自不同的职业亚群体，社会不同的阶层形成各自的生活圈子一样，支流文化者们逐渐形成了自己的价值观念、职业规范、职业习惯、职业语言、职业兴趣等等，这与主流文化是不同的。所谓反文化（counterculture），是亚文化的变种，称反主流文化。正因为支流文化不同于主流文化，无论是服从主流文化还是反对主流文化，其文化夹缝更容易形成。

支流文化的差异性容易形成夹缝。支流文化是区别于主流文化的一些特殊文化存在的内容或形态。支流文化虽然不是主流，但是表现了一些民族的或区域的文化个性以及独有的文化特点。这些特点与当今的生活紧密相关，并且与其他民族差别很大。像出国念书已成为中国大陆和台湾独特的教育景

[1] 《国家“十二五”时期文化改革发展规划纲要》，《光明日报》2012年2月16日。

观，现在尤以大陆为甚。大陆的“稍微有点前途的正人君子”，都把孩子送到国外，第一选择当然是美国，其次是英国、加拿大、澳大利亚，最差的去中国香港和澳门。在官场上，同龄的官员们都心知肚明，知道同事们的孩子在国外的情况。形成这种差异夹缝的原因，一方面是因为家境不错，出得起费用；另一方面也是对外国的盲目崇拜。当然，形成这种夹缝也离不开政府的教育引导，没有教育和就业方向的导向，出国留学绝对不会像今天如此之热。据教育部统计，2011 年度我国出国留学人员总数为 33.97 万人，其中国家公派 1.28 万人，单位公派 1.21 万人，自费留学 31.48 万人。[1] 在这一文化夹缝中，构成夹缝的一方是政府导向，构成夹缝的另一方是父母对子女的教育追求。当然，父母有时对孩子出国留学意见并不一致，而孩子则成为这类夹缝的夹缝人，中国的留学热是与其他民族截然不同的。

支流文化的多样性容易构成夹缝。由于是支流文化，最为显著的特点就是多样性。不同民族，同一民族不同区域的文化都不太相同，即使处在同一区域，人们对文化内涵的理解不同，同样会形成不同的认识，并因认识的多样而形成文化夹缝。例如：有个故事讲有一人拿了一些自家鸡下的鸡蛋在市场出售，他在一张纸上写了“新鲜鸡蛋在此销售”。这时，有一个人走过来对他说“老兄，何加‘新鲜’，难道你卖的不是新鲜的鸡蛋？”卖者认为有道理，涂掉了“新鲜”两字。一会儿，又有一个人走过来对他说，“为什么要‘在此’两字呢？你不是在这儿卖鸡蛋吗？‘在此’多余了。”卖者认为有道理，涂掉了“在此”两字。不久，一个老太太过来说：“‘销售’两字多余了，你不卖，还能是送鸡蛋？”卖者觉得有理，涂掉“销售”两字。过一会，又过来一个人，对卖者说，“你这个人真是多此一举，明明是你在卖鸡蛋，何必写上‘鸡蛋’两字？”最后，所有的字都被涂掉了，结果是光顾他鸡蛋摊子的人少了。这个故事说明了人们对销售鸡蛋的广告理解角度不同，因此形成了销售鸡蛋广告的文化夹缝。

支流文化的生活性容易形成夹缝。支流文化具有明显的生活性特征，因为支流文化大多是生活文化，离不开人们日常生活的积累，人们日常生活也离不开这种文化。在改革开放前，中国几千年都是农耕支流文化，因为人们以农耕为主。到了 20 世纪 80 年代，农耕文化为主的支流文化，逐渐变成了“打

---

[1] 参见教育部：《2011 年度我国出国留学人员情况统计》。goabroad.sohu.com.

工”文化为主的支流文化。当打工成为农村的一种潮流时，打工文化使原有的农耕文化的人们措手不及，变化之大是农民料想不到的。例如，有一则让人心伤的打工留守老人及儿童的故事，讲的是“打工后文化”故事。故事说，从来没有人告诉10岁的龙张欢，童年可能还有另外一种活法。龙张欢家住湘西凤凰县一个乡村，她6岁半上小学一年级起，开始背8个月大的亲弟弟去学校。如今，亲弟弟长大了，她又接着抱起了两岁的小表弟。在张欢的家里，孩子的数量远远超过了大人。两位老人的四个子女都和伴侣一起离家打工，家中只剩下8个孩子和两位老人。患病的爷爷站不稳，奶奶又起早贪黑地忙着农活，8个孩子只好互相扶持，互相拉扯。他们最小的才两岁，最大的12岁。能自个儿走路的，每天负责砍柴，割猪草。一家人的饭菜，由12岁的大姐姐独立承担，山上的泉水，由孩子们一个搀扶一个去接取。洗干净的衣服，又一人一点分担着背回家。自从父母离婚后，龙张欢已经三年没有见过妈妈了。2011年5月，她的爸爸在离家三年后曾短暂回乡，随即又奔赴杭州打工。[1]在打工文化夹缝中，构成夹缝的一方是孩子的父母，为了让自己的孩子们将来能过上好一点的日子，必须外出拼搏；构成夹缝另一方的是家中的老人，很希望子女们尽量照顾孙子辈们，因为他们老了，已无太多的精力照料和教育孙子辈们。而处在打工文化夹缝中的孩子们，成了打工文化的“牺牲品”。孩子们的童年欢乐呢？孩子们的童年家庭教育呢？学校教育绝对代替不了家庭教育，这种缺陷在孩子长大后会逐渐显现出来。故事还讲，曾在苗寨的乡村小学任教7年的吴建辉至今还记得，一天课间，龙张欢看着一些同学在快乐地跳绳、踢毽子，突然把手中的弟弟放在地上，冲向操场。不料，弟弟号啕大哭，内疚的龙张欢马上又折了回来，抱起弟弟后，自己也忍不住大声哭了出来。我们应当关注这种支流的文化夹缝现象。

支流文化的民间性容易形成夹缝。支流文化多是非官方的文化，是存于民间的文化。支流文化的民间性不是绝对的，因为支流文化有时又显现官方主流文化的某些痕迹。同时，文化的民间性和官方性在特定条件下会互相转换。又因为不同区域民间文化有差别，同样会形成支流文化夹缝。当然，民间文化是民众认可的一种文化现象。例如，明代《郁离子》一书中有一个故事，

[1] 参见陈倩儿：《没有人能还她一个美好的童年了》，《读者》2012年第4期。

体现的是民间习俗文化形成的一种夹缝。故事讲沈阳某商人过河沉船，他拼命呼救，渔人划船相救。商人许诺："你救了我，我付你100两金子。"渔人开始并不是因为金子而救人。当渔人把商人救到岸上后，商人只给了渔人80两金子，渔人斥责商人言而无信，商人反责渔人贪婪。渔人本无要金之意，只因商人言而无信，便无言走了。后来，这个商人又乘船遇险，再次遇上渔人。渔人对同行们说"那落水的就是言而无信的人"，众渔人都停船不救，结果那个商人淹死河中。中国许多地方，民间的口头约定非常重要，一般不要文字契约，在这个民间约定中，一般都必须遵守。而这商人没有遵守民间约定，如同民间违法，会被所有人瞧不起，从而受到一定的惩罚。构成民间约定的文化夹缝一方是渔人，另一方也是渔人，因为当时也有渔人要救商人的，但因民约的约束只好作罢，处在夹缝中的倒是那个不守民约的商人。

3. 文化中心、文化边缘构成的文化夹缝

文化不仅有主流、支流区分，还有中心和边缘的区分。文化中心一般是指文化集群区。这个区域内经济、文化、政治的信息流量大，人口较多，文化、交通、贸易、生活条件相对发达。所谓文化中心，一般是指能够引领或辐射周边地区文化潮流的区域部分。美国的文化人类学家弗斯勒（C. Wissler）最先使用"文化区域"这一术语，并对文化区域进行研究。他认为，每一个文化区域都有一个中心，这个中心是动态的，具有辐射出去的文化力量，文化区域的特征，就是由该中心向外传播而形成的。[1] 文化中心首先是因经济发展、政治需求而形成的，同时又是变化着的，会在一定的时期内发生转化。不同的区域会形成不同的文化中心，不同的文化中心也会打造不同的文化品牌。这些文化中心会向周边城市和乡村辐射，对一些区域构成文化中心的夹缝。同时，边缘地区的文化也会对中心文化形成夹缝。

世界文化中心即发达国家容易构成文化夹缝。世界文化中心指引领世界文化发展方向的中心区域，它在文化的形成与发展过程中起到了引领文化前进的作用，并且推动着世界文化向某一方向发展。世界文化中心是一个相对的概念，它会在世界文化的发展中发生变化。[2] 就目前而言，世界文化的中

---

[1] 参见覃广利：《文化学辞典》，中央民族学院出版社1988年版，第121—122页。

[2] 参见陈华文：《文化学概论新编》，首都经济贸易大学出版社2009年版，第290页。

心仍是美国。朱世达先生认为,美国文化有几大特点:一是美国文化是一个开放的体系;二是美国文化的另一个生命力的源泉来自它的实验性;三是当代美国文化的特点是其知识分子的异化和疏离;四是美国文化会在文化的一种追求中走向极端;五是在美国文化中可以明显地看到精英文化的边缘化倾向。[1] 美国这个世界文化中心的形成正源于它的软实力。美国价值是美国软实力很重要的组成部分。美国奉行个人主义,社会和政府的唯一目的就是人的幸福。美国在海外实施"软实力"的过程中,人们往往发现其奉行的所谓普遍的价值与当地的文化价值发生冲突和矛盾,这是一种认知上的错位,有时造成误解甚至对抗。研究发现,美国的软实力在中国的影响表现为政治影响与文化价值影响分裂现象。美国一方面被视为一种威胁,一种精神污染的腐败源头,另一方面被视为一种现代化模式;一方面美国被视为敌人,另一方面对美国的文化价值又有一定的尊敬。根据美国人对北京、上海、广州、厦门、成都等地 886 人(寄发 1000 份问卷,回收 886 份,回收率 86.6%)进行的一次问卷调查,在大学生中,12.81%的人毫不犹豫地去美国留学,如果加上"想去,但要视条件",则达 89.95%。作家刘方炜曾列举一位初中生的态度,当时,对于美国纽约的世贸双子星大楼被炸,这位初中生说:"美国人活该,谁叫它在世界上这么霸道。"然而多年后这位学生要出国留学时表示:"不是美国的大学,坚决不上。"这样的政治与文化分裂的现象我们也可以从中国年轻人对好莱坞电影《阿凡达》热烈的追捧上看出来。尽管中美之间因美国对台军售、美总统会见达赖等事件发生摩擦,《阿凡达》最终票房在国内超过惊人的 9 亿元。[2] 欧洲以英、法、德为首的国家文化同样对中国文化以巨大的影响。这些发达国家的文化即世界的文化中心已对中国和其他第三世界国家构成文化夹缝。

国家文化中心即"都城"以及直辖市容易构成文化夹缝。都城一般指一个国家的首都,是一个国家的政治、经济、文化中心,被称为首善之都。直辖市指仅次于首都而又强过省会城市的中央政权直管地区。这样的区域在政治、经济和文化的发达程度,仅仅次于首都。在这一区域生活的人们,往往自我感

[1] 参见朱世达:《当代美国文化》,社会科学出版社 2011 年版,第 12 页。
[2] 同上书,第 75—77 页。

觉要比其他城市好。改革开放之后，后起之秀广东，成为人们向往的地方。深圳在一段时间成了不是直辖市的直辖市了。都城和直辖市都具有自己的特色。易中天有篇文章叫做《北京人与上海人》。文中说：北京人的活法是哲学的，也是诗意的。北京人总是在做梦。北京人是有点油，但不浅薄。北京人是古老文明最正宗的承传者。上海人就两样了。上海人的生活是世俗、实在的、精打细算和稳扎稳打的，是埋头做生计和精心过日子的，是"螺蛳壳里做道场"。他们把交朋友叫做"轧朋友"，把不负责叫做"拆烂污"，把看重外貌叫做"吃卖相"，把假冒伪劣叫做"开大兴"，世俗十足，一点也不高雅。北京人和上海人的关系有点微妙。上海人是自我感觉良好的。他们几乎看不起所有的外地人，但唯独不敢小看北京人。北京人则是比较宽厚的。北京人并不特别看不起外地人，却偏偏看不起上海人。以至于一个上海人在北京得到的最高评价，竟是"你不像个上海人"[1]。北京人、上海人、天津人包括重庆人形成的独特的文化，已自觉不自觉地对其他区域人构成了夹缝。同时，这不同都城和直辖市在不同的城市文化中又成了"夹缝人"。

区域文化中心即中心城市容易构成文化夹缝。在中国，省城、各地级中心城市都在拼命地打造自己的城市品牌，都在向全国乃至全世界推销自己的城市。不少县城，也在借古人、名人打造自己的亮点。城市是人类文明发展到一定程度的产物，是文明集合点的象征，是现代文化的集散地。在这些区域的城市中，经济活动高度商业化，生活社会化，交流信息化，专业分工细致化，布局井然化，交通机械化等。这类区域文化中心城市较多，对周边小城镇以及农村影响较大[2]，同时对其他同类城市和周边地区形成一种文化夹缝。

文化边缘化的地区容易形成边缘文化夹缝。文化边缘是与文化中心相对的概念，地区文化中心的边缘地区，在文化上一般处于次要的、被支配的、受容的地位，文化学者一般把文化边缘分为区域文化边缘、国家文化边缘以及世界文化边缘。区域文化边缘一般指乡村，国家文化边缘一般指外地与边疆，世界文化边缘一般指不发达国家。世界文化边缘的变化最能说明文化夹缝问题。在世界文明史上，曾有过古埃及文明、两河流域文明、古印度文明、古希腊文

---

[1]　参见易中天：《北京人与上海人》。bbs.ourgme.com/bbs_his_look.asp.

[2]　参见陈华文：《文化学概论新编》，首都经济贸易大学出版社 2009 年版，第 288—289 页。

明、古罗马文明、中华文明等，这些文明在不同时期曾是世界文化最发达地区。当今世界，发达国家引领着世界的经济文化发展方向。毛泽东曾做过三个世界的划分："美国、苏联是第一世界。中间派，日本、欧洲、澳大利亚、加拿大，是第二世界。咱们是第三世界。""美国、苏联原子弹多，也比较富。第二世界，欧洲、日本、澳大利亚、加拿大，原子弹没有那么多，也没有那么富，但是比第三世界要富。""亚洲除了日本，都是第三世界。整个非洲都是第三世界，拉丁美洲也是第三世界。"[1]第三世界大多数国家都处在文化边缘。尤其是热带地区的国家形成的文化，相对贫乏，教育不发达，人口众多，就业困难，技术低下，输出的是初级产品的文化。在这种文化边缘的夹缝中，稍不小心，就会受到第一世界和第二世界国家的政治、经济、文化等方面的制裁，有的甚至会遭受打击，这在第一世界只有美国一家时尤为如此。从历史情况看，文化的发达几乎是与经济发达同步的。

（三）文化现代化夹缝

文化发达几乎是与经济发达同步的。没有经济的现代化，就不可能真正实现文化的现代化。文化现代化是指能够满足人们精神需求的一种社会状态。现代化是各国都在追求的社会模式，那么，是不是现代化的模式就只有一个版本呢？现实告诉我们，那种理解为统一的一种社会模式是不存在的，因为不同的国家和民族所走的现代化道路是不尽相同的。英国是通过17世纪的工业革命带动整个社会实现现代化的；法国则是通过政治大革命带动其他变革实现现代化的；美国则是经过独立战争以及解放农奴然后实现现代化的；日本则是通过明治维新变法发展现代社会的。而中国的现代化将通过一种飞速发展的物质建设，推动着社会的哲学、宗教、道德、法律、教育、科学、文学、艺术、风俗、时尚等精神文化的演变。这个演变我们每天都在感受到，可以说中国的一切社会生产方式、生活方式、行为准则、价值标准都在发生巨大的变化，这将影响所有中国人的观念、心理、性格、行为等方面随之发生变化。今天，我们的文化同样遇到了新形式，也遇到了新组合。"现代化"主要包括民主化、法制化、工业化、都市化、均富化、福利化、社会阶层流动化、宗教世俗化、教育

[1] 《毛泽东文集》第八卷，人民出版社1999年版，第442页。

普及化、知识科学化、信息传播化和人口控制化等内容。[1] 美国学者布莱克认为,“现代性”概念主要用于表述那些在技术、政治、经济和社会发展诸方面处于最先进水平的国家所共有的特征;“现代化”则指的是社会获得上述特征的过程。就是说,“现代化”是过程和手段,“现代性”是要达到的目标。在文化现代化的进程中,传统文化与经济、传统文化与现代文化、现代文化与本土文化都容易构成夹缝。

1. 传统与现代容易构成夹缝

“传统”本身就是一种文化现象,“现代”是对现有文化现象的一种表述。现代是在传统之上建立起来的,没有传统就不会有现代。“在文化模式的转变中,传统与现代的文化因素同时存在着,它们之间既竞争又混合,既冲突又融合。没有哪一个文化,会在一夜之间变成彻头彻尾的另一种文化。”[2] 在文化变化中,“时间是问题的关键,因为两个社会之间的接触所造成的心理反应,只能经历了较长时间,真正触动了个人心灵后,才能显现出最终的社会后果”[3]。

传统文化有时会构成阻碍发展的夹缝。我们从不否认传统是我们文化发展的源头。庞朴认为:“传统固然是一种保守的力量,但同时,传统也是一切前进的基地;从前一个意义上说,传统是一个包袱,从后一个意义上说,传统又是一宗财富。这应该是我们看待传统文化的基本观点。”[4] 但是,传统文化在文化现代化中会形成阻碍的夹缝。例如,人们对图书、对书店是认可的,但由于互联网的普及,人们对纸质书需求越来越少,对网络越来越依赖,在网络冲击下,网络书店成为了新的购书方式,既快、又省钱,还省事,四年之内,民营书店倒闭万家。[5] 这样一来,有人便极力呼吁,不该让书店倒闭。这似乎有些违背经济规律。刘彬《请扶持民营实体书店一把》一文,列举了杭州将单独

---

[1] 参见罗荣渠:《现代化新论——世界与中国的现代化进程》,商务印书馆 2004 年版,第 14—15 页。

[2] 陈华文:《文化学概论新编》,首都经济贸易大学出版社 2009 年版,第 309 页。

[3] [英]阿诺德·汤因比:《历史研究》,刘北成、郭小凌译,上海人民出版社 2000 年版,第 351 页。

[4] 庞朴:《文化的民族性与时代性》,中国和平出版社 1988 年版,第 19—20 页。

[5] 参见网络新闻中心:《民营书店为何倒闭》。www.163.com.

设立民营书店专项扶持基金，每年安排300万元，并根据需要适当增加，以资助、贴息、奖励等方式扶持民营书店；上海将从新闻出版专项资金划拨1500万元支持出版物发行网点建设，其中500万元用于定向支持各类实体书店，尤其是形成专业定位和品牌影响的民营实体书店，引导其走品质化、特色化发展之路。文章还列举了法国政府长期免征书店的所得税；德国政府不仅免征书店所得税，而且在增值税上也给予优惠。[1] 一方面是市场规律在调节，政府在扶持，另一方面是书店自己的经营方式是否合适，最重要的是看读者答应不答应。即使政府有政策，但我们最终还必遵循市场规律，否则将会受到市场的惩罚。按中国的习惯来讲，中央媒体该是最重要的宣传工具吧，应该由政府来扶持。可是，在美国，却用市场的方法调节报纸的生存。2009年3月17日，在美国金融危机的冲击下，有百年历史的《西雅图邮讯报》(Seattle Post-Intelligencer)因为财政困难而停止发行印刷版，只发行网络版，而《落基山新闻报》(Rocky Mountains News)则完全停止发行。2009年3月至9月，《华尔街日报》印刷版发行量下跌2.4%。《纽约时报》近年发行量下跌，连续4年获利下降，2009年第四季显示，《纽约时报》公司亏损6亿4800万美元。《纽约时报》旗下的《波士顿环球报》(Boston Globe)每年亏损5000万美元，在2009年的夏天险些破产，只是在《纽约时报》的帮助下才脱离险境。受到《波士顿环球报》拖累的《纽约时报》自己的日子也不好过，2009年1月，向墨西哥亿万富翁卡洛斯·斯利姆·赫卢(Carlos Slim Helu)借款2亿500万美元，年利率高达14%。[2] 市场就那么无情，而我们却用纳税人的钱去救书店，书店是以盈利为目的的，应该遵守市场规律才对。在传统文化的影响下，因为有人喜欢书店的经营方式就呼吁政府扶持，有些不太符合读者的选择。在这个传统文化的夹缝中，以读者为构成夹缝的一方，不再选择实体民营书店；以一些文化人和政府为另一方，继续支持民营实体书店。处在夹缝中民营书店的老总们，也早已了解市场规律的特性，但却处在无奈的文化夹缝之中。

现代文化容易对传统文化形成夹缝。发展中的文化以及后来形成的所谓现代文化必然取代传统文化，当然，这种取代有可能只是对传统文化的发展或

---

[1] 参见刘彬：《请扶持民营实体书店一把》，《光明日报》2012年3月2日。

[2] 参见朱世达：《当代美国文化》，社会科学文献出版社2011年版，第385页。

提升。所以,作为现代人,既要学习传统好的东西,有所继承和发扬;又要解放思想,不能认为传统的东西都神圣不可侵犯。不少人出于对传统的热爱,往往主观地将传统与现代截然对立起来,这样既不利于现代文化的发展,也不利于传统的发扬。"我们认为,'传统'是流动于过去、现在、未来这整个时间性中的一种'过程',而不是在过去就已经凝结成型的一种'实体',因此,传统的真正的落脚点恰是在'未来',而不是在过去,这就是说,传统乃是'尚未被未定的东西',它永远处在制作之中,创造之中,永远向未来敞开着的无穷性,或说'可能世界'。"[1]而"现代化有其所以现代化的真精神在,它应该是能保证最多数人的最大民主,最多数人的最大自由,最有效的管理制度,最先进的科学技术,丰富的物质文化生活,高尚的道德礼俗。而这一切,又只能实现在各民族的特殊形式中"[2]。现代化要实现在各民族的特殊形式中,就会对传统文化形成夹缝。从2000年开始,有不少人提出"全盘西化",有些不顾传统,不顾中国特色。邓小平反复讲过多次:"民主只能逐步地发展,不能搬用西方的那一套,要搬那一套,非乱不可。"[3]有的学者不同意这一观点。他们认为,"中国之趋于全盘西化,不过是时间的长短问题,我们若不自己赶紧全盘西化,则必为外人所胁迫而全盘西化"[4]。在追求民主的过程中,中国走过了不少弯路,中国不少民主人士处在文化夹缝中,现代化的标准第一条是保证最多数人的最大民主,而中国远远不够。学者要求西化,政府反对西化,追求民主的人士们处在这种现代化即民主的文化夹缝之中。

2. 文化与经济发展不同步容易构成夹缝

文化发展与经济发展应该是同步的,但文化发展往往滞后于经济发展。说到底,经济是文化发展的基础,没有经济的现代化,就不会有文化的现代化。在经济发展过程中,由于文化与经济发展的不同步,往往容易构成夹缝,而形成的这些夹缝往往是因经济、城市、就业和文化结构的不合理构成的。

城市结构的不合理容易形成夹缝。由于城市化进程提速,城市人口迅速增加,使较大城市出现了城市中心、市郊和远郊的格局。城市的学校、购物中

[1] 甘阳:《时间、传统性与未来》,《读书》1986年第2期。
[2] 庞朴:《文化的民族性与时代性》,中国和平出版社1988年版,第56页。
[3] 《邓小平文选》第三卷,人民出版社1993年版,第196页。
[4] 陈序经:《东西文化观》,中国人民大学出版社2004年版,第228页。

心、医院、休闲场所一般都在市中心区，因此出现了交通不便，服务缺失的状况。现代社会发展，城市到底以多少人口为最合理，至今没有明确的答案。就北京的交通而言，环城已修了六环路，全长187.6公里，2009年9月12日全线贯通。据说北京又在规划七环。那么多的道路，那么多的环城交通，还是出现了交通文化夹缝的现象，被人们戏称"京都"即"京堵"，意思是北京汽车长堵不通。北京市采取了"尾号"限行办法，仍没有根本解决这个问题。有位的哥在网上提出北京堵车的七大问题，其实北京的堵车远远不止这七方面的原因。的哥在"天涯杂谈"中分析了"京堵"的原因：一是拉链工程，主要是道路经常出现翻修；二是冲突点多，冲突点即是红绿灯和人行横道过多；三是堵点多，主要是二、三、四、五环路的出入主路口设计不合理；四是电车问题；五是公交车站点设置问题，公交车排队进站经常造成各路段的车行不畅；六是交通法规不完善，人们又不认真遵守；七是停车场太少，车辆无处停放。[1] 吃、穿、住、行，四大生活基本问题，行不通，则其他都不顺。在堵车的交通现实中，形成了多重夹缝，诸如对政府管理部门的以及对车主的同一问题的不同的夹缝。车主要求交通通畅形成了夹缝的一方；道路建设部门认为管理部门对道路使用管理不善成为夹缝的另一方，从而形成夹缝。道路建设部门认为车太多，应控制车辆；交通管理部门按车牌尾号按天放行，这给车主带来极大不便，从而形成夹缝。在"熬车堵"过程中，车主们学会了适应，出租车司机在等路过程中，拿出了车上备的核桃，练手功；有的车主开收录机听音乐；有的则用手提电脑或手机上网，从而形成了"堵车文化现象"。这种夹缝，完全是城市结构的不合理而造成的。

城市化对农村形成一种文化夹缝。现在，中国城镇化建设日新月异，我们千万要注意不能把城镇化简单理解为把农民"集中到城里"，城镇化最大的问题是农民就业问题。中国改革开放三十多年来，农村经济得到了较快的发展，根本原因在于改革实行了家庭承包责任制，土地分到农民家庭手中，恢复了中国几千年来农业的以家庭为背景的社会文化需要，重建了家庭生产经营的社会职能。在农民纷纷走出田地，脱离原有的家庭模式，进城打工之后，城市化就对农民形成了一种文化夹缝。同样，农村落后的生产方式，也不适应现代社

---

［1］《北京市交通不堵要诀》。www.tianya.cn.

会发展。土地流转实现“集约”化是一个早晚的问题。就农民工而言，农民工把一部分农村文化带进了城里，而城里的文化使农民工感到无法适应。这种不适应的根本原因正如德国诗人席勒所说的那样，把社会变成一架精巧的钟表机械，把人变成机器上无生命的组成部分，使“政治与宗教、法律与道德习惯都全裂开来”，造成“欣赏与劳动脱节，手段与目的脱节，努力与报酬的脱节”[1]。人们生活不仅需要汽车、楼房、网络、电视、冰箱等物质，还需要精神生活，每天人们下班后躲进“鸽子笼”式的楼房里，大家虽然对门而居，彼此却不相往来，现代化信息系统越来越发达，人们却越来越进入一种封闭式的生活状态之中。农民虽然进了城，可是他们无法适应城市的环境。我们随时可以看到失地进城的农民，在现代化小区中的草地里种菜，在楼下聚一起唠家常，这又是城里人所不喜欢的。在这种生活方式中，以城里人快节奏生活方式为夹缝一方；以城里人独处的交往方式为夹缝另一方，使原本具有其乐融融的邻里生活方式的进城农民，处在了不同于城里生活方式的习俗夹缝中。

3. 现代化与本土化容易构成夹缝

我们曾分析过，现代化模式不可能一模一样，就现有的发达国家而言，不同的国家有不同的现代化模式，而且在文化质的方面还有较大的区别。美国实行的是三权分立的政体，英国实行的是君主立宪制，法国实行国民议会制等等，虽为政体，说到底还是一种文化现象。就美国文化而言，现如今的美国文化已不是原来的本土文化，而是英国文化与美国本土文化的结合。

外来文化容易构成夹缝。每一个民族都会受到外来文化的影响，同样，每个民族都有一定的文化输出。在外来文化与本民族文化结合中，最容易构成文化夹缝。哈维兰在《当代人类学》中举出了民族间文化结合的例子：“北美西南部的普埃布洛印第安人的文化，是20世纪受现代化影响的一个完整文化。受到英裔美国人的影响和统治，现在这些印第安人已经放弃了他们传统的农耕经济了，采用西方的信用制度和现金经济。随之，生活的许多方面也发生了变化。各自分立的家庭坯砖房，正在逐步取代传统的公寓式住所。许多住宅有汽车间、草坪、树木、院子和灌木丛，用上电、自来水和内部水电管道。家庭中的家具也和当代美国家庭中的一样，还有了电视机、电冰箱和冷菜贮藏

[1] 席勒：《审美教育书简》（第6封信），《古典文艺理论译丛》1962年第5册。

室。普埃布洛人穿着商店里买来的服装和围巾。靠农业获得日常消费品的方式,也已被周末上超市购物所代替。但是,在这个 20 万人口的部落中,传统的社会组织依然保留着。他们也沿用了传统社会道德行为规范,处理不正当行为的方法很严格。社会中有四五个级序,它们交叉穿插,使整个社会保留其一体性。同时,他们的宗教和礼仪也保存下来了,这给他们提供了消遣的机会,并加强了他们生活的共同性和一致性。如今,在受到英裔美国人的影响下,许多不再用的仪式现在却再度复兴起来了。"[1]大多数印第安人并不愿意接受英裔美国人的文化和管理,也有的印第安人愿意接受美国的文化。普埃布洛印第安人部分地接受了英裔美国人的文化,保留着自己的传统道德。在这个文化融合的夹缝中,构成夹缝的一方是英裔美国人,构成夹缝的另一方是极力反对美国人统治的一部分普埃布洛印第安人,处在夹缝中的是另一部分普埃布洛印第安人。

本土文化容易对外来文化构成夹缝。所谓本土文化是指民族自身的文化。民族自身文化具有极强的生命力,本土文化对外来文化会进行选择和留用,并以本民族需求的方式传承下去,从而打上民族的烙印。例如:美国的麦当劳快餐,在进入中国后,已被中国本土化了。在美国,麦当劳快餐是忙碌者和饥饿者的"加油站",是低收入者的家庭餐馆。麦当劳进入中国后,成为了一个中档消费的时髦场所,人们可以享用闲暇时光和体验中国版的美国文化。[2] 许多学生,可以在店里看书学习或者休息,快餐店成了休闲之地。在这种中国化了的美国餐饮文化中,形成了以中国文化为主的文化夹缝现象。构成夹缝的是休闲的中国人和学习的中国人,处在夹缝中的是麦当劳快餐店的老板以及工作人员,因为麦当劳一般不赶来者,不清场,24 小时服务,这种夹缝非常有意思。

---

[1] [美]威廉·A.哈维兰:《当代人类学》,王铭铭等译,上海人民出版社 1987 年版,第 578—580 页。

[2] 参见陈华文:《文化学概论新编》,首都经济贸易大学出版社 2009 年版,第 311 页。

三、意识形态给力夹缝

意识形态一词源自希腊文 idea(思想或观念)和 logos(理论或理性),意为观念论或观念的科学。所谓意识形态(ideology),是指反映一定社会的经济形态和政治制度的思想体系,表现在政治、法律、道德、文学、艺术、宗教、哲学和其他社会科学形式中。意识形态一般具有群体性、系统性、历史性的特点。正是由于民族的意识形态不同,在社会发展中容易形成意识形态夹缝。也正由于全球化的加快,意识形态夹缝会越来越明显。"过去那种地方的和民族的自给自足和闭关自守状态,被各民族的各方面的相互往来和相互依赖所代替了。物质的生产是如此,精神的生产也是如此。各民族的精神产品成了公共财产。"[1] 意识形态的给力也就在这种情况下产生了。

(一)文化价值观夹缝

当今世界上,每个文化都有自己的独特的价值观念,每个民族文化之所以构成一个独特的文化模式,就是因为价值观在发挥着看不见的作用。斯宾格勒认为,一个文化的各要素之间,不论看起来有多大的差异,实际上都是文化核心价值的表现形式,它们之间一定有着必然的联系。"迄今为止,我发现没有人仔细考虑过那把一种文化的各个部门的表现形式内在地联系起来的形态关系……他们有谁知道,在微积分和路易十四时期的政治的朝代原则之间,在古典的城邦和欧几里得的几何学之间,在西方油画的空间透视和以铁路、电话、远距离武器制胜空间之间,在对位音乐和信用经济之间,原有深刻的一致关系呢?"[2] 这就是说,一个文化就是一个价值体系。"所谓文化,就是具体化了的价值领域,是按照这些价值改造过的人的本质及其环境,也就是人的物质和精神活动的工具以及社会制度和精神成果的领域。"[3]

---

[1] 《马克思恩格斯选集》第一卷,人民出版社 1995 年版,第 276 页。

[2] [德]奥斯瓦尔德·斯宾格勒:《西方的没落》,商务印书馆 1963 年版,第 18 页。

[3] [苏]恰弗恰瓦:《人—文化—价值》,王祥俊译,《哲学译丛》1983 年第 4 期。

1. 不同的社会发展道路夹缝

不同的民族有不同的社会发展道路。发展道路的选择，是由不同民族的价值观所决定的。“价值观作为‘价值取向’，包括了一个文化对世界的基本看法，其中又包含着这个文化对人性的基本预设、应当的追求以及如何实现等思想，并在实践活动中规定着人们的活动方向和活动方式。这些内容的总和构成一个民族发展道路的选择。”[1]正是因为不同道路的选择，构成了不同的文化夹缝。

民族选择发展道路容易构成夹缝。不同的民族选择不同的发展道路，这是正常的，但在选择道路过程中，会受到意识形态不同的民族挤压。“自从一八四〇年鸦片战争失败时起，先进的中国人，经过千辛万苦，向西方国家寻找真理。洪秀全、康有为、严复和孙中山，代表了在中国共产党出世以前向西方寻找真理的一派人物。那时，求进步的中国人，只要是西方的新道理，什么书也看。向日本、英国、美国、法国、德国派遣留学生之多，达到了惊人的程度。国内废科举，兴学校，好像雨后春笋，努力学习西方。”[2]可是，“帝国主义的侵略打破了中国人学西方的迷梦。很奇怪，为什么先生老是侵略学生呢？中国人向西方学得很不少，但是行不通，理想总是不能实现，多次奋斗，包括辛亥革命那样全国规模的运动。都失败了。国家的情况一天一天坏。环境迫使人们活不下去。怀疑产生了，增长了，发展了。”[3]“西方资产阶级的文明，资产阶级的民主主义，资产阶级共和国的方案，在中国人民的心目中，一齐破了产。”[4]而“一边倒，是孙中山的四十年经验和共产党的二十八年经验教给我们的，深知欲达到胜利和巩固胜利，必须一边倒。积四十年和二十八年的经验，中国人不是倒向帝国主义一边，就是倒向社会主义一边，绝无例外。”[5]最终，毛泽东认为：只有社会主义才能救中国。自从中华人民共和国成立之日起，中国就处在西方发达国家和苏联的夹缝之中，西方发达国家在中国占尽了好处，希望中国倒向他们；苏联希望中国倒向他们；中国最终倒向了苏联一边，

[1] 桂翔：《文化交往论》，人民出版社 2011 年版，第 164 页。

[2] 《毛泽东选集》第四卷，人民出版社 1991 年版，第 1469 页。

[3] 同上书，第 1470 页。

[4] 同上书，第 1471 页。

[5] 同上书，第 1472—1473 页。

但还是处在了两种道路的夹缝之中。

不同民族认识观的夹缝。认识观是价值观的组成部分,每个人有自己的价值观,并用这价值观去认识事物。所谓认识观是指对事物的具体看法,即评判标准。不同的民族有不同的认识观。例如:在美国人眼中,社会进步准则和幸福观就是物质财富增加和物质幸福水平的提高;而在中国的儒家文化中则奉行“重义轻利”,追求“淡泊明志,宁静致远”。改革开放后,中国提出“让一部分人、一部分地区先富起来”[1]的口号,这对中国传统文化有了很大的冲击,使不少人的认识产生了模糊的感觉,构成了认识观上的夹缝。夹缝一方是个人主义,追求物质幸福;夹缝另一方是淡泊明志,重义轻利;包括对于“先富”和“后富”理论的理解,使不少人处在了夹缝之中。

2. 价值欲望夹缝

汪尚源说:“人生在世,不能没有欲望,就像大海不能不涨潮一样。假如世人都没有欲望,就会对什么事情都不感兴趣,就会缺少热情、缺少追求。”[2]古人讲:人无名利之心则心死,世无名利之人则世衰。马克思说过:“人们奋斗所争取的一切,都同他们的利益有关。”[3]这利益正是人们所希望得到的。人们为了自己的利益去奋斗,是人之常情,但不少人为了满足自己的欲望而进入了夹缝且不能自拔,让不少人不能理解。因此,世人必须认识到欲望适度则为利,欲望过度则为害。而这种适度,是由个人把握的,把握得如何,靠每一个的人自控能力和水平,靠“科学”地把握。

物质追求与精神追求的夹缝。物质是人们生存、生活的基础,是人们最基本、最原始的、最优先的需要。“正像达尔文发现有机界的发展规律一样,马克思发现了人类历史的发展规律,即历来为繁芜丛杂的意识形态所掩盖着的一个简单的事实,人们首先必须吃、喝、住、穿,然后才能从事政治、科学、艺术、宗教等等。”[4]在《资本论》的一开始,马克思引用一位作者的话说:“欲望包含着需要,这是精神的食欲,就像肉体的饥饿那样自然,……大部分物具有价

---

[1] 《邓小平文选》第三卷,人民出版社 1993 年版,第 155 页。

[2] 汪尚源:《人生有度方坦然》,《文章阅读网》。www.duwenzhang.com.

[3] 《马克思恩格斯全集》第一卷,人民出版社 1956 年版,第 82 页。

[4] 《马克思恩格斯选集》第三卷,人民出版社 1995 年版,第 776 页。

值,是因为它们满足精神的需要。"[1]人们的精神生活与物质生活并不是一直协调进步的,"物质生活的生产方式制约着整个社会生活、政治生活和精神生活的过程。不是人们的意识决定人们的存在,相反,是人们的社会存在决定人们的意识"[2]。而"享乐主义把丑恶的物质享受提高到了至高无上的地位,毁掉了一切精神内容"[3]。我们引用马克思、恩格斯对物质生活和精神生活本身以及它们之间关系的论述,是为了说明物质生活和精神生活在社会主义国家最容易形成夹缝。例如,中华人民共和国成立后经历了两个阶段,一是从成立到1978年,是社会主义建设时期,在这一时期中,强调精神生活为主,对人们的物质欲望加以限制和批判,讲奉献多,提物质少。曾出现过"斗私"的极端口号,人们有谈物色变的极端感受。二是从1978年到现在,是中国特色社会主义建设时期,在这一时期中,强调物质生活为主。1979年邓小平讲:"经济工作是当前最大的政治,经济问题是压倒一切的政治问题。"[4]"农村、城市都要允许一部分人先富起来。"[5]"致富不是罪过。"[6]两个时期,口号不同,精神追求不同,物质追求也不同,使不少中国人处在这种精神生活与物质生活的夹缝之中。

名利追求容易构成夹缝。在社会主义社会中,曾经把不图名不图利作为一种追求,不图名不图利在当下社会中已不再现实,也没有市场。现在不少人在拼命地想成名图利,其办法之多,可称不择手段。有些人为了图名利把廉耻也丢掉了,这是社会一大悲哀。在人们追求名利过程中,形成了不少文化夹缝。例如,中国近年大师、名人之多,让人感到目不暇接,这还得归功于各类的"选秀"。大师原本是一种独到的文化和思想内涵的界定,但正如快餐已成为我们生活中的一种时尚一样,在这个"大师"辈出的时代里,"大师"们所体现的文化不仅越来越具备了"快餐"的特点,就连"大师"自身,也越来越成了时尚文化和娱乐文化酒桌上的一道道"佳肴美味"。就文化的本质而言,大致分

[1] 《马克思恩格斯全集》第四十八卷,人民出版社1985年版,第526页。
[2] 《马克思恩格斯选集》第二卷,人民出版社1995年版,第32页。
[3] 《马克思恩格斯全集》第一卷,人民出版社1956年版,第636页。
[4] 《邓小平文选》第二卷,人民出版社1994年版,第194页。
[5] 《邓小平文选》第三卷,人民出版社1993年版,第23页。
[6] 同上书,第172页。

为三种:一种是属于"生存技能"的文化,一种是属于"娱乐享受"的文化,一种是属于"生存智慧"的文化。在只有"生存技能"和"娱乐享受"文化的滥觞下,而没有"生存智慧"的文化作为铺垫的社会里,人生是很难看清方向的,同时还会因为社会的短视和急功近利而引致无可挽回的"短命"。[1] 在这个文化夹缝中,"假大师"作秀为夹缝一方,文化掮客为夹缝的另一方,对社会人形成文化夹缝。这便是一首歌可以成名,一本书可以成名,一部电影可以成名的真实原因了。在喧闹的社会中,有没有不想为自己打造的人呢?有。例如丘吉尔,在他战后退位时,英国国会打算通过一个提案:塑造一尊他的铜像放在公园里供人景仰。当然,国会中也有异议。丘吉尔在第一时间听到这个消息,他坚决拒绝了。丘吉尔说:"多谢大家的好意,我怕鸟儿在我的铜像上拉粪,那是多么的有煞风景啊。所以我看还是免了吧!"国会准备提案为丘吉尔塑一尊铜像时,形成了夹缝的一方;而国会有人异议,构成了夹缝的另一方,处在夹缝中的丘吉尔坚决拒绝,自己退出了夹缝。

3. 价值观在内化和外化时的夹缝

价值观是要通过内化和外化才能在社会生活和人们的行动中体现规范人们行为以及实现价值目的的。价值观一般要反映大多数人的心声,体现时代精神,浓缩价值理想,推动社会进步,规范社会人的行为,提供伦理标准等。价值观的外化主要为制度安排;内化主要为个人的行为模式,这在社会实践中容易构成社会文化夹缝。

价值观在外化为社会制度安排上容易形成夹缝。制度安排一般指一个村落或一个社区的生活秩序制度。社会总的制度已由宪法和法律作出了规范,往往在最基层,价值观的作用就更大,更具体。如果一个具体的单位没有处理好价值观问题,必然会对一些人构成夹缝,从而引发一些不应有的问题。例如:最近,帮派文化侵入校园,引发了人们的关注,正说明了价值观当外化在一个学校中为"歪化"时,则会引发社会问题。据调查显示:未成年犯在学校时,有 30.1%的人感到"受到歧视";在受歧视原因的调查问卷中,分别有 38.78%和 31.86%选择"学习成绩不好"和"家庭贫困"。受歧视的主要原因是因为有些学校已形成了不成文的规矩,歧视学习成绩不好的同学,重视学习好的同

---

[1] 参见卢新华:《"大师"与文化》,《人民日报》2012 年 4 月 11 日。

学，由此使价值观偏离正确的价值观导向。广州海珠区初三学生杨清告诉记者说，以前班里有几个在“帮派”混的男孩，学习成绩在班里倒数。自己当班长时，一旦与他们发生冲突，老师会不问缘由地站在他这边。老师还会在最后几排、靠墙的位置给他们安排“专座”，对他们的要求是上课不许讲话，上课时也极少让他们回答问题。有些“江湖少年”讲，多数老师看重学习成绩，不愿意多花时间在他们“这种人”身上。被老师冷落、训斥或区别对待是常有的事，有的老师还不让他们来校，怕给班级抹黑、拉分、拖后腿。古人讲有教无类，今天有的老师竟然只想教育学习好的学生，这在不少学校成为一种潜规则，从而使学习成绩差的学生成为“问题学生”，成为“江湖少年”，最终变成学校帮派，成为“未成年犯”。律师郝劲松说：“当下有的学校并没能给予学生一种归属感和安全感。”[1]有些学校在价值观外化中形成了一种“嫌差爱好”的无形制度，构成了对全体同学的夹缝。在这个夹缝中，构成夹缝的一方是学校老师，构成夹缝的另一方是学习不好的学生，处在夹缝中的是所有不在帮派的学生。由此出现了家长雇保镖护送孩子上学的现象，成为中国有些地区的教育奇观。

价值观在内化为个体行为模式时容易构成夹缝。每一个活着能正常行动的人都有自己的行为模式，这些个人的行为模式又受个人的人生信念、信仰追求、道德伦理所约束。不同的个体的信念，会形成不同的行为模式，这些行为模式又对社会人构成夹缝。仍以“帮派文化入侵校园，家长雇保镖护送孩子”为例，当“问题孩子”受到歧视之后，会欺负其他同学，不少“江湖少年”因为不堪受欺负而选择加入“帮派”，寻求庇护——从一名受害者转变成一名加害者。“江湖少年”平时的业余生活是上网聊天、玩游戏，和“帮派兄弟”一起玩和看电视。据调查，未成年犯收看电视节目的内容为“武打片”和“警匪片”，分别占65.96%和51.85%。2010年5月至2011年3月，重庆市荣昌县16岁的叶某和17岁的王某模仿港台影视剧中的古惑仔，盗窃20余次，仅图刺激好玩。2010年8月，昆明警方摧毁了“洪兴帮”，抓获以张晓东为首的涉案犯罪嫌疑人61人。据了解，“洪兴帮”大哥张晓东绰号“山鸡”，因痴迷电影《古惑仔》中的江湖情义，模仿其组织结构组建了“洪兴帮”，并不断吸纳成员，成员

---

[1] 林昫：《帮派文化入侵校园，家长雇保镖护送孩子》，《扬子晚报》2012年4月2日。

多为80后,还有不少学生。调查表明,80%的未成年人犯罪与网络有关。[1]在价值观内化过程中,由于受一些文化现象的影响,有些少年选择了"江湖情义"的人生信念,从而走上了犯罪的道路。在价值观内化形成的夹缝中,某些文化现象成为夹缝的一方,学校教育及某些老师成为夹缝的另一方,那些上网、看电视、好模仿的少年成为可怜的夹缝人。

(二)意识形态夹缝

意识形态是指与社会的经济和政治直接相联系的观念、观点、概念的总和,包括了社会科学全部。不同的民族有不同的意识形态,在现实社会中,"社会制度和意识形态是一对孪生姊妹,社会制度是意识形态的实践,又是意识形态的社会基础;同时,社会制度还可以看作是广义的生活方式,意识形态又是一个文化世界观、价值观和思维方式的具体表现。"[2]在东西方意识形态方面有差异,也有认识的不同。"在东西方冲突中,相互对立的是两种互不相容的政治制度和由此而形成的两种不同形象的人和社会(以及相应的不同现实)。就西方而言,过去和现在具有代表性的是:个体主义和多元主义(它被视为现代社会的构成条件),权力分散(它被视为政治制度的原则),公开性(包括作为第四种力量的对媒体的现代设想,被视为内在的价值)。此外,科学、司法和管理被视为具有非党派和中立倾向的领域;市场和文化被视为具有自身工作价值和自身逻辑的行为空间,以及经济领域的注重市场价格、私有制和成本与收益比等。就东方社会主义而言,可视为标志的是:集体主义、政治、社会、经济和文化强制一体化(其后果是权力集中);在科学、司法和管理中贯彻党性原则;经济领域中实行以行政管理和政治取向的价格制度,注重集体财产,实行外贸垄断。"[3]这一段分析是停留在中国改革开放之前的,在许多方面,中国的管理实际已接近西方,但西方人关于东方特别是社会主义的认识却没有随着这种变化而发生多少改变。没有认识上的改变,旧夹缝依然存在,新夹缝也会在发展中形成。

---

[1]　参见桂翔:《文化交往论》,人民出版社2011年版,第172页。

[2]　同上。

[3]　[德]迪特·森格哈斯:《文明内部的冲突与世界秩序》,张文武译,新华出版社2004年版,第134—135页。

1. 集体与个体的认识夹缝

不同的民族对集体和个体的认识是不同的,尤其在中西方意识形态中对集体和个体的认识就有很大的差距,认识有差距,就容易构成夹缝。

西方的个人主义容易对东方构成夹缝。以美国为例,个人主义构成了美国文化模式的基本特性和主要内容,它最雄辩地、实在地、真正地表达了美国思想。阿历克塞·托克维尔指出,个人主义是一个新的表述,它是由一个新思想产生的。它完全不同于利己主义。个人主义是美国文化的一个主要信条。以追求个人利益和自主的个人主义在美国几乎有一种神圣的意义。[1] 在中国改革开放前,人们对个人主义是反感的,当时的中国文化认为"个人主义一切以个人利益为根本出发的思想,是建立在生产资料私有制基础上的一种意识形态。资本主义制度是私有制的最后的也是最完备的形态,因而个人主义在资产阶级身上发展到了顶峰。资产阶级一切活动的基点,是最大限度地剥削无产阶级,榨取剩余价值,反映到意识形态上,就成为资产阶级世界观的核心和道德准则——极端个人主义。个人主义也是小生产者世界观的一个特征。小生产者的狭隘眼界、小私有者的心理,使他们往往表现出自私自利性,把个人利益放在第一位。"[2] 从这一段论述,我们可以知道中国对西方的个人主义的憎恨。可事过境迁,今非昔比。改革开放之后,邓小平已把社会主义和资本主义做了分析:"说来说去就是怕资本主义的东西多了,走了资本主义道路。要害是姓'资'还是姓'社'的问题。判断的标准,应该主要看是否有利于发展社会主义社会的生产力,是否有利于增强社会主义国家的综合国力,是否有利于提高人民的生活水平。"[3] 在改革开放过程中,中国人已开始接受了西方的个人主义,但仍有不少人对个人主义采取鄙视的态度。在美国,个人就是目的本身,终极的价值就是个人的生命和幸福。不了解个人主义,就无法理解美国的政治、社会与文化。[4] 个人主义在美国完全不同于利己主义,而是个人的生命和幸福,这也是我们对美国文化新的认识。美国的个人主义作为夹缝主体的一方,得到了有些中国人的赞成,也受到了有些中国人的批评,

[1] 参见朱世达:《当代美国文化》,社会科学文献出版社 2011 年版,第 12—13 页。
[2] 宋原放:《简明社会科学词典》,上海辞书出版社 1982 年版,第 56 页。
[3] 《邓小平文选》第三卷,人民出版社 1993 年版,第 372 页。
[4] 参见朱世达:《当代美国文化》,社会科学文献出版社 2011 年版,第 16 页。

当然也有些中国人不理不睬。这样的文化夹缝也形成了独有的特点，即美国人的个人主义，同中国的反对个人主义者构成了对拥护个人主义者的夹缝；同时，美国的个人主义又同中国的拥护个人主义者构成了对反对个人主义者的夹缝；最终，这几方又对不理不睬个人主义的中国人构成夹缝。

东方的集体主义容易对西方构成夹缝。在理想社会的大同世界中，集体主义是非常美好的。《礼记·礼运》讲的集体主义的理想是："大道之行也，天下为公，选贤与能，讲信修睦，故人不独亲其亲，不独子其子，使老有所终，壮有所用，幼有所长，矜、寡、孤、独、废、疾者，皆有所养，男有分，女有归，货恶其弃于地也，不必藏于己，力恶其不出于身也，不必为己，是故谋闭而不兴，盗窃乱贼而不作，故外户而不闭，是谓大同。"[1]这一段讲：大道通达于天下时，把天下作为大家所共有的，选举贤能之人，讲究诚实，重视亲睦，所以人们不只是爱自己的亲人，不只是把自己的孩子当作孩子，要使社会上的老人安享天年，壮年之人能贡献自己的才力，年幼的人可以得到托育成长，鳏寡孤独和残疾、有病的人都能得到供养。男人尽自己的职分，女人各有自己的家庭。人们厌恶把钱物抛弃在地面不管，但也不自己收存，据为己有；人们厌恶自己有力而不肯出力的人，但也不让别人为自己出力。所以各种图谋都杜绝了而不发生，也没人去做劫掠偷窃的盗贼，因而从外面合住门而不关紧，这就叫做大同世界。但在西方人的眼中，集体主义是可怕的，集体主义、政治、社会、经济和文化强制一体化（其后果是权力集中），西方认识的集体主义是权力集中，是在科学、司法中贯彻党性原则。这确实是一种"误读"。《礼记》所讲的大同式的集体主义，天下为大家所共有，不知比个人主义要"先进"多少倍，可我们目前却无力实现。在对集体主义的认识和实践中，以东方社会主义国家的集体主义为夹缝的一方，以提倡个人主义的西方社会人为另一方，对不同国度中的人们形成了认识以及实践的夹缝。虽然中国已对集体主义实践做了非常大的改革，如农村由"人民公社"改为一家一户的个人耕种，还是没有得到西方人的认同。因此，仍使不少人处在这类夹缝之中。

2. 自由与纪律构成的夹缝

自由，是活着的人都在争取着的生存方式，但由于民族不同，对自由的理

---

[1] 《礼记·礼运》，见陈襄民《五经四书全译》第2卷，中州古籍出版社2000年版，第1334页。

解和运用也不同。西方世界中,尤其在美国,追求着自由;而在东方,讲自由,更讲纪律,这是两种文化的区别,在自由与纪律的文化形式中,对社会人构成了夹缝。

西方的自由主义容易对东方人构成夹缝。这里所讲的自由主义不同于毛泽东所讲的《反对自由主义》中的自由主义。毛泽东所讲的"自由主义"指革命团体内部的一种倾向即"取消积极的思想斗争、主张无原则的和平"的错误倾向。我们讲的自由主义指反映资产阶级政权确立以后的要求。它着重于维护和论证公民自由,按照他们的理解,公民自由就是个人谋求私利的主动精神、经营企业和订立合同的自由,就是言论和出版的自由。自由主义主张,国家应该保障人身和私有制的安全,维护公民自由为基础的社会,特别强调"国家不干涉经济生活"等。[1] 美国的思想和文化在形成过程中,受到了欧洲自由主义思想的深刻影响。美国政治文化继承并发展了欧洲的自由主义思想。"自由主义是一种代表个人主义的政治语言,是美国政治思想和文化的核心。可以说,自由主义的遗产是美国的唯一的遗产。"[2]约翰·洛克说,人由自然赋予生命权、自由权和财产权;人通过自由承诺建立一个主权政府保护这些权利;当这个主权政府撕毁契约,践踏这些权利时,人民有推翻这个主权政府并合法地建立另一个政府的自由。"总之,自由主义可以说构成了美国政治文化的基础。它强调私利,因此主张发展自由市场经济。它重视人的自然权利,是对欧洲的封建主义传统的一个彻底否定。它使个人追求幸福成为一种社会共识。而最重要的是自由主义的经典哲学构成了美国宪法中言论自由的基础,为社会提供一个思想自由争辩的环境。它使美国文化具有人性和理性的生命力。"[3]在美国,自由主义是主流文化,言论自由是面向所有人的。

东方的纪律容易构成文化夹缝。纪律是相对自由而言的,是指要求人们必须遵守的规章、条文。这些规章条文一般指法律规定之外的东西,是限制人们行为的约束性规定。在中国,除了一般的单位纪律之外,是中国共产党党员的还有政治纪律、组织纪律等。所谓政治纪律是指中国共产党组织和党员个

[1] 参见宋原放:《简单社会科学词典》,上海辞书出版社 1982 年版,第 377 页。
[2] 朱世达:《当代美国文化》,社会科学文献出版社 2011 年版,第 6 页。
[3] 同上书,第 12 页。

人在政治行动和政治言论上的规范。政治纪律在中国共产党的各种纪律中居于最重要的地位，现今阶段的政治纪律是：必须坚持以经济建设为中心，坚持四项基本原则和改革开放，坚决贯彻执行党的路线、方针和政策，坚决高举中国特色社会主义旗帜，政治上同党中央保持一致。所谓组织纪律，指处理党的组织之间、党组织与党员个人之间关系的行为规范。中国共产党的组织纪律还要求党员必须正确处理个人同组织、下级同上级的关系。除了政治纪律和组织纪律之外，中国共产党还有党员保密纪律。保密纪律是指中国共产党的党组织和党员个人必须遵守的保守党的国家秘密方面的行为准则。保密纪律要求每个党员必须自觉做到：不该说的秘密绝对不说；不该问的秘密绝对不问；不该看的秘密绝对不看；不该记录的秘密绝对不记录；不携带秘密材料游览、参观、探亲、访友和出入公共场所等。中国共产党的纪律有几大特点：纪律面前人人平等；纪律是铁的纪律；纪律是自觉的纪律；纪律是统一的纪律；纪律是明确的纪律等。就中国共产党的纪律而言，是由中国共产党人自己制定的，又是针对不同级别组织和个人的，纪律的本身就会让那些不自觉遵守纪律的人进入纪律的夹缝。构成纪律夹缝的一方是执行纪律的组织人，另一方是制定纪律的组织人，还有一方是遵守纪律的党员，而处在夹缝中的往往是党员个体，有时又是某一层的组织人（指能够代表那一级组织的个人）。中国的组织纪律文化，对于西方的自由人来讲，是莫名其妙的；对于西方的松散组织来讲，同样是莫名其妙。

3. 民主与集中的夹缝

在文化现象中，民主与集中应是一对矛盾，我们放在一起，是因为中国的当代文化已把民主和集中巧妙地结合起来，发挥着十分重要的作用。民主与集中在国外不这么说，国外，民主与独裁是相对应的，民主是全世界文化的方向。

西方的民主容易对东方文化构成夹缝。民主一词源于希腊字“demos”，或译为民主制、民主主义，旧译德谟克拉西，德先生，代表着人民统治，即“人（全）民做主”。至于民主的统治方法以及其“人民”的构成范围则有许多不同的定义。中国的定义为：在一定的阶级范围内，按照平等和少数服从多数原则来共同管理国家事务的国家制度。其实，民主的原意指人民的权力，用于国家形式，即为一种国家制度。列宁说过：“民主是一种国家形式，一种国家形态。”[1]民主通常被人们与寡头政治和独裁政治相比较，在这两种制度下，政治权力高度集中于少数人手中。平常人们所说的民主作风、民主原则、言论自由等属于民主权利。在今天，民主通常用以称呼代议民主制的其中一种形式——自由民主制，在自由民主制里被选出的民意代表以及多数人的民意在行使决策权力时必须受到法治的限制，通常用一套宪法加以管制，以强调对个人和少数派的自由权力的保护。在国家民主中，有几个基本条件：由“人民”以某种集体的步骤达成政治决策；拥有供人民居住和进行决策的“土地”；有着一种决策过程，这种过程要不是通过公民投票直接由人民决定，便是间接的由人民选出的国会决定，这种过程被人民视为具有合法性。在假设拥有足够支持者的情况下，这种过程能够“有效的”改变政府的现状。虚假的做戏选举、事先安排好选举结果的选举都不是民主制度；在民族国家的情况下，国家必须拥有主权；如果有其他更高层的权威能否定民主选举产生的结果，那么民主选举是毫无意义的；民主投票有普及、平等、直接、不记名四原则。[2] 其实民主与集中在特定情况下是一种管理方式，而西方民主讲的是国家制度。邓小平讲：“我们讲民主，不能搬用资产阶级的民主，不能搞三权鼎立那一套。我经常批评美国当权者，说他们实际上有三个政府。当然，美国资产阶级对外用这一手来对付其他国家，但对内自己也打架，造成了麻烦。这种方法我们不能用。”[3]“西方国家正在打一场没有硝烟的第三次世界大战。所谓没有硝烟，就是要社会主义国家和平演变。东欧的事情对我们说来并不感到意外，迟早要出现的。东欧的问题首先出在内部。西方国家对中国也是一样，他们不喜欢中国坚持社会主义道路。”[4]“发展经济要有一个稳定的局势，中国搞建设不能乱。今天来一个示威，明天来一个大鸣大放大字报，就没有精力搞建设。”[5]西方的民主不适合中国，并对中国构成了夹缝。西方世界把民主看成了“救世之宝”，而中国认为西方所谓的民主不适合中国，亦成“不稳定”的根源。中国“民生”处在东、西方民主的夹缝之中。

---

[1] 《列宁选集》第三卷，人民出版社 1972 年版，第 257 页。
[2] 参见《维基百科》：《自由的百科全书》。zh.wikipedia.org /wiki.
[3] 《邓小平文选》第三卷，人民出版社 1993 年版，第 195 页。
[4] 同上书，第 344 页。
[5] 同上书，第 332 页。

东方的“集中”往往对西方“民主人”构成夹缝。所谓“集中”,在这里指把分散的人、物或事集合在一起,把意见、经验等归纳起来而发挥集体的作用。邹韬奋在《事业管理与职业修养·关于民主与集中》中说:“民主绝对不是无政府状态,集中也绝对不是独裁的意义。不民主的集中才是独裁,不集中的民主才是无政府状态,两者都是要不得的。民主集中制(东方一般把两者合一起进行表述)是苏联布尔什维克派提出的一种国家机构实行的制度,意思是国家机构不采纳权力互相制约原则。一般的工作方式是由书记主持工作,各委员集体研究制定部署、决定、规定和要求,并把它贯彻落实到部门系统的工作中。”民主集中制是在民主基础上的集中和集中指导下的民主相结合的制度。是社会主义国家机关和人民团体的根本组织原则。它规定了领导和群众、上级和下级、部分和整体、组织和个人的关系。我们把“集中”单列分析,正是因为东方的集中往往成为一种集权,虽然“民主集中制”的规定中十分明确,解释为民主和集中两个方面,二者缺一不可,民主是集中的基础,只有充分发扬民主,才能达到正确的集中;集中是民主的指导,只有实行高度集中,才能实现真正的民主。如果把民主与集中割裂开来,只讲集中,不讲民主,就必然出现个人独断专行,官僚主义滋长;反之,如果只讲民主,不讲集中,又会出现极端民主化以及无政府状态。毛泽东讲:“在人民内部,不可以没有自由,也不可以没有纪律;不可以没有民主,也不可以没有集中。这种民主和集中的统一,自由和纪律的统一,就是我们的民主集中制。在这个制度下,人民享受着广泛的民主和自由;同时又必须用社会主义的纪律约束自己。这些道理,广大人民群众是懂得的。”[1]社会主义的民主是集中指导下的民主,社会主义的自由是有领导的自由,这种“集中”在国内会对主张绝对民主的“民主人”形成夹缝,同样也会对西方“民主人”形成夹缝。

(三)宗教信仰文化夹缝

宗教是一种文化现象,是人类历史发展进程中创造和积累起来的精神财富的组成部分,是人类智慧的结晶,是因为人类的生存和发展的需要而创造的。宗教作为一种社会意识,在社会人的精神生活领域,广泛地同哲学、政治

[1] 《毛泽东文集》第七卷,人民出版社 1999 年版,第 209 页。

思想、法律思想、道德、文学、艺术等发生密切关系，形成了独特的宗教文化现象。当今世界，不仅宗教为数众多，而且教徒占世界人口的绝大部分。“据统计，现在世界上信仰宗教的人数为近50亿，占世界人口的80%以上，其中，基督教徒、伊斯兰教徒、佛教徒、印度教徒为四大主要宗教信徒，合计教徒数为42.72亿，占世界总教徒人数的89%，各种宗教组织更是数以万计。”[1]宗教盛行，信徒众多，宗教与宗教之间，宗教与科学之间、宗教与无信仰者之间，都容易对第三者形成夹缝，这是很值得研究的文化现象。

1. 宗教信仰之间容易构成夹缝

不同的宗教经常发生冲突，在不发生冲突的时段内往往容易形成夹缝。宗教与宗教之间的夹缝往往是因宗教价值观与世界观即思想体系的不同而形成的。

不同的宗教信仰体系容易形成夹缝。所谓信仰体系是指宗教所确立的价值观、世界观。不同的宗教，有不同的世界观、价值观。例如印度教，源于古印度韦陀教及婆罗门教，是世界主要宗教之一，信徒已超十亿。印度教是多神崇拜的主神论，表面上印度教号称有3300万个神灵，但多数印度教徒只崇拜一个天神。印度教有三大主神：梵天、毗湿奴和湿婆。印度严格遵守四种姓分立制度，婆罗门享有至上的权威。印度教信因果报应和生死轮回。印度教徒认为祭祀万能与崇尚苦行。印度教既是有神论的宗教，又是无神论的宗教；既是多元论的宗教，又是一元论的宗教；既是禁欲主义宗教，又是纵欲主义的宗教；既是宗教信仰，也是生活方式。马克思说：“这个宗教既是纵欲享乐的宗教，又是自我折磨的禁欲主义的宗教；既是崇拜林伽的宗教，又是崇拜札格纳特的宗教；既是僧侣的宗教，又是舞女的宗教。”[2]又如伊斯兰教，公元7世纪由麦加人穆罕默德在阿拉伯半岛上首先兴起伊斯兰教，原意为“顺从”，“和平”，求两世的和平与安宁。全世界信奉伊斯兰教的穆斯林已超过15亿人。信奉伊斯兰教的统称“穆斯林”，意为“顺从者”。伊斯兰教的信仰主要包括理论和实践两个部分。理论部分包括信仰即信安拉，要相信除安拉之外别无神灵，安拉是宇宙间至高无上的主宰；信天使，天使受安拉的差遣管理天国和地狱，并

[1] 参见桂翔：《文化交往论》，人民出版社2011年版，第174—175页。
[2] 《马克思恩格斯选集》第一卷，人民出版社1995年版，第761页。

向人间传达安拉的旨意,记录人间的功过;信经典,即信《古兰经》;信先知,信至圣的使者;信后世,要求穆斯林多做善事,到复生日到来时行善的人可以进天堂,永享欢乐;信前定,认为世间的一切是由安拉预先安排好的,任何人都不能变更。伊斯兰教实践部分有五功,即念功:确认信仰;礼功:信仰支柱;斋功:寡欲清心,以近真主;课功:课以洁物;朝功:复命归真。印度的这两个主要宗教因信仰不同产生夹缝,并且还时有冲突。印度教属多神崇拜,有3300万个神灵;伊斯兰教只信仰创造独一无二的主宰安拉。这是宗教世界观的差异,构成夹缝。

宗教实践容易构成夹缝。不同的宗教有不同的教义,同时有不同的宗教实践,所谓宗教实践就是指落实宗教思想的操作过程。在宗教实践中,不同的宗教一样会形成夹缝。例如,印度教相信灵魂能够再生或转世,转世的信念加强了印度教尊重一切生命的情感。在宗教实践中,虔诚的印度教徒都是素食者,除了低等种姓外,所有人都特别要避免吃牛肉、牛奶、酥油、酸奶、凝乳等,这些东西都只用于宗教献祭仪式上。而伊斯兰教不同于印度教,伊斯兰教徒在信仰实践中是以牛肉作为主要肉食来源的,这种做法被印度教徒认为是对印度教的亵渎。两种宗教实践有大的差异,亦构成夹缝。

2. 宗教与科学容易构成夹缝

科学的发展与进步是在科学与宗教的冲突过程中实现的,是科学走出一个个宗教以及世俗构成的夹缝而达到目的。每种宗教都有自己的宇宙论体系,科学也给宇宙以实证说明和解释,这便对宗教形成了威胁,宗教便会对科学进行挤压,从而构成夹缝。

科学在宗教的夹缝中成长。每个宗教都有自己的宇宙观,信奉的是自己的宗教信仰,有自己的"神"和圣人,科学在实践中不断证明宇宙的起源、结构和演化的进程,证明人类的起源,人类社会发展的规律,人类改造自然的可能性等,这种证明改变了社会人的宇宙观,使人们对自然界的认识更为科学。科学这样不断地对客观真理加以证明,影响了某些人的宗教信念,影响了宗教的威信,破坏了某些教徒心中"神"以及"圣者"的形象,影响了宗教的信仰度,科学和宗教对教徒和不信教者构成了夹缝。科学家们让人们信科学所证明的,宗教者让人们信宗教教义所阐述的,有不少教徒采取一种宽容的态度对待这种夹缝。其实,宗教对科学一直采取反对态度,只是有的宗教较为开明,有的宗教保守,反应强烈,采取的手段更为极端,不同的宗教对科学构成了夹缝。而科学也正是在宗教的夹缝中成长和进步的。

宗教夹缝影响了科学的进步。事物的发展不会是一帆风顺的,科学更是如此。所有科学的进步都是经过多次失败才能达到应有效果的。宗教的宇宙观一般都是静止的,是先人所规范的,科学则相反,科学的宇宙观是经过证实的,并且是在科学的不断发展中而获得新的认识,从而更接近宇宙的真相。宗教反对科学,正是因为宗教的"先知先觉"不能说明科学现象,而且宗教的有些理论不能自圆其说,因此宗教会极力反对科学,这种极力反对,有时会对科学构成强力夹缝,从而阻碍了科学的进步。例如,教会宗教裁判所对布鲁诺的迫害,使不少教徒无所适从。乔尔丹诺·布鲁诺(Giordano Bruno,1548—1600)是意大利文艺复兴时期伟大的思想家、自然科学家、哲学家和文学家。布鲁诺勇敢地捍卫了哥白尼的太阳中心说,并把《天体运动论》学说的思想传遍欧洲。1583年,布鲁诺到英国,批判经院哲学和神学,宣传哥白尼的日心说。1585年去德国,宣传进步的宇宙观,反对宗教哲学,进一步引起了罗马宗教裁判所的恐惧。1592年,布鲁诺在威尼斯被捕入狱,在被囚禁的八年中,布鲁诺仍然坚持自己的学说,最后被宗教裁判所判为"异端"烧死在罗马鲜花广场。布鲁诺的主要著作有《论无限、宇宙和诸世界》,书中捍卫哥白尼的日心说,指出"宇宙不仅是无限的,而且是物质的"。由于布鲁诺不遗余力,大力宣传,哥白尼学说传遍了整个欧洲,1619年罗马天主教会决定将《天体运动论》列为禁书,并规定:不准宣传哥白尼的学说。天主教会、其他教会、宗教裁判所对科学家构成的夹缝,夹力之大,阻碍了科学理论的宣传,阻碍了科学的进步。

3. 宗教、世俗文明容易构成夹缝

宗教本身是一种文化现象,是人类发展史上创造出来的精神财富的组成部分。世俗文明是民族在发展过程中传承的文化成果,是各民族精神寄托的行为规范。当一门新的宗教进入一个民族时,宗教与世俗文明必然有"撞击",有"摩擦",有"融合",有"夹缝"。

宗教对世俗文化容易形成夹缝。每一种宗教都有自己的教义,有自己的宗旨,有自己的宗教实践。宗教在传播过程中,会对掌握了世俗文化的人们形成夹缝。清末民国初中国的广大农村,基督教的传道员很多,动员民众入教,几乎到家家户户去"传道"(民间对入教称为"在耶稣"),讲入教之好,教徒们不仅互相交往,可以谈心,而且在生活上可以互相帮助,这对传统的信祖宗、信亲缘的中国农村文化形成了夹缝。传道员劝人们“在耶稣”,长辈们则认为“在耶稣”不妥,这使当时不少农村人处在这种夹缝之中。当时,基督教文化也对世俗的乡村文化形成了夹缝,改变了不少人的宗法观。

世俗文明对宗教教徒容易形成夹缝。人们一旦在了教,则会受到世俗文明的另眼相看,而不同宗教在传播过程中会受到世俗文化的阻挡。例如,佛教由于视世俗利益为烦恼之“根”,传入中国后与中国世俗儒家文化发生了冲撞,影响了世俗文明的传承,影响了中国当权者的利益,唐代出现过“排佛”,唐武宗崇信道教,会昌年间又因讨伐泽潞,财政急需,于会昌二年(842)开始没收寺院财产,会昌三年,唐武宗下“杀沙门令”,会昌四年,敕令尽拆大型寺院、佛堂,勒令僧尼还俗等,唐王室收缴良田数千万顷,强迫还俗的僧尼 26 万人,拆寺 4600 所,释放供寺院役使良人 50 万人以上。当时,唐朝只留下极少的寺庙和僧尼,这次动作之大,对僧尼形成夹缝之大,是历史上少有的。范文澜曾说过:“儒家对佛教,排斥多于调和,佛教对儒家,调和多于排斥;佛教和道教互相排斥,不相调和(道教徒也有主张调和的)。”[1]世俗文化对宗教教徒的夹缝是一直存在的,唐朝的排佛,有道教教徒怂恿的原因,也有唐武宗信世俗文化的原因,佛教徒希望武宗信佛,道教徒希望武宗信道,结果引发了会昌佛教之难。

---

[1] 范文澜:《中国通史简编》第 2 编,第 442—443 页;见张岱年《中国文化概论》,北京师范大学出版社 1994 年版,第 96 页。

第三章　中国古代近代文化夹缝

中国文化的发展，有自己的道路，有自身的规律。中国文化的发展，既受中国的地理环境、经济状况、外部因素的影响，又受中国自身的社会结构的影响，而且这种影响有时又是巨大的，带有时代颠覆性的。中国社会结构的特点主要表现为，以血缘关系为纽带的宗法制度和中国式的专制主义制度，这两种制度影响着中国的意识形态、史学、文学艺术、民风民俗、科学技术等。

一、中国宗法制度夹缝

由于中华民族是在一块广袤的大陆上独立发展起来的，有无数的河流、山脉、湖泊和平原，在中国先人的眼里，中国就是“天下”。由于农业为主的社会形态，一切自给自足，聚族而居，与世隔绝。正因为如此，在中华民族从野蛮转换到文明阶段之后，也没有冲出人类最早的血缘关系。人类血缘家族的社会组织形式在中国一直被保留下来，这就使宗法制度和专制制度一直得到延续。

（一）宗法制度夹缝

宗法制度是民族社会的血缘关系在新的历史条件下演化而成的。所谓宗法制是指由氏族社会关系家长制演变而成的以血缘为基础的族制系统，是维护贵族世袭统治的一种制度。氏族社会的血缘关系与文明时代的血缘关系有本质的区别，氏族社会的血缘关系是原始民主制的基础，文明时代的血缘关系是阶级专制的基础。[1] 根据史料分析，中国古代的宗法制度产生于商代，到了周代更为完备。《左传·定公四年》记载："分鲁公以大路、大旂，夏后氏之璜，封父之繁弱，殷民六族，条氏、徐氏、萧氏、索氏、长勺氏、尾勺氏，使帅其宗氏，辑其分族，将其类丑，以法则周公，用即命于周。"（赐给鲁公金车、龙旗、夏后氏的璜玉、封父的繁弱弓，以及殷朝的六个家族条氏、徐氏、萧氏、索氏、长勺、尾勺氏，并让这六族率领大宗，集合小宗，带着所属的奴隶，放弃殷商的法令，顺从周公的法制，归服周朝听从命令。）"分康叔以大路、少帛、綪茷、旃旌、大吕，殷民七族，陶氏、施氏、繁氏、锜氏、樊氏、饥氏、终葵氏。"（购给康叔金车、白旗、红旗、杂色旗、大吕钟，以及殷朝的七个家族陶氏、施氏、繁氏、锜氏、樊氏、饥氏、终葵氏。）"分唐叔以大路、密须之鼓、阙巩、沽洗、怀姓九宗，职官五正。"（赐给唐叔金车、密须国的鼓、阙巩国的甲、沽洗钟，以及怀姓的九个宗族、五正的职官。）"三者皆叔也。而有令德，故昭之以分物。"[2]（这三个人都是武王的弟弟，都有美好的德行，所以分赐他们很多东西，以宣扬其德行。）这里所讲的氏、族、宗，指宗族，分封人、物给自己的弟弟，是宗族等级的宗法制。这种氏族的宗法制，对平民以及没有得到分封的氏族成员构成夹缝。

1. 家天下的夹缝

所谓家天下指封建帝王把国家政权据为己有，把国家当作一家的私产，世代相传。到了西周时期，进一步提出"普天之下，莫非王土，率土之滨，莫非王臣"的口号。据说历史上"家天下"是从禹的夏朝开始的，《三字经》中有一句讲"夏传子，家天下"，说是禹在晚年的时候，各部落的首领曾推选夷人首领皋陶为禹继承人。皋陶先死，又推举伯益为继承人。但禹暗地里为其子启培养势力。当禹死后，那些有权势的贵族纷纷起来反对伯益，拥立禹的儿子启继位。启趁势杀了伯益，夺了王位。传统的禅让制度到此结束，取而代之的是父传子的王位世袭。在这里，启变推举为世袭，变传贤为传子，是家天下开始，也是"国家"的开始。马克思在《摩尔根〈古代社会〉一书摘要》中说："最古老的组织是建立在氏族、胞族和部落之上的一种社会组织；氏族社会就是这样建立起来的。""在盛行氏族制度的地方——即在政治社会建立以前，——我们发

[1] 参见张岱年:《中国文化概论》，北京师范大学出版社 1994 年版，第 56 页。

[2] 《春秋左转·定公》，见陈襄民《五经四书全译》第 4 卷，中州古籍出版社 2000 年版，第 2831—2832 页。

现各民族都是组织成氏族社会,而没有超出这一范围。'国家还不存在',因为氏族这种组织单位在本质上是民主的,所以由氏族组成的胞族。由胞族组成的部落,以及由部落联盟或由部落的融合(比联盟更高级的发展形态)[如罗马的三个罗马人部落、阿提喀的四个雅典人部落、斯巴达的三个多利安人部落;他们都定居在一个共同的地域上]所组成的氏族社会,也必然是民主的。"当"家天下"出现时,就出现了"君主制"。"氏族制度本质上是民主的,君主制和氏族制度是不相容的。氏族、胞族、部落——每一个这样的机构都是完整的自治组织。当若干部落合并为一个民族时,其所产生的共同管理机构和民族的各组成部分的原则相协调。"[1]宗法制度的实质就是家族制度的政治化[2],西周时代统治下的是姬姓家族,周之后则是其他家族的统治。秦始皇统一中国后,自称始皇帝,虽废分封,行郡县,但仍把家天下做到底。刘氏的汉朝、司马氏的晋朝、杨氏的隋朝、李氏的唐朝、赵氏的宋朝、朱氏的明朝,爱新觉罗氏的清朝等,一部中国史,实际上就是一部家族统治史。从"禹传子,家天下"来看,启不让伯益"当头",但禹还是明处选择了伯益,暗地里支持启;有的贵族选择了伯益,有的贵族选择了启,形成了对伯益的夹缝。同时,"传子"而家天下成为制度后,使"禅让"的制度处在夹缝之中,最终被"废止"。

嫡长子继承容易构成夹缝。中国从周代开始,确立了嫡长子制,周天子的王位由嫡长子继承,定为大宗,是同姓贵族的最高家长,也是政治上的共主,掌握国家的军政大权。天子的庶子有分封诸侯的,对天子为小宗,在本国为大宗。诸侯的庶子有的分封为卿大夫,对诸侯为小宗,在本家为大宗。其职位也由嫡长子继承。从卿大夫到士,其大宗与小宗的关系与上同。世袭的嫡长子称为宗子,掌握本族财产,负责本族的祭祀,管理本族成员。如此一分、再分、三分,则全族的系属分明,权位定,亲疏分,政治经济的势力亦随之有别。[3]周王室从成王之后推行固定的嫡长子继承制。嫡长子继承制较之兄弟残杀争位,其优点在于定分,即权力早已有归属。古代统治者一般都是一夫多妻制,多妻中有一个正妻,即"嫡",其子为嫡子;其他的妻子为"庶",其子为庶子。按周制,最高统治者称天子,统治天下的土地和臣民,继承王位的,一定是嫡妻

---

[1] 马克思:《摩尔根〈古代社会〉一书摘要》,人民出版社1965年版,第75—77页。
[2] 参见张岱年:《中国文化概论》,北京师范大学出版社1994年版,第60页。
[3] 宋原放:《简明社会科学词典》,上海辞书出版社1982年版,第679页。

长子。至于这位嫡长子贤与不肖，不在考虑之内。如果嫡妻无子，就只能立庶妻中级别最高的贵妾之子，至于被立的人是否为庶子中最年长者，也不在考虑之内。《春秋公羊传·隐公元年》中说“立嫡以长不以贤，立子以贵不以长”，说的就是这个意思。古人把商代的兄终弟及和周代的父子相继称为“殷道亲亲，周道尊尊”。亲亲即立弟，尊尊即立嫡，嫡长子只有一个，让其继位，减少不必要的争斗，是用父子血缘的亲情来维系王权的威严和稳定。从君统看，周天子是天下共主；从宗统看，周天子又是天下的大宗。嫡长子继承制与宗法是一体的。[1] 由嫡长子继承权力，从皇室到百姓人家，同样容易引起纠纷，构成夹缝。就皇室来说，最有名的当属明朝朱棣从北京发兵，攻克南京，夺了自己侄子朱允炆的皇权，自己成了大明皇帝，这给传嫡长子的家天下制度以及对传统中的朝臣和世俗都构成了夹缝。构成了这种夹缝的一方是拥戴朱棣的大臣们，让朱棣当仁不让，敢于反对宗法制；构成夹缝另一方的是坚持嫡长子继承的大臣们，劝朱棣还是不做皇帝为好，处在夹缝中的倒是两位皇帝了。至今，只要人们讲起明朝历史，总还要“数叨”朱棣几句，认为他名不正言不顺。这种夹缝仍然存在着。

宗法制度中的家族统治容易构成夹缝。家族统治源自于家族制度，即宗法制度的具体化。中国封建社会的历史是一个动荡不安的历史，一个王朝消亡即一个旧家族消亡，另一个王朝兴起即一个新家族兴起。然而无论怎样动荡，以血缘纽带联系起来的家族却非常稳固，变化在于只是不同家族兴起而已。战国时期，战争不断，家族动荡变化很大，但超姓氏的家族本身却在发展。到了汉代，由于较长时间的安定环境，一些地方家族豪强发展起来。刘秀登基后，发现自汉武帝以来国家已逐渐形成了官僚地主、商人地主、豪强地主对土地的大量兼并和农民纷纷沦为奴婢，使社会动荡不安。刘秀曾七次下令释放奴婢，数次下诏核检土地，处死过一些不负责任的地方长官，但还是不了了之，其根本原因是地方豪强地主势力太大。不了了之的核检土地和处罚不负责的地方官员，更加助长了那些家族的发展。豪强地主们不但在政治上拥有权力，而且经济上发展迅速。那些家族广占良田，形成一个个家族色彩浓厚、封建自然经济经营方式的地主庄园。汉末政论家仲长统曾描述过这些大家族的气

[1] 参见张岱年：《中国文化概论》，北京师范大学出版社 1994 年版，第 57 页。

派:富豪人家,房子数百栋连在一起,肥沃的土地布满四方,奴婢千群,徒附万计;奇物珍宝,巨室容不下;马羊牛猪,山谷放不开。豪华的居室,有妖艳美丽的童妾;广深的厅堂,有能歌善舞的歌妓舞女。肉多得臭而不能食,酒多得腐而不能饮。庄园中等级森严,最高的是庄园主,其次是宗族成员,依次有宾客、徒附、部曲、奴婢,各有各的义务,各尽各的职责,如同西周时的一个个宗法关系联结的封国。[1] 家族制的强盛,有社会需求的原因,也有统治者放纵的原因,官僚地主是统治者的化身,刘秀动不了官僚地主是有自身道理的。家庭的强盛,影响了社会的安全乃至国家的安全。家族制的文化形态构成了特殊的夹缝。构成夹缝的一方在汉朝朝廷,不希望地方家族势力强盛,采取制裁、削弱,解放奴婢等措施;构成夹缝的另一方是官僚们,他们已有了既得的利益,鼓励和怂恿商人地主、豪强地主强化家族经济,发展家族势力。处在夹缝中的除了那些"地主"们之外,还有广大的奴婢以及沦为无地游民的人,这些奴婢当然希望获得自由,希望"有其田"。

2. 封邦建国制的夹缝

在历史上封邦建国简称为"封建",后来学者称为分封制,分封制是由宗法制度直接衍发出来的一种巩固政权的制度。中国的分封制自周代开始,成为一种政治制度,君主把土地分给宗室和功臣,让他们在所分封的土地上建国,受封者可以把分封给自己的土地再行分封,因而形成层层的封建等级,他们之间有宗主和附庸(陪臣)的隶属关系。中国古代封建主称天子、诸侯、大夫;欧洲中世纪则称封建主为农奴主、领主、庄园主等。分封的目的是:"封建亲戚,以藩屏同。"[2](分封土地建立各个国家。当它想安抚稳定天下的时候,尚且担心外敌的侵犯。抵御外敌的侵犯,没有比依靠亲属更有效了,因此以亲属作为王室的外围屏障。)

封邦建国容易构成分封式夹缝。中国古人称分封制是"天子建国,诸侯立家,卿置侧室,大夫有二宗,士有隶子弟,庶人工商各有分亲,皆有等

[1] 参见张岱年:《中国文化概论》,北京师范大学出版社1994年版,第61—62页。

[2] 《春秋左传·僖公》,见陈襄民《五经四书全译》第3卷,中州古籍出版社2000年版,第1995页。

衰。"[1]（天子建国分封诸侯，诸侯建立采邑分给卿，卿再设置侧室一官，大夫又有二宗官职，士则以其子弟为隶役，农业劳动者、手工业劳动者以及商人，各以亲疏远近分出不同等级。）"天子有田以处其子孙，诸侯有国以处其子孙，大夫有采以处其子孙。是谓制度。"[2]（天子有田地来安置自己的子孙，诸侯有国土来安置自己的子孙，大夫有封地来安置自己的子孙，这叫做制度。）在封建社会，诸侯受封要举行一定的仪式，由司空授土，司徒授民，诸侯受封后就成为一个地方邦国。这种地方邦国并非完全独立，天子有巡狩权、命官权、迁爵权等，诸侯对周天子有必尽的义务，诸如朝聘，进贡，出兵役、劳役等。诸侯依照天子的方式分封卿大夫，卿大夫的领地称为"采"或"邑"，采邑没有封国那样的自主权。卿大夫也依天子办法分封士。士是西周社会系统中最低的一个阶层，一般要靠自己的技艺和本领为卿大夫服务。且不说分封中的合理程度以及受封者满意的程度，就这种层层分封，容易使天子对最下层失控。春秋战国时期，正是由于各封国的权力过大，又各自相对独立，使得东周处在战乱之中。秦始皇统一中国后，废分封，立郡县，子弟为匹夫。[3] 如此一来，对过去的宗法制形成了冲击。有过分封利益的卿大夫们要求秦始皇"分封"，秦始皇身边的谋士们接受封国动乱教训，认为应建郡县，这便对刚统一全国后的秦始皇构成了建国夹缝。虽然秦始皇采用了郡县制，但分封制一直延续到封建社会结束。

郡县制与分封制混合的夹缝。尽管中国古代社会在秦汉之后，采用了郡县制，并以郡县制作为国家一项基本行政区划制度，但分封制却被历朝历代的皇帝所保留。对皇帝来说，建国有功者，皇上恩赐，诸王、诸大臣感谢龙恩；对诸王、大臣来说，分封可以"不劳而获"，尤其是那些封疆大吏，一样喜欢封国制度，但形式已有所改变。秦始皇废分封，立郡县，让卿大夫们的子弟为匹夫，但秦王朝只有两世，四十年便丢了江山。为此在汉朝刘邦夺得天下之后，统治集团对如何治天下产生分歧。汉代的政治家们大部分认为秦王朝的灭亡，主

---

[1]　《春秋左传·桓公》，见陈襄民《五经四书全译》第3卷，中州古籍出版社2000年版，第1810页。

[2]　《礼记·礼运》，见陈襄民《五经四书全译》第2卷，中州古籍出版社2000年版，第1336页。

[3]　参见张岱年：《中国文化概论》，北京师范大学出版社1994年版，第60页。

要原因在于“废分封”。同时,汉代有的政治家认为还是建郡县为好,这便使汉代皇帝处在了“分封”的夹缝中。刘邦最终采用了西周式的封国制,大封同姓王。刘邦在封吴王刘濞时看出刘濞面带反相,只对刘濞说了一句“天下同姓为一家也,慎无反”(《史记·吴王刘濞传》)。时至汉景帝时,刘濞果然联合其他诸侯王发动了为夺取中央权力的七国之乱。在平定叛乱之后,汉景帝推出了一系列对付封国的办法,像削藩、推恩令、左官律、附益法等,但封国依在,制度稍改,其原因是封国之王与皇帝同为一个血缘家族,皇帝跳不出这宗法制的“圈圈”。

(二)宗庙祭祀制度夹缝

世界上很少有像中国那么认真地、虔诚地认祖宗的国家了,尽管列祖列宗已不在世,帮不上后代的忙,但敬畏祖宗是中华民族成员天经地义的事。中国人对祖宗的祭祀也有严格的规矩。所谓宗庙,《尚书大传》曰:“庙者,貌也。”《释名》曰:“宗,尊也;庙,貌也,先祖形貌所在也。”古人认为,人死而为鬼,如果没有宗庙供奉享祭,鬼便没有归属,宗庙正是先祖亡灵的寄居之所。宗庙的建设也有严格的规定。“天子七庙,三昭三穆,与大祖之庙而七。诸侯五庙,二昭二穆,与大祖之庙而五。大夫三庙,一昭一穆,与大祖之庙而三。士一庙。庶人祭于寝。”[1](天子宗庙有七座,三座昭庙,三座穆庙,加上太祖之庙共七座。诸侯宗庙有五座,两座昭庙,两座穆庙,加上太祖庙共五座。大夫宗庙三座,一座昭庙,一座穆庙,加上太祖之庙共三座,士只有一庙。庶人无庙,在供奉祖先的地方祭祀。)宗法制度的等级在祭祀上严格分明,并且容易构成夹缝。

1. 家族至上的夹缝

在中国农村,一般是一村一大姓,有的村甚至就是一个姓,这正说明家族治村在封建社会的地位。在大姓为主的村落中,往往大族强势,小族外来,必然处在大族文化的夹缝之中。宗庙祭祀也是如此。宗庙祭祀是一种祖先崇拜。祖先崇拜可分为氏族祖先崇拜、家庭祖先崇拜、家族祖先崇拜、民族祖先

[1] 《礼记·王制》,见陈襄民《五经四书全译》第2卷,中州古籍出版社2000年版,第1249页。

崇拜等等。

传承式的祭祀夹缝。在中国,一切祭祀都是按族、按血缘亲疏来安排的,因为中国人的家族观念浓重,祖先的崇拜也就十分突出。崇拜祖先,祖先早已过世,用什么方式表达呢,只好选择祭祀了。《礼记·郊特牲》说:"万物率乎天,人本乎祖,此所以配上帝也。郊之祭也,大报本反始也。"[1](万物原本来自上天,世人的本原是从其祖先而来,所以人的祖先能够和上天相配接受祭祀。祭天就是大规模的"报本返始"。)中国人认为,有了祖先才有子孙;有了天地,人的子孙才能享用万物而生存,天与祖先一样伟大。其实对祖先的崇拜是人们对自身的产生和繁衍的一种感激和报答,祖先崇拜本质是一种生殖崇拜。"在原始状态的生产方式下,人口的增加就意味着人手的增加,那时,社会培育人手的'投资'很少,而一个五、六岁的儿童即可以从事采集劳动。因此,人类自身的繁殖便成了原始社会发展的决定性因素。出于对作为社会生产力的人的再生产的严重关切,原始人类中出现了生殖崇拜。换句话说,生殖崇拜反映了一绝对庄严的社会意志——作为社会生产力的人的再生产。"[2]通俗地理解,有了后代才有人为祖先祭祀,才有人为自己百年之后"纪念",这种传承和香火延续式的文化,一直成为中国人的"心病",即必须生出男孩来。在同一家族中,如果有一支血统中生不出男孩来,则被认为不孝和不敬,认为是断了香火。孟子曰:"不孝有三,无后为大。舜不告而娶,为无后也,君子以为犹告也。"[3](孟子说:"不孝顺的情况有三种,其中以没有子孙最大。舜不禀告父母就娶,是因为怕没有子孙后代。因此,君子认为这和禀告了父母一样。")人们生男生女,是自然的,是自然对人类性别科学的调节,但这却让那些生不出男孩,无法延续香火的人处在了宗法制度的夹缝之中。夹缝的一方为宗法制度的执行者,希望自己的族人人口旺盛;构成夹缝另一方的则是处在夹缝中夹缝人的长辈,希望香火延续,也希望自己家人和谐,并不因为"香火"问题而伤肝火,追求的是顺其自然。这样的长辈有时在家族中也会成为夹缝

---

[1]　《礼记·郊特牲》,见陈襄民《五经四书全译》第2卷,中州古籍出版社2000年版,第1373页。

[2]　赵国华:《生殖文化崇拜论》,中国科学出版社1990年版,第390—391页。

[3]　《孟子·离娄上》,见陈襄民《五经四书全译》第4卷,中州古籍出版社2000年版,第3366页。

人。直到今天,中国实行独生子女政策,还会出现这种封建时期的传承夹缝。有的家长希望子女生男孩,有的家长希望生女孩,还有的家长认为男女都好。同时,中国已有不少丁克族,干脆不要孩子,使夹缝也复杂了起来。

血缘亲疏的夹缝。按周代已成文的宗法制度规定,一个宗族的族长(称为大宗)的地位是按嫡长子继承的原则而世代继承下来的。族长的地位就标志着拥有宗族宗庙主的资格。因此,虽然一个宗族的所有成员都是这宗族远祖的后裔,但只有继承了大宗地位的人才有主持祭祀宗族远祖和已故诸位大宗的资格和权力。此外,对每一位高、曾、祖、考的祭祀权,也只属于他们的嫡长子孙,即称小宗的一些后裔;其他的后裔只能参加由小宗主持的对这些祖宗的祭祀。对于百姓,则还延续着"家祭"。正是在民间和宫廷相互影响和各有增损的演化前进之中,中华民族为了崇拜祖先并祈求祖先亡灵赐福降祉的宗庙祭祀活动,逐代相传不绝,名目愈来越多,成为中国传统礼学和习俗文化的极其重要的内容。[1]"祖先崇拜在中国最为繁细,而且也很特别。对于祖先的崇敬可谓达于极点。食物、冥钞及别物的祭献,木主的供奉,忌辰的举行,祠堂的设立,每年的扫墓,春秋的大祭,以及此外许多事件合成一个中国式的祖先崇拜的系统,其中有些与野蛮人相同的,但其繁细的程度终非别地方所能及。"[2]嫡长子孙继承到了"礼拜"的终端,则会构成血缘亲疏的夹缝。下层的民众,对周礼中的嫡长子孙和"族长"有时并不服气,因为同族之中,总有些利益上的磕磕碰碰,"族长"并不公平处理,从而构成夹缝。在家族之中,族长们总有些亲疏。本来就对于出生第一者为"头"有不同看法,再加上处事中有亲疏,夹缝就显现出来。构成夹缝的一方为家族中的某些与"族长"亲近的成员;构成夹缝的另一方则为家族中与"族长"疏远的成员,处在夹缝中的往往是"族长"。而退出夹缝的又往往是与"族长"疏远的成员。有些家族成员会搬离家族所在地,流落他乡,这在中国农村非常多。

编写家谱的夹缝。中国的家谱编写也成为中国独有的文化现象,虽然这种现象在中华人民共和国成立后有所减弱,但是,改革开放之后家谱编写又正大光明地成为民间一项重大活动。各类种姓,不同种姓中的各大家族都在编

---

[1] 参见余和祥:《论宗庙祭祀及其文化特征》,《中南民族学院学报》2001年第21卷第5期。

[2] 林惠祥:《文化人类学》,商务印书馆1991年版,第246页。

写家谱，编写家谱成为各家族的常规工作。据说中国的家谱编写源自于魏晋南北朝时期，尽管当时社会战乱不断，但家族制度却有进一步的发展，江北有大姓，江南也有大姓，这时还出现了同姓中的豪门与寒门的区分。豪门大族为了防止寒门的混入，十分重视家谱和族谱的编写，逐渐使编写家谱成为中国民间的文化现象和独有的学问。东晋的贾弼之撰写十八州族谱，南朝的刘湛、王俭、王僧儒都编撰了百家谱，为家族发展尽了力。[1] 到了21世纪初，农村续家谱已成风，不少百姓为续上家谱而高兴，也有的百姓为续不上家谱而烦恼。而且不少人以续家谱为名，收取费用，把续家谱搞成了一种产业。今天的家谱，已无豪门和寒门之分，但却有进与不进之分。所谓进不进即同族会议上有让不让早年散失的同族人加入家族的问题，这便构成了家谱的编修夹缝。

2. 家国同构夹缝

中国的士大夫有修身、齐家、治国、平天下之说。"古之欲明明德于天下者，先治其国；欲治其国者，先齐其家；欲齐其家者，先修其身；欲修其身者，先正其心；欲正其心者，先诚其意；欲诚其意者，先致其知。致知在格物。物格而后知至，知至而后意诚，意诚而后心正，心正而后身修，身修而后家齐，家齐而后国治，国治而后天下平。"[2]（古代想要显明美德于天下的人，首先要治理好他的邦国；要想治理好邦国，先要整治好他的家族家庭；要想整治好家族家庭，先要修养自己的品性；要想修养品性，先要端正好自己的思想；要想端正思想，先要使自己的意念真诚。要想意念真诚，先要认识明确。认识明确的途径在于不停探讨事物的原理。掌握了事物的原理，然后才能认识明确；有了明确的认识，然后才能意念真诚；做到了意念真诚，然后才能心思端正；心思端正，才能修养品性；品性修养后，才能管理好家族家庭；家族家庭管理好了，才能治理好国家，治理好国家后天下才能太平。）这便有了家国同构的理论，有了家国同构理论，才有家国同构的实践。家国同构是指家庭、家族与国家在组织结构方面体现为一致性。由于中国古代经济一直处于商品经济不发达的小农村经济占主导地位的基础上，与这种生产方式相联系的家族制度也深深地根植于中国的社会结构之中，使家与国的组织系统权力配置都是严格的父家长制。

---

[1] 参见张岱年：《中国文化概论》，北京师范大学出版社1994年版，第62页。

[2] 《礼记·大学》，见陈襄民《五经四书全译》第4卷，中州古籍出版社2000年版，第2995页。

"在中国,尽管奴隶制国家和封建制国家是按地缘原则建立起来的,不同于原始的氏族部落,但却始终未能摆脱氏族血亲宗法关系的纠缠。"[1]这种"纠缠"使中国的奴隶社会成为宗法奴隶制,成为家族的政治化,与欧洲、印度的奴隶制有重大区别,形成了中国独有的家国同构文化,至今仍有重大影响。家国同构,容易构成夹缝。

尽忠而不尽孝的夹缝。中国宗法制度的长期存在,形成了"家国同格"的格局,形成了"忠孝同义"的文化现象,形成了"忠孝两全"的美好规范。忠孝两全指对国家尽忠,对父母尽孝,两样都做得很好。在历史上,往往尽忠而不能尽孝。"尽忠"是为了"大家",在中国宗法制度中,这种为"大家"的忠,是高尚的,是伟大的,是民族英雄。在家国同构中,只为国,不为家,则容易进入家族构成的夹缝。构成夹缝的一方是部分家族人,要求必须要照顾好"家";而构成夹缝的另一方是治政者和另一部分家族人,要求"尽忠"即先为国,不少民族英雄正是在这种夹缝中进行取舍的。

尽孝而不尽忠的夹缝。梁启超曾说过:"吾中国社会之组织,以家族为单位,不以个人为单位,所谓家齐而后国治是也。周代宗法之制,在今日其形式虽废,其精神犹存也。"[2]精神的存在,使家国同构中的忠孝问题一直成为热议之题。在孝忠的取舍上,不少世人在社会大变动中取孝而放弃忠后,有人成为了"民族之敌",也有的人成为异族专政的对象。日本1937年全面侵略中国时,个别文化人和政客,选取守家而不为国,有的成为了"汉奸",有的则成为日本的监狱之客。在民族问题上,国人关键是看对国的尽忠上,而不看个人尽孝,也就是国人所讲的忠孝不能两全时,取国而舍家。例如:我国著名的京、昆旦角表演艺术家梅兰芳,在香港演出时,日本人占领了上海,梅兰芳就没有回上海。当日本人占领香港后,把梅先生"送回"上海。1942年秋天,汪伪政府要在南京、长春、日本东京举办庆祝"大东亚战争的胜利"的演出,汪伪政府的头目之一褚民谊想为日寇立一功,自认为以他的地位和名气来请梅先生唱几台戏是一定没有问题的,不想梅兰芳不答应。后来梅先生的弟弟想了一条妙计,为梅先生打伤寒预防针,会有发烧反应,即可躲开为日本演出。有人认

---

[1] 张岱年:《中国文化概论》,北京师范大学出版社1994年版,第63页。

[2] 参见谢其章:《梅兰芳"蓄须明志"时期的戏外事》,《南都网》。www.nddaily.com.

为这是梅先生的底线,不登台,不唱戏。这件事直到今天,还使梅先生处在家国同构的夹缝之中。构成夹缝的一方是抗战坚决的国人,要求梅先生坚决不为日本人唱戏,即“不登台,不唱戏”,坚守底线。而另一部分国人则认为梅先生是“不饿”,饿了就会去为日本人演出,而有的名伶不是为日本人演出了么,也没有成为“汉奸”,只是为了糊口而已,认为可以为日本人唱戏,不能说唱戏就成为了汉奸。在这个夹缝中,暂且不说汪伪政府的人、日本人的看法,就其他国人的看法都不一致。而处在这个夹缝中的梅先生始终没有为日本人唱戏,坚守了自己的底线。

(三)中国的君主制夹缝

中国的君主官僚政治体制从春秋时代产生起,一直延续到清代消亡,前后达两千五百多年。君主制是与共和制相对称的,是一种以君主为国家元首的政权组织形式,中国君主制集军权、政权、财权、司法权于皇帝一身。“以致国家权力作为表面上的调停人而暂时得到了对于两个阶级的某种独立性。17世纪和18世纪的专制君主制度,就是这样,它使贵族和市民等级彼此保持平衡。”[1]这种专制君主制在中国一直延续下来,主要是宗法制度作保障。“文明到来之前,中国与其他历史悠久的国家是一样的,但当迈向文明的第一步,中国也走了一条与众不同的道路,政治权力很快被集中到一个人的手中,很早就形成一个权力核心。”[2]直到今日,中国仍没有走出这个模式。这种权力的集中,必然会构成夹缝。

1. 武力治国的夹缝

中国的封建社会,是典型的武力治国社会。司马迁说:“轩辕之时,神农氏世衰,诸侯相侵伐,暴虐百姓,百神农氏弗能征。于是轩辕氏习用干戈,以征不享,诸侯咸来宾从。”“诸侯咸尊轩辕为天子,代神农氏,是为黄帝。天下有不顺者,黄帝从而征之,平者去之,披山通道,未尝宁居。”(《史记·五帝本纪》)中华民族刚进入文明的边沿,就形成了一个权力、一个核心、一个祖先,这同古埃及以及两河流域、印度、古希腊,都完全不同。随后的两千多年封建

---

[1] 《马克思恩格斯选集》第四卷,人民出版社1972年版,第168页。

[2] 张岱年:《中国文化概论》,人民出版社1994年版,第64页。

社会,几乎都是在武力的强制下治理国家的。从黄帝传至禹,禹巩固自己的政权多用武力。禹死后传至启,“益干启位,启杀之”(《竹书纪年》),继而“有扈氏不服,启伐之,大战于甘”,“遂灭有扈氏,天下咸朝”(《史记·夏本纪》)。以后的历代王朝,不是起义,便是兵变,或是中华民族自相残杀而夺取和巩固专制权力。武力治国的夹缝不仅是一种文化现象,而且是一种对社会结构和社会发展严重破坏的夹缝。

集权容易构成夹缝。君主专制制度实际上是一种集权制度。秦始皇统一中国后,中央集权达到一个新的高度。最高是皇帝,由三公九卿组成统治集团,皇帝通过公卿统治全国,形成中央集权的君主专制制度。到了魏晋南北朝,三公九卿制转为三省六部制。宋辽金元时期,军权、政权、财权、司法权都归朝廷。明清时期,专制主义中央集权发展到了顶峰,皇帝个人专权,相权被废止。[1] 有人对集权制做过专门研究,集权制有七大特点:“政治权力高度集中,并且不受民主社会里的那种选举制和法律的约束;领导集团操纵并控制民意;社会基本成员的个人权利不受尊重或根本得不到承认,一切都由当权者‘恩赐’;政权机关不择手段地控制各种社会利益集团;利用警察或其他恐怖机构保证公民服从政府的意愿;新闻传播媒介受到严格控制;领袖集团依靠暴力而且是在奉承谄媚声中使用权力。”[2] 集权构成的夹缝是巨大的和多元的。例如:前苏联实行的正是集权方式。在集权所构成的夹缝中,构成夹缝的一方是当权者,对人们的自由加以控制,只让人们听话;构成夹缝的另一方是反对集权者,要求人民自由的权利;处在夹缝中的是百姓。正是由于这种夹缝的长期存在,才出现了1989年的苏联解体,东欧剧变,使构成夹缝的一方成为了夹缝人。从历史发展的趋势看,集权是没有出路的。

控制宗教容易构成夹缝。历史上,对中国影响最大的宗教当属佛教了。对于佛教,宗法制度的集权者是严格控制的,因此,佛教发展并不顺利,除了统治者的反对,还有儒家的抵制、道教的诋毁等。中国历史上曾经发生过四次大的灭佛和限佛事例,第一次是北魏太武帝灭佛。太平真君七年(446),太武帝至长安,入佛寺,见沙门(出家的佛教徒)饮酒,藏匿妇女,又搜出大量酒具、兵

[1] 参见张岱年:《中国文化概论》,北京师范大学出版社1994年版,第66—67页。
[2] 孙哲:《权威政治》,复旦大学出版社2004年版,第16页。

器和大批官员、富人窝藏之物品，长此以往，将会影响朝廷的统治。太武帝大怒，尽诛沙门，焚毁经像，并诏令四方用长安之法。佛教在中国受到第一次沉重打击。第二次是北周武帝灭佛。武帝认为佛教荒唐，指出佛经“言多虚大，语好浮屠，罪则善推过去，无福则指未来”（范文澜《中国通史简编》第三编）。建德三年（574）召集僧徒500人，宣布废佛，将4万多所寺庙赐给王公做住宅，近300万和尚还俗做平民，毁佛像，烧经书，释放奴婢，将寺庙财物分给群臣，但没有杀和尚。第三次是唐武宗灭佛。会昌五年（845）下诏说：“三代（夏、商、周）以前，未尝言佛，汉、魏之后，像教浸兴（渐兴）。”“僧徒日广，佛寺日崇。劳人力于土木之功，夺人利于金宝之饰，遗君亲于师资之际，违配偶于戒律之间，坏法害人，无逾此道。且一夫不田，有受其饥者；一妇不蚕，有受其寒者。今天下僧尼，不可胜数，皆待农而食，待蚕而衣。寺宇招提（官赐匾额者为寺，私造者为招提），莫知纪极（限度），皆云构（高结构）藻饰（漂亮的装饰），僭拟（超过）宫居。晋、宋、齐、梁，物力凋瘵（病），风俗浇（轻薄）诈，莫不由是而致也。”（《旧唐书》卷18上）下令拆天下寺4600余所，还俗僧尼26万余人，拆私建寺4万余所，收回良田数千万顷，释放奴婢15万余人。历史上称为“会昌灭佛”。第四次是后周世宗限佛。世宗说：“私度僧尼，日增猥杂（卑贱杂乱），创修寺院，渐至繁多，乡村之中，其弊转甚。漏网背军之辈，苟剃削以逃刑；行奸为盗之徒，讬住持（寺院主持）而隐恶。”（《旧五代史》卷115）显德二年（955）令天下寺院，非朝廷赐匾额者一律废之。禁私度僧尼，凡欲出家者，必须经祖父母、父母、伯叔之命；禁僧俗舍身，断手足、炼指、挂灯、带钳之类幻、惑流俗者。是年，废天下（实际是北方）寺院30336所，仅保留2694所和僧尼61200人。[1] 1707年，清朝康熙监禁教皇公使行动，禁止教士自由布教，使基督教在中国的传播受挫。可见，历代王朝对宗教都是加以控制的，上面几例足以说明集权对宗教构成夹缝。在这个过程中，构成夹缝的一方是统治者，认为佛不可信，空虚无比，让信佛教者放弃信仰；构成夹缝的另一方则是佛教传播者（包括其他宗教传播者），让信佛者不要放弃，从而使信徒们不知所措。毛泽东曾说：“宗教信仰自由，可以是先信后不信，也可以是先不信后信。在中国，信仰宗教的人不少。信耶稣教的有八十万人；信天主教的有三百万人；

[1] 参见邹元初：《话说中华文化》，昆仑出版社2012年版，第226—227页。

信伊斯兰教的有一千多万人;信佛教的更多,有几千万人;还有信道教的,数目也很大,约有一千多万人。人们的宗教感情是不能伤害的,稍微伤害一点也不好。除非他自己不信教,别人强迫他不信教是很危险的。这件事不可随便对待。就是到了共产主义也还会有信仰宗教的。"[1]

个人崇拜的夹缝。所谓个人崇拜指以某些特定个人为尊敬钦佩对象的行为。个人崇拜是一个有趣的话题。不同的个体都希望人们崇拜自己而减少对他人的崇拜。当人们崇拜他人时,"某些个体"会极力反对个人崇拜;当人们崇拜他自己时,"某些个体"又会拥护个人崇拜。其实,个人崇拜现在已由领袖转到了民间,不少人对自己的偶像加以崇拜,出现了像"粉丝"一类的词汇。马克思讲:"每一个社会时代都需要有自己的大人物,如果没有这样的人物,它就要把他们创造出来。"[2]马克思还讲过,小农"他们不能代表自己,一定要别人来代表他们。他们的代表一定要同时是他们的主宰,是高高站在他们上面的权威,是不受限制的政府权力,这种权力保护他们不受其他阶级侵犯,并从上面赐给他们雨水和阳光"[3]。在阶级社会中,人们非常崇拜大人物,非常崇拜手中有权的主宰别人命运的权威。那个时代对大人物的个人崇拜是必然的。邓小平讲:"马克思主义在承认历史是人民群众所创造的时候,从来没有否认杰出的个人在历史上所起的作用。"[4]邓小平又讲:"个人崇拜是一种有长远历史的社会现象,这种现象,也不会不在我们党的生活和社会生活中,有它的某些反映。我们的任务是,继续坚决地执行中央反对把个人突出、反对对个人歌功颂德的方针,真正巩固领导者同群众的联系。"[5]中国对大人物的崇拜由来已久。皇帝是真龙天子,是上苍派下来管理百姓的,每一个皇帝都被神化了,而后百姓们心甘情愿地做臣子。个人崇拜的文化,容易构成夹缝。

2. 控田制度及户籍管理的夹缝

控田制度的夹缝。中国是一个传统的农业国家,历代专制者都采用控制

---

[1] 《毛泽东文集》第七卷,人民出版社 1999 年版,第 4 页。
[2] 《马克思恩格斯选集》第一卷,人民出版社 1995 年版,第 432 页。
[3] 同上书,第 678 页。
[4] 《邓小平文选》第一卷,人民出版社 1994 年版,第 234 页。
[5] 同上书,第 235 页。

生计的办法,把农民牢牢地控制在土地上。中国从古至今都非常注意对土地的管理,古代更甚。因为专制者明白,管好了土地,就管住了人民,因为“民以食为天”,土地是基本的生存条件。“理民之道,地著为本。故必建步立亩,正其经界。”(《汉书·食货志》)古代中国从商周的井田制到秦始皇的“令黔首自实田”,到以后的占田制、均田制、两税法、一条鞭法、摊丁入亩等,直到近代中华民国的“耕者有其田”,社会主义新中国的“人民公社制”和后来的“联产承包责任制”等,都在解决人民的土地问题。也正是因为土地问题,人们被牢牢地固定在土地上,也由此形成了中华民族的安土重迁的风俗。[1] 就中国当代的“联产承包责任制”,可以看到土地夹缝的存在。“联产承包责任制”发展到后来则为“土地承包经营”,即在土地集体所有制的前提下,按照农户人口、劳动力数量,将土地分给农户自主承包经营。到了2004年,为了解决承包经营中的一些问题,国务院颁布了《关于深化改革严格土地管理的决定》,指出:“在符合规划的前提下,村庄、集镇、建制镇中的农民集体所有建设用地使用权可以依法流转。”所谓土地流转,指拥有土地承包经营权的农户将土地经营权(使用权)转让给其他农户或经济组织,即保留承包权,转让使用权。土地流转在广东、浙江、江苏、上海、安徽、天津等地试行,发展出了重庆农地入股,广东、海南出租农地、北京郊区等地小产权房等模式。在土地流转中,一部分农民不想放弃经营权,而因土地连片的原因,不流转就使一些经济组织无法机械耕作,于是构成了土地流转的夹缝。构成夹缝的一方是某些经济组织,要求某些地块流转;构成夹缝的另一方则是土地使用权所有者,主张自主经营;处在夹缝中的倒是那些村干部了,他们本是支持流转的,但又不能违背一些农户自主经营的意愿,有时会采取一些硬软兼施的办法。

控制和实行户籍管理的夹缝。中国是一个实行人口户籍管理最早的国家。《周礼·地官司徒》有属吏曰大司徒,其任务是“掌建邦之土地之图,与其人民之数”。《管子·立政》中讲,管仲在齐国组织民众,以10家为一什,5家为一伍;什有什长,伍有伍长。要修筑围墙,堵塞缺口,只定一条进出的道路,只设一个进出的门户。要细心看管门户,注意关锁,钥匙由里尉掌管。任命闾有司,按时开闭里门。闾有司要负责观察出入的人们,向里尉报告情况。凡是

[1] 参见张岱年:《中国文化概论》,北京师范大学出版社1994年版,第71页。

进出不遵守时间，穿戴不合时宜，家眷及其他人中有行迹异常者，闾有司发现，要随时上报，使“奔亡者无所匿，迁徙者无所容”（《管子·禁藏》）。商鞅制定了连坐法，把百姓按5家一伍，10家一什的户籍办法编制起来，要互相告发和同罪连坐。告发“奸人”的可以得到如同斩得敌人首级一样的奖赏。不告发的则要腰斩。如果一家藏“奸”，与投敌者受同样处罚，其余9家若不检举告发，要一起办罪。旅客住宿要有官府凭证，旅舍的主人如果收留无证之人，与“奸人”同罪。这些法令，使民众失去了流动的可能，国家可以清楚地按郡县、乡里、什伍系统征收赋税、徭役和兵役，皇上的命令可能达到所有家庭。[1]这种方式便于皇上以及官吏们的管理，但也对人们的自由构成夹缝。就住店来讲，店主是做生意的，有客来住，是好事情，有无官府凭证无碍大局，有些客栈允许无证之人住宿。而官吏们则坚决反对这样做，有些官吏也是为了捞得一些好处，便狐假虎威，检查住店人有无凭证，使得开店者处在夹缝之中。所谓连坐、互相告发，矛盾多，冲突多，夹缝也多。

二、中国文化多元的夹缝

悠久浩博的中国文化，有一枝独秀时期，也有同其他文化交会、交融、百花齐放的过程；有自创自用的时期，也有向外输出和向内输入的时期。中国人喜欢用“上古”来概括中国发明和使用文字前的历史时期，而这一时期，正是中国文化的发端时期。“最初的、从动物界分离出来的人，在一切本质方面是和动物本身一样不自由的；但是文化上的每一个进步，都是迈向自由的一步。”“毫无疑问，就世界性的解放作用而言，摩擦生火还是超过了蒸汽机，因为摩擦生火第一次使人支配了一种自然力，从而最终把人同动物界分开。”[2]“火尽管不同于一般工具，如石器、木器、骨器等，是一种化学反应现象，但是，作为猿人进行物质生活的重要手段，火的使用从本质上讲也属于工具的范

[1] 参见张岱年：《中国文化概论》，北京师范大学出版社1994年版，第70—71页。
[2] 《马克思恩格斯选集》第三卷，人民出版社1995年版，第456页。

围。"[1]而"文化的起源是人类能够制造工具的那一天开始的"[2]。距今7000年,中华民族先民进入了新石器时代,磨制的较为精致的石器取代了打制的粗糙的石器。迄今为止,发现的新石器时期的文化遗址达八千余处,最为著名的类型有仰韶文化(公元前5000年至前3000年,1921年发现于河南);大汶口文化(公元前4500年至前2500年,1959年发现于山东);良渚文化(公元前3300年至前2250年)等等。原始文化中,原始宗教和原始艺术是主要文化形态。中华先民的原始宗教崇拜对象很广泛,主要有自然崇拜、生殖——祖先崇拜以及图腾崇拜。原始社会的组织形式包括了原始群、家族、氏族、部落、部落联盟等等。中华民族的文化在中原大地上发生之日起,就处在一种多元状态。有些文化学者把中国民族文化中心划为八大区域:中原文化区、黄河下游山东文化区、江汉三峡文化区、长江下游文化区、华南文化区、甘青文化区、东北文化区、北方草原文化区。不同的文化区有不同的文化中心,使中原文化在撞击中发展,在夹缝中生存。

(一)百家兴起形成文化夹缝

在不同的文化区域中,生成了不同的文化习俗,形成了不同的文化风格,但是,"这个时代的人们,虽然使人感到赞叹,他们彼此并没有差别,他们都仍依存于——马克思的话说——自然形成的共同体的脐带"[3]。直到到了殷商西周,中国文化的特殊面貌才开始真正形成。从殷商的神本文化,到周人的文化维新,文化形成了独有且较为一体的特色。周代礼制是周代制度文化、行为文化和观念文化的集中体现,是人们政治生活、经济生活、社会生活、家庭生活的规范。"道德仁义,非礼不成;教训正俗,非礼不备;分争辩讼,非礼不决;君臣上下,父子兄弟,非礼不定;宦、学事师,非礼不亲;班朝、治军、莅官、行法,非礼威严不行;祷词、祭礼,供给鬼神,非礼不诚不庄。"[4](道德仁义,没有礼就不能成就。教育训导,整饬风俗,没有礼就不完备。分歧争执、申辩诉讼,没

[1] 张岱年:《中国文化概论》,北京师范大学出版社1994年版,第74页。

[2] 司马云杰:《文化社会学》,华夏出版社2011年版,第131—132页。

[3] 《马克思恩格斯选集》第四卷,人民出版社1995年版,第96页。

[4] 《礼记·曲礼上》,见陈襄民《五经四书全译》第2卷,中州古籍出版社2000年版,第1141页。

有礼就不能判断。群臣上下，父子兄弟，没有礼就不能定名分。学习做官、六艺、奉侍老师，没有礼就不能亲近。朝廷的职位品级，军队的管理、官吏到职执行法令，没有礼威严就不能实行。特殊和例行的祭礼，祭品供给鬼神，没有礼就无诚意、不严肃。）“天无二日，土无二王，家无二主，尊无二上。”[1]周人推行的种种制度典礼，如分封制、宗法制、礼制，突出了一种强烈的道德精神。而这种德治主义以及民本主义，容易构成夹缝。

1. 动乱时期的文化夹缝

春秋时期，史册记载的就达140多个国家。而春秋300年间，“弑君三十六，亡国五十二，诸侯奔走不得保其社稷者不可胜数”（《史记·太史公自序》）。战国250余年中，发生大小战争220余次。“争地以战，杀人盈野；争城以战，杀人盈城。”[2]在血雨腥风中，大一些的国家，采取“新政”，诸如采取鼓励军功制度，采取富国强民的农、工、商并举制度。战争使社会阶级发生了分化，使经济得到了发展，使社会加快了改革，使不同中心的文化得到了撞击和融合，从而构成一系列文化夹缝。

古代文化传播中的夹缝。文化传播指人们在社会活动中对文化的传递、分配、扩散和享受。春秋战国时期，一百多个封国，武力上互相斗争，文化上互相撞击。当一个国家吞并了另一个国家时，原来国家的文化习俗与新占领（入侵）国家的习俗，对百姓形成了夹缝，原来国家的许多人要求坚持原有的习俗，形成了夹缝的一方，占领国的人们带来“异国”的文化习俗，要求被占领国要按占领国的习俗做事，处在夹缝中的往往是普通百姓。春秋末期，这些大国间继续进行兼并战争，到了公元前475年，只剩下秦、楚、齐、燕、韩、赵、魏七国，从此，也彻底地结束了中国的奴隶制度。战争改变了不同阶层的地位，形成了中国古代文化发展的基础，同样形成了不同形式的文化夹缝。例如：春秋战国时期，秦王政是信鬼神的，认为人可以长生不老，便派人去东海之外求神，求长生不老药，以使自己免除死亡。秦相吕不韦（秦王政时期的丞相）那时是濮阳阳翟的商人，当时秦国的庶子异人正在赵国首都邯郸做人质，吕不韦见到

[1] 《礼记·丧服四制》，见陈襄民《五经四书全译》第2卷，中州古籍出版社2000年版，第1756页。

[2] 《孟子·离娄上》，见陈襄民《五经四书全译》第4卷，中州古籍出版社2000年版，第3360页。

有时机，他说“此奇货也，不可失”，当时秦昭襄王立安国君为太子，而安国君最宠幸的华阳夫人没有子嗣。吕不韦看到了又一可利用的机会，便对异人说，可以帮助他回国登上王位。异人十分感激说：“必如君策，请得分秦国与君共之。”吕不韦通过各种手段，取得了华阳夫人的信任，使异人（此时异人为了华阳夫人改名为子楚，因华阳夫人是楚国人）成为了安国君的太子。安国君继承王位不到一年便去世，子楚便顺利地成为秦国的国君，即庄襄王。庄襄王即位后，拜吕不韦为丞相，封为文信侯，食河南洛阳十万户，成为秦国最有权势之人。吕不韦在庄襄王、秦王嬴政时期为相十三年。庄襄王在位三年而死，秦王政即位时仅十三岁，尊吕不韦为相国，号称仲文。此时吕不韦主持编写了《吕氏春秋》。《吕氏春秋》不相信鬼神，不承认天命，它认为人的生死不是什么命中注定，而且有一种客观必然性。吕不韦说：“凡生于天地之间，其必有死，所不免也。”[1]秦王嬴政在亲政后第二年，便以吕不韦牵连嫪毐与太后的事件为由，免去了吕不韦的丞相之职，遣他回河南封邑。两年后，秦王嬴政又怕他作乱，将他徙居蜀地，吕不韦饮鸩自杀。不同国家的文化，造就不同的人才，不同的人才又推动不同的文化发展。构成这个夹缝的是秦王嬴政身边的大臣们。吕不韦为首的人反对鬼神，认为人必死，构成了夹缝的一方；构成夹缝的另一方的人认为有鬼神，人可以长生不老，秦王嬴政更应长生不老，可以去寻找长生不老药。处在夹缝中间的倒是秦王嬴政。当然秦王嬴政免去吕不韦的丞相一职，主要原因怕他权高位重，影响自己的基业，但与文化传播相悖有一定的原因。

士风流行的夹缝。春秋战国时期，“士”已成为一个阶层，他们是古代“知识分子”，成为一种少有的文化现象。当时的“士”，有独立的社会地位，掌握专门的知识，不耕而食，专事脑力劳动。这些“士”们虽然政治上独立，但是，也仅仅限于自由地服务于那个诸侯国，或效忠于某个权贵，缺少独立的政治人格，经济上更需要依赖于某一个有势力的权贵，带有明显的附属性。“作为社会条件，士原本是统治阶级的一部分，只是较低级而已，他们闲暇时从事知识和礼乐等‘劳心’活动。当社会变动使他们失去经济来源时，便不得不靠出卖智力而维持生存。这样，他们的内心结构也发生了变化。一方面，他们对权贵

[1]　陆玖译注：《吕氏春秋》上卷，中华书局2011年版，第4页。

不满而又不得不依附他们以得到足够的生活保障;另一方面,他们对往昔优裕生活的怀恋而又不得不正视现实的处境,以求心理上的自适。这种矛盾的心理积淀便成了中国知识分子的两重性品格。此外,庶人中的一些佼佼者经过自身修炼乘机而进入士阶层,他们既有丰富的知识,又有良好的社会修养,但他们的社会根基较浅。这种尊而基础差的情况,同样也使这部分'士'产生心理上的压抑和扭曲,进一步强化了中国知识分子的双重人格。"[1]"士"们非常的努力,使自身有可"用"的条件,"这是人类从来没有经历过的最伟大的、进步的变革,是一个需要巨人而且产生了巨人——在思维能力、热情和性格方面,在多才多艺和学识渊博方面的巨人的时代……那时,差不多没有一个著名人物不曾作过长途的旅行,不会说四五种语言,不在好几个专业上放射出光芒"[2]。这时中国的士,不同于文艺复兴时的"巨人",但的确为中国文化发展作出了贡献,奠定了中华文化的基本格调和传统类型。许多的"士"成为"儒有可亲而不可劫也;可近而不可迫也;可杀而不可辱也。其居处不淫,其饮食不溽,其过失可微辨而不可面数也。其刚毅有如此者。"[3](儒者可以亲密,却不可以利用。可以接近但不能逼迫。可以杀掉,却不能被侮辱。居住的地方不奢侈,饮食的味道单薄。有过失可以含蓄地示意,不能当面一一指出。儒者的刚强坚毅是这样的。)而现实生存条件却不能让"士"们从一而终。"六国之时,贤才之臣,入楚楚重,出齐齐轻,为赵赵完,畔(畔通叛)魏魏丧。"(《管子·霸言篇》)士是各国王侯争夺的对象,形成了"蓄士"、"养士"之风,从而使不少的"士"成为"随行就市","急功近利"之徒。有的王侯希望士们从一而终,坚持儒家的风范,服务本国,构成夹缝的一方;有的王侯希望士们背叛敌国,到需要的开明的国家去,以击败其他国家,构成了夹缝的另一方,使不少士处在"士风流行"的夹缝之中。

私家学者集团兴起的夹缝。春秋的社会动荡,打破了原有的宗法等级制度,打破了"学在官府"的一体化教育文化形式。说"学在官府",不同于西方的官方学校。中国的官学是学习那些占卜现象、宗法祭祀、政令法规,不是像

[1] 宋开之:《中外文化概论》,河海大学出版社 1999 年版,第 156—157 页。

[2] 《马克思恩格斯选集》第四卷,人民出版社 1995 年版,第 261—262 页。

[3] 《礼记·儒行》,见陈襄民《五经四书全译》第 2 卷,中州古籍出版社 2000 年版,第 1708—1709 页。

西方学校那样学习自然及社会科学知识。在秦灭了周王室之后，官学受到了冲击，出现了“私学”。在许多的私学之中，稷下学宫可谓独树一帜，为中国文化发展留下了辉煌的一页。当时齐桓公在国都稷门外立学宫，招揽天下学士，勉其著书立说，不受政治限制，给学生及老师以充分的文化自由。在学者中，汇集了道、法、儒、名、兵、农、阴阳诸家；教学中，集收徒授业、学术研究、政治咨询三位一体的教学方式，使得学宫集文化大成。在私学出现之后，与官学并存，使学者以及学子们处在夹缝中。私学讲得好，学术自由，希望学子们前往学习；官学讲宗法祭祀、政令法规，也希望学子们前往学习，这便对学子构成了夹缝。

2. 学说纷纭构成夹缝

所谓学说纷纭指当时诸子们的忧世之乱而思有以拯救所表明的观点、治世方式、治人之道等，历史上称为“百家争鸣”。宋开之在评论百家争鸣现象时说：“激烈的社会动荡与变革为学术思想的发展与繁荣打下了良好的基础，这几乎成了规律——政治自由必然导致思想的自由，而思想自由最终促进科学文化的发展和进步。”[1]所有治政者都应该重视这个“规律”，要文化大繁荣、大发展，最根本的一点是给文化人以政治自由。所谓百家，司马谈分别“所从言之异路”评判说：“夫阴阳、儒、墨、名、法、道德，此务为治者也，直所从言之异路，有省不省耳。尝窃观阴阳之术，大祥而众忌讳，使人拘而多所畏；然其序四时之大顺，不可失也。儒者博而寡要，劳而少功，是以其事难尽从；然其序君臣父子之礼，列夫妇长幼之别，不可易也。墨者俭而难遵，是以其事不可遍循；然其强本节用，不可废也。法家严而少恩；然其正君臣上下之分，不可改矣。名家使人俭而善失真；然其正名实，不可不察也。道家使人精神专一，动合无形，赡足万物。其为术也，因阴阳之大顺，采儒墨之善，撮名法之要，与时迁移，应物变化，立俗施事，无所不宜，指约而易操，事少而功多。”[2]（阴阳家、儒家、墨家、名家、法家、道德家，它们都是为当权者开药方的，只不过各自的说法不同，有的好一些有的差一些就是了。我曾经考察过阴阳家的学说，它过分地讲究祥瑞灾异，禁忌太多，把人都束缚了起来，使人什么事都不敢做，这

[1] 宋开之：《中外文化概论》，河海大学出版社1999年版，第161页。

[2] 司马迁：《史记》第4卷，中华书局2011年版，第2556页。

是它的短处;但是它所排出的春夏秋冬的顺序以及在每个季节应该干什么,这是不可忽视的。儒家讲得太多,使人得不到要领,费力多而成效少,因此它那一套东西让人无法照办,但是它所讲究的那种君臣父子之间的礼节,夫妇长幼之间的规矩,那是不能改变的。墨家过分地强调节俭,使人难以照办,因此他们的主张不能全部为人所接受;但是他们所强调的发展生产,节省开支,那是绝对正确的。法家办事严厉,刻薄少恩,有其所短;但他们划清君臣上下的等级名分,这是不能改动的。名家讲究名分过于束缚人,容易引导人弄虚作假,此其所短;但是它提倡的那种名实相副,我们也是不能不讲的。道家主张清静,能使人的精神专一,它希望人的一切活动都符合客观规律,以自己的不变来应外界的万变。它的学说是吸取了阴阳家所讲的四时变化规律,采纳了儒、墨两家学说的优点,摄取了名家、法家的精华;它随着时间和客观事物的变化而变化,顺着风俗人情采取措施,因此不论干什么都恰如人意;它的道理简明使人容易掌握,按照这种学说办事就能费力少而收效大。)很明显,司马谈是站在道家的立场上评价其他学说的,司马谈这一段学说,对儒家评价只肯定了君君臣臣、父父子子之类,其他认为都是不能照办的。

孔子的复礼与道家的天道思想构成夹缝。这里所讲的"复礼"与"天道"是对两种学说的简称,并不是专指这两个方面。孔子是儒家代表人物,儒家的特点有几点。一是宗承孔子,视其言行为最高准则;二是以《诗》、《书》、《乐》、《礼》、《易》、《春秋》为经典;三是提倡仁义,以之为行为准则;四是维护君臣、父子、夫妇、兄弟等伦常关系。[1] 当颜渊问仁,孔子曰:"克己复礼为仁。一日克己复礼,天下归仁焉。"[2]这正说明了孔子以"仁"为学说核心,而春秋时期的战乱,复礼尤为重要。其实孔子守旧而又维新,复古而又开明,使儒学在正在消失的贵族分封制宗法社会和方兴的封建大统一宗法社会之间架起了桥梁,这正是儒学成为"显学"的重要原因。汉代以后,儒学几经变化,礼教德治精神始终一贯,从而成为中国传统文化的正宗。"道"本义为有一定指向的道路。《说文》"道,所行道也",引申为自然界和人类社会所遵循的规律、

[1] 参见宋开之:《中外文化概论》,河海大学出版社 1999 年版,第 163—164 页。

[2] 《论语·颜渊》,见陈襄民《五经四书全译》第 4 卷,中州古籍出版社 2000 年版,第 3158 页。

准则、原理、宇宙本原等。道家是以“道”为宗旨的思想流派，其创始人是老子，后经庄子、列子等继承和发展，成为中国三大思想主流派别（儒、佛、道）之一。由于后学者对道的理解和适用的差别，又形成了“道学”和“道教”两种意识，对中国文化产生了重大影响。在历史上，道家在许多方面都是与儒家对立的，诸如：儒家注重人事，道家尊崇“天道”；儒家讲求文饰，道家向往“自然”；儒家主张“有为”，道家倡导“无为”；儒家强调个人对家族、国家的责任，道家醉心于人对社会的超脱。当然，儒道两家并不是全然对立，也有得到沟通和接近的一面。这样一来，人们对信儒还是信道，有些左右不定。儒道两家对一些士大夫构成了精神追求上的夹缝。

法家与墨家的夹缝。法家是春秋时期一种主要思想和治世方法的总称。法家的先驱是齐国的管仲与郑国的子产，他们主张强化法令刑律，使民“畏威如疾”。嗣后，李悝著《法经》，商鞅实行“法治”，申不害、慎到相继提出重“术”、重“势”的思想，到了韩非集法（政令）、术（策略）、势（权势）之大成，建构完备的法家理论。“法家学说的思想方法是一种‘矛盾不可和而解’的专讲对立的极端辩证法，故在治国方略上主张严刑峻法，在文化政策上主张‘以法为教’，‘以吏为师’，实行文化专制主义。”[1]法家是战国时的“显学”，后来成为秦王朝统治下的政治理论。墨家的创立者鲁国人墨翟，其信徒多是下层群众，特别是以手工业者为多。墨家学说强调物质生产劳动在社会生活中的地位，即“尚力”；反对生存基本需求外的消费，即“节用”；主张用“普遍的爱停止战乱取得太平”，即“尊爱”，认为必须尊崇天神，即“天志”。虽然墨家有时也主张“尚同”，但主要是坚持“尚力”和“兼爱”，是战国时期“显学”之一，“从属弥众，弟子弥半，充满天下”[2]（追随的人越来越多，弟子越来越多，遍布天下）。法家主张文化专制，墨家主张兼爱，在当时两家以及多家学说盛行时，必然对士大夫乃至“尚力”的民众构成夹缝。同时，墨家的学说也会处在其他学说和统治者的夹缝之中，因为墨子主张“兼爱”、“非攻”、“尚览”、“尚同”（“尚同”指一同天下，“上”是选举出来的，“下”必须听“上”的，思想共识和舆论达到一致），反对社会动乱和征伐，认为理想的社会就是国人亲善，和睦共

[1]　参见张岱年：《中国文化概论》，北京师范大学出版社1994年版，第86页。

[2]　陆玖译注：《吕氏春秋》上卷，中华书局2011年版，第56页。

处，相互帮助，反对“爱有差等”和在选拔人才时尤其是选拔官员时任人唯亲，这揭到了中国社会官场的病根，统治者绝对不赞成，其他学派同样予以非议，墨家的学说实用价值，只限于平民百姓，在上层社会无人顾及[1]，可以说墨家的学说处在历代统治者以及“当世学说”的夹缝之中。

（二）儒、玄、道、佛文化多元夹缝

儒、玄、道、佛多元文化是在秦汉文化一统之后出现的。在春秋战国之末，由于当时的特殊文化环境，不仅为“文化轴心时代”的确立提供契机，而且最终推动了华夏族的形成。在这个时期，中原地区各古老部族，统一到了几个大国之中，其中北方的狄族为晋兼并，西方的戎族为秦兼并，东方的夷族并入齐鲁，南方的苗蛮和华夏小国并入楚国。中原的燕山以南，长江以北的民族已融合为一个统一的民族。公元前221年，秦始皇建立了中国历史上第一个一统帝国，之后，秦朝又被刘邦的汉朝取而代之，这中间便出现了“焚书坑儒”和“独尊儒术”的文化现象。

1.“焚书坑儒”与“独尊儒术”的夹缝

秦汉在建立一统国家时，都致力于思想文化的一统。秦代之前的战国时期，“田畴异亩，车涂异轨，律令异法，衣冠异制，言语异声，文字异形”（许慎《说文解学·叙》）。秦在统一中国之后，提出了“书同文”、“车同轨”、“度同制”、“行同伦”、“地同域”。秦始皇于三十四年（公元前213年）便采取了思想统一的措施；同样，汉武帝时，“罢黜百家，独尊儒术”，一样也是为了思想文化的统一。

焚书坑儒的夹缝。焚书坑儒是一种文化选择，是多种学说对一种学说的夹击。秦始皇于三十四年采取了李斯的建议，“‘非秦记皆烧之。非博士官所职，天下敢有藏《诗》、《书》、百家语者，悉诣守、尉杂烧之。有偶语《诗》、《书》者弃市。以古非今者族。吏见知不举者与其同罪。令下三十日不烧，黥为城旦。所不去者，医药卜筮种树之书。若欲有学法令，以吏为师’制曰：‘可。’”[2]（凡不是秦国的史书全部烧掉。凡不是博士官所主管，私人藏有

---

[1] 参见宋开之：《中外文化概论》，河海大学出版社1999年版，第179—180页。

[2] 司马迁：《史记》第1卷，中华书局2008年版，第162页。

《诗》、《书》,诸子百家著作的,通通送到郡守、郡尉那里集中烧毁。有两个人以上敢聚集一起讲论《诗》、《书》的,处死街头;敢颂古非今的灭族;官吏知情不报的与之同罪。命令下达三十天还敢持书不烧的处以黥刑并发配去修长城。留下来不烧的只有医药、卜筮、种树一类的书。如果有人想学法令,可以拜官吏为师。始皇批示说:"可以"。)随后,秦始皇发现为他求仙药的方士逃跑并诽谤他,"于是使御史悉案问诸生,诸生传相告引,乃自除犯禁者四百六十余人,皆坑之咸阳,使天下知之,以惩后。"[1](于是派御史把所有书生通通拘捕起来进行审讯,书生们相互告发,相互牵引,最后始皇亲自圈定了四百六十多个,将其活埋于咸阳,并宣告天下,以儆效尤。)秦朝的统一与强大的法家的贡献是分不开的,那些看法家得宠自己失宠的"诸子们"通过各种方式向秦始皇进言,秦始皇刚统一六国是不可能听信与自己意志相反的劝说的,加上法家的士大夫们对秦始皇的鼓动,悲剧必然出现。这个历史文化夹缝本来是由"诸子们"和法家士大夫构成的,诸子们力劝秦始皇信自己的言论,法家也劝秦始皇信自己的言论,结果是李斯鼓动,秦始皇同意,夹缝的性质变了,成为了冲突,"诸子们"彻底失宠了。"焚书坑儒"的直接后果是奠定了中国古代社会文化专制主义的政治基础。这种现象的出现,与中国知识分子的两面性有关系,这种两面性使知识分子内部乃至个人发生错位和扭曲,分化调和,倾轧和内讧,表现为急功近利,投机钻营,让封建王朝趁机利用,这是知识分子的通病,"焚书坑儒"构成了文化夹缝。

独尊儒术的夹缝。秦代亡后,汉代全面总结秦亡的教训,认为秦朝反传统过了头,采用独树法家的文化专制政策,抛弃一切礼仪,横征暴敛,使其走上绝路。汉初一反秦代做法,采取"无为而治"、"休养生息"的基本国策,这正是老子的思想主导。"其治要用黄老术,故相齐九年,齐国安集,人称贤相。"[2](曹参治理齐国主要就是采用黄、老的思想,在他当齐相的九年里,齐国安定繁荣,因此曹参在当时极受赞美,被人们称为贤相。)"参为汉相国,清静极言合道。然百姓离秦之酷后,参与休息无为,故天下俱称其美矣。"[3](后来曹参当了汉朝的相国,因为当时百姓们刚刚脱离秦朝的残酷统治,所以曹参便把

[1] 司马迁:《史记》第1卷,中华书局2008年版,第166页。
[2] 司马迁:《史记》第2卷,中华书局2008年版,第1192页。
[3] 同上书,第1196页。

清静无为当作治国安邦的准则，推行了一套和百姓们一道休养生息的政策，于是曹参的美德受到了当时人们的普遍称颂。）可以说，黄老之学适应于汉代初的社会状况，但随着社会发展，黄老之学逐渐不适应社会发展了。到了汉武帝时，汉武帝接受了董仲舒的建议："罢黜百家，独尊儒术"，用儒家学说来统一人们的思想，这种文化专制，使儒学在汉代之后两千年间行之久远，也阻碍了中国文化的进步和发展，同时，也阻碍了社会的进步和发展。在"独尊儒术"过程中，不少士大夫仍根据自己的理解而尊崇百家，朝廷让信儒，儒士们当然得意，朝廷又"立五经博士"，推行"以经取士"的选官制度。这便形成了儒士、朝廷为夹缝的一方，民间之士为夹缝另一方的文化夹缝，使那些既没有尊儒，也没有尊崇百家的"士"们处在夹缝之中，"士"想要升迁，必须尊儒。

"立经"构成夹缝。汉武帝的"独尊儒术"，使儒学地位显赫，风靡一时。"儒术"的载体便是儒家的"经"。儒士们在朝廷的支持下，先立了五书：《诗》、《书》、《礼》、《易》、《春秋》，被尊为"五经"，到了东汉，又增加《孝经》、《论语》，合称"七经"。经的内容有区别，即有了"今文经"和"古文经"之别。所谓"今文经"指朝廷命人在民间搜集的包括民间口头流传的儒家著作，写为定本，作当时传述的依据。所谓"古文经"即鲁恭王刘余、北平侯张苍等人通过不同途径发现的儒家经书，这些经书是用古籀文写成的。因此，在当时的学者中，也就出现了"古文经"派和"今文经"派，这些派别不仅为经的版本真伪而争，还为学术研究的方法和原则的区别而斗。这种为经而争给许多尊经者构成了夹缝。夹缝的一方为"古文经"推行者，认为自己是正宗的，让尊经者崇之；夹缝的另一方为"今文经"推行者，认为"今文经"最合时宜，是正宗的，让尊经者崇之，那些尊经者处在了夹缝之中。后来学者研究发现，"今文经学的特点是政治的，讲阴阳灾异，讲微言大义。古文经学的特点是历史的，讲文学训诂，明典章制度，研究经文本身的涵义。前者主合时，后者主复古。"[1]

2. 儒、玄、道、佛相互激荡的夹缝

汉之后中国陷入混乱之中，独尊的"儒术"也受到了冲击。在局势上，有三国鼎立时期，有两晋的短时间的统一，随后有了北方的十六国割据，有南方

[1] 张岱年：《中国文化概论》，北京师范大学出版社1994年版，第92页。

诸王朝的更迭。黑格尔说，中国“是持久，稳定——可以称为仅仅属于空间的国家——成为非历史的历史”。“中国人个人在精神上没有个性。中国的历史从本质上看是没有历史的；它只是君主覆灭的一再重复而已。任何进步都不可能从中产生。”[1]在此期间，儒学式微、玄学兴起、道教发展、佛教传入，外加上胡风流行，又使这一时期的文化处在多元之中。

儒、玄两学构成夹缝。儒家的“三纲五常”、“三从四德”已从传统儒学的单纯的道德和伦理精神转化为政治和法律的代用品，与平民百姓价值观相离太远。此时，一种新的学说产生了，即玄学。“玄”是“无”的深化和转型。“玄的本质在于说明宇宙、社会和人生存的意义。‘玄’作为宇宙演化的本质是‘无’的翻版，不过这种‘玄’不是纯‘无’而是一种‘无’的‘有’，亦即只有将宇宙的本质看作是无，那么它才是一种存在，并依此来说明人对外物的欲望本身就是一种幻想，满足物欲同样也是空有。如果人能将对外物的欲望及其满足看作空无，那么这本身就是欲望的满足，即是有，有无的统一就是玄。”[2]儒、玄两学构成的夹缝在魏晋时期最为明显。玄学之士“以老、庄为宗而黜六经”（干宝《晋纪总伦》）。儒学之士则对他人讲玄学家“好谈老庄，排弃世务，崇尚放达，轻蔑礼法”（《晋书·卞壶传》）。以儒学学士为夹缝一方劝说人们崇儒守礼，建王道秩序；以玄学学士为一方劝说人们对人体人生意义价值的思考，追求一种玄、远、清、虚的生活情趣。而处在夹缝中既有道、佛的追随者，也有其他学士和百姓。

儒、道、佛构成夹缝。道教是中国本土的宗教，它起源于东汉，发展于魏晋。道教以中国古代神话人物为本源，以长生不老（成仙）为目标，讲述归本返朴、归根复命的养气健身术，倡导以长寿去病为宗旨的“房中术”，追求炼服金丹术，民间还有种种迷信法术。道教追求和研究的是“人如何不死”，这与佛教、基督教、伊斯兰教研究“人死后如何”则是不同的。佛教原始教义是四谛（苦谛、集谛、灭谛、道谛）八正道（正见、正思维、正语、正业、正命、正精进、正念、正定）、十二缘（无明、行、识、名色、六处、触、受、爱、取、有、生、老死）、五蕴（色、受、想、行、识）及因果报应等。我们前边讲的玄学，和佛教一拍即合，

---

［1］ 转引自蔡晓辉主编：《点评中国人》上卷，青海人民出版社1998年版，第3页。

［2］ 宋开之：《中外文化概论》，河海大学出版社1999年版，第204页。

到了东晋，玄学几乎完全融入佛教之中。这个时期儒、佛、道各不服气。道教教徒编造老子西游化胡成佛的故事，证明佛教为道门弟子，佛教教徒也伪造经典，讲佛三弟子震旦化教，儒童菩萨为孔丘，摩诃迦叶为老子等，儒道宗师成了佛门弟子。各种学说和教派之间互相构成夹缝，同时，佛、儒、道又成为夹缝的构成方，对信徒以及百姓构成夹缝，使他们不知道信何种学说或何种教为好了。

佛教道教内部的宗派构成了信仰的夹缝。作为服务于人的某些理想实践的佛教曾受到统治者的提倡和支持，在中国形成了不同的宗派，诸如三论宗、天台宗、华严宗、唯识宗、禅宗、律宗、净土宗、密宗、即色宗、法相宗等。每一宗又生出许多教派，都有自己的宗旨、教义，本是同佛生，相距大不同。这不同的宗派，都向人们宣传自己的宗旨，希望人们能够相信他们的宗旨，成为本宗的弟子，对人们构成了“信佛”的夹缝，同为信佛，理论和实践差异很大。道教也是如此，中国的道派同样数不胜数，道派林立。诸如太平道、五斗米道、天师道、宝灵道、金丹道、帛家道、李家道、柴道、清水道、茅山道等，同样各传各的道，宣传人们入道，道派之间构成了夹缝，让人们信道而不知所从。

（三）贵族与市井、游牧与农耕文化夹缝

历史推进到隋唐，中国进入了隆盛时期，在东亚大陆，杨隋和李唐相继开疆拓土，进入了一个经济、文化大发展时期。在这一时期，由于政治宽松，统治者实行较为“开明的专制”，对待文化人也采取了宽容的态度。在这一时期最典型的代表即唐诗了。宋人洪迈在《容斋随笔》中说：“唐人歌诗，其于先世及当时事，直辞咏寄，略无避隐。”闻一多说：“一般人爱说唐诗，我欲要讲‘诗唐’。诗唐者，诗的唐朝也。”[1]对于宋词来说，“与含义阔大、形象众生的诗不同，词小而狭，巧而新。它侧重音律和语言的契合，造境摇曳空灵，取径幽约怨悱，寄托要眇怅惘，极为细腻，极为精致。”[2]词起源于市井歌谣，后因文人介入而趋于雅化。若说唐诗是一种贵族文化，宋词则可以说是一种市井文化。

---

[1] 闻一多：《闻一多论古典文学》，重庆出版社1984年版，第82页。
[2] 张岱年：《中国文化概论》，北京师范大学出版社1994年版，第102页。

不同的文化，对喜爱诗词的人都容易构成夹缝。

1. 市井与贵族文化容易构成夹缝

市井文化是百姓之间的文化，多以世俗流传为主；贵族文化，是上等阶层的文化，以记载流传为主，两种文化容易构成夹缝。同时，两种不同文化在风格上可以构成夹缝。

贵族文化与市井文化构成形式的夹缝。所谓贵族文化，指上层或富人文化，因为他们有时间和有经济实力去做文化事，同样他们也具有一定的文化知识。市井文化指平民文化，多指流传于民间的文化习俗和文艺作品。一般人认为，贵族文化是以高雅为主的，市井文化是以通俗为主的。在唐宋时代，唐诗一般被认为是文化人的文化之作。唐代是一个诗歌创作空前的时期，仅清代所编的《全唐诗》中，就有作品48900余首，2300多名诗人。诗人中有诗歌巨匠，有神童诗人，有女诗人，虽然当时被称为传诵于“士庶、僧徒、孀妇、处女”“女童、马走之口”（白居易《与元九书》），“行人南北尽歌谣”（《敦煌曲校录・望无行》），“人来人去唱歌行”（刘禹锡《竹枝词》）等等，这些诗作，只是在民间传唱，不是唱诗之人之作。诗作多来自那些当时的知识分子。知识分子一般要有一定的生活条件才可能读书识字，才可以为自己做不了官而惆怅。就大诗人李白来说，父亲李客为任城尉，《新唐书》记载李白为兴圣皇帝（凉武昭王李皓）九世孙，曾希望得到推荐为官，实现自己的抱负。大诗人杜甫，在唐肃宗乾元元年（公元758年）六月至乾元二年（公元759年秋），任华州司功参军，原在朝中任左拾遗，因直言进谏，被贬到华州。大多唐代诗人都出自官宦人家。因此，人来人去唱歌行，也只是传唱，如同今天人唱的“流行歌曲”。在这人来人去唱歌行的时代中，平民百姓大多是不会创作诗歌的，即使唱出诗歌来，也不会入典籍。在这种贵族文化中，统治者希望诗人歌功颂德，百姓希望反映民间的疾苦，对不少诗人构成了贵族文化夹缝。到了宋代，诗的发展停滞了，词却开始盛行。词起源于市井歌谣。从市民文化诞生起，便显示了一种野俗的活力和普及性，后因文人介入而趋于雅化。傀儡戏、参军戏是市井流行的歌舞小戏，台上小戏演出，台下观众云集并时时应和，台上台下互动，极为热烈。“市人小说”也出现在这一时期。这一时期，产生了市民文化表现自我的固定游艺场所——瓦舍，每个瓦舍里划有多个专供演出的圈子，称为“勾栏”。众多勾栏上演令人眼花缭乱的文艺节目，如杂剧、杂技、讲史、说书、说浑话、皮影、傀儡、散乐、诸宫调、角抵、舞旋、花鼓、舞剑、舞刀等。而地方学校同样大发展,“学校之设遍天下”(《宋史·选举志一》)[1]。在市井文化盛行的夹缝中,统治者同样希望演正统戏,唱正统书,学正统文;而市井百姓希望说身边事,唱周围戏,学有用文,市民要的是娱乐、开心、幸福,这就构成了市井文化的夹缝,处在夹缝中是那些诗者、歌者、表演者。

不同的文风构成了文化夹缝。唐代的诗有浪漫、现实之分,宋代的词也有婉约、豪放之别。俗话说:萝卜青菜,各有所爱。诗、词作者由于生活环境不同,生活体验不同,接受的教育不同,个人的修养不同,最终形成不同的文风,不同的文风中形成的作品,同样会给世人以及作者本身构成夹缝。就宋词而言,在形成词的时代已有明显的风格流派区别。最典型的是婉约派和豪放派之分。婉约派的婉约,指婉转含蓄,其特点主要是内容侧重儿女风情,结构深细缜密,音律婉转和谐,语言圆润清丽,有一种柔婉之美。婉约派的代表人物有李煜、柳永、晏殊、欧阳修、秦观、周邦彦、李清照等。豪放派之豪放指气魄大而无所拘束,其特点主要是内容热情浓烈、意气奋昂、境界开阔、雄壮勃发,有一种大气之美。豪放派的代表人物有苏轼、辛弃疾等。据南宋俞文豹《吹剑续录》载:“东坡在玉堂,有幕士善讴,因问:‘我词比柳词何如?’对曰:‘柳郎中词,只合十七八女孩儿执红牙拍板,歌杨柳岸晓风残月。学士词,须关西大汉,执铁板,唱大江东去。’公为之绝倒。”喜欢婉约词的人们希望词人“细唱杨柳岸晓风残月”,喜欢豪放词的人们,希望词人“粗歌大江东去”,词人处在夹缝之中。

2. 游牧文化与农耕文化的夹缝

在中国历史上,唐文化雄壮,宋文化细腻。唐太宗李世民以“天可汗”的尊称威慑周边民族,而宋代从立国之日起,就长期与辽、西夏、金等游牧民族政权相对峙。这种包围和不停的撞击,产生了许多文化夹缝。

双重文化效应容易构成文化夹缝。所谓双重文化指宋代文人在国破家亡的忧患中形成的悲愤之唱和契丹、党项、羌、女真等游牧民族学习文化,形成的一个“人物文章之盛,独能颉颃宋、元之间”(王世贞《归潜志序》)的文化天地。北宋的被动挨打,南宋国破家亡,造就了范仲淹、王安石的变法,催生了辛弃疾、李清照、陆游、岳飞等人的忧患作品,诉说“亡国恨”;而游牧民族学习中

[1] 参见张岱年:《中国文化概论》,北京师范大学出版社1994年版,第102—103页。

国的传统文化，“行中国事”，促使统治体系与文物制度的“汉化”。1260年，成吉思汗的孙子忽必烈在蒙古上层贵族的争斗中获得胜利，登上大汗位置，取儒学经典《易经》“大哉乾元”之义，建国号为“大元”。在这个夹缝中，构成夹缝的一方是少数民族，学汉文化，行中国事；构成夹缝的另一方是宋代的爱国者们，坚守故有的“古国”，坚持抗击少数民族，实行“爱国动员”和变法，处在夹缝中的是普通百姓。

在双重文化夹缝中产生了元杂剧。元代统治中国之后，使至高至尊的汉族士人文化被游牧文化冲击得支离破碎。元代，科举制度中止了七八十年，致使元代文人仕进无途，这又使士人潦倒者与当时盛行的勾栏杂剧产生了“亲缘关系”。士人们投身于杂剧创作，“以其有用之才”，“舒其拂郁感慨之怀”（胡传《珍珠船》卷4），表现了士人们的时代深沉、苦闷和抗争。像《窦娥冤》、《蝴蝶梦》、《鲁斋郎》、《陈州粜米》便是当时郁闷、愤懑作品的代表。在元代初，中国的士人仍坚持读书做官的古训，但在那个时代，构成夹缝的一方即元代统治者，不用科举制度选官，使仕途不通；而夹缝的另一方是那些有些家业又支持士人们读书进取的人。处在夹缝中的士人们无以表述自己那种失落、无奈的心态，便进入了元剧的创作之中。

3. 文化交会的夹缝

历史的进步，离不开文化的激荡、交流、融合，离不开不同民族的互动，而这种文化的不断交汇，既推进了文化的发展，也容易构成不同的文化夹缝。

中原农耕文化与游牧文化的撞击产生了文化夹缝成果——长城。长城是战争的防御武器，却是中国少有的文化成果，也是世界上少有的文化遗产。中原定居农业文化与北方草原游牧文化大致以400毫米等降水线为边际线。400毫米等降水线的东南，是受太平洋及印度洋季风影响的湿润、半湿润地区，适宜农业生产。400毫米等降水线西北部却是游牧经济地区。在枪炮发明和广泛使用之前的冷兵器时代，游牧民族是骑马民族，自幼养成了善攻的骑士，他们有了铁兵器之后，便可以驰骋疆场，对农耕人施以攻击。历史上农耕人也曾主动出击，汉武帝“发十万骑”远征匈奴；明成祖“五征漠北”，但游牧人居无定所，进可攻，退可守，让农耕人大伤脑筋。一方面是游牧人在草枯水乏之际，便会到农耕区劫掠，使善于守拙的中原地区的农耕生产受到破坏;另一方面是中原人需要安定的环境,保证自己家园平安,要求统治者以攻对攻,但却胜在少数。中原的统治者便想出了一个法子,建国境大城墙,来守护自己,统治者倒没想到这"大城墙"——长城成了世界文化遗产。在这个夹缝中,构成夹缝的一方是游牧民族,他们不断地掠夺;构成夹缝的另一方是中原人民,希望统治者保国卫家;处在夹缝中的中原统治者在攻不可行的情况下,想出守可取的办法。"中原农耕人在长达两千多年的时间里,历尽艰辛,耗费巨大财力、物力、人力,修筑起万里长城,创造出世界文明史上的一大奇迹。一个值得玩味的现象是,明长城的线路走向,几乎与前述400毫米等降水线相重合,这恰恰说明,长城是中华文化圈内农耕与游牧这两大部类文明形态的分界线,是农耕人护卫先进农耕文明,使其不致在游牧人无止境的袭击中归于毁灭的防线。"[1]长城是农耕与游牧两种文化的夹缝成果。

中外文化交会的夹缝。中国史书记载,历史上中外文化交会可以分为两次。"中国智识线和外国智识线相接触,晋唐间的佛学为第一次,明末的历算便是第二次。"(梁启超《中国近三百年学术史》)而这第二次的文化交会构成的夹缝则更为明显。第二次文化交会始于明朝万历年间。"中华民族,从出世以来,轰轰烈烈,从未遇见敌手。现在他忽逢劲敌,对于他自己的前途,很无把握。所以急于把他自己既往的成绩,及他的敌人的既往的成绩,比较一下。"[2]陈独秀在《吾人最后之觉悟》论文中将4个世纪以来中国吸收欧洲文化的历史分为7期。"第一期在有明之中叶,西教西器,初入中国,知之者乃极少数之人,亦复惊为'河汉',信之者为徐光启一人而已。第二期在清之初世,火器历法,见纳于清帝,朝野旧儒,群起非之,是为中国新旧相争之始。第三期在清之中世。鸦片战争以还,西洋武力,震惊中土,情见势绌,互市局成,曾、李当国,相继提倡西洋制械练兵之术,于是洋务、西学之名词发现于朝野。当时所争者,在朝则为铁路非铁路问题,在野则为地圆地动、地非圆不动问题。……第四期在清之末季。甲午之役,军破国削,举国上中社会,大梦初觉,稍有知识者,多承认富强之策,虽圣人所不废。康、梁诸人,乘时进以变法之

[1] 张岱年:《中国文化概论》,北京师范大学出版社1994年版,第115页。
[2] 冯友兰:《三松堂学术文集》,北京大学出版社1984年版,第44页。

说，耸动国人，守旧党泥之，遂有戊戌之法。沉梦复酣，暗云满布，守旧之见，趋于极端，遂积成庚子之役。虽国几不国，而旧势力顿失凭依，新思想渐拓领土，遂由行政制度问题，一折而入政治根本问题。第五期在民国初元。甲午以还，新旧之所争论，康、梁之所提倡，皆不越行政制度良否问题之范围，而于政治根本问题去之尚远。当世所说为新奇者，其实至为肤浅；顽固党当国，并此肤浅者而亦抑之，遂激动一部分优秀国民，渐生政治根本问题之觉悟，进而为民主共和、君主立宪之讨论。辛亥之役，共和告成，昔日仇视新政之君臣，欲求高坐庙堂从容变法而不可得矣。第六期则今兹之战役也。三年以来，吾人于共和国体之下，备受专制政治之痛苦。自经此次之实验，国中贤者，宝爱共和之心，因此勃发；厌弃专制之心，因以明确。……然自今以往，共和国体果能巩固无虞乎？立宪政治果能施行无阻乎？以予观之，此等政治根本解决问题，犹待吾人最后之觉悟。此谓之第七期民国宪法实行时代。”[1]陈独秀把这7期文化现象加以综述，也勾勒出了文化夹缝的构成现象。西洋的科学、哲学、艺术、民主等对统治者冲击很大。徐光启等科学家努力将中国文化和西方文化进行会通，使晚明的数学与天文学等面目为之一新。清初，多尔衮、顺治、康熙等都对西方科学技术心醉而不盲目崇拜，求“补数千年之缺略”。而到了乾隆年间，形成了抱残守缺、夜郎自大、故步自封的思想和做法。乾隆在给英王的敕书中声称天朝“无所不有”，“从不贵奇妙”。乾隆时代的著名学者俞正燮荒谬地认为，西方科学技术不过是“鬼工”而已，把“翻夷书、刺夷情”说成是“坐以通番”。[2] 在这7期文化现象时期中，一方面西方文化进入，使国人耳目一新，西方文化传播者形成了夹缝的一方；一方面是有人赞成，而又有人反对，反对西方文化的是那些所谓的学者和统治者，形成了夹缝的另一方。处在夹缝中间的往往是那些想学而又不能学西方科学技术的士大夫们。

中国文化向外输出构成文化夹缝。文化的输出和输入一般都是双向的。外国文化在向中国输入的同时，中国文化也会向外国传输。中国四大发明之一的火药，以蒙古军和阿拉伯人的战争为中介，传入阿拉伯，再传入

[1] 陈独秀：《吾人最后之觉悟》，《青年杂志》1916年第1卷第6号。
[2] 参见张岱年：《中国文化概论》，北京师范大学出版社1994年版，第126页。

欧洲。中国印刷术也经由蒙古统治下的波斯以及突厥统治下的埃及传入欧洲。马克思说:“火药、指南针、印刷术——这是预告资产阶级社会到来的三大发明。火药把骑士阶层炸得粉碎,指南针打开了世界市场并建立了殖民地,而印刷术则变成新教工具,总的来说变成科学复兴的手段,变成对精神发展创造必要前提的最强大的杠杆。”[1]中国历法、数学、瓷器、茶、丝绸、绘画、算盘也通过不同途径向世界各地传播。中国较为先进的科学技术以及文化向世界传播,同样会构成文化夹缝。例如:18世纪早期的自然神论者马修·廷德在《自创世以来就有的基督教》中,把孔丘和耶稣、圣保罗相提并论,并说“中国孔子的话,比较合理”。英国的著名哲学家休谟说:“孔子的门徒,是天地间最纯正的自然神论的学徒。”这便构成了信仰的夹缝。信天主教的人自然信耶稣,有人说孔子的话比耶稣的话合理,是对耶稣的轻视或否定,因此构成了夹缝。构成夹缝的一方是信耶稣的人,构成夹缝的另一方是英国的部分学者和哲学家,而处在夹缝中是那些准备确立信仰的人。

三、中国近代新文化构成的夹缝

中国近代文化的发展与世界其他国家比起来,尤其是与欧美相比要迟缓许多。这种迟缓有中国人自身的原因,即“天朝大国”,万物不缺的文化观念造成的;还有一个原因是中国传统文化经过几千年的发展和积淀,有了自己的一个形态,这种形态是一种封闭的、成熟的、稳定的封建文化形式,这种形式影响了中国文化与世界文化的同步发展,造成了文化发展落后的局面。

(一)中国近代的被文化夹缝

中国几千年文明总以“老大”自居,结果是夜郎自大,神话破灭,发现自

[1] 《马克思恩格斯文集》第八卷,人民出版社2009年版,第338页。

已比世界落后了许多,处在先进世界文化夹缝之中,被迫接受西方先进文化。

1. 西方先进文化与中国传统文化夹缝

分析中国古今文化夹缝,很多方面与世界文化难以分割,因为中国传统文化与世界文化有着紧密的联系。中国古今文化与世界文化是在互动中进步的,是在夹缝中发展的。中国古代文化向近代文化转化,经历了近百年的时间,主要是在外因作用下完成的。许多西方学者认为,以儒学为核心的中国传统文化是一个内部缺乏活力的惰性体系,没有西方文化这个外力的撞击,不可能向近代转变。当然,这种撞击也构成了文化夹缝。

中国统治者在接受西方文化时构成夹缝。欧洲封建制度解体是与文艺复兴同时进行的。文艺复兴以理性、人文主义以及科学思想对教会文化形成了前所未有的冲击,形成了"人类从来没有经历过的最伟大的、进步的变革"[1],奠定了资产阶级文化发展的基础。中国没有产生这样的运动,中国近代文化是在西方入侵情况下被迫接受了西方文化而产生的。这种新文化变化的过程中国统治者是不愿意接受的,他们采取两种方式加以防卫。一是把西方的科学技术视为"奇技淫巧"加以批判。同治时大学士倭仁在一份反对开设同文馆的奏疏中说:"立国之道,尚礼义不尚权谋。根本之途,在人心不在技艺。"[2]康熙听说徐光启引进了西方火器,经改造研制成威力更大的"佛朗机统"的红夷大炮,便讥笑说:"夫火器孰有多于吴三桂者乎,因其所行悖逆,即致灭亡,观此,则火器之不足可知矣。"[3]到了鸦片战争时,明明看到大刀长矛不敌列强的枪炮,还自我安慰说:"彼以巧胜我",而我应抱"拙"应变,"拙可以制巧,以大拙制大巧"。[4] "一个人口几乎占人类三分之一的大帝国,不顾时势,安于现状,人为地隔绝于世并因此竭力以天朝尽善尽美的幻想自欺。这样一个帝国注定最后要在一场殊死的决斗中被打垮"。[5] 二是总

[1] 《马克思恩格斯选集》第四卷,人民出版社 1995 年版,第 261—262 页。

[2] 转引自宋开之:《中外文化概论》,河海大学出版社 1999 年版,第 335 页。

[3] 《清圣祖实录》卷 104,参见宋开之《中外文化概论》,河海大学出版社 1999 年版,第 335 页。

[4] 宋开之:《中外文化概论》,河海大学出版社 1999 年版,第 335 页。

[5] 《马克思恩格斯选集》第一卷,人民出版社 1995 年版,第 716 页。

是以“西学东源”说的“精神胜利法”寻求心理安慰,而达到“帝国”的满足。“西学之擅长者,亦精于天算格致。其学固中国所有,而尤得其统宗。”[1]已故美国学者费正清评价说:“要理解中国的衰落,就必须懂得中国早先取得的成就,因为这种成就之大,竟使中国的领袖人物对于灾难的降临毫无准备。”[2]在这个夹缝中,夹缝的一边是西方的先进文化、科学技术,由代表人物向中国传输;一边是中国的开明知识分子,向西方学习,极力推进。处在夹缝中是中国最高统治者,却以“天朝大国”而沾沾自喜,不学新技术、新文化、新知识,成为悲惨的夹缝人。

西学东渐在民间容易构成夹缝。由于上层的保守自大,士大夫们添油加醋地帮助皇帝自吹自擂以满足皇帝心理,民间对西学和外族也有着一种“敌视”的心理,从而构成夹缝。例如1865年暮春时节,一碧眼赤须的美国传教士狄考文来华传教。一天,狄考文见一算命先生在口若悬河般地为民众占卜,狄考文便说这是迷信,算命是骗人的,应该信基督教,结果算命先生与狄考文发生了争执,狄考文依仗有手枪,也不退让,那算命先生一时气急,拿起长矛就刺,狄考文闪过长矛拔出手枪鸣枪“示卫”,结果那算命先生和算命的人以及围观者吓得四处逃散。在这个夹缝中,构成夹缝的一方是狄考文,他让人们信教;构成夹缝的另一方是算命先生,他让人信迷信,信命;处在夹缝中的夹缝人是那个算命的人和围观者。

2. 中国文化走向近代在物质层面和制度层面的夹缝

中国文化从传统走向近代乃至现代的历程,是与中国的政治、经济变化紧密相连的,尤其是中国通过物质层面的认识,进入了变更制度层面这个“根本”,寻求中国文化进步的健康之路。这条文化进步之路是在坚船利炮的轰击下,清朝帝位岌岌可危之时被逼出来的。尤其当那个飞扬跋扈,不可一世的慈禧太后落荒而逃,北京被异国之士占领之后,一些士大夫们再也不知怎么自我安慰时,那些与时俱进的知识分子们便沿中国文化传统之路走向了文化近代之路。当然,这些举措又构成了新的文化夹缝。

物质层面文化进步的夹缝。中国文化的现代化应该是从19世纪40年代林

---

[1] 屠守仁:《屠光禄疏稿》卷4,载《奏陈变通书院章程疏》。

[2] 费正清:《剑桥中国晚清史》上卷,第9页;参见宋开之《中外文化概论》,河海大学出版社1999年版,第336页。

则徐主持编译的《四洲志》和魏源提出“师夷长技”的时候开始的，到了19世纪60年代，清政府在无奈之中，搞了洋务运动，并提出了“中学为体，西学为用”。师夷长技之“技”，是指西方近代的自然科学和工艺技术。西方的自然科学和工艺技术产生于15世纪后半叶的欧洲，是资产阶级和资本主义进步的根本动力。洋务派正是利用西方的科技思想、科学技术来弥补中国传统文化之不足。19世纪60年代至90年代，中国兴办了一批近代军事工业和民用工业，同时大量引进西方科学技术知识。据梁启超的《西学书目表》中统计，到1895年，共翻译西学书籍354种（不含宗教书籍），其中有数学、物理、化学、天文、生物、医学；技术书籍有兵工、造船、铁路、化工、矿山、冶金、纺织、印刷等等。这些西方书籍以及引进的西方技术，让国人开了眼界，也冲击了儒家文化的价值取向、思维习惯，形成了文化夹缝。构成物质层面文化进步夹缝的一方是西方的科学技术人才和传播者，他们向中国人传播先进科学理念和科学知识，传授先进技术；构成夹缝另一方的是那些坚持儒家传统文化价值取向和思维习惯的士大夫们，坚持不信科学，也不让人们去相信科学，而相信儒家的传统文化价值。处在夹缝中的既有清政府构成者的上层，也有一些不明事理的士大夫们。

制度层面的文化发展的夹缝。中国文化的发展由学习“西技”开始，到学习“西政”而进入文化的实质。所谓西政就是学习西方的议会制度。“从中国近代新文化在本质上是资产阶级文化这个意义上说，甲午战争后，由资产阶级维新派担任主角的启蒙运动，才是真正有近代意义的新文化运动。”[1]维新派主张在中国实行君主立宪制度，提倡民权，批判封建专制主义，在行动上他们办报纸、立学会、创办新式学堂。资产阶级维新派的领袖是康有为和梁启超，严复是重要的启蒙思想家。严复在英国留过学，大力宣传西方的政治学说，于1898年翻译出版了《天演论》，对中国文化思想界影响很大。康有为说：“若夫泰西立国之有本末，重学校，讲保民、养民、教民之道，（设）议院以通下情，君不甚贵，民不甚贱，制器利用以前民，皆与吾经义相合，故其致强也有由。吾兵、农、学校皆不修，民生无保、养、教之道，上下不通、贵贱隔绝者，皆与我经义相反，故宜其弱也。”康、梁所创造的“托古改制，儒表西里，不中不西，即中即西”，只好借着古代文化的旧形式来表达新思想，但也得不到当时垂帘

［1］　张岱年：《中国文化概论》，北京师范大学出版社1994年版，第437页。

听政的慈禧的同意,被后来人称之为"百日维新"。1898 年(农历戊戌年),康有为为首的改良派通过光绪皇帝进行资产阶级政治改革,学习西方,提倡科学文化,改革政治、教育制度、发展农、工、商业等。九月,慈禧发动政变,光绪被囚,维新派康有为、梁启超逃往法国和日本,谭嗣同等 6 人被杀害。在这个夹缝中,构成夹缝的是慈禧为一方,改良派为另一方,光绪和改良派的中坚者是制度文化进步的夹缝人。

(二)五四运动时期的文化夹缝

辛亥革命之后,封建君主退出了中国几千年封建统治的历史舞台,中国建立了资产阶级民主共和国——中华民国。这一场制度革命胜利之后,有过两次复辟(袁世凯、张勋),均没有成功,说明文化进步的必然性。

1. 民族文化、科学文化、大众文化构成的夹缝

民族文化、科学文化、大众文化的革命和进步,首先是人们的观念的进步。陈独秀、李大钊等文化先驱们所掀起的以改造国民性为主要内容的新文化运动,正是为了解决人们的思想观念的问题。

观念的改变容易构成夹缝。新文化运动的发起者认为,"国民性的改造归根结底是革除旧的价值观念和道德观念"。当时最著名的口号就是:个性主义、科学、民主。个性主义也被称作个人主义,个人主义在中国最早传播的含义绝不是后来所讲的一切以个人利益为出发点的自私、狭隘的意思,而是让在封建主义压迫几千年的中国人追求个性觉醒、个性解放以及人格的独立,用新文化运动,唤醒"国民之自觉",当时喊出"打倒孔家店"的口号,就是为了让人们砍断樊篱,走入"国民之自觉"。所谓"国民之自觉",即让国人在生产、生活的社会活动中"完成其自主、自由之人格之谓也"[1]。在鼓动人们追求个性解放的同时,"科学"和"民主"也在人们的头脑中激荡。个性解放同民主是一个内涵的两种表述,个性解放的表现最高形式就是民主,而民主也是最大限度地保障人们的自由。先驱们认为:"科学与民主能够使国家富强,而只有改变专制制度才能保证民主的实行和科学的发展,因此首要任务是改变社会制

---

[1] 陈独秀:《敬告青年》,《独秀文存》第 1 卷,第 3 页;参见张岱年《中国文化概论》,北京师范大学出版社 1994 年版,第 441 页。

度。”[1]这种观念是最科学的也是最现实的观念。在如今的社会文化建设中，往往是制度或是专制使得民主变种或黯然失色。在当时的新文化运动中，新文化先驱们鼓动人们个性解放，追求科学民主，形成了夹缝的一方；而站在新文化对立面的是守旧派或者改良派，只赞成“小改小修”，认为好的传统必须坚守，让人们仍坚持旧的道德标准，形成了夹缝的另一方。处在夹缝中的是那些有些觉醒但没有完全觉醒的民众。

民族的科学的大众的文化的夹缝。民族的、科学的、大众的文化是当时最为先进的文化概念，也是新文化建设的方向。鲁迅说我们的文学应该是“民族革命战争的大众文学”[2]。张申府说：“这个新启蒙运动应该不只是大众的，还应该带有些民族性。”[3]真正对新文化做了全面论述的还是毛泽东。毛泽东说：“民族的科学的大众的文化，就是人民大众反帝反封建的文化，就是新民主主义的文化，就是中华民族的新文化。”[4]“这种新民主主义的文化是民族的。它是反对帝国主义压迫，主张中华民族的尊严和独立的。它是我们这个民族的，带有我们民族的特性。”[5]“这种新民主主义的文化是科学的。它是反对一切封建思想和迷信思想，主张实事求是，主张客观真理，主张理论和实践一致的。”[6]“这种新民主主义的文化是大众的，因而即是民主的。它应为全民族中百分之九十以上的工农劳苦民众服务，并逐渐成为他们的文化。”[7]在人们的极力倡导民族的科学的大众的新文化运动的同时，胡适等资产阶级民主主义者倡导资产阶级文化，这便构成了文化发展的夹缝。先进文化的代表者，要求民众相信和学习并力行民族的科学的大众的新文化，形成了夹缝的一方；资产阶级民主主义者要求民众相信和学习并力行资产阶级文化，形成了夹缝的另一方；处在夹缝的是广大民众。

---

[1] 张岱年：《中国文化概论》，北京师范大学出版社 1994 年版，第 441 页。

[2] 鲁迅：《论现在我们的文学运动》，《且介亭杂文末编》，人民大学出版社 1973 年版，第 101 页。

[3] 张申府：《五四运动与新启蒙运动》，《读书月报》1937 年第 2 号。

[4] 《毛泽东选集》第二卷，人民出版社 1991 年版，第 708—709 页。

[5] 同上书，第 706 页。

[6] 同上书，第 707 页。

[7] 同上书，第 708 页。

2. 近代文化争论构成的夹缝

中国由封建的传统文化转向近现代文化中波波折折,反反复复。辛亥革命失败之后,原来的革新派如康有为等,对中国的革命有怀疑;大清的遗老们同样有怀疑,并且借机打击和报复一切的变革和维新。但经过辛亥革命之后,国人已认识了西学、理解了西学,并且极力学习和推行西学。陈独秀当时说:"三年以来,吾人于共和国体之下,备受专制政治之痛苦。……然自今以往,共和国体果能巩固无虞乎?立宪政治果能施行无阻乎?以予观之,此等政治根本解决问题,犹待吾人最后之觉悟。"[1]直至今日,许多人对"民主"的理解和实行远远没有达到先人所希望的觉悟程度,正是因为觉悟不够,才让专制保持不应有的市场。在这种复辟与反复辟的争斗中,文化界同样有"中体西用"、"本位文化"、"全盘西化"的争论,由此而构成了不同的夹缝。

中体西用构成的文化夹缝。所谓中体西用是"中学为体,西学为用"的缩略语。这里的"体"指根本;"用"指措施。"中学"指以三纲五常为核心的儒家学说,"西学"指近代传入中国的自然科学以及商务、教育、外贸、万国公法等社会科学。1861年(清咸丰十一年)冯桂芬在《校邠庐抗议》中说:"以中国之伦常名教为原本,辅以诸国富强之术。"[2]1895年(光绪二十一年)4月南溪赘叟在《万国公报》上发表《救时策》一文,第一次明确表述了"中学为体,西学为用"的概念。"中体西用"论是非常有限的,"中体"不进步,"西用"也就无所附焉。当文化近代化要求制度变革时,"中体西用"就是要维护"制度"这个体,文化就无法继续前行了。戊戌维新时,"中体西用"受到了批评。"中体西用"本身就是一个夹缝,既有中体,又要西用,让改革者无所适从。就"中体西用"的文化改革来说,"中体"是统治者欢迎的,而"中体"不改,则"西用"无处用。构成夹缝的一方是"中体"的统治者,要求按"祖宗"的道理办;构成夹缝的另一方是要彻底的"西用"者,彻底西用影响到"中体"的根基,夹缝便形成了。处在夹缝中的是那些推进社会文化进步的士大夫,在关键时不知保"中体",还是保"西用"了。

中国本位文化夹缝。"中国本位文化"论是1935年1月由王新命等十位

[1] 陈独秀:《吾人最后之觉悟》,《青年杂志》1916年第1卷第6号。
[2] 冯桂芬:《校邠庐抗议·采西学议》,上海书店出版社2002年版,第57页。

教授提出的。“中国本位文化”的核心观点是:“此时此地的需要,就是中国本位的基础。”“把过去的一切,加以检讨,存其所当存,去其所当去”;“吸收欧、美的文化是必要而应该的,但当吸收其所当吸收,……吸收的标准,当决定于现代中国的需要!”[1]本位文化派认为,现在西方世界有三套文化,即英美的资本主义、新的国家主义和苏俄的共产主义,而这三者均不符合中国国情,中国需要“第四套文化”。[2] 至于什么是“第四套文化”,陈立夫说:“‘将我国固有之道性智能从根救起,对西方发明之物质科学迎头赶上’二语,实足为中国本位文化建设之方针也。”[3]这种提法和这个方针,既不像“中体西用”,也不是“全盘西化”,更不是民主主义。“中国本位文化”不能确定中国社会需要怎样的文化,怎样的文化才能救中国,他们所讲的“此时此地”的需要,是需要文化为“此时此地”统治服务,只是为满足当时的国民党文化专制需要罢了。在这个文化夹缝中,夹缝的一方是“御用文人”们根据“此时此地的需要”而确定应用的文化;夹缝的另一方则是“全盘西化”的理论家,他们“反对此时此地的需要”和“中体西用”文化。处在夹缝中的是民众以及部分先进文化、民主主义文化的代表者。

全盘西化构成的文化夹缝。“全盘西化”一词最早出自胡适之口。1929年胡适首次使用“全盘西化”这个词来表达他的文化观点。胡适回忆说:“那一年(1929)《中国基督教年鉴》(Christian Year Book)请我作一篇文字,我的题目是《中国今日的文化冲突》,我指出中国人对于这个问题,曾有三派的主张:一是抵抗西洋文化,二是选择折中,三是充分西化。我说,抗拒西方在今日已成过去,没有人主张了。但所谓‘选择折中’的议论,看去非常有理,其实骨子里只是一种变相的保守论。所以我主张全盘的西化,一心一意走上世界化的路。”[4]为此,胡适受到了强烈的批评,因认识到“全盘”含有百分之一百意义,而百分之九十九还算不得“全盘”,所以他又重新声明:“为免除许多无谓

[1] 王新命等:《中国本位的文化建设宣言》,《文化建设》1935年第1卷第4期。

[2] 陶希圣:《对中国本位文化建设宣言的几点补充意见》,见马芳若编《中国文化建设讨论集》上编,龙文书店1935年版。

[3] 陈立夫:《文化与中国文化之建设》,《文化与社会》1935年第1卷第8期。

[4] 胡适:《充分世界化与全盘西化》,见金元浦《中国文化概论》,中国人民大学出版社2007年版,第453页。

的文字上或名词上的争论起见，与其说‘全盘西化’，不如说‘充分世界化’。‘充分’在数量上即是‘尽量’的意思，在精神上即是‘用全力’的意思。”[1]其实，胡适的“全盘西化”论的提出，主要是针对当时的“东方文化”论和“中国本位文化”等保守主义提出来的，在当时，具有反对封建复古主义、反对国民党文化专制主义的积极意义。同时，胡适还提出了“精神的文明必须建筑在物质的基础之上”[2]。回顾“全盘西化”提出的前后，我们看到胡适本人已处在了文化的夹缝之中。当“全盘西化”口号提出后，不少文人撰文评论。胡适自嘲说：“例如我此刻穿着长袍，踏着中国缎鞋子，用的是钢笔，写的是中国字，谈的是‘西化’，究竟我有‘全盘西化’的百分之几，本来可以不生问题。”[3]正是在文人们穷追胡适要求回答“全盘西化”他自己有百分之几的问题时，胡适调侃似地作出上面的回答，让人感到夹缝有时奥妙无穷。构成对胡适夹缝的一方是胡适批评的折中主义者和复古主义者；构成夹缝的另一方是赞成西化，但不是“全盘西化”的胡适的盟友。就“全盘西化”论而言，“全盘西化”论者处在了抵抗西洋文化的复古主义者和折中主义者构成的夹缝之中。

（三）新中国文化在文化夹缝中发展

在中华人民共和国成立前夕，毛泽东就提出了文化建设的任务：“中国人民解放战争和人民大革命，已经复兴了并正在复兴着伟大的中国人民的文化。”[4]1949年9月召开的中国人民政治协商会议通过的《共同纲领》规定：“中华人民共和国的文化教育为新民主主义的，即民族的、科学的、大众的文化教育。人民政府的文化教育工作，应以提高人民文化水平，培养国家建设人才，肃清封建的、买办的、法西斯主义的思想，发展为人民服务的思想为主要任务。”自此，中国人民的文化以普及小学教育为抓手，建立了符合中国实情的基础教育体系，走上了一条与其他国家不同的文化教育特殊道路。以提高全体人民的文化素质为目标，推动新中国文化建设，新中国的群众性文化事业有

---

[1] 胡适：《充分世界化与全盘西化》，见金元浦《中国文化概论》，中国人民大学出版社2007年版，第453页。

[2] 胡适：《我们对于西洋近代文明的态度》，《现代评论》1926年第4卷第3期。

[3] 同[1]，第453—454页。

[4] 《毛泽东选集》第四卷，人民出版社1991年版，第1516页。

了很大发展和前所未有的进步。“图书报刊发行量增加了数十倍，公共图书馆、博物馆、文化馆、艺术表演团体、电影放映场所等群众文化事业单位均成倍地增加，过去没有的作为现代大众传播媒介的电视已普及到千家万户。”“新中国组织专家学者校勘和标点了《二十四史》、《清史稿》、《资治通鉴》、《续资治通鉴》等许多重要古籍，《十三经》、《诸子集成》、大型类书《册府元龟》、《太平御览》等等均整理出版或重印。”[1]可以说新中国的文化建设进入了欣欣向荣的阶段。但是，由于新中国乃至之后的几十年中，听不得不同的声音，不认可其他类别的文化，形成了不同的文化夹缝，影响了文化的快速发展。

1. 从百花齐放到“红而又红”的文化夹缝

1956年，毛泽东提出了繁荣学术文化的“百花齐放，百家争鸣”的方针，大大地促进了文学、艺术、哲学、社会科学、自然科学、技术科学的发展和繁荣，同时，几亿人口的中国，建立了新的价值观，这是难能可贵的。“20世纪的后半叶，中国出现了历史上从来没有过的文化复兴和繁荣的时代。这一时代的特征首先在于文化事业从少数人掌握、为少数统治阶级服务转变为由多数人掌握、为全体劳动人民服务，因而极大地解放了文化所蕴含的精神生产力。”[2]但是，由于在“集权”的制度下，一旦有损害“集权”的文化现象，必然会受到“集权者”的批判和打击，这被后来有些学者称为“左”的干扰，实际原因是“集权”造成的。在所谓“左”的长期干扰下，文化夹缝便形成了。

快速的社会主义改造构成了夹缝。在社会主义文化建设中，又好又快的本身没有错，但只快不好却事与愿违。在加快社会主义改造中，恢复了高度的计划经济政策，社会主义改造，把一切都纳入了政府的计划之中，这在新中国成立初期是行之有效的，使第一个五年计划取得了巨大的成功。由于中国革命的力量主要是农民阶级，革命问题解决了，第一个五年计划实施得很好，治政者认为既然大字不识的农民完全可以解决革命和建设问题，知识分子便成为团结和改造的对象，而不是社会主义建设的主力军，这与欧美的社会进步和

[1] 张岱年:《中国文化概论》，北京师范大学出版社1994年版，第462页。
[2] 同上书，第463页。

变革都依赖于知识、科技的力量和遵守客观规律的方式不同，对中国的知识分子构成了文化知识的夹缝。构成夹缝的一方是决策者，他们经过几十年的战争，获得了胜利，并取得了经济建设的阶段性胜利，认为知识分子只有改造好才能有作为。构成夹缝的另一方则是那些农民阶级，他们有着极强的小农思想，把知识分子看作异类，最多只能做朋友而已。

血统论被作为阶级论坚持之后构成社会文化夹缝。"血统论"与"阶级论"是不同的概念。血统论是一种封建思想，主张祖先长辈的血统决定个人的前途命运和发展方向，典型代表就是封建的世袭制。阶级论主张人们在一定的社会经济结构中所处的地位不同而形成的社会集团影响着社会的发展方向。列宁说："所谓阶级，就是这样一些集团，由于它们在一定社会经济结构中所处的地位不同，其中一个集团能够占有另一个集团的劳动。"[1]一个阶级同另一个阶级在根本上是不平等的，同一个阶级内部，人们也处在不平等的地位上。中国共产党为了夺取政权，采取暴力行动是必要的，对一些阶级实行镇压也是必需的。毛泽东说："人民是什么？在中国，在现阶段，是工人阶级，农民阶级，城市小资产阶级和民族资产阶级。这些阶级在工人阶级和共产党的领导下，团结起来，组成自己的国家，选举自己的政府，向着帝国主义的走狗即地主阶级和官僚资产阶级以及代表这些阶级的国民党反动派及其帮凶们实行专政，实行独裁，压迫这些人，只许他们规规矩矩，不许他们乱说乱动。如果乱说乱动，立即取缔，予以制裁。"[2]在夺取政权时期和夺取政权之后的一定时期内，采取独裁的专政方式是必需的。过了十几年几十年之后，那些被专政的人们的孩子，也成为专政的对象，完全混同于"血统论"的说法，即把出自地主家庭，生在新中国成立后，一天"地主阶级"的日子都没有过过的孩子们也作为专政的对象对待，绝不是实事求是。正由于在相当时期内，中国下级政府把血统论混同了阶级论，构成了一种极少有的夹缝。构成夹缝一方的是下级政府的某些人员，混淆了血统论和阶级论；构成夹缝另一方的则是那些开明的有知识的人士，这些人士认为血统论不同于阶级论，处在夹缝中的是那些无辜的出生在新中国成立后的"地主阶

[1] 《列宁选集》第四卷，人民出版社1972年版，第10页。
[2] 《毛泽东选集》第四卷，人民出版社1991年版，第1475页。

级”的孩子们。

从百花齐放到左而又左的文化夹缝。新中国成立初期，文学一片繁荣，教育发展迅速，建设高质高效，这与“百花齐放”的宽松政策是分不开的。从新中国成立后到“文革”开始这一时期，出现了大量的优秀的文学作品。有周而复的《上海早晨》、梁斌的《红旗谱》，有《保卫延安》、《红日》、《林海雪原》、《青春之歌》、《红岩》、《小城春秋》、《铁道游击队》、《敌后武工队》、《平原游击队》、《谁是最可爱的人》、《创业史》等。这些作品从一个侧面证明了“百花齐放”带来的春意。但是，在这一时期，也出现了批判电影《武训传》以及对梁漱溟、胡适、胡风等人的学术批判运动，混淆了学术与政治的界限，构成了与“百花齐放”政策自相矛盾的十分奇特的夹缝。在这个夹缝中，一方面政府要求百花齐放，让文化之花更加灿烂，构成了夹缝的一方；一方面地方文化实权人物又对“花”加以“阶级斗争式”的挑剔，把学术文化无限上纲，实质上是让不利于“左”的花不能开放，构成夹缝的另一方。处在夹缝中的，是那些从旧社会走过来的文化人。

2. 从为人民服务到为人民币服务的夹缝

毛泽东说：“全心全意为人民服务，一刻也不脱离群众，一切从人民的利益出发，而不是从个人或小集团的利益出发。”[1]新中国成立后到“文化大革命”结束，为人民服务一直是中华民族的文化宗旨和追求的目标。可是，历史在前进，“文化大革命”使我们的经济发展受到了巨大的挫折。虽然“文化大革命”不会改变中国人民前进的步伐，但也确实延缓了经济发展的进步。1979年，邓小平提出：“经济工作是当前最大的政治，经济工作是压倒一切的政治问题。”[2]1980年11月16日，邓小平再次强调：“但是说到最后，还是要把经济建设当作中心。离开了经济建设这个核心，就有丧失物质基础的危险。其他一切任务都要服从这个中心，围绕这个中心，决不能干扰它，冲击它。过去二十多年，我们在这方面的教训太沉痛了。”[3]邓小平的“以经济建设为主心，经济工作是当前最大的政治”让不少人转不过弯来，也使不少人处在观望之中。这种转换，同样构成了夹缝。

---

[1] 《毛泽东选集》第三卷，人民出版社1991年版，第1094—1095页。

[2] 《邓小平文选》第二卷，人民出版社1994年版，第194页。

[3] 同上书，第250页。

“先富起来”的夹缝。邓小平在1978年首次提出：“在经济政策上，我认为要允许一部分地区、一部分企业、一部分工人农民，由于辛勤努力成绩大而收入先多一些，生活先好起来。一部分人生活先好起来，就必然产生极大的示范力量，影响左邻右舍，带动其他地区、其他单位的人们向他们学习。这样，就会使整个国民经济不断地波浪式地向前发展，使全国各族人民都能比较快地富裕起来。”[1] 1992年邓小平又说：“一部分地区有条件先发展起来，一部分地区发展慢点，先发展起来的地区带动后发展的地区，最终达到共同富裕。如果富的愈来愈富，穷的愈来愈穷，两极分化就会产生，而社会主义制度就应该而且能够避免两极分化。”[2]邓小平曾有过担心：“社会主义目的就是要全国人民共同富裕，不是两极分化。如果我们的政策导致两极分化，我们就失败了；如果产生了什么新的资产阶级，那我们就真是走了邪路了。”[3]从邓小平“先富”理论来看，“先富”理论的核心是“共富”，“先富”的条件是“辛勤努力成绩大”，“先富”如果不是通过“辛勤努力成绩大”而富，那绝对不是“正富”，“先富”的结果如果不是“共富”那便是“邪富”。我们也必须看到，在一个地区乃至一个国家中，富是有先后和有差距的，共同富裕绝对不是“齐步走”式的富。“先富起来”理论经过三十多年的实践，已出现了一部分人“暴富”，一部分仍在贫困线上。由此，“先富起来”理论构成了新的夹缝。构成夹缝的一方是实践先富起来理论的那一部分人，有些人通过“辛勤努力成绩大”而先富起来，有些人通过其他途径也先富起来了，从而拥护“先富起来”；构成夹缝的另一方是至今还未富起来、虽然辛勤努力而成绩小的那一部分人和部分理论人员，认为社会主义目的是“共同富裕”，从而要求实现共同富裕。处在夹缝中的是“先富理论”的推行者。

---

[1] 《邓小平文选》第二卷，人民出版社1994年版，第152页。

[2] 《邓小平文选》第三卷，人民出版社1993年版，第374页。

[3] 同上书，第110—111页。

第四章　中国民俗文化夹缝

每个民族都有自己的民俗，而民俗又是一种长期积淀下来的文化现象。马克思说："人们自己创造自己的历史，但是他们并不是随心所欲地创造，并不是在他们自己选定的条件下创造，而是在直接碰到的、既定的、从过去继承下来的条件下创造。"[1]民俗正是人们在从过去继承下来的条件上约定而成为的一种习惯。人们活动的区域不同，风俗习惯就不同。而"人的活动范围一直取决于它的技术水平。在人类处于食物采集阶段时，人类各群体的活动范围仅限于它的狩猎场所；当人类学会农业、冶金术和造船技术时，人类的活动范围扩大了；到了古典时代，技术有了进一步发展，使农业和文明的扩展大大超越过去，因而，有了地区性的帝国，这些帝国继续扩大自己的疆域，彼此邻接起来，横贯欧亚大陆。"[2]地区性的大国会形成一定的风俗习惯，明显地与其他民族的风俗习惯相区别，对外对内都构成了夹缝。

一、中国民俗文化夹缝具有很强的生命力

"民俗是群体的生活文化，包含着人们相处、互动以及相互理解的最基本的文化指令，包含着人生最基本的行为方式。"[3]"人民生活在民俗当中，就

[1]　《马克思恩格斯选集》第一卷，人民出版社 1995 年版，第 585 页。

[2]　[美]斯塔夫里阿诺斯：《全球通史——1500 年以前的世界》，吴象婴等译，上海社会科学出版社 1999 年版，第 121 页。

[3]　高丙中：《中国民俗概论》，北京大学出版社 2009 年版，第 1 页。

像鱼类生活在水里一样。"[1] 民俗是不同民族珍贵的不可替代的文化资源，正像鱼儿离不开水，有时人们离不开自己的民俗，再加上近年来联合国教科文组织发起的人类非物质文化遗产保护运动，民俗的保护和发展已摆到了重要的位置，这正是民俗文化生命力的体现，为此也构成了不同的民俗文化夹缝。在中国，把春节、元宵节、清明节、端午节、中秋节、重阳节等节日列入国家非物质文化遗产保护名录，并把主要的传统节日恢复为法定假日等等，已彰显对民俗的重视。

（一）民俗语言夹缝

语言与民俗都是人类社会的原生文化形态，语言又是民俗的一面镜子，通过一个民族的语言，可以透视该民族的社会习俗以及社会基本生存状态。同样，不同的民族语言会构成不同的民俗语言夹缝。

1. 汉字民俗夹缝

汉字是古老的而又是世界上较为通行的几种文字之一。世界上曾经有过几种古老的文字，一是苏美尔人的楔形文字，又叫钉头文字，产生于公元前3000年左右，到公元前4世纪停止使用，存在3000年左右；二是古埃及的象形文字，产生于公元前2100年，到公元前5世纪停止使用，存在1600多年；三是汉字，至今已有5000多年的历史，而且继续使用，是"古文字化石"。"汉字，它就像一个精灵，无时无刻不在制约、影响着中国的文化结构和审美观念，它是中国文化系统的发展轨迹所以具有特别的独立性和稳定性的一个重要因素。"[2] 正是这个精灵，在人们的使用中，形成了不同的夹缝。

造字夹缝。中华古人造字，有着几种崇拜，像自然天体崇拜、生殖崇拜、民族性别崇拜等。这些崇拜，既反映出造字者的习俗，也反映了造字者的心理状态。后人在研究汉字时，往往对有些汉字望形生义，对古人造字构成一些夹缝。古今争议最大的有这样几个字：射、矮、重、出等。构成造字夹缝的一方认为，"射"应是矮字，"寸身"为矮；"矮"字应是射字，"委矢"为射；重字"千里"，应该是远字；出为"两山"，两山应为重字。这些理解被许多文化人作为"学

---

[1] 钟敬文：《新的驿程》，中国民间文艺出版社1987年版，第444页。

[2] 肖建华：《民俗语言初探》，中国社会出版社2010年版，第6页。

问”而进行宣讲，认为古人造错了字，应该恢复原意。构成造字夹缝的另一方认为：射、矮、重、出均没有错。射：身在甲骨文中为一张弓的形状，寸是手，寸原为穴位名，距离手腕为一寸，后以寸指手，以手拉弓，当然是射。矮：委为一种禾本植物，矢为箭，一箭高的植物，算是矮的。重：是一种禾本植物，穗大而重。出：在甲骨文中，出为一只脚在洞口，脚趾向外，会意出门。他们认为这些字没有造错，是正确的字。当然，许多人并不把这两种意见当事儿，但的确有些人把这些“错字”当事儿，“当事儿”的人便处在这种造字夹缝之中了。

汉字命名容易构成夹缝。汉文化的博大精深，从中国人的名字上就可以略见一斑。有人认为：“姓名，传承人的情、意、志；姓名，蕴含人的精、气、神；姓名，传达天地玄机。”“姓名不仅是代表一个人的符号，而且也关系着人一生的福禄寿喜。”[1]汉字的特点形成了中国特有的姓氏文化，古人有名有字，而且还有乳名（小名）。孔颖达为《礼记·檀弓》的“幼名，冠字”作注讲：“生若无名，不可分别，故始三月而加名，故云幼名也。冠字者，人年二十，有为人父之道，朋友等类不可复呼其名，故冠而加字。”男子二十岁成人举行冠礼时取字，女子十五岁许嫁举行笄礼时取字。中华人民共和国成立后，取名多，取字已很少。其实，从古到今，中国人十分重视取名字，过去有族长、师长帮助取名，而今有取名公司和网络帮助起名字，人们都选取一些吉祥的字作为子女或自己的名字。古时有公、翁、卿、君、侯等字多用；而今有德、才、健康、俊美、生、富、稳、平、事业有成、自强自立、功成名就等。名字中自古至今是有禁字的，如王八、桧、龟、死、尸、屎等。另外名字还因男女有别。曾有一位夫人为丈夫的名字写了一篇《命名说》，那就是萧道安，其丈夫是现代诗学大家陈衍。《命名说》讲：“君名衍，喜谈天，似邹衍；好饮酒，似公孙衍；无宦情，恶铜臭，似王衍；无妾媵，似崔衍；喜《汉书》，似杜衍；能作俚词，似蜀王衍；喜篆刻，似吾邱衍；喜《通鉴》，似严衍；喜古今《尚书》、《墨子》，似孙星衍；特未知其与元祐党人碑中之宦者陈衍，何所似耳？请摹其字以为名刺何如？”名字的另外避忌处即晚辈不能呼长辈名字或相同音的字。民间有一个三国时期流传至今的故事非常有意思，说有三个好朋友，张九、李九、王九，经常一块饮酒玩乐。王九家新

[1] 肖建华：《民俗语言初探》，中国社会出版社2010年版，第12页。

娶了儿媳妇,很懂名字忌讳,从不在公公面前说"九"字包括相同音的字,张九、李九两人不信。那天正是九月九日重阳节,张九、李九一人手中拿着一把韭菜,一人拎着一瓶酒,来找王九喝酒,正巧开门的正是那聪明的儿媳妇。张九、李九请那儿媳妇通报一声,儿媳妇略作思考进门对公公说:"张三三,李四五,一个拿着连盅数,一个拿着镰刀数(韭菜是用镰刀割下来的),今天正是重阳节,请俺爹爹(山东称父亲为爹,称爷爷为老爹)喝几壶(古人倒酒用酒壶温酒)。"这个儿媳妇倒是把"九"字以及与"九"字的同音字全部用其他字代替了。这个故事讲的是名字忌讳夹缝,构成夹缝的一方是张九和李九,希望新媳妇把"九"字说出来;构成夹缝的另一方的是新媳妇的公公,希望儿媳妇避开"九"这个字,晚辈不能直呼长辈的名字。处在夹缝中的倒是那新媳妇了。

2. 语音民俗夹缝

用音节反映事物,是一种文化现象,没有必然的联系,纯为古人偶然所为。在原始社会里,人们对事物的由来不清楚,总认为有"天"或"上帝"主宰世界,人们因此对语音有了崇拜,也有了忌讳。人们在生活中喜欢某些事物,就对语言系统中反映这些事物的音节有所偏爱;如果讨厌某些事物,就对反映这些事物的音节缺乏好感。

语音崇拜容易构成夹缝。语音崇拜表现最为典型的是人们创造了吉祥图。吉祥图是中国人巧妙地利用与字同音的情形,将美好的词句可视地展现出来。谐音的图像分两种:一种为一个图像与一两个字的谐音,如鸡的形象与"吉"字同音,"吉利";蝙蝠的形象与"福"字同音,石榴形象是"多子"的含义等,既取音,又取意。另一种为两三个形象的组合与一句成语的谐音,如一匹马、一只蜜蜂和一只猴子的组合与成语"马上封侯"谐音;一只喜鹊和一株梅树组合与成语"喜上眉梢"谐音;莲花和金鱼的组合与成语"连年有余"谐音等。另外,在年画中有"童子莲花",莲谐连,其花果同长,配童子,寓意早生贵子;"金鱼"图,鱼谐余,年年有余,金鱼又谐音金玉;"鸡"图,寓意吉利;"荷花鸳鸯"图,荷谐和,和合,美满幸福,鸳鸯为同心鸟等,这些在年画中十分常见,主要借物谐音以给他人或自己以美好的祝福。正如电视剧《宰相刘罗锅》中,刘墉进贡的礼品是装满一个木桶的状如山峰的生姜,取谐音"一统江山",讨好皇帝;而2008年北京奥运会吉祥物——5个福娃的名字贝贝、晶晶、欢欢、迎迎、妮妮在连读时，构成了“北京欢迎你”的欢迎词，体现了中国传统语言文化谐音双关的含意。改革开放后，“8”字从南方传到北方，“8”在广东语中与“发”字音相谐音，因此，全国“8”为贵，电话号码、手机号码、汽车牌号、住房门牌号等都选与“8”相关的号码。这种民俗的力量是巨大的，不用哪一个部门号召，也不需要动员，“8”字成了全国抢手的吉利号。当然，也有不选“8”字的人，往往会处在语音崇拜的夹缝之中。

语音避忌容易构成夹缝。所谓语音避忌就是指人们对夭折、贫贱、丑恶等的忌讳。弗洛伊德在《图腾与禁忌》中说：“随着文化形态的改变，禁忌形成一种有它自己基础的力量；同时，也慢慢地远离了魔鬼迷信而独立，它逐渐发展成为一种习惯、传统而变成了法律。”在社会上，有些避忌是科学，比如雷雨时不在大树下避雨，这就是科学。而语音的避忌，多是一些唯心的想法以及想给自己留下美好的愿望。在台湾的医院里没有 4 号楼和 4 号病房，也没有 4 路公共汽车，车牌的尾数也没有“4”，因为“4”和死语音相近而避忌。在民间，由于人们怕“分离”，因此，人们就讳言“离”。由于水果“梨”与“离”谐音，“梨”这种水果在民俗中失宠了。送水果绝不能送梨，夫妻、朋友不可分吃同一个梨等，因为分吃梨就是谐音“分离”。稍不注意，人们就处在了谐音的夹缝之中了。有时候民俗文化中谐音挺有意思，同样的音，可以“谐”出不同的意思，使喜欢谐音的人一不小心就处在夹缝中了。例如 1992 年 9 月 18 日，开封市博物馆发生了一起特大盗窃案。破案后，人们才明白真相，原来那小偷一伙让“老大”选取日期，老大选取了“九一八”，认为“九一八”就是“久要发”。但也有同伙反对，说“九一八”是“就要发”，做坏事会被别人发现。但“老大”信“久要发”，认为这次盗窃不仅能够成功，而且定成大事，一生会发大财。偷窃过后不久这一伙人就被公安逮住了。这个夹缝挺有意思的。一部分人认为“9. 18”吉利，构成了夹缝的一方；一部分人认为“9. 18”不吉利，构成夹缝的另一方，结果是真的不吉利，“老大”被捕，而处在夹缝中的正是偷窃的决策者们自己。

3. 民俗文化词语夹缝

中华词语深邃而意远。像数字词语、色彩词语、方位词语、十二生肖词语，让人们感到复杂、有趣、精深。这些词语的运用，会使初学者或不小心者进入民俗文化词语的夹缝之中。

颜色词语容易构成夹缝。学者们研究了一百余种语言之后发现,每一种语言都有一定数量的颜色词,由于自然界是五颜六色的,颜色词正是应这些颜色而产生的。汉语中的颜色词相当多,而且蕴含着深厚的民族文化心态与感情色彩,并且有丰富的文化象征意义。中国在黄帝时期,选取单色崇拜;到了商、汤、周、秦时期,根据"阴阳五行"学说,采取了水、火、木、金、土分别对黑、赤、青、白、黄,从而形成了五色学说,并把黑、赤、青、白、黄视为正色。[1] 青白赤黑色分别代表东西南北四方,黄则被视为"中央之色"。班固《汉书·律历志上》说:"黄色,中之色,君之服也。"宋代王楙《野客丛书》卷8讲:"自唐高祖武德初,用隋制,天子常服黄袍,遂禁士庶不得服,而服黄有禁自此始。"在中国传统文化中,黄就是皇帝御用颜色,黄色成为尊贵颜色。18世纪之后,美国等国家多用黄色纸张印刷出版一些淫秽色情书刊,对中国影响很大,至此,黄色又有了贬义。中国当代常用"黄色"来代表色情、淫秽的东西。于是我们的语言中就有了"黄色书刊"、"黄色电影"、"扫黄打非"、黄源、黄碟、黄潮、黄毒、贩黄、造黄等。对于传统文化来讲,黄色是神圣、尊贵的颜色;对于现代文化来讲,黄色又是一种邪色,这往往会使那些观念转变跟不上的人处在夹缝之中。就"白"色而言,在语言使用上,有贬义的一面,像白丁、白搭、白费、白给、白食、白匪、白色恐怖等词,白有一种鄙弃的意义。在汉族习俗中,"白"又与人死亡之后的丧事有关。丧事可以说成"白事",孝子们则着白衣、白鞋、白帽等等。而同为中国的藏族,白色则是他们最美、最崇高的颜色,如给尊贵的客人送上洁白的哈达等。如果汉、藏族人一起遇到了丧事,必然会使不懂习俗的人处在夹缝之中。

方位词容易构成夹缝。汉语中的方位词有东、南、西、北、中、上、下、前、后、左、右等。就东、西、南、北而言,"东":从日在木中,《广韵》说"东,春之方也。""西"是日落之地,人们把它与黑暗、死亡联系起来。"南",是主掌生养的地方,《周易·说卦》说:"圣人南面而治天下。""北"是幽暗之地。《论衡·说日》说:"北方,阴也。"白居易的《效陶潜体诗》之十五说:"南巷有贵人,高盖驷马车。我问何所苦,四十垂白须?答曰君不知,位重多忧虞。北里有寒士,瓮牖绳为枢。出扶桑藜杖,入卧蜗牛庐。散贱无忧患,心安体亦舒。东邻有富

[1] 参见肖建华:《民俗语言初探》,中国社会出版社2010年版,第106页。

翁，藏货遍五都。东京收粟帛，西市鬻金珠。朝营暮算计，昼夜不安居。西舍有贫者，匹妇配匹夫。布裙行货春，短褐坐佣书。以此求口食，一饱欣有余。贫贱与富贵，高下虽有殊。忧乐与利害，彼此不相逾。"白居易讲的住所的东南西北，也正是人们对方位的理解与安排；而诗的主题讲的贫贱有贫贱的好处，富贵有富贵的害处，是一种劝世之说。在山东乡下，人们都有尊左尊东的习惯，像"左祖右庙"、"文左武右"、"男左女右"等，在请客时，一般尊贵的客人坐东边，坐左边。据说山东清代有一新女婿上门，岳父家一是为了客气，二是为了试探女婿的礼节知晓情况，在喝酒入座时，故意请女婿坐东、坐左；闺女反复用眼色示意丈夫不可"上坐"，可女婿不懂是听谁的好，刚走到上坐的位子上，被媳妇拉了出来。这是典型的方位习俗给人们构成的夹缝。

4. 方言、网络语言、夹花语言夹缝

人的接受能力是有限的，一个人不可能懂全部方言；同样，社会人不可能全部跟上网络步伐，很快地熟悉网络语言和如今的夹花语言。这些不同的语言现象，已经构成了夹缝。

方言容易构成语言夹缝。中国有56个民族，共有80种以上的语言，汉语言学家把汉语分为七大方言：北方方言、吴方言、客家方言、闽方言、粤方言、湘方言、豫方言。其中北方方言是现代民族共同语的基础方言，以北京话为代表，内部的一致性较强，在汉语各方言中它的分布地域最广，使用人口约占汉族人口的73%。改革开放之前，中国官方极力推行普通话；改革开放之后，各地为了保持特色，电台、电视台又都办了地方方言节目，形成了一股方言风，并且出现了遍地开花的景象。有些人大代表、政协委员呼吁，保护方言，甚至有的学校搞方言培训。方言在公共媒体从热播到受冷落已成为一面镜子。"方言类新闻节目在经历了初期的热播后，渐渐遇到瓶颈，收视率出现回落，不少节目也停办了。""方言是桥也是墙，过多的方言节目，也没有必要。用我们的行语说，这是一种'窄播化'。"[1]"桥"和"墙"已把方言在现实生活中的作用解释得非常清楚，对懂该方言的人来说方言是"桥"，对不懂该方言的人来说方言是"墙"。方言已对不懂方言的人构成了夹缝。有一个学者说，看一个城

[1]　董晨：《方言说新闻，只有乡音还不够》，《新华日报》2012年3月1日。

市大气不大气，包容不包容，就是要看城市居民是不是说普通话，一个城市不能把外地人用语言拒之门外。我们看一看方言夹缝实例。《新华日报》2012年2月28日报道："2月25日，'苏州方言培训中心'、'苏州市方言培训中心'、'苏州市职业大学方言教学研究中心'揭牌，同时，苏州'千名教师培训计划'正式启动。根据这个计划，苏州今后5年将在全市范围内对千名中小学教师与幼儿园教师进行方言培训。市语委办称，首批10名教师、32名学员将'利用一个学期'学习并训练苏州话。与教师'方言培训'同步的是，自今年起，苏州的一些中小学，将试点开放'学说苏州话'、'讲好苏州话'、'苏州话欣赏'等校本课程，城区的幼儿园也将在每日活动中安排10到20分钟时间'学说苏州话'，以期'激发青少年对苏州话和苏州文化的热爱'。"[1]此举一出，立即引发了不同的反响，一方认为应该这样做，另一方认为不应该这样做。而与学校教育不搭界的苏州一公司，发了一个通知："为了融洽同事间的沟通，禁止员工在上班时间用方言讨论公司事务，违反者公司将依据影响大小予以通报批评或者解除劳动合同！"[2]同为苏州，对"方言"有两种不同的态度和行动，这两种态度和行动构成了苏州方言夹缝，处在夹缝中是那些学生、员工以及有些语言学者。

网络语言容易构成夹缝。近年来的网络词语让人们眼花缭乱，应接不暇。你不常上网，不是网虫，就跟不上网络语言的变化。一日不上网，会成为网络词语的外行，这正说明网络词语变化之快。其中有些词语消亡了，有些新的词语诞生了，可谓日新月异。举一些较为典型的网络词语，便可略知一二。诸如：给力、囧、神马都是浮云、童鞋、你OUT了、织围脖、杯具、雷人、PK、我勒个去、鸭梨、织毛衣、羡慕嫉妒恨、有关部门、绿客、CC族、辣奢族、阿尔法女孩、华漂、丌型人才、BBS、菜鸟、大虾、楼主、灌水、椅子、沙发、顶、汗、倒、闪、匿鸟、粉丝、博客、微博、极客、驴友等，举不胜举。网络写手们并不满足现有的词语，不断地创新词，以求围观效应。有人戏称这些新词和使用新词的人是在进行网络时代的"文字狂欢"。但狂欢总有结束时，这些看上去让不懂的人懵懂的词，有人欢喜有人愁。郝铭鉴说："汉语的创造力在网络时代经历了一个逐步

[1] 吴红梅：《方言培训该不该走进中小学校》，《新华日报》2012年2月28日。
[2] 姚一鹤：《公司发禁令：说苏州方言要开除》，《扬子晚报》2012年5月17日。

上升的过程：网民一开始接触到有趣的语言现象，最初只是满足于'跟随'使用。后来就逐步参与创作。现在一个举国关注的新闻事件发生之后，网民会用各种语体来'造句'，给予这个事件不同解读，有的幽默、有的嘲讽、有的犀利。在中国的历史上，汉语的娱乐性应该从没有这样得到过强调和发扬。"[1]对此，也有不同的观点。严园园说："适当的幽默没有什么不可以，但不能一味追求颠覆，拒绝规范。毕竟，汉语数千年来以形意兼备、精致优美而著称，它不仅是一种表达工具，还是中华文化的瑰宝，是中华民族的文化基石。"[2]一方面，网民"网词"创新不止，不顾规范；一方面，专家、教师要求语言尽量规范，不赞成随意改变汉语词汇，这两者构成了夹缝。处在夹缝中是绝大多数的不常上网的民众，不懂"网词"，还有中小学生，既懂，又不太懂"网词"。

语言夹花容易构成夹缝。所谓语言夹花指中国某些人在文章、报告中汉语夹杂英语的现象，让读者哭笑不得。曾有学者对语言夹花做过批评："文章、报告中汉语夹杂英语的现象也屡见不鲜，也许有人觉得还是学问大，而我认为这恰恰是作者、报告人母语差的表现。"[3]首席执行官不用，用 CEO；中央商务区不用，用 CBD；世界贸易组织不用，用 WTO 等等，什么 GDP、MBA 让读者眼花缭乱，《一张 VIP 看两场动物秀》、《众多的 CEO 看好 CBD》等半英半中的标题，让读者感到无奈。还有一些商业化的科技企业、行业，故弄玄虚地插入外语单词或字母，把手机三代机，故意说成"3G"，造出了"选 3G 就选'沃'"这种半通半不通的语言。语言夹花，语言学者不赞成，成为了夹缝的一方；故弄玄虚的那些卖弄学问的人认为语言夹缝是创新，成为了夹缝的另一方；处在夹缝中的是普通读者，要想了解文章的意思，还必须了解夹花词语的意思，费时又费力，这种夹缝是完全可以避免的。

标签语言文化容易构成夹缝。所谓标签语言指给人或物体一种美好装饰式的语言，这种语言在改革开放之后已成为民俗语言的一种，是外国人所没有和不及的。诸如，高干、企业家、博士、博导、学者、艺术家、诗人、书法家、专家、作家、海归、首富、高富帅等，花样繁多的标签往自己或他人身上贴，贴标签实

[1] 孙丽萍：《语言角度围观"网络论战"》，《新华每日电讯》2012 年 2 月 11 日。

[2] 杨几：《汉语，我该如何爱你?》，《中国教育报》2012 年 4 月 14 日。

[3] 陈宝泉：《汉语要保卫，也要创新》，《中国教育报》2012 年 4 月 10 日。

质是在贴金。官员千方百计要为自己贴上作家、书法家、博士、客座教授的标签;商人削尖脑袋也要谋一个政协委员、人大代表、杰出企业家、慈善家的标签;刚刚求职的大学生,也要为自己贴上获奖、考证、入党的标签。魏剑美说:"我亲眼见识过一个多达316个头衔的超级名片,从'副处级离休干部''市级劳模''享受单位特殊津贴'到'老年人门球比赛亚军''街道书法协会第二副主席'一应俱全。毫不夸张地说,读完这部名片,就等于读了一部他老人家的个人传记兼市井社会变迁史。更有意思的是,如此重视名节的人物,居然还给自己取一个艺号叫'翰墨散人'。旁边有一行文字曰:散淡人生,淡泊名利,寄情书墨,优哉乐哉。真正是在入世中出世,将俗世的荣誉和文人的高雅两方面的标签一体均沾了。"[1]标签稀奇古怪,让人感叹不已,"天下第一月饼"、"世界最大牛仔裤"、"打工皇帝"、"伟人菜谱"、"女王推崇"、"诺贝尔贡献奖"、"世界华人大赛奖"、"汉诗国际金奖"、"全球名人辞典"等,都是中国第一,世界名流,其标签之大、之虚、之假,也堪称"世界第一"。在全民时兴虚名时代,已构成了文化标签的夹缝。构成夹缝的一方是卖标签者,应世人需求,或者叫做引导标签消费,大造标签;另一方是标签需求者,四处寻求标签,越大、越奇、越假越好;处在夹缝中的往往是"无名鼠辈"了,见着那金光闪闪的"大师标签",不知是信还是不信,是学还是不学,是赞美还是蔑视,许多正直的人选择无语,也就处在夹缝之中了。

(二)生活民俗夹缝

生活民俗一般指衣食住行方面的民间习俗,包括了饮食民俗、服饰民俗、居住民俗、交通行旅民俗等。这些不同的民俗对本民族尤其是外民族容易构成夹缝。就中国生活民俗而言,正在逐步从等级化向普遍化转变,而最容易构成夹缝的一般是饮食民俗、居住民俗和出行民俗。

1. 饮食民俗夹缝

中国饮食民俗夹缝从大的方面来讲只有两种,一种是"饿",一种是"饱"。从"饿"的方面看,中国历史上时常有饥荒年,因此,"少吃"、"省着吃"成为饮食习俗;从"饱"方面看,中国不少人一旦有机会便会大吃大喝,表现得极为

[1] 魏剑美:《标签人生》,《山东青年》2011年第6期。

奢侈。

饥饿对国人形成节俭文化的夹缝。中国人讲“民以食为天”,即吃是百姓最大的事,可见吃多么重要。中国传统的农业历来靠天吃饭,容易被逼入饥荒的境地。正是因为饥饿,使大多数中国人本着少吃、省着吃,粗茶淡饭,“丰年防饥”,“细水长流”,“三年稀,买马骑”,并逐渐成为习俗。中国有关节俭的故事很多,形成了传统的节俭习俗。有两个节俭的故事,一个讲有一财主,家中有地有钱,长年不愁吃喝。这财主有一个习惯,就是喜欢吃饺子。他吃饺子又有一个习惯,不吃饺子边,因为饺子边没有肉馅儿,因此,每次吃饺子,他都把饺子边咬掉,扔在饭桌上。财主家有一个女佣人,过日子特细致,她把财主几年中扔掉的饺子边晒干,放在麻袋中,偷偷运回自己的家,以备荒年。有一年春天大旱,庄稼颗粒无收,秋天又大涝,庄稼一样没有收成。财主家里也没有存粮了,十里八乡的农民都到处讨饭去了。一天财主到了邻省一人家,这家人非常客气地把财主让到了家中,给他煮了一锅“面筋”,财主已多日没吃过主食了,饱餐了一顿,问主人,这是什么好吃的东西,那么可口,那么香!这时,那位女佣人才露面,告诉财主,他刚才吃的东西是他几年前扔掉的饺子边,财主听后内疚不已,从此再也不吐饺子边了,成为一个懂节俭的财主。另一则是《儒林外史》中的故事,中学课文叫《严监生的死》:严监生的病,一日重似一日,再不回头。诸亲六眷都来问候。五个侄子穿梭地过来陪郎中弄药。到中秋以后,医家都不下药了,把管庄的家人都从乡里叫了上来,晚间挤了一屋的人,桌上点着一盏灯。严监生喉咙里痰响得一进一出,总不得断气,还把手从被单里拿出来,伸着两个指头。大侄子走上前来问道:“二叔,你莫不是还有两亲人不曾见面?”他把头摇了两三摇。二侄子走上前来问道:“二叔,莫不是还有两笔银子在那里,不曾吩咐明白?”他把两眼睁得溜圆,把头又狠狠地摇了几摇,越发指得紧了。奶妈抱着哥子插口道:“老爷想是因两位舅爷不在眼前,故此记念。”他听了这话,把眼闭了摇头,那手只是指着不动。赵氏慌忙揩揩眼泪,走近上前道:“爷,别人说的都不相干,只有我晓得你的意思!你是为那灯盏里点的是两茎灯草,不放心,恐费了油。我如今挑掉一茎就是了。”说罢,忙走去挑掉一茎。众人看严监生点一点头,垂下手,登时就没了气。这个故事意在讽刺严监生是守财奴,临死还怕费了油。但是,读书人中不少人同情严监生,认为一生节俭不容易。这故事也说明了一种夹缝现象。夹缝的一方认为人不能太省，到死还放不下；夹缝的另一方认为，人就应该节俭。处在夹缝中是那些听故事的人，也只好各取所需了。

讲究饮食文化容易构成夹缝。讲究饮食有两种情况，一是官员的饮食，一是民间的酒宴习俗，这两种习俗都容易构成夹缝。中国的酒宴是以铺张甚至浪费而著称的，就连老百姓也是如此。老百姓平时节俭，等到办酒宴，为了礼节，为了面子，必须不惜铺张。农村宴席从席位、菜品、闹酒、宴席礼节都是有讲究的，稍不注意，则容易构成习俗夹缝。就菜品上桌的顺序而言，很有讲究，不能乱了秩序，并根据宴席的内容而确定菜品的内容和上菜的顺序。诸如喜事第一道要带“红”，丧事第一道菜要带“白”。有的地方的丧事宴席要“先白后红”，即整个丧葬期，饮食尽量取白色，葬毕谢客，尽可能吃红色菜点；白色饮食有白米饭、白豆腐、白切肉、白斩鸡、白壳蛋、白粉干等；红色饮食有红米饭、红炖肉、红槽鸡、红壳蛋、炸豆腐等。有的最后一道菜要上圆子，称为“圆席”。甚至说无“圆”不称席，只能称“便席”。有的最后一道菜要上鱼，寓意“有余”。[1] 因为讲究多，就形成了构成夹缝的条件。我们曾在农村吃“田席”（摆室外场地上）时见过一次人为的习俗夹缝。因为是喜宴，一定要是“圆席”，结果主人和吃席的人左等右等也没有见“圆子”，圆子是最后一道菜，结果主人和主桌的客人在吃过之后都来找主厨，问为什么没有圆子？主厨说，上了，最后一道菜就是圆子，主人以及客人都说没有上，主厨去找传菜的小伙子，小伙子早已不见踪影，后来才知道因为主厨给传菜的小伙子劳务费太少，传菜的把最后一道菜全部放在另一间房子，根本就没有传到桌子上，因此造成了这次宴会的遗憾。构成夹缝的一方认为，主厨师不该少给传菜工的工钱，责任在大厨；构成夹缝的另一方认为传菜的小伙子不该不传最后一道菜，钱少可以跟大厨要；表面上看处在夹缝的是大厨和传菜小伙子，因为他们合作不好，影响了他们的声誉，实际上处在夹缝中是喜事喜宴的主人，总感到是丢了面子，却有苦说不出。另外，在菜上来之后，还有就餐文化，老百姓讲有吃相。在讲究习俗的农村，稍不注意，一样会处在餐桌习俗文化的夹缝之中。餐桌上端碗用筷子有讲究。一是主请吃或者首座开始后，自己才能动筷。二是忌讳“半途筷”，即不能将食物夹住又放下。三是忌讳“乱筷”，即不能在盘中挑挑拣拣。

[1] 参见高丙中：《中国民俗概论》，北京大学出版社 2009 年版，第 103 页。

四是忌讳“过河筷”，即不能到对面座盘子的近处挑食物。五是忌讳“窥筷”，即不能手握筷子跃跃欲试，目光盯住盘中一处。六是忌讳“咬筷”，即不能用嘴咬住筷子。七是忌讳“签筷”。即不能以筷当牙签剔牙。八是忌讳“泪筷”，即应尽量避免夹菜时滴汤不止。九是要做到吃一口菜放一次筷子，如果连续大吃被视为没规矩。十是吃饭时要用左手端住碗，不能把碗放在桌上，用嘴靠拢碗吃饭，俗称“猪拱食”，没吃相。十一是如果主人不在桌子上，自己最好避免最后一个放下碗。十二是吃好饭放下筷子时，应该向末吃完的人打个招呼说：“您请慢吃。”“如果你是主请之人，又另有一套规矩”。[1] 这种宴会动筷子的礼仪和习俗，容易对不少不懂礼仪的人或懂礼仪又一时忘记的人构成夹缝。

2. 居住民俗夹缝

中华民族的民居有多种形式，像四合院、围龙屋、窑洞、平房、楼房等。建住房既要讲风水，又要讲财力。民居从村落布局开始到家屋设置都有一定的文化习俗。由于中国的农村多为一个家族的集中居住地，因此，村落也就随家族而生。诸如张庄、李集、王场、赵墩、吴阜等。中国传统村落通常有较为复杂的布局习俗。村落的布局一般分为几个部分：一是环境构造，包括自然条件、风水、保安设施等；二是公共设施，包括祠堂、庙宇、墓地、戏台、禾场、道路、水源等；三是个人的家庭住宅等。

村落布局容易构成习俗的夹缝。中国村落建设因地制宜、因村人口制宜，原因是社会总是在发展变化着的。对于一个村子来讲，保持几十年不动土木（即建设）是很少的。中国的村落布局一般有几类：一是背山面水，或只是抽象地依山傍水；二是坐北朝南；三是坐西朝东。理想中的青龙、白虎、朱雀、玄武的配置很难找到，因地制宜，避开水患、风口等成为较为理想的选择。比较典型的如浙江温州的苍坡村，是用“文房四宝”的象征布局的。村右有山，设计者把此山想象成笔架，命名为“笔架山”；村中铺路，铺砖石长街为“笔”；凿5米长的条石为“墨”；辟东西两个方池为“砚”；垒卵石成方形的村墙，使村庄象征一张展开的“纸”。这是一个居住的村落，又是一组读书致仁、光耀门庭的语汇，对于村民来讲“文房四宝”是民间驱恶镇邪的法宝。苍坡村是耕读思

[1] 参见高丙中：《中国民俗概论》，北京大学出版社2009年版，第106页。

想文化在村落建设中的具体体现,是建设此村落时代的社会文化的集成。[1]苍坡村位于浙江省温州市岩头镇北面仙清公路西侧,为李姓聚居地,始建于955年,原名苍墩。现存的苍坡村是南宋淳熙五年(1178)九世祖李嵩邀请国师李时日设计的,至今已有八百多年的历史,仍然保留宋代建筑的寨墙、道路、住宅、亭榭、祠庙、水池、古柏等。由于人口的变化和人口的流动,原村落随人口增多而显拥挤。民国时期,乡下闹土匪。据说几个外姓(即非李姓)人家流落到苍坡村,村中无闲房,外姓人只好在寨墙外搭房居住。当土匪来村骚扰时,见外姓人穷得很,未对他们下手,而对村落进行攻击。反复几次攻不进去,土匪只好让村外几户人家劝说村民投降、开门接人;村中李姓大族主持人则让外姓人劝说土匪不要再来骚扰。最后这几户外姓人只好全家再次逃亡。这种习俗夹缝,尤其是村落住宅的文化设计,对村落发展造成了局限,对外来住户构成了居住习俗的夹缝。

家屋布置习俗容易构成夹缝。家屋布置一般包括一个家庭中门前屋后、大门内外、厅堂、居室、家禽家畜饲养地等的设置。门前屋后,客家人围屋门前有场即晒禾坪;场前是一口半月形池塘,储水防火,围屋后有"风围林",有防风之用。而汉族农户栽树是有讲究的。有"房前栽杏,屋后种桃","前种榆,后种槐",杏在门前,杏与"幸"同音,则为幸福;榆树籽叫"榆树钱子",是招财。有些地方,门前屋后栽树也有禁忌,"前不栽桑,后不种柳、门前不栽'鬼拍手'(杨树)"。江苏、浙江许多村桑园多,因"桑"与"丧"谐音,蚕农忌讳在门前种桑。过去的有钱人家大门内外很讲究,大门由厚木板制成,有铁皮包角、蘑菇门钉、兽头门环、铁环门搭,多刷成黑色或紫色红色,门口外设照壁,大门上方挂一面镜子,这镜子是"宝镜",防止邪气、小人入内。厅堂有牌位、香炉、蜡台,要挂"中堂"(字画),要摆八仙桌子等。居室指卧室。卧房内很有讲究,床要按屋梁走向安放,但不能正对顶梁,否则是"担梁",不吉利。过去的农户,睡房家具中有五屉柜、垛柜、梳妆台、马桶、椅凳、茶几等;在北方,则在屋内造炕,农村大多以土炕为卧榻,土炕与锅连为一体,由青砖筑起高约两尺的炕墙,炕洞垫起黄土,再用土坯或砖撑起,上面盖泥制炕板,有些地方用石片炕板。烧饭时便热了炕。在家屋布置的习俗中,最容易构成夹缝的是门前屋后树木

[1] 参见高丙中:《中国民俗概论》,北京大学出版社2009年版,第120页。

的种植。这对农村人们的生活影响巨大。

3. 交通行旅民俗夹缝

交通行旅民俗是指有关交通工具、运输方式、个人的出门和行旅等方面的礼仪和习俗。此处仅讲行旅习俗的夹缝。

行旅习俗的夹缝。古人常讲在“家千日好，出门一时难；在家千般好，出门步步难”，说明在传统社会中人们一般是不出门的，出门的也只局限几种人：如外出谋生的工匠、跑江湖、商人、小贩、跑货运的等；此外还有探亲访友以及求学赶考的；再有就是逃荒避难的。逃荒避难的一般是不太讲习俗的，但前两种必须讲究习俗，图吉利。山东常说三、六、九，向外走；二、五、八，好回家，是对出行日期习俗的总结。在农村，出远门还有一套辞行的仪式：一是临行前在天地神前、祖先堂前、灶前跪拜，祈求保佑；二是有人上路前要到庙宇中烧香祭拜；三是行前要拜见家族各位长辈，长辈们除了吉言吉语外，有时还会资助一点盘缠；四是行前全家一起吃饯行饭，有些地方吃荷包鸡蛋，有的是“出门饺子回家面”。饺子像元宝，预祝出门者出门发财。山东还把饺子叫“弯弯顺”，预祝出门者不走“弯路”，顺利归来。[1] 正是因为习俗文化太具体，不少远门归来者赶不上“二、五、八”，有的人提前一天就到家乡了，但不能回家去的，往往带信给老婆，告知已平安归来，绝不犯“二、五、八，好回家”的日期禁忌。这便对出远门的男人构成了一种习俗夹缝。

（三）岁时节日民俗夹缝

节日是社会文化所设置的时间单位，以历日和季节等组成历年作为循环的基础，“是被赋予了特殊的社会文化意义并穿插于日常之间的日子，节日民俗是指这些特殊日子的文化内涵以及人们所表现的相沿成习的各种活动”[2]。据梁代宗懔的《荆楚岁时记》记载，中国节日主要有正月一日元旦、正月七日人日、立春日、正月十五日、正月晦日、二月八日、春分日、社日、寒食、三月三日、四月八日、四月十五日、五月五日、夏至节、六月伏日、七月七日、七月十五日、八月十四日、秋分、九月九日、十月朔日、冬至日、十二月八日、除夕

［1］ 高丙中：《中国民俗概论》，北京大学出版社2009年版，第137—138页。
［2］ 同上书，第188页。

等。这个节日记载中,清明、中秋没有列入节日之中。到了宋代陈元靓《岁时广记》记载重大节日有:元旦、立春、人日、上元、正月晦、中和节、二社日、寒食、清明、上巳、佛日、端午、朝节、三伏节、立秋、七夕、中元、中秋、重九、小春、下元、冬至、腊日、交年节、岁除。[1]《岁时广记》基本上囊括了传统社会的重要节日。中华人民共和国成立以后采用公历,与农历兼用,双历并存。规定的法定节日为:春节(农历正月初一)、元旦、植树节、三八妇女节、国际劳动节、五四青年节、儿童节、七月一日建党节、八月一日建军节、教师节、国庆节等,虽然国家法定民俗节日只有春节,但传统民俗节日并没有消失,而且具有很强的生命力。2008年,我国又重新规定民俗节日的清明节、端午节、中秋节为法定节日,并把节假日做了调整,可见民俗文化生命力之所在。

1. 春季节日民俗夹缝

春季节日在传统文化中有春节、立春日、元宵节、清明节、立春、二月二等。主要的节日有春节、元宵节和清明节。在春季节日中,最大的、最隆重的节日要数春节了。古代农历正月初一有许多名称:元旦、元日、元正、元辰、元朔、三元、三朝、三正、正旦等。老百姓称过年为"过新年"、"过大年",可见民间对过农历新年的重视。春节的习俗主要包括点旺火、礼拜天地和祖先、开大门、接喜神、拜庙、拜年贺岁、享用特殊的饮食、遵守特定的禁忌等。

春节的鞭炮燃放已经构成夹缝。中国的春节,除了听响,现在还要看花,传统的鞭炮已逐渐让位于礼花了。春节热闹,无可非议,大家欢喜庆新年、除旧岁,但燃放鞭炮对环境的污染非常厉害。据《扬子晚报》报道:"2012年除夕和年初一两天里,南京城一共清理了163万斤的鞭炮屑。""163万斤,也就是815吨鞭炮屑,不光是累坏了环卫工,还让空气质量受了苦。南京城遍地开花的鞭炮,使得空气质量一落千丈,特别是在初一晨零点,空气污染指数陡然飙升至200以上,使得南京成为'中度污染'城市。"[2]鞭炮燃放的响声震耳欲聋,对老人、孩子以及心脏等疾病患者不利;其二是点燃后产生的大颗粒物、二氧化硫等对空气造成污染;其三是鞭炮燃放后的废纸屑,几天都清理不净。为

[1] 高丙中:《中国民俗概论》,北京大学出版社2009年版,第189页。
[2] 孔小平:《除夕初一南京城内,扫出163万斤鞭炮屑》,《扬子晚报》2012年1月25日。

了减少污染，厉行节约，不少城市在20世纪90年代先后制定了地方法规，先是禁放；发现禁不住，然后限放，即按地段按时间允许燃放，地方法规在民俗的鞭炮文化面前“失败了”。春节鞭炮燃放已经构成了夹缝，构成夹缝的一方是喜欢燃放鞭炮的人，构成夹缝的另一方，是那些希望少放或不放鞭炮的人，处在夹缝中倒是那些曾制定过限放烟花爆竹法规的人和目前执行法规的人们。人们希望治政者中智者能解决好这个民俗夹缝。

春节的禁忌习俗容易构成夹缝。春节的拜年、祭祖、祭神都有一定的讲究，也有不少的禁忌，而这些讲究和禁忌往往容易构成夹缝。像武汉的拜年，通常先拜爷亲（即本家祖父母、父母、叔伯等），或各户齐聚长者堂屋团拜，或逐一登门参拜。拜年人行至人家门外便朗声呼：“开财门，开财门嘞！”里边人答：“有慢，有慢！”开门后，晚辈跪于神龛前行叩头礼，起身后说“恭喜发财”或“恭喜您家越活越鲜健”。同辈之间则打躬作揖，互致问候。接着主人请客人饮“元宝茶”，即糖水煮成的红枣甜茶，端给客人时连说：“得元宝，得元宝。”在山东，拜年时则请客人吃饺子，因饺子谐音角子（钱币），形状又像元宝，因此请来客“揣元宝”，如果饺子煮破了，不能说破，要说“挣了！”大年初一不能买东西，不借东西，不扫地，不倒垃圾，不泼水，不动刀、剪，失手打碎了东西必须说“岁岁（碎）平安！”不说粗话、脏话，不打骂孩子或训斥孩子等。[1] 正是由于有这些个风俗讲究，最容易构成夹缝。有一山东民俗的故事，讲儿媳妇大年初一正在煮饺子，老公公（丈夫的父亲）问儿媳妇：“挣没挣？”因为这家饺子包得好，没有一个破的，儿媳妇实话实说：“爸爸，没挣！一个都没挣！”这时婆婆赶忙接过话头：“挣了！挣了！挣了很多！”老公公这才转怒为喜，说：“挣得越多越好！”过年图吉利，要讲吉利话，儿媳妇处在民俗夹缝中了。

2. 夏季节日民俗夹缝

夏季的民俗节日比起春季要少许多，主要有四月八日浴佛节、五月端午节、六月六日的天贶节，还有四月十八日碧霞元君诞辰，四月二十八药王诞辰、五月十三关帝诞辰、六月十三鲁班诞辰等，不少地方还过六月一日的“过半年”节。正是这些不同的节日和地区的差异，容易构成文化习俗的夹缝。

端午节内涵的夹缝。端午节又称端阳节、重午节、中天节、五月节、浴兰

---

[1] 高丙中：《中国民俗概论》，北京大学出版社2009年版，第195页。

节、午日节、女儿节等。端,是开端之意,每月五、十五、廿五三个五日,端午,指第一个五日。午月为斗柄指午之月,即农历五月。原来的端午节日期是变动的,大约魏晋之后,端午节就固定在五月五日。所谓端阳,指阳气之端点,即夏天开始了。端午节的习俗很多,一般有广泛采用菖蒲、艾蒿(菖蒲、艾蒿被人们相信具有巫术和药用的双重价值);缠挂各种端午索(用彩色或四五色的线、缕、索作为驱邪避凶的节物;用符图驱邪);饮用药酒,主要是蒲酒和雄黄酒;吃粽子;划龙舟;姻亲交往;纪念屈原。端午节的内容多,再加上各地习俗不同,于是便有了端午节内容的夹缝。从端午节的内容来看,最早的端午节是以人的卫生健康为主题的,药用、避邪、划舟,多是为了人的健康。另外,端午也是为了加深亲情,让女儿回娘家,旧时子女多,儿媳妇回娘家了,女儿回来了,这种亲情回报是科学的亲情巩固活动。近年来,纪念屈原的内容成分加重了,闻一多把端午纪念屈原提炼为爱国主义,内容是丰富了,但夹缝却出现了。构成夹缝的一方为"怀古者",认为端午是为求人健康的节日;构成夹缝的另一方为"现代派",认为端午就是纪念屈原的,是爱国主义的节日。处在夹缝中的是过着传统节日的人们,也只好听之任之,节日还是一直要过下去的。

端午节属于"谁"构成了归属的夹缝。2005 年 11 月 25 日,韩国江陵申报的端午节(端午祭)被联合国教科文组织正式批准为世界文化遗产,给我们很大的震撼。韩国人坦承端午节起源于中国,但认为两国的内容是不同的。自韩国申报端午节为世界文化遗产之后,中国民间、人大代表、政协两国的委员逐级呼吁,希望国家重视。构成端午节归属问题夹缝的一方为韩国江陵政府,认为端午节自 1785 年就在韩国开始了,应该申报;构成夹缝的另一方是中国民间组织和人大代表、政协委员等,认为中国端午起源于春秋战国时期,距今已有两千多年的历史,中国应"申遗"。中国再申"端午节"为世界文化遗产估计可能性不大,处在夹缝中的中国政府自 2008 年起把端午节列为中国传统节日的法定节日,这使国人感到既高兴又遗憾。

六月六的民俗夹缝。民间的六月六有许多的节名(现在的城市已不过六月六节日了,农村还有不少人过此节),六月六又叫天贶节、晒经节、晒书节、晒衣节、姑姑节、迎女节等。天贶节起源于北宋。宋真宗赵恒称梦见神人,谓将降天书《大中祥符》,于是在承天门举行受天书仪式,因此改年号为大中祥符。这一天就成为天贶节，贶就是赐赠的意思。据说，唐三藏（玄奘）到印度取经回来过通天河时，不慎将经卷打湿，只好在一大石上一页一页晾晒，晒经这天正好是六月初六，因此后人把这一天又称为晒经节。寺院僧道及信徒在这一天都要翻晒经书。其实，农村的民俗主要有两特点，一是晒衣物、晒书，晒衣物称晒龙衣，读书人则晒书。二是媳妇回娘家。就六月六媳妇回娘家而言[1]，又称住六月。过去农村穷，一般人家娶不到媳妇，只好用自己的女儿和有女儿家的男孩子换亲。即自己的女儿嫁到对方家中做媳妇，对方家里的女儿嫁过来做媳妇，说是亲上加亲，实际对两个"女儿"容易形成夹缝。婆家希望儿媳妇回娘家说好话，讲好事，不能影响自己的女儿在对方家的地位；娘家都希望自己的女儿过得好，像自己对待媳妇那样，因此讲实话，处在夹缝中的两个媳妇也是两个女儿，最容易成为这种节日中的夹缝人。

3. 秋季节日民俗夹缝

秋季节日有七夕、中秋、九月九等，这些节日中民俗很多，现代社会还在受这些习俗的影响，有些习俗容易形成夹缝。

七夕习俗的夹缝。七月七主要是女性的节日，各地称为女儿节、女节、少女节、妇女节、双七节、双星节、情人节。中国的情人节虽不如西方情人节浪漫。但中国的牛郎织女，让多少有情人为之羡慕。传说中的牛郎勤劳、忠厚，织女（本是天仙）在女红方面有神奇的本领，他们结为恩爱夫妻，却被天帝用天河隔开，只能一年一度七夕相会。这种爱情故事感动过多少痴情男女。中国男女的传统婚姻是父母之命，媒妁之言，讲究的是门当户对。不少年轻人在传统的婚姻中成为牺牲品，他们正是用牛郎织女的精神鼓励自己，实现爱情的梦想。在传统社会中，男女双方家长只要有一方不同意，另一方也会顾及面子，坚决不让自己的孩子出嫁或娶对方的闺女，这往往使当事男女处在夹缝之中。七夕在广东还是乞巧节，即向织女学女红。七夕的前一天，姑娘们便在自家院子里或阳台上摆好供品及自己精心制作的工艺品，有大小如同一粒米的各式绣花鞋，有如同鲩鱼鳞大小的各种折叠扇，还有五颜六色的袄子以及小巧玲珑的蚊帐、枕头、被单、手帕等。[2] 在这些女红"比赛"中，许多家长到各家

---

[1] 参见温幸：《山西民俗》，山西人民出版社1991年版，第90页。

[2] 参见叶炳昌：《中国名城汉俗大观——广州篇》，中国友谊出版社1993年版，第71页。

参观，构成了对姑娘们的夹缝。家长亲朋希望自己的孩子手艺好，希望其他姑娘的手艺不如自己的姑娘，这对某一个姑娘来说，便处在这种乞巧夹缝之中。

九月九重阳节的文化个性容易构成习俗的夹缝。农历九月九日是中国传统的重阳节，《易经》把“六”定为阴数，把“九”定为“阳”数，九月九日，日月并阳，两九相重，所以叫重阳，也称重九。重阳节与传统节日不同的是让人们离家，回归大自然，并与大自然亲近。据梁朝吴均《续齐谐记》中讲：东汉年间，汝南（今河南上蔡西南）有一名叫费长房的道士，能知未来之事。一次这个道士预言，他的徒弟桓景，全家二九相重这一天会遭大难。但如果这一天佩戴茱萸，再带着菊花酒躲到高山上去，就可以避开这场灾难。桓景照师父的话做了。到了晚上，他们全家从高山上归来，发现牛羊鸡狗果真都死光了。由于民间有登高的风俗，又有人称为“登高节”。重阳节的辟邪是在户外完成的，这与中国传统中“家”最安全的概念有很大的差别。[1] 其实，这是在劝人们回归自然。九月九日为初秋，地气上升，天气下降，天地之气交接，气流畅达，尤其在群山之中，空气清新，这些时日在户外有利于健康。由此，重阳节又与敬老相关联了。据曹丕《九日与钟繇》书中说：“岁往月来，忽复九月九日。九为阳数，而日月并应，俗嘉其名，以为宜于长久，故以享宴高会。”九为阳数，是数中最大者，自然与老、敬老、养老联系起来了。另外，在中国民俗中“九九”与“久久”同音，有生命长久、健康长寿之意。金秋九月，秋菊傲霜，文人把九月称为“菊月”，菊花成为有生命力的象征了。由于重阳这天登高是费长房提倡的，费长房是道士，故重阳节的敬老和诉求延年益寿的主题与道家的基本教义是一致的。道教的宗教理想就是修道成仙，长生不死。而道教的长生不死到了民众这儿就成为“登高”了。九月九日离家又要登高对一些老人非常不便，有人信这种习俗，有人不信。一个家庭中如果有的信“升仙登高”的习俗，有的不信，则构成了九月九日文化个性的夹缝。其实，秋日登高是锻炼身体，到深山树林中呼吸新鲜空气，是有益于健康的。长生不老，目前科学还达不到这一目的，但李约瑟讲：“道家思想从一开始就迷恋于这样一个观念，即认为达到长生不老是可能的。我们不知道在世界上任何其他一个地方是否有与之近

---

[1] 参见万建中：《中国民间文化》，北京师范大学出版社 2010 年版，第 187—188 页。

似的观念。这对科学的重要性是无法估量的。"[1]这种思想一直使生命科学家们处在研究长生不老的夹缝中了。

4. 冬季节日民俗夹缝

冬季节日比夏秋两季都多，而且许多节日又与过年连在一起，因此民俗的力量更大一些，文化习俗的夹缝也就多一些。

寒衣节容易构成习俗的夹缝。所谓寒衣节指十月初一，是古代授寒衣的节日，同时也同清明节、中元节一起合称为鬼节。十月初一，朝廷赐衣，百姓试衣。在汉代，朝廷这一天要赐给百官披袄；魏代时，无论贵贱此日都要戴温凉帽。唐宋沿袭这一制度。到了民间，则演化成为两种习俗，一种是活人试衣，一种是为故人送冥衣靴鞋帽烧掉。在山西，妇女们要在这一天将做好的棉衣拿出来，让儿女、丈夫换季。如果此时天气仍然暖和，不宜穿棉，也必须督促儿女、丈夫试穿一下，图个吉利。[2]　正是这寒衣节，曾引发了中国又一民间传说：孟姜女送寒衣。孟姜女的新婚丈夫范喜良被官府抓去修长城了，到了十月初一，也没有寒衣穿，孟姜女决定为丈夫送寒衣。母亲心疼女儿不同意，父亲认为应该送，处在思夫情结中的孟姜女虽然处在送不送寒衣的夹缝中，最终还是去送了，从而哭倒了八百里长城。

小年的习俗容易构成夹缝。中国民间一般以祭灶那天为小年，除夕那天为大年。真正的大年是除夕和初一，民间还称这段时间为年关，年关一般从祭灶开始。祭灶的时间也不一致，有二十三、二十四，也有二十五的，与史书所讲的统一为二十三是有区别的。所谓祭灶是祭奠灶神，送灶神回天上。灶神也叫灶王、灶君、灶君菩萨、东厨司命、司命菩萨、灶王爷。灶神的姓名早见于东汉许慎《五经异义》："灶神姓苏，名吉利。或云姓张，名单，字子郭，其妇姓王，名抟颊，字卿忌。"灶神的职责为"受一家香火，保一家康泰。察一家善恶，奏一家功过。"[3]祭灶的程序在宋代基本定型，范成大《祭灶词》记叙了当时的祭灶风俗："古传腊月廿四，灶君朝天欲言事。云车风马小留连，家有杯盘丰典祀。猪头烂熟双鱼鲜，豆沙甘松粉饵团。男儿酌献女儿避，酹酒烧钱灶君

---

[1]　转引自万建中：《中国民间文化》，北京师范大学出版社 2010 年版，第 189 页。

[2]　参见高丙中：《中国民俗概论》，北京大学出版社 2009 年版，第 230 页。

[3]　同上书，第 237 页。

喜。婢子斗争君莫闻,猫犬角秽君莫嗔。送君醉饱登天门,杓长杓短勿复云。"诗中记载的"女儿避",对有些特殊的家庭构成了祭灶的夹缝。在过去,女人是不能登祭祀的大雅之堂的,而只有女人的家中则如何祭祀?一方面讲究习俗的人们要求每个家庭必须祭祀;一方面村中的人家都在祭祀,而在只有女人的家庭中,是祭还是不祭。不祭不敬,但女人祭的也是不敬,让灶神如何是好?其实,真正处在夹缝中的还是下层社会那些家中没有男丁的家庭。

二、中国传统习俗中的面子、人情、闲话夹缝

在有关中国习俗著作中,很少涉及中国人的面子、人情以及闲话对中国社会的影响。在现代社会中,人们越来越注意面子、人情、闲话对人们生活的影响,这是不容忽视的。已形成不同的夹缝。这种文化夹缝是我们文化建设中应该注意的。

(一)中国讲究面子的习俗夹缝

《现代汉语词典》中说,面子:"表面的虚荣","情面"。现实生活中,这两种解释似乎都不太全面。黄国光说:"从社会心理学的角度来看,所谓'面子'是指个人在社会上有所成就而获得的社会地位(social position)或声望(prestige);所谓'面子功夫'其实就是一种印象整饰(impression management)的行为,是个人为了让别人对自己产生某些特定印象,而故意做给别人看的行为。"[1]"面子是中国人的宝贝。面子几乎主宰着中国人的一切。"[2]当然,"面子"并不是中国文化的专有品[3],但西方社会很少有像中国人那样浓厚

---

[1] 杨国枢:《中国人的心理》,江苏教育出版社2006年版,第239页。

[2] 易中天:《闲话中国人》,上海文艺出版社2006年版,第78页。

[3] D.Y.F. HO,"On the Concept of Face",*American Journal of Sociology*,1975,1981,pp. 867—884.

的"面子意识"[1]。林语堂在《吾国与吾民》中感到统治中国是"面子、命运和人情",并认为"面子、命运和人情"是"三女神",其中,"面子"又比"命运、人情"更有势力。他认为中国社会之所以不能有民主、法制,都是因为"面子"在作祟。[2] 而这种面子直到今日,还在社会文化中发挥着很大的作用,有面子的人什么事情都好办;没有面子的人什么事情也办不成。因此构成夹缝。

1. 死要面子容易构成夹缝

国人对面子的看重是有历史渊源的,从"士可杀,不可辱"开始,就认为杀了是有面子,辱而不死是没有面子。中国人"死要面子"到了一种特别的境界。所谓死要面子,指一个人为了面子可以去死或让不给面子的人去死,有时死后还要讲面子,死要面子容易构成意想不到的夹缝。

宁愿自己死也要保存面子的夹缝。宁愿自己死也要保证面子的人不少,这些人在历史上堪称英雄。正因为要保存这个"面子",而"死不足惜"!结果构成了一种面子文化中令人感叹的夹缝。历史上的英雄项羽,百战百胜,不搞阴谋,结果最后一战惨败,四面楚歌。项羽到了乌江边,"乌江亭长舣船待,谓项王曰:'江东虽小,地方千里,众数十万人,亦足王也,愿大王急渡。今独臣有船,汉军至,无以渡。'项王笑曰:'天之亡我,我何渡为!且籍与江东子弟八千人渡江而西,今无一人还,纵江东父兄怜而王我,我何面目见之?'"[3](乌江亭的亭长驾着一只小船靠在岸边,对项羽说:"江东虽小,可也还有纵横上千里的地盘,还有民众几十万,也足够您称王的。请您赶紧上船过江。这里只我一个人有船,汉军追到这里,他们也无法渡过江去。"项羽笑说:"既然老天爷要灭亡我,我还渡江干什么!想当初我渡江西下时曾带着江东子弟八千人,如今竟没有一个活着回来,即使江东父老们可怜我,还拥戴我为王,我又有什么脸面去见他们呢?")项羽因"面子"而自杀。在这个夹缝中,构成夹缝的一方为刘邦等人,希望活捉项羽,那样项羽最没有面子;亭长希望项羽渡江,去见江东父老,以希东山再起,项羽感到没有面子;处在面子夹缝中的项羽,选择了保持面子的法子——"自刎"。

---

[1] K. Latousette, *The Chinese: Their History and Culture*, 3rd ed. pp. 689 - 691, N. Y.: Macmillan, 1947.

[2] 参见林语堂:《吾国与吾民》,台北综合出版社 1976 年版,第 158—164 页。

[3] 司马迁:《史记》第 1 卷,中华书局 2008 年版,第 248 页。

死后争面子说明活着时已处在面子夹缝之中。中国人活着的时候讲面子,死了以后也讲面子。不少有权势的人在死前就为自己建好了陵墓,整好了排场。王公贵族死后还要给谥号,十分讲究。其实,死后争面子更容易处在夹缝之中。人死了虽说是盖棺定论,但有时盖棺并不能定论,而且一直处在夹缝之中。例如,楚成王之死,就是争死后的面子。据《春秋左传·文公》记载:"初,楚子将以商臣为大子,访诸令尹子上。子上曰:'君之齿未也,而又多爱,黜乃乱也。楚国之举,恒在少者。且是人也,蜂目而豺声,忍人也,不可立也。'弗听。既又欲立王子职而黜大子商臣。商臣闻之而未察,告其师潘崇曰:'若之何而察之?'潘崇曰:'享江芈而勿敬也。'从之。江芈怒曰:'呼,役夫!宜君王之欲杀女而职也。'告潘崇曰:'信矣。'潘崇曰:'能事诸乎?'曰:'不能。''能行乎?'曰:'不能。''能行大事乎?'曰:'能。'冬十月,以宫甲围成王。王请食熊蹯而死。弗听,丁未,王缢。谥之曰灵,不瞑;曰成,乃瞑。"(当初,楚成王准备把商臣立为太子,曾向令尹子上征求意见。子上说:"国君还很年轻,又有这么多宠妾。如果现在立了商臣,将来再废黜,就会产生祸乱。楚国立太子,常常立最年轻的。再说商臣这个人,有着蝉一样的眼睛,豺狼一样的声音,是个残忍的人,不能立他。"成王不听。立了商臣后,又想立王子职,就决定废黜太子商臣。商臣对此有所风闻,但不太清楚,就告诉他老师潘崇说:"怎样才能搞清楚呢?"潘崇说:"你设宴招待江芈,故意对她不尊重。"商臣听了他的话。果然,江芈生气地说:"好啊,下贱的东西!难怪国君想杀掉你而立职,真是活该。"商臣告诉潘崇说:"果有此事。"潘崇说:"你能侍奉公子职吗?"商臣说:"不能。""能逃到国外吗?""不能。""能把国君杀掉吗?""能。"冬季十月,商臣带领宫中侍卫包围了成王。成王请求吃了熊掌后再死。商臣不同意。十八日,成王自缢而死。给他加谥号"灵",他死不瞑目;谥为"成",才闭上眼睛。)"灵"的谥号是"恶谥","乱而不损曰灵",所以成王不闭眼;又改谥为"成",这是"美谥","安民立政曰成"。子上不让成王立商臣,形成了面子夹缝的一方;商臣被立后不能放下太子的"名利",遂"政变"逼杀父亲,形成了夹缝另一方。处在夹缝中的成王,则成为死要面子的典型了。

2. 丢失面子夹缝

在一个讲求"面子"的社会中,人人都想争取更多的面子和保护好既有的面子,有时还必须挽回失去的面子。挽回失去的面子有时比争面子和保护面子更显得重要。一个讲面子的人丢失了面子最容易构成夹缝。

无意丢失了面子容易构成夹缝。所谓无意丢失了面子指当事者无辜损伤面子。如果无意丢了面子,必须想办法挽回面子;如果找不回面子,那便无脸见人了,那损失就大了。例如:《红楼梦》第四十六回写贾赦要强娶鸳鸯一事,贾母竟然没听说,觉得很没有面子,气得浑身打战,把一肚子的火发在贾赦身旁的王夫人身上。这事与王夫人没有关系,“大伯子的事,小婶子如何知道?”(王夫人是小婶子,在大庭广众之下伤了王夫人的面子。)贾母在家中“德高望重”、“一贯正确”,这一下批错了人,又失了面子。在这丢失面子的夹缝中,构成夹缝的一方是贾赦他们,竟然强娶鸳鸯,也不和贾母告知一下,有损贾母的面子;构成夹缝另一方是贾母自己的行为,乱发脾气,结果自己让自己失了面子。处在夹缝中的是王夫人,是无辜的,她必须让着贾母,又必须挽回一定的面子。易中天对这套讲究有着极生动的分析:贾母于是先对薛姨妈(王夫人之妹)说:“可是我老糊涂了”,算是认了错;又说:“你这个姐姐,她极孝顺”,实则进一步认错;又批评宝玉(王夫人之子)说:“我错怪了你娘,你怎么也不提(醒)我,看着你娘受委屈了”,这就已带赔礼性质;最后又要宝玉“快给你娘跪下,你说:太太别委屈了,老太太有年纪了,看着宝玉罢”,这就已是赔罪了。这一下,王夫人自然捞足了面子,忙笑着拉起宝玉来:“断乎使不得,难道替老太太给我赔不是不成?”[1]贾母使王夫人失了面子,自己也失了面子,贾母拐弯抹角地为王夫人找回了面子,自己也找回了乱发脾气而丢失的面子,同时又保住了贾母应有的至尊。

找回面子容易构成夹缝。丢失了面子必须找回面子。找回面子有不同的方法,有文法、有武法、有计谋法等。用什么方法既找回面子,又让夹缝另一方感到“服气”,这才是找回面子的最佳效果。当然,找回面子同样会从一个旧夹缝中走出,而形成新的夹缝。例如:明朝年间,刘家、项家同朝为官,而且都是富有人家,两家住在同一条街上。由于从历史上刘邦、项羽曾打过仗,结果是这两家几代一直在竞争着,分不出高低来。刘家为了显示自己祖上高于他人,采纳了一位先生的建议,在自家门上贴出一副对联:“两朝天子,一代名臣。”两朝天子指刘邦和汉代,刘裕和宋代(南朝)两皇帝均是刘姓。“一代名

[1] 参见易中天:《闲话中国人》,上海文艺出版社 2006 年版,第 86 页。

臣”,指明朝开国元勋刘基(伯温)。项家本无争意,但在家人和众人劝说下,没有争意也得要面子,项家的当家人此时处在了多重夹缝之中,有刘家的夹缝,也有自家的夹缝。就自家的夹缝而言,夹缝一方是部分家人要求也写联回敬一下;夹缝的另一方为项家的另一部分人,认为可以用其他方法予以回敬。写对联,项家没有人做过皇帝,无法和刘家争;用其他方式,不文明,也没有文化,若撕人家的对联,不上“台面”,让刘家以及他人知道了更没面子。正在项家当家人处在面子夹缝之中时,有一位秀才从项、刘家门前经过,了解情况后说,只要给他钱,他可以帮项家写对联回敬,这正是项家求之不得的,于是秀才帮助写了一联:“烹天子父,为圣人师”,“烹天子父”讲的是楚汉相争时项羽抓住了刘邦的父亲要杀而未杀的故事。“为高俎,置太公其上,告汉王曰:‘今不急下,吾烹太公。’汉王曰:‘吾与项羽俱北面受命怀王,约为兄弟,吾翁即若翁,必欲烹而翁,则幸分我一杯羹’。”[1](于是项羽派人搭了一个高台,上设案板,把刘邦的父亲绑在案板上面,对着刘邦喊话:“你要是还不赶紧投降,我就把你父亲煮了。”刘邦回答:“当初我和你一道在怀王的驾下称臣,说好彼此以兄弟相待。这么说我的父亲也就是你的父亲。你要是煮你的父亲,就请分给我一碗肉汤喝!”)“为圣人师”指春秋时代项橐,《史记》讲他“生七岁而为孔子师”。刘伯温自然比不上孔子的老师。这对联气势不低于刘家。[2]

3. 圆场保面子夹缝

中国人讲究面子。有人对保护面子做过理论上的分析,如朱瑞玲说:“事先避免失面子之行为(预防性措施)”,包括“声明性行为”、“恪守礼仪”、“加强能力”、“自我防卫”;“事后挽回面子之行为(补救性措施)”,包括“补偿性行为”、“报复性行为”、“自我防卫”;“增加面子行为”,包括“自我显扬”、“逢迎他人”、“贬损他人”等。[3] 易中天说:“中国人发明了一种解决面子争端的办法,那就是‘讲和’。讲和又叫圆场,其要义是‘圆’。”[4]但是,圆场有时会构成圆场的夹缝。

圆场者——“和事佬”本身就处在夹缝之中。“讲和的关键,是有一个(或

[1] 司马迁:《史记》第1卷,中华书局2008年版,第240页。

[2] 参见易中天:《闲话中国人》,上海文艺出版社2006年版,第89页。

[3] 参见杨国枢:《中国人的心理》,江苏教育出版社2006年版,第213—215页。

[4] 同[2]。

几个)‘和事佬’。和事佬必须同时具备两个条件:第一,他自己必须极有面子;第二,他必须有办法让双方都有面子。”[1] 打圆场,本身就是一种相持的矛盾,本来没有和事佬的事,当和事佬一出现,这一对相持的矛盾便转化为夹缝了。如果把矛盾双方用甲乙方表示,那么甲方要面子,不能丢面子;乙方也要面子,也不能丢面子;中间人——打圆场者,既有面子,也需要甲乙双方都给面子。甲要甲的面子,乙要乙的面子,这个面子夹缝有时很让夹缝人——和事佬伤透脑筋。

和事佬与被和事的一方的夹缝。在打圆场中,要给双方面子,和事佬自己还要面子,这往往会使和事佬在打圆场中“感情”有所倾斜,倾斜到哪一方,则看“甲”、“乙”双方所要面子的难度。甲方要的面子难度小,容易实现,乙方的面子难度大,不容易实现,和事佬必须让乙方降低难度,使大家都有面子。如果乙方不降低难度,让和事佬感到为难,则和事佬可能会同甲方一起构成夹缝。这时甲方要自己的面子,有自己的原则和底线,是夹缝的一方;和事佬已对乙方有要求,可乙方不太给和事佬面子,和事佬可能会替甲方提高要求,让乙方的要求更难实现,更没面子,这时和事佬是夹缝的另一方。而处在夹缝中的往往是原夹缝构成者乙方。

(二)中国的人情夹缝

在汉语中“人情”的解释内涵很多,《礼记·礼运》中说:“何谓人情？喜、怒、哀、乐、惧、爱、恶、欲,七者弗学而能。”[2](什么是人情？喜、怒、哀、惧、爱、恶、欲,这七情不学就会。)汉语中的人情指人的情感。除此之外,“人情”还包括人的交情、交往习俗和代指一些礼物等。《红楼梦》中有副对联讲:“世事洞明皆学问,人情练达即文章。”我们怕是学不来的。从人情字面上看,人情概念包括了众多之情,诸如恋情、夫妻情(婚情)、战友情、同学情、老乡情、上下之情、人与法之情;有欢喜之情、悲愤之情、慷慨激昂之情、凄惨之情、无情、冷酷之情、虚情;有人与动物之情、山水情(诗情)等。本书讲的“人情”主要指人的情面,即指人与人交往过程中的利益关系。也正是由于人与人之间

[1] 易中天:《闲话中国人》,上海文艺出版社 2006 年版,第 90 页。

[2] 《礼记·礼运》,见陈襄民《五经四书全译》第 2 卷,中州古籍出版社 2000 年版,第 1343 页。

的人情,构成了某种斩不断理还乱的夹缝关系。

1. 人情本身就是一种夹缝

人情关系通常是一种长久而稳定的社会关系。人与人之间建立这种关系,可以满足其关爱、温情、安全感、归属感等情感方面的需求,还可以以这种关系为工具来获取自己所需要的资源。[1] 元代刘壎在《隐居通议·世情》中说:"盖趋时附势,人情则然,古今所同也,何责于薄俗哉!谚曰:世情看冷暖,人面逐高低。"现代社会中这种需要回报的人情越来越多,越来越泛滥。有人情或叫欠了人情要回报还能说得过去,有时不欠情,却被卷进人情夹缝。有些人利用孩子上学、生日、家庭搬迁、子女结婚等大发请柬,要回人情。一位农村基层工作人员说:我每年需要搭礼的户数少则三十家,多则一百来家,仅此项花费就在3000元以上,有时候一天得应付两三家。有些人是亲朋好友,搭些礼尚属正常。但很多人你根本没有什么交往,他们也给你发请柬,有时候甚至不知道是什么时候塞到你办公室的。最近几年,这种现象还在不断"更新"。在这"人情礼"中,给了多少礼多数人是讳言的。有人说理应多给一些礼,留下个人情,以后可以获得帮助;有人则说可以少给一些礼,这往往使送礼者卷入夹缝中。

2. 回报人情容易构成夹缝

在"人情"回报中,中国人有许多办法。"在传统社会,有两种很突出的逃避的牵缠,以维护理论原则的情形:一是地方上父母官不由当地人士担任,此一规定是逃避亲友邻居对官员所作的特殊化的要求,以求不会伤害到官员一视同仁的理性原则;一是商人倾向于离乡别井到外地经商,此一措施也正是逃避亲友邻居对商人所作的特殊化的需求,以求不会伤害到经商的市场取向的理性原则。"[2] 但是,那些官员和商人同样会处在新的人情环境中,处在人情的夹缝之中。而一旦有了人情,必须选择时机回报,否则会被人嗤为不懂人情之类。

即刻回报人情容易构成夹缝。所谓即刻回报指在欠下人情之后以最快的方式回报。这种人情回报方式,在一个安定少变的乡土社会中是没有市场的,

[1] 参见杨国枢:《中国人的心理》,江苏教育出版社2006年版,第230页。

[2] 同上书,第77页。

而在流动程度大的城镇社会中往往会被接受。在乡土社会中，我帮忙一个工，人家欠"我"一个工，"我"不是要求那家人马上还一个工，而是在"我"需时还一个工。如果马上回报人情，会使欠人情者感到难堪。为了防止人情被淡忘，如今还人情者已缩短了还人情的时间。在等待回报他人过程中，家人往往会提醒，有的劝尽快"还"，有人认为可以延迟"还"，这便构成了回报人情的时间和"速度"的夹缝。

忘记回报人情容易使自己处在夹缝之中。"来而不往非礼也"，"有来有往，亲眷不冷场"。这些民间流行说法是对礼尚往来的表述，也成为一部分社会人的行为准则。"报"（回报）是中国社会关系的基础。西塞罗（Cicero）说："没有一种义务比回报他人之善更不可或缺的了。"又说："人皆不能依赖一忘人之恩者。"[1]德社会学者席墨尔（G.Simmel）强调："人与人之接触都倚赖施与回报（等值）这个机构上的。"[2]"人皆不能信赖一忘人之恩者"说明回报重要，也说明不回报则会失去人们的信任，那是做人的失败。如果忘了回报不仅会失去人们的信赖，还会处在人情的夹缝之中。构成夹缝的一方为"施恩者"，希望受恩者回报；构成夹缝的另一方则为与之没有关系的人，在知晓受恩者不回报后，会认为此受恩者不可信，不可处。处在夹缝中的是那忘记回报的人，人们不认为他是忘记回报，有时会认为他是不讲人情。

黄国光在《人情与面子：中国人的权力游戏》中画了一张图以表达人情在社会交往中的位置，如图 4-1 所示。

黄国光认为："在一个讲究'受人点滴之恩，定当涌泉相报'的文化理念里，资源支配者施恩于他人时，虽然能够预期受者一有机会就将回报，可是，由于'人情'很难用客观的标准来加以衡量，不仅对方回报的日期遥遥无期，而且对方回报的方式也难以预估。因此，资源支配者只能依照对方权力的大小来估他可能作出的回报。对方的地位愈高，权力愈大，掌握的资源愈多，他可能回报的层面愈广，回报的方式也愈丰厚。反过来说，对方的地位愈低，权力

[1] Alvin Gouldner, *For Sociology*, p.226.

[2] George Simmel, *The Sociology of Georg Simmel*, trans.&ed.by Kurt H.Wolf, p.387, Glencoe, The Free Press, 1950.

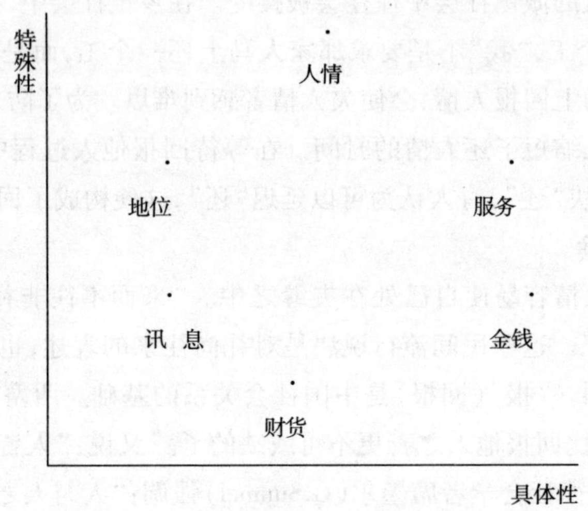

图 4-1　人情及其他社会交易之资源在具体性及特殊性二向度上之位置

愈少,掌握的资源愈少,他可能作出的回报也愈为有限。"[1]这种分析是针对官场讲的,在民众中间,等值回报被视为最好。

3. 势利是人情的恶夹缝之源

势利指以地位、财产、权力区别对待他人的表现或作风。由于中国实行了社会主义市场经济,人们对金钱看得重了,对权力、地位看得更重了,势利的人也随着金钱观的坚挺而增多。关于势利和世故,易中天有过精辟阐述。易中天说:"势利与世故是不同的。表面上看,它们都是以一己之私利,为考虑问题、为处事的出发点。但是,世故者在谋私利的同时,尚能顾及他人,或顾全大局,势利者则只有自己没有他人;世故者尊重人情法则,只不过利用人情法则为己牟利,或在不违背人情法则的前提下打小算盘,势利者则从根本上违背人情法则,并对此法则起到一种破坏作用;世故者往往特别顾面子,无论如何谋私,面子上总得过得去,势利者则完全不要脸面,赤裸裸地表现出对权势的巴结和对财利的追逐;世故者为了更长远的利益可以牺牲眼

[1]　黄国光:《人情与面子:中国人的权力游戏》,转引自杨国枢主编《中国人的心理》,江苏教育出版社 2006 年版,第 238 页。

前小利,甚至有意吃亏,势利者则鼠目寸光,见利忘义,在人格上也更为卑下。”[1]

势利者对人情者构成恶夹缝。在金钱和权力至上的文化风气中,势利者往往非常有市场,这种势利在官场上表现又尤为突出。某些人在台上时,那势利者则鞍前马后,低声下气,唯恐成不了小人。当某些人不在台上了,那最低声下气的往往做得最绝,也最不讲情义。当某些人再度得势之后,那势利者还会低声下气地做“孙子”,这就是势利者的本性。中国有句话叫做有了人,人情在;去了人,则断往来,这是对那些势利者的概括。当势利者构成势利之势时,往往会有讲良心和讲义气的人挺身而出,对失势者以关心和照顾。这会使失势者感慨万千,同时也会认清势利者的面目。如果一个部门势利者成堆,那么势利者之间就会对人情者构成恶夹缝;如果一个部门势利者不多,那么势利者和讲良心者会对失势的人构成难得的良性夹缝。例如:某部门的主要负责人调走了(是一种平调或者去了更差的单位),原单位中的势利者则会想办法挤对自己原来的领导,因为势利者感到再也用不上这个领导了。而讲良心的人则会主动关心和照顾原领导,过去在台上不用别人过多关心,此时则最需要朋友照顾。这样,势利者为夹缝的一方,讲良心者为夹缝的另一方,对失势者构成了奇特的夹缝,会使失势者明白许多。

讲良心者和讲义气者会对有势利心之人构成夹缝。良心指良善之心;义气指情义。良心与义气是两个不同的概念。良心是一种较为柔和的善心,一般不会损害别人;义气是一种较为强硬的情义,是会出手相助的情义之心。世上有良心的人不一定讲义气,如果讲义气了,为了情义可能会有损“良心”。例如:公元前265年秦昭王为了替其相范雎报仇,诱拐软禁了赵国孝成王的弟弟平原君,要平原君交出藏在他家中的魏相魏齐,魏齐是范雎的死敌。赵王为了救自己的弟弟,发兵包围了平原君府,魏齐趁着夜色逃出,求救于赵相虞卿。虞卿与魏齐一同从小路逃往大梁,希望通过魏国信陵君的关系逃往楚国。信陵君听到通报后,有些势利了,因为畏惧秦国,不肯见面,并故意问虞卿是什么样的人呀?信陵君的“上客”侯嬴则看不惯信陵君此时的“势利”,便抢嘴说,虞卿是什么样的人?虞卿是个趿着草鞋,扛着雨伞,随随便便地前去游说赵

[1] 易中天:《闲话中国人》,上海文艺出版社2006年版,第135页。

王,才见了赵王三次,赵王就拜相封侯,普天下都争相结识的人。如今那魏齐穷途末路,求救于虞卿,虞卿讲义气,不看高官厚禄,放下了相印,辞掉了封爵,带着魏齐逃到大梁,只为讲义气急他人之难而求救于公子,你却问他是个什么样的人。结果是虽然信陵君去迎,魏齐听说信陵君留难,便拔剑自杀了。而虞卿则发奋读书去了。[1] 在这个历史故事中,是讲良心的平原君收留了秦国相范雎的仇敌魏齐,成为夹缝的一方;另一方为赵相虞卿,此公极讲义气,不要相印,不要封爵,带着求助于他的魏相魏齐,逃往魏国信陵君处,希望通过他的关系再逃往楚国;处在夹缝中的是一时有了势利之心的信陵君,迟疑而装糊涂,等到他从势中出来时,已经晚了,魏齐已经自杀了。

(三)中国习俗文化中的闲话夹缝

所谓闲话有几层意思,一是一种闲谈;二是无关紧要的话、题外话;三是背后议论他人事非的话。在日常生活中,往往背后议论他人是非的话最容易构成夹缝。中国人爱说闲话是有了名的,地区不同,对闲话的称谓也不同。北京叫“侃大山”,上海叫“吹牛”;东北叫“拉呱”,西北叫“谝传”;江苏叫“闲聊”,新疆叫“宣荒”;闽南叫“化仙”,成都叫“摆龙门阵”,这些闲话——“在闲中话别人”是一种文化夹缝现象。

1. 闲话者本身就是夹缝构成者

闲话是由人说出来的,说闲话的人并不知道自己在说闲话时已经对他人构成了闲话的夹缝。不少人每日饭后都要讲一些闲话,这些闲话有赞美的,也有宣泄或恶传的。好的闲话、坏的闲话都容易构成夹缝。

闲话的内容夹缝。闲话的内容是由讲闲话的人说出来的。当好的、孬的闲话对准某一人时,这个人一定会处在无奈的闲话夹缝之中。例如西汉文帝时的河东太守季布,有人在背后闲话其贤,说他官做得下力、为民。文帝便把他从河东太守的职位上召回来,准备把他任命为御史大夫。在那个时代,御史大夫的职位较高,相当于上卿。这时闲话又出现。闲话说季布人挺勇敢,力气又大,就是爱喝酒,一喝酒就要酒性,大家都不敢接近他。文帝一听心中犯了嘀咕,既不让回去,也不任命,闲待了一个多月。季布等急了,便去见文帝说,

---

[1] 参见易中天:《闲话中国人》,上海文艺出版社 2006 年版,第 137 页。

把臣召回,无所任命,一定是听到什么闲话了;又说,陛下以一人之誉而召臣,一人之毁而去臣,臣深恐天下有识之士听说陛下如此地为他人的"闲话"所左右,就能窥测到陛下的深浅了。文帝听闲话的心思被说穿了,半天不做声,最后说,河东比邻首都,如同朕的手足,所以特地召见爱卿。季布这才重回河东当郡守去了。[1] 这个闲话夹缝中,夹缝的一方是闲话季布好的人,夹缝的另一方是闲话季布不好的人,处在夹缝中的首先是文帝,他不知该听哪一方的了。听好的闲话应任命季布为御史大夫,听孬的闲话则不能任命季布为御史大夫,文帝左右为难。处在这个闲话夹缝中的还有一个人,就是季布。季布工作不错,有人闲话说好,自然无话可说。但文帝召来季布不重用也不处罚,想必是文帝又听到了另一类闲话。扯这类闲话的人怕季布比自己位高权重而有意为之。从季布个人来讲,肯定也希望升职,但闲话的力量大,让文帝犹豫不决。

闲话传递结果的夹缝。易中天说,闲话爱好者评张三李四,说三道四,大嚼其舌头,这样一来,中国的成年人便差不多都和闲话有了瓜葛。不是自己说闲话,便是听别人说闲话;不是说别人的闲话,便是被别人说闲话。中国人的闲话功夫是够深的,一是闲话传递的面广;二是闲话的内容经传递便失去了原样(有些闲话本来就不正确);三是有人在利用闲话说事。当有人利用闲话说事时,那闲话就可以杀人了,可见,其夹缝的夹力之大。如《红楼梦》中的尤二姐,地位低下,人长得漂亮,又温柔和顺,"凡事必商必议,不敢恃才自专",但贾府容不下这样的人。先是王熙凤用"闲话"去"打击"尤二姐,说尤二姐的名声不好,和姐夫往来甚密等。另一方面一些闲话又传到了贾母的耳中,贾母对尤二姐也不看重了。当原来听闲话同情尤二姐的人和造闲话攻击尤二姐的人形成一种闲话者的夹缝之后,"弄得这尤二姐要死不能,要生不得",最终走上绝路。

2. 谣言式的闲话夹缝夹力大

在讲竞争和讲斗争的场合中,闲话就不闲了,有时还会成为一种意想不到的武器,成为杀人不见血的"刀子"。

暗箭式的闲话夹缝。所谓暗箭式的闲话夹缝指在关键时刻势利者用阴暗

[1] 参见易中天:《闲话中国人》,上海文艺出版社 2006 年版,第 267 页。

的手段制造谣言攻击某人或某些人而构成的夹力较大的夹缝,使夹缝人防不胜防。在网络盛行的今天,暗箭式的闲话会随网络传遍各地,有些还配有图片,其速度之快,传播面之广,在历史上是少有的。例如莫晓明在《暗箭难防》中说:“在短短的五天,张哥的店里发生了三起鱼煲掺杂蟑螂事件。”食客的不满,谣言式的闲话四起,不仅食客人去屋空,而且工商执法人员听到“消息”后也不依不饶。张哥无奈地说:“难的是现在都侦查不出是厨师,还是服务员,或者是窄路的冤家,用暗投蟑螂这招来整治我,祸害我的鱼煲产业。”[1]其实,投蟑螂是“动作”,传谣言是“扩散”,扩散到众客人不再来食煲,扩散到工商人员赶来处罚,最终让这个店“关门大吉”。这种暗箭式的闲话在官场上最多,当某一干部正在考察时,忽有网上举报或者匿名信、短信。有人反映,上级机关就要调查,在调查期间内,该干部的提拔时机可能就会过去。莫晓明所讲暗箭式闲话夹缝,夹缝一方是始作俑者,即投蟑螂的人,投了蟑螂然后传播谣言;另一方则是听信了闲话之后的顾客和工商人员;处在夹缝中的则是张老板了。有蟑螂是“由头”,闲话传播是手段,让鱼煲店关门是目的。这种暗箭式的闲话是缺德的。

有目的的“闲话”夹缝。中国有句俗话叫做“好事不出门,坏事传千里”。传千里正是通过闲话这种形式实现的。有些人为了实现某些目的,会采用一些常人不用的手段,以扩大闲话的效应和传播的速度,这样就构成了有目的的闲话夹缝。王俊在《暗箭难防》中说:“某某真是‘躺着也中枪’,竟然被传出与一位二线性感女星‘出双入对’。这还真不是搭不搭的问题。虽然某某自己也是个爱出风头的人,但无论如何都不至于使出这一招来增加曝光率。明眼人一看就知,二线女星使的坏。为了让自己突出重围,冲上头条,不惜设局,引人上套,随即主动释放绯闻,借机上位。”[2]王俊讲“主动释放绯闻”指的是传播绯闻式的“闲话”。当然,这种“闲话”不再是你讲我听,而是通过网络来完成的。从这则评论来看,二线女星通过和某某“出双入对”制造出“绯闻”,从而传播,让自己上位。让自己上位是女星的目的。现代社会,只要成名有利,干什么都无所顾忌,实在是一件可笑而又可悲的事情。在这个有目的的“闲

[1] 莫晓明:《暗箭难防》,《南国都市报》2008年10月10日。

[2] 王俊:《暗箭难防》,《深圳特区报》2012年3月9日。

话”夹缝中，构成夹缝的一方是二线女星本人，用自己制造“绯闻”；构成夹缝的另一方则是网络传播者和反对某某绯闻传播的粉丝们，处在夹缝中的是某某，也包括那个二线女星。

3. 闲话者的心理行为夹缝

闲话的制造者和传播者以及喜欢听闲话者都是闲话心理在起作用。一切语言交流都通过心理支配而进行，应该说，活着的正常人每时每刻都在进行心理活动，而闲话又往往是心理活动的一种表达方式。闲话的心理支配方式往往容易构成夹缝。

闲话文化的好奇心理夹缝。所谓好奇心理是指对闲话文化感到新奇、刺激而感兴趣。现在网络传播“闲话”迅速，好奇心理支配下的闲话文化的传播就更快了。人的本性是不满足，好奇心就是人们希望自己能知道或了解更多事物的不满足心态。正是这种心态推动人们对某些闲话产生兴趣。有人还不断地制造闲话，传播闲话，打听闲话。

闲话报复欲的夹缝。“讲别人闲话者，多半都被别人讲过闲话；被别人讲过闲话的，也多半要去讲别人。”“你说我贪污，我就说你偷钱；你说我暧昧，我说你养汉；你说我的文章都是别人代笔，我就说你的书都是剽窃。这种‘闲话大战’，连学者教授之流也公然加入，真乃噫吁嘻不亦悲乎！”[1] 其实也不可悲，这是一种文化民主的前奏。自从有了网络博客，公开媒体难以全部控制言论之后，言论就真的自由了许多，这是一种民主进步。这种民主的初始阶段，有点“闲话大战”，是极为正常的现象。闲话大战起始，还是因为被闲话者去报复闲话者而形成的。被闲话者去报复闲话者，闲话者再讲闲话去报复被闲话者，其他相关人员也纷纷参与闲话，成为一种闲话混战，构成了报复闲话者的夹缝。构成这种报复欲闲话夹缝的一方为被闲话者，夹缝的另一方为看不惯报复闲话者的所作所为者，从而对闲话者以闲话报复。

---

[1] 易中天：《闲话中国人》，上海文艺出版社 2006 年版，第 287 页。

三、中国陋俗夹缝

中国有值得骄傲和自豪的灿烂文化,同样,在灿烂文化之中,也夹带着许多落后、陈腐、荒诞、潜在、丑陋的习俗。这些习俗你不沉入文化生活中,不会体会其根深蒂固,也不会感到其力量之大。清代国学大师章学诚讲:“古之糟粕,可以为今之精华;古之疵病,可以为后世之典型。”古之糟粕、疵病,也只能作为今天的反面典型了,但许多陋俗还在不少地方上演着,而且在不断构成陋俗夹缝,而我们却不自知,或还在津津乐道,总以为是中国特色。

(一)窝里斗夹缝

中国人有窝里斗的习气。柏杨对中国的窝里斗做过描述:“中国人的窝里斗,可是天下闻名的中国人的重要特性,每一个单独的日本人,看起来都像一头猪,可是三个日本人加起来就是一条龙,日本人的团队精神使日本人所向无敌!”“三个日本人做生意,好,这次是你的,下次是我的。中国人做生意,就显现出中国人的丑陋程度,你卖五十,我卖四十,你卖三十,我卖二十。所以说,每一个中国人都是一条龙,中国人讲起话来头头是道,上可以把太阳一口气吹灭,下可以治国平天下。中国人在单独一个位置上,譬如在研究室里,在考场上,在不需要有人际关系的情况下,他可以有了不起的发展。但是三个中国人加在一起——三条龙加在一起,就成了一头猪、一条虫,甚至连虫都不如。因为中国人最拿手的是内斗。有中国人的地方就有内斗。”[1]这正如外国人评价中国人的一句话:内斗内行,外斗外行。这种窝里斗容易构成夹缝。

1. 守住“己不吃亏”信条的夹缝

在处事以及工作中,有舍己为人者,有忘我工作者,也有不少“己不吃亏”者。“己不吃亏者”绝对守住“己不吃亏”的底线,即使吃亏,也必须是“吃小亏,赚大便宜”,“堤内损失堤外补”。正是因为守住“己不吃亏”的信条,才容

---

[1] 柏杨:《丑陋的中国人》,古吴轩出版社2004年版,第8页。

易构成夹缝。

三个和尚没水吃是典型的"己不吃亏"夹缝的表现。"一个和尚挑水吃，两个和尚抬水吃，三个和尚没水吃"，形象地概括了中国人的"己不吃亏"的"德性"。在这三个和尚中，两个和尚对另一个和尚是否构成夹缝，这要看两个和尚联手构成夹缝的条件以及作为夹缝人和尚的接受态度。有人曾问，为什么三个和尚不一人挑一天水呢？有人戏答，因为每一天用水不固定，如果甲挑水那天，丙、乙用多了怎么办呢？柏杨举了马来西亚的一个例子，说有一个中国朋友在马来西亚开矿，被人家告了，后发现告这位开矿的竟是同开矿者一块从中国来创业的朋友。开矿者问朋友告自己的原因，告者说："一块儿打天下是一块儿打天下，你现在高楼大厦，我现在搞得没办法，我不告你告谁？"人家做得好，我做得不好就吃亏了，必须采取措施，我不能左右你，我可以通过法律来折腾你，让你不开心。构成这个夹缝的一方是没有富起来的中国"朋友"；构成夹缝另一方的是马来西亚的执法部门。开矿者成为了夹缝人。既然中国朋友告了，也不能太埋怨，但告了不一定就是真的；不让执法者调查是不行的，还应该配合，你自己说不违法也是不行的。法官查实你不违法，则你就不违法。这种"己不吃亏"的窝里斗现象屡见不鲜。

"天塌下来由高个子顶着"构成自私式的夹缝。天塌下来由高个子顶着既说明了自私的心态，事情没有做好，绝对不是我的事情，那全部是"高个子"的责任。可为什么要推给"高个子"呢，为什么"矮个子"就不可以顶住呢？柏杨讲，"我记得小时候，老师向我们说：'国家的希望在你们身上。'但我们现在呢？轮到向青年一代说了：'你们是国家未来的希望。'这样一代一代把责任推下去，推到什么时候？海外的中国人，对这个问题更加敏感，也盼望得更为殷勤。今天我们国家遭到这样的苦难，除了我们自己未能尽到责任以外，传统文化给我们的包袱是很沉重的，这正是所谓前生因，今世果。"[1]

2. 明哲保身夹缝

在中国传统的处世哲学中，"明哲保身"是非常有市场的。毛泽东曾在《反对自由主义》中对这种现象提出过批评："事不关己，高高挂起；明知不对，

[1] 柏杨：《丑陋的中国人》，古吴轩出版社 2004 年版，第 23 页。

少说为佳;明哲保身,但求无过。"[1]这种明哲保身的做法容易构成夹缝。与明哲保身相对的是为了一己之利千方百计诋毁他人的陋习,同样会构成夹缝。

明哲保身的夹缝。所谓明哲保身原指明智的人能够避开灾祸,不参与可能给自己带来危险的事,善于保护自己。现在指害怕损害自己的利益而回避矛盾,对是非不置可否的处世态度。中国的资政大典《资治通鉴》一再强调明哲保身,暴君、暴官最喜欢人们明哲保身。柏杨认为:"儒家最高的理想境界,似乎只有两个项目,一个项目是教小民如何地藏头缩尾,国家事管他娘,而只去维护自己的身家财产;用两句成语,那就是'明哲保身'、'识时务者为俊杰',鼓励中国人向社会上抵抗力最弱的方向走。另一个项目则是求求当权派手下留情,垂怜小民无依无靠,用御脚乱踩的时候,稍微轻一点;其成语曰:'行仁政。'"[2]孔子说:"危邦不入,乱邦不居。天下有道则见,无道则隐。邦有道,贫且贱焉,耻也;邦无道,富且贵焉,耻也。"[3](危险地方,千万不要去,乱的国家,不要去住。天下清明,就去做官。如果天下不清明,就不要做官。国家清明,你没做个官,丢人;国家不清明,你却弄个官,那也是丢人。)孔子这段话是对"明哲保身"的高度概括。例如,有一个买西瓜的故事,讲的是老板考察一个新伙计是否可靠,实则是一个明哲保身的夹缝。老板娘对伙计说:"要买个西瓜",老板对伙计说:"你一出门,往西走,第一道桥那里,就有卖西瓜的。"伙计一出门,往西走,没有看见桥,也没有卖西瓜的,于是就空手回来了,老板骂他笨蛋,没有头脑。伙计说:"东边有卖的。"老板娘说:"你为什么不到东边去买?"伙计说:"老板没叫去东边买。"老板娘说:"你真好笨。"这是"买西瓜学",如果伙计到了西边看没有西瓜,而东边有,到了东边买了回来,老板一定会夸他聪明,会办事,但绝对不会信任这个伙计。结果是这个让往西而不往东的伙计得到了老板的录用和重用。在这个"明哲保身"、毫无创造性的夹缝中,老板娘骂他不往东买西瓜,老板让他往西买不到西瓜,构成了对伙计的夹缝。而处在夹缝中的伙计,却按照明哲保身的办法,不求有功,但求无过而受到老板的信赖。

---

[1] 《毛泽东选集》第二卷,人民出版社 1991 年版,第 359 页。

[2] 柏杨:《丑陋的中国人》,古吴轩出版社 2004 年版,第 80 页。

[3] 《论语·泰伯》,见陈襄民《五经四书全译》第 4 卷,中州古籍出版社 2000 年版,第 3121 页。

跟风的夹缝。跟风指有些社会人见到某些人行动后会跟着行动。在陋俗中表现为一旦有人发起对某人的诋毁行动后,个别不相干的人会跟着往前冲。跟风会节外生枝地对夹缝人构成一种"莫须有"式的夹缝。跟风在中国一直很有市场,中国有句俗话说:墙倒众人推,破鼓万人捶,讲的就是跟风的现象。跟风在"文化大革命"中发展到了极点。"文化大革命"中造反组织林立,你不让我参加你的红卫兵组织,我自己成立红卫兵组织。在对所谓走资派的批斗中,红卫兵往往都是跟风。这派组织说"走资派"不老实,不接受改造,让"走资派"老实写检查,接受改造。另一派红卫兵则认为走资派有历史问题,不能在家写检查,要去和地富反坏右一起劳动改造。"文化大革命"中,"不老实"、"历史问题"对那些领导干部来说,都是莫须有的。"文化大革命"之所以煽动性那么大,破坏力那么大,与中国人好跟风的陋习是分不开的。

(二)官本位陋俗夹缝

"官本位"不是一个严格的科学概念,而是一种通俗的说法。"官本位"一词发展到今天指以官为本,把是否为官当成一种核心的社会价值尺度去衡量个人的社会地位和价值。"官本位是集政治体制、经济(利益)格局、价值观念、思想文化于一体的社会状态。"[1]通俗一点说,官本位就是以官为本、以官为贵、以官为尊、以官为荣的根深蒂固的陋习。官本位所形成的夹缝,已经影响了中国的社会发展和进步。

1. 当官好处大构成官员利益至上夹缝

在几千年的封建社会中,知识分子读书的目的,就是做官。"这个看不见摸不着的'场',是由科举制度形成,一旦读书人进入官场之后,就与民间成为对立状态。那个制度之下的读书人,唯一的追求目的,就是做官,所谓书中自有颜如玉,书中自有黄金屋。读书可以做官,做了官就有美女和金钱。从前人说,行行出状元,其实除了读书人里有状元,其他人仍是不值一文的工匠。那时对其他阶层的人,有很多制度,不能穿某种衣服,不能乘某种车子。封建社会一切都以做官的人的利益为前提。"[2]柏杨讲的官场现象,在今天只不过

[1] 朱向东:《官本位批判论纲》,《中南大学学报》(社会科学版)2008年第4期。

[2] 柏杨:《丑陋的中国人》,古吴轩出版社2004年版,第24—25页。

换个形式而已。官员利益至上已构成了一种不解的夹缝。

名、权、利集官员一身构成了社会人进步的夹缝。“官本位是官员利益至上,以官员的利益为出发和归宿。在政治上,官员就是权力的化身,公共权力高度集中在少数官员手里,官员的行为不受民众的监督和制约,权力至上,权大于法;在经济上,官员掌握着国家和集体的各种物质资源,享有对公共财产的管理权、分配权和处置权,按权分配,用权剥削,当官是油水最大的职业;在价值观上,把当官视为人生的最高价值和理想追求,把是否当官、官位高低作为判断一个人价值大小、地位高低的最终标准;思想文化方面,官贵民贱、官尊民卑,不管这个官位是买来的、要来的、拍来的、骗来的,不论是清官还是贪官,都光宗耀祖;官越大水平越高、真理越多,为官服务,‘英雄’——帝王将相(官员)创造历史。”[1]朱向东历数官员利益所在,正是这些利益所在,吸引着不少人争着去当官、考官。构成社会人进步夹缝的一方面是制定做官规则的决策者,给官员配置那么多那么好的名、权、利,官越大,好处就越大;构成夹缝的另一方的是争取进步人士的周围人,劝其要不惜一切代价做官,并争取不断升官。当然,也有少数人劝“无官一身轻”,这样便形成了社会人进步的夹缝,这个夹缝主要是针对没有做官或已做了小官但还准备再进步的那些官员们。

社会形成推崇官员的文化夹缝。既然从古到今官员有那么多的好处,油水又那么大,历史上又那么有名,社会便形成了推崇官员的文化现象。《儒林外史》一书中范进中举,写了社会人对举人的推崇。范进从二十多岁一直考到五十四岁,考了二十多次,终于中举。在当时,举人并不是官职,而是一种出身,但它是为官的必由之路。即使范进中举后尚未为官,但“自此以后,果然有许多人来奉承他:有送田产的,有送店房的,还有那些破落户,两口子来投身为仆图荫庇的。到两三个月,范进奴仆、丫环都有了,钱、米是不消说了”。这是那个时代对“准官员”的推崇,对官员更甚。而如今,这种推崇有了很大的进步。官员说出话,以前是被称为重要指示,现在成为重要讲话;对于官员的出行,前有警车开道,后有警车断后,百姓的车一律靠边;对官员的吃,如果瞧得起哪家饭店(当然官员都有自己定点饭店),不收钱不说(收钱也由公家报销),还生怕做不好得罪了官员。“官员需要文凭,国家给办班或送到国外培

---

[1] 朱向东:《官本位批判论纲》,《中南大学学报》(社会科学版)2008年第4期。

训，学费公家报销。有的官员想要硕士、博士证书，高校网开一面，提供一切便利。有的官员喜欢明星，就用公款追星、捧星。"[1]《南方周末》刊登北京一位教授的来信说："到河南某地出差，我目睹了一些地方干部的'官风'。有一天，下电梯被'管制'。据说，因为有重要人物要来。结果左等右等，差不多电梯都楼下楼上能走两个来回的时间，还是没见到所谓的'重要人物'。上去与服务生理论，不料服务生却振振有词教育我，'这是我们特色，难道你不懂！'这让我一下羞红了脸，原以为自己算有点学问的，不料还不如一个服务生对人情世故了解得多。重要人物终于出现，是该市的书记。虽然认识，但此刻却突然有了一种卑微感，没勇气上前打招呼。一个地市级干部，怎么就有那么大的威风，连吃饭也要摆这么大的谱？和民众一起乘电梯能损害他什么？"[2]教授学问还真小了一点，上行下效，"官威"已蔚然成风。这个现实告诉我们，连个小服务生都崇官，对于那些普通农民来说，对官要不知道"厚崇"多少倍。在这电梯使用的夹缝中，构成夹缝的一方是官员，要摆谱；构成夹缝的另一方为教授和其他人要即时乘电梯；夹缝中人正是那崇官的服务生，他绝对不会因民众的需求而动电梯的。

2."官升"民主缺失夹缝

中国官员的升迁大多是上级任命的，因此官员们只需要对上级负责，而不需要对民众负责。民众无法推选自己拥护的"官"，也无法罢免自己不喜欢的"官"，这就构成了民主缺失的夹缝。

上级选任下级容易构成夹缝。由于中国官员任命方式的独特，即上级选任下级，下级要想再升官，必须讨好上级，获得上级的喜欢，升迁才有希望。如何讨上级喜欢，有许多种办法。一是对上级唯命是从，不折不扣地听上级安排；二是阿谀奉承，溜须拍马；三是弄虚作假，谎报瞒报，讨上级喜欢；四是送礼行贿，满足上级所需。上级选下级时，多凭上级的好恶，或因为是朋友所托、熟人、同学等关系，予以照顾。上级选下级，上级对下级只有片面的了解；虽然民众真正了解官员，可是没有发言权，更没有决定权。这样，希望清廉为民的官员做自己的领导的民众，和选定唯命是从的官员做民众领导的上级官员，构成

[1]　朱向东：《官本位批判论纲》，《中南大学学报》（社会科学版）2008年第4期。

[2]　《官员，请少一点官威》，《南方周末》2008年8月21日。

了官员任命和使用时的夹缝。那些有希望升迁的下级官员处在这种“任命”的夹缝之中,当然是由上级“任命”,也只得“认命”了,与百姓的希冀毫不沾边,与真正付出努力、获得成绩的条件毫不沾边。

走过场的民主构成了官员升迁的夹缝。说现代中国干部任用一点民主都没有,那也不是事实,有民主推荐、民主选举,只不过这时的民主已成为一种形式,因为被推荐的对象、被选举的人早已内定,面上的推荐和选举只是走走过场而已。以民主推荐而言,上级准备任命某一领导,则召开一定范围内人员的会议,让大家民主推荐,推荐时已为某一职位某一人设好了条件,符合条件的只有某一个人。第二步是民主谈话,即对要任命的人进行关于德、能、勤、绩、廉内容谈话,碍于面子,或已有人打过了招呼,被谈话者只好听之任之,说好不说坏。第三步是任命前公示,有意见可以打电话反映,当然,反映是没有用的。这样,某一职位某一干部升迁就经过“民主”而产生了。再看人大代表的选举。对于人大代表选举,最基层的则由当地党组织提名两人,两人中“一强一弱”,强者必定选上。第二层人大代表推选,则由官员告诉代表每一个人,必须选谁云云,并有人在边上“观看”代表画票。再往上类推。由于人大代表选举也成为了一种形式,必然构成了民主和官员升迁的夹缝。上级官员构成了夹缝的一方,要求代表们选某某某;民众构成了夹缝的另一方,要求代表们不选某某某,夹缝人则是那些可以投票的代表了,他们有时真左右为难。

(三)生活陋习夹缝

中国有不少的生活陋习,虽然有些已经在新社会被革除了,诸如小脚、男子大辫子、童养媳等,但有些陋习却根深蒂固,在现代社会仍有根基和市场。因此,这些陋习还一直延续着,有些还有了新的发展,形成了陋习的新夹缝。

1. 男尊女卑夹缝

中国的上古母系氏族社会,母亲受到尊敬和崇拜,人群知有母而不知有父,妇女在氏族公社中居于支配地位,实行母系继承制及男嫁女、从妇居的婚姻居住制度。到了父系氏族社会,男子逐渐在生产部门占据主要地位,妇女在生产中退居次要地位,男尊女卑意识随即产生。至周代,宗法社会形成,男子从属家族,女子从属男子。男尊女卑出自《列子·天瑞》:“男女之别,男尊女卑,故以男为贵。”这种男尊女卑的习俗,容易构成夹缝。

夫妻之间男尊女卑文化习俗容易构成夹缝。传统的家庭文化习俗为中国妇女立了“三从四德”。新中国成立后，妇女地位大大提高，但男尊女卑的习俗没有彻底改变，有时仍会形成夫妻之间的男尊女卑现象。2009 年 1 月 28 日《北京晚报》有一条消息：“回谁家过年成了最伤脑筋的事儿。”一个叫高媛媛的女子，和丈夫感情非常好，但一到春节，回谁家过年成了大问题。前几年每年过春节都是回夫家（公婆家）过年，今年她下决心回娘家过年，可丈夫不同意，吵了一架。丈夫此时变得不可理喻，自己独自回东北父母家过年去了。这是受男尊女卑的影响，男方家坚持回公婆家过年成为夹缝的一方；女方家当然希望女儿一家回娘家过年成为夹缝的另一方。夫妻俩为此争执不下，处在习俗的夹缝之中，男子“男尊女卑”，结果扬长而去，自己回父母家了。

生孩子重男轻女容易构成夹缝。传统社会中由于男尊女卑的影响，在生孩子方面也重男轻女。中国传统认为，只有男孩子才能传宗接代，才能延续香火。中国人还认为，只有儿子才能防老，“多子多福”、“积谷防饥，养儿防老”。在农村，一家生了几个女孩子还是要再生下去，非生出个男孩不可。世俗总是这样，认为生男孩好，如果生了个女孩，邻居都会瞧不起。对于小夫妻来讲，父母是生男孩习俗的夹缝一方；开明的朋友是夹缝的另一方，认为女孩也一样，处在夹缝中的往往是丈夫和媳妇。

2. 生活小事陋习的夹缝

生活小事是指不太影响人们生活、生存、生产的事情，但却是影响自己形象的事，如随地吐痰擤鼻涕、随地便溺、乱扔垃圾倒污水、公共场所吐烟雾等，这些看似小事，但小事可以点石成金。古人讲“勿以善小而不为，勿以恶小而为之”，国人的这些小事对他人构成了夹缝。

随地吐痰的夹缝。说起随地吐痰，多少国人深恶痛绝，可却随时可见随地吐痰的人。在随地吐痰的夹缝中，构成夹缝的一方是坚决反对的人士；构成夹缝另一方的是事不关己高高挂起的中庸人士，夹缝中是那些随地吐痰的人。随地吐痰已被国人评为第一大陋习，但却不能根治。在现实生活中，随地吐痰的人有两大类，一种是不分场所，奉行“有痰就吐”的普通百姓，这类人很多，他们往往文化程度不高，缺乏基本的文明习惯；另一类明明知道随地吐痰是恶习，但还是要吐，他们中不少人还受过高等教育，是有意而为之。同时，“小学生守则”中都有“不随地吐痰”的规定，但多数学校重视的是学习成绩和升学率,恐怕没有多少学校真正重视让这条守则成为孩子们的生活习惯。虽然如此,但也不能说随地吐痰是中国人“集体无意识的陋习”,因为多数随地吐痰的人在自己家里并不这么干。但为什么有些人到了公共场所就开始随地吐痰呢?其实,随地吐痰与个人习惯有关,也与国人的自私心理有关。因为他们觉得公共场所与自己无关,自己只是个路人。因此,克服随地吐痰的陋习,建设一个让国民感觉到亲切、自由并且是属于自己的社会环境,这是每一个人的事,而中国离这一目标还相差很远。

乱扔垃圾的夹缝。乱扔垃圾也是国人根深蒂固的习惯,只要人扎堆,没有人制止,过后一定会垃圾成片。国人无论在家还是旅游,都习惯拿出“土特产”享用,嗑的、咬的、喝的,酸的、辣的、甜的,大吃特吃。在公共场所,吃后包装常扔在地上,果皮、塑料袋、废纸随意丢弃。国人成为公共场所生产垃圾的“机器”,其实还是和国人的习惯和私心有关。在乱扔垃圾的夹缝中,构成夹缝的一方是坚决反对乱扔垃圾的人,认为任何场合都不能乱扔垃圾;构成夹缝的另一方是坚守公共道德的人,坚持公共场所不能乱扔垃圾;夹缝人是公共场所乱丢垃圾的人。

第五章　中国处世文化夹缝

中国的处世学问博大精深，从先哲到如今的弘儒学者们，都在研究和推广处世之道。处世之道之所以在中国那么有市场，是因为中国人最讲处世之道。我们每一个人的成长，都是在磕磕绊绊中完成的。如果你对自己在处世之道指导下走过的路进行回顾的话，会发现那些处世之道的至理名言不仅在关键时没有发挥应有的作用，而且还对我们的行为形成了一种文化处世的夹缝，这是士子精英们没有料到的，也是平民百姓没有料到的，这也许是夹缝人对处世之道没有悟透的缘故。

在中国，人与人的交往非常重要，人与物的关系也很重要，为此先哲们还提出了"天人合一"的观点。天人合一既是人与自然的处事标准，也是人与自然的处事结果。人与物的交往尚且如此，人与人交往的处世"条律"更多、更繁复、更深、更有矛盾。说更有矛盾是指处世之道中的那些"条律"，如同卖矛与卖盾一样，"条律"本身有很多地方互相冲突，不能自圆其说。虽然"条律"有冲突，但是并不影响处世之道对人们的行为规范，不影响这些处世之道的"与时俱进"和"科学发展"。汉代刘歆在一篇题名为《新议》的文章中说："人道之本始，纪纲之大要。""人非交不用，名非交不发，义非交不利"，因此，"交之于人也，犹唇齿之相济"。马克思则从社会关系总和的层面分析说："一个人的发展取决于和他直接或间接进行交往的一切人的发展。"[1]今天的社会主义核心价值体系，从某种层面上说，是新社会的处世之道。因此，"可以说，在中国传统文化流传的几千年中，传统处世之道在相当大的程度上，支配了中

---

[1]《马克思恩格斯全集》第一卷，人民出版社1972年版，第515页。

国人的观念意识、行为方式和日常生活,反映着中国人的生存样态"[1],对人们形成了不同形式的夹缝。

一、中国处世之道"对己"方面夹缝

中国人认为,处世之大义以及根本,首先在"克己",只有克己,才能与人、与物"科学"相处、"和谐"相处,才会有大利可得。如果不克己,那么,你会处处碰壁,到处"挨打"。因此,"克己"是处世之道中的重中之重。正是这些成套的克己"条律",给世人形成了"对己"的处世之夹缝。

(一)修德过程夹缝

"德"的要求,从讲文明开始,一直是中国人追求的目的和行为规范。中国修德几千年,人的德不仅没有太多的进步,好像一直在原地踏步,近世似乎还有些退步。如近年来相继发生的"毒奶粉"、"瘦肉精"、"地沟油"、"彩色馒头"等事件,表明诚信的缺失、道德的滑坡已经到了何等严重的地步。为什么社会在发展,经济在腾飞,道德却在滑坡?谁让道德滑了坡?

1. 人的修身夹缝

蔡元培说:"人之所以和禽兽不同,是因为他有德性。应当做而去做就称作德,它是所有德行的源泉;而使我们以实行道德为乐趣的,就是德性。体力、智能都是实行道德的资本,但是,如果没有德性来率领,就会像有精兵而不用良将带领一样,于是刚强的体力反而增进暴行,卓越的智能反而去帮助奸恶。"[2]由于每一个人的悟性不同,修身的结果也不会相同。修身中,正因为每个人的悟性不同,反而容易构成夹缝。

立德的夹缝。无论一个人的悟性有多高,必须给自己确定做人的标准,也就是为自己立德。立德指为自己确立道德,在自己的心中确立一种良知的标

---

[1] 郭莹:《中国文化讲习录》,北京大学出版社 2008 年版,第 172 页。

[2] 蔡元培:《中国人的修养》,中国工人出版社 2008 年版,第 113 页。

准,有一个真、善、美的尺度。君子者先立德也,成大事者无不先立德。立了德的标准,必须注意遵守,按照这个标准做事。正由于每一个人立德标准不同,对德的悟性不同,遵守中就容易构成夹缝。有一个叫做“放下着”的故事,讲的就是立德中的夹缝。故事发生在湖北黄梅东山五祖寺,寺的前面有一凉亭,亭上有三个字“放下着”。“放下着”三字源自下面发生的故事。寺里的一老一少两和尚下山化缘,来到河边,正遇一股山洪下泻,过河的石磡都被水淹没,一年轻女子站在河边,望着滔滔大水一筹莫展。此时,老和尚上前,表示愿帮助女子,背她过河。女子迟疑片刻,也就默允了。过河放下女子后,老和尚与小和尚径直赶自己的路。走了很远,小和尚还是对此百思不得其解,禁不住问老和尚:“师傅,男女授受不亲,乃民间常礼,何况我们出家人?”老和尚说:“佛祖普度众生,救人于危难之中就是度众生呀!怎么,你还没有放下?”随后,老和尚题了“放下着”三字。在这个立德夹缝中,构成夹缝的是祖先立下的德,男女授受不亲的观念;构成夹缝的另一方是遵守佛祖众生普度,救人于危难的助人立德的老和尚。处在夹缝中的小和尚认立德标准而不能悟出立德的实践准则才处在夹缝之中。

反省的夹缝。曾子讲:“吾日三省吾身。”[1]在他的倡导下,不少君子都用每日三省自身而要求自己。人是需要反省的,尤其是失败的君子们。怎么反省,是省错不再前进,还是省自己没有做好,而继续前进,其中的差别很大。一个人不犯错,尤其是一生不犯错是不容易做到的。正视自己的错,把错作为教训而继续前进,同样也不容易做到。人们如果容下了别人的错误,鼓励别人的优点,让他人继续前行,不知比三省自身要好多少倍。有一名叫做一翎的老师讲了这样一个故事。数学老师某天在一翎办公室怒气冲冲地讲:“那个张辰,上课时竟把前面两个女生的辫子结在一起,还在上面别了一支笔!”一翎火冒三丈,暗想张辰自进了我们班开始,迟到、旷课、作业不做、上课做小动作、搞恶作剧、课间打架总是不断,准备放学时,等其他同学走后,给他爆发个“雷霆”。正在这时,有个学生气喘吁吁地跑来告诉一翎,班里有两个学生的钥匙不见了,他只好去撬锁解难。忙完后,一翎以为张辰早没影了,可在暮色中,他

[1] 《论语·学而》,见陈襄民《五经四书全译》第4卷,中州古籍出版社2000年版,第3044页。

看见那个小影子还站在那儿,一翎的心动了动,“雷霆”散去了。一翎看见张辰在冷风中颤抖,他的心更为之一动。一翎决定用自行车送张辰回家。很快他有了新的发现:张辰再没出现在不做作业的名单中;任课老师表扬张辰上课认真听讲,期中考试成绩也有很大进步。此后常反省自己。其实,老师在反省自己,张辰也在反省自己。在这个夹缝中,构成夹缝的一方是数学老师,我想他也会反省自己;构成夹缝的另一方则是一翎,怎么带好这个班,正是一翎老师的责任。处在夹缝中的正是那个既无奈又“反叛”的小男孩——张辰。如果一翎老师不反思、不观察,可能会真正地毁掉一个正在懵懂成长中的孩子。应该说,反省对谁都很重要。

2. 培养自己心性时的夹缝

中国词典中把心性解释为心情、性格,其实,心性还应包括一个人的心气。心气存在人的性格中,但性格又不完全包括它。冯友兰说:“人之所以能有觉解,因为人是有心底。人有心,人的心的要素,用中国哲学家向来用的话说,是‘知觉灵明’。宇宙有了人,有了人的心,即如于黑暗中有了灯。”但心与心性不是一回事,心性是人们在后天生活中培养出来的一种独有的心气。正是因为是独有的,因此也是不能够“雷同”的,这便容易构成夹缝。

养气容易构成夹缝。古人十分重视养气,包括个人的和他人的养气。孟子说:“我知言,我善养吾浩然之气。”什么是浩然之气,孟子说:“其为气也,至大至刚,以直养而无害,则塞于天地之间。其为气也,配义与道;无是,馁也。是集义所生者,非义袭而取之也。行有不慊于心,则馁矣。我故曰,告子未尝知义,以其外之也。必有事焉,而勿正,心勿忘,勿助长也。”[1](浩然之气是一种最伟大、最刚强的气,用正义去培养它,不要加以伤害,就会充满于天地之间,无所不在。这种气,要与道和义相配合,不这样就毫无力量。浩然正气,是正义的不断积累而产生的,并不是靠偶然的正义行为就能得到的。做了有愧的事,浩然正气就减弱了。所以我说,告子并不懂得什么是义,他们把义看成是外在的东西。义是内心之物,一定要培养它,但又不能有特定的目的;心中要常想到它,但又不能人为地帮助它生长。)浩然之气怎么培养呢?古人讲究

[1] 《孟子·公孙丑上》,见陈襄民《五经四书全译》第4卷,中州古籍出版社2000年版,第3295页。

读万卷书,行万里路。现实生活中,浩然正气的养成要靠每个人不同的良心,人们在良心支配之下养自己的正气。养气以及保持一股正气同样会构成夹缝。有一个故事讲:在大学几年中所有考试都结束了,还有十几天同学们就要离校时,辅导员通知同学们;讲授训诂学的老教授要在周六给选修这门课的同学补一次因他生病住院落下的课。其实试都考完了,系里认为可以不上课了,但老教授认为应该上。选训诂学的一共有三十几位同学,补课那天教室里只有三位女同学,这三位女同学是为了到教室聊天的,把在教室补课的事给忘记了。老教授一进教室,见才有三个人,俯身问明这三个没带教材的学生,才明白情况。但老教授清了清嗓子说:"上课。"仿佛教室中坐着三十几位学生一样,老教授像平时一样认真地讲述着精心准备的教学内容,讲得非常投入,有些忘情。这三位开始还有些心不在焉的女同学被打动了,认真聆听起来。课间休息,三位女同学让面色有些苍白的老教授回去休息,老教授坚持把全部的课补完。十多年后,那三位在学校读书时表现平平的女生很快脱颖而出,在事业上卓有成就,成为那届毕业生中的佼佼者。在谈体会时,三位女同学说得益于那次老教授的课。抱病授课,那么一股子气,认真精神,成为这三位学生的法宝。[1] 在这个教学夹缝中,系里认为课已全部结束,可以不再补课;听课的学生认为,分数都有了,不影响毕业,可以不用听课;处在夹缝中的正是那位讲"正气"的老教授,坚持授完课,虽然只有三位学生听课,但三位听课的学生受益匪浅。

大气的夹缝。大气指在涉及自身一些"是非"问题时表现出不计较的气度。每个人的性格不同,气度当然不同。在对待金钱的问题上,有"千金散尽还复来"的大气,也有"一文钱磨断裤腰带"的小气。在待人处事上,还有对明知反对过自己但被事实证明反对错了而又不计较的大气,这种大气容易构成夹缝。唐太宗时,大臣张蕴古呈给太宗《大宝箴》,谈到"勿没没而暗,勿察察而明",意思是说处于上位者既不能糊里糊涂,浑浑噩噩,又不能过于苛察、精明,连臣下的细微小事也知道。这不是讲不讲原则,而是想让"领导"大事精明,小事不苛察。例如:武则天宠信狄仁杰,把狄仁杰提拔到宰相的位置上。

---

[1] 参见崔修建:《那一课叫敬业》,见崔钟雷《美德的力量》,黑龙江美术出版社 2011 年版,第 12—13 页。

一天,武则天把一些只有她自己知道的秘密事情告诉了狄仁杰,其中有对狄仁杰的非议和谣言。武则天说,有人反映你狄仁杰在汝南做地方官极有政绩时犯过罪,你想知道是谁诬陷你的吗?狄仁杰首先感谢则天皇帝对他的信任,接着说:"陛下不以臣为过,臣之幸也,不愿知谮者名。"武则天深为赞叹,更加欣赏狄仁杰了。在这个夹缝中,武则天要告诉狄仁杰说狄仁杰坏话的人,这种坏话是一种诬陷,武则天构成了夹缝的一方;构成夹缝的另一方则是那个别诬陷狄仁杰的人,他们有时就喜欢无中生有。处在夹缝中的倒是狄仁杰,他没有查是谁,为的是让皇帝了解他的大气。

(二)立身过程夹缝

自古以来修德是为了立身。立身主要是要求立身者在良好的道德引领下自制、慎行。立身往往靠立身者自己的决心和行为,靠自己的坚持不懈。在立身的过程中,很容易构成夹缝。

1. 自强不息的夹缝

"天行健,君子以自强不息"[1],意思讲天地运行刚强劲健。相应于此,君子处世,应像天地一样,自我力求进步,发愤图强,永不停息。正是这种发愤图强,容易构成夹缝。

好学和奋发的夹缝。在几千年的文明史中,许多成才和成功者除了个别人靠天赋之外,其他多是靠自己辛勤学习和努力。人人羡慕好学成功者,但这种成功容易对他人构成夹缝。例如:三国时东吴名将吕蒙,少年时家境贫困,没有条件读书,但他作战英勇,屡建战功,孙权把他提拔为平北都尉,后又提为横野中郎将。吕蒙识字不多,向孙权报告军情时,只能口传,不能书写,这很让不少大将看不起。为此孙权劝他读书,并给他开了份书单:有《孙子兵法》、《六韬》、《左传》、《国语》、《史记》、《汉书》等。孙权又劝他说,你再忙,有我忙吗?我不是让你成为寻章摘句的老学究,而是想让你多了解一些事情,更加明事理,更懂军事韬略。在孙权的劝说下,吕蒙发愤读书,后来果真成为能文能武的东吴大都督。鲁肃做都督时,着实小看了吕蒙,以为吕蒙还是那个文化水

[1] 《易经·象辞上》,见陈襄民《五经四书全译》第1卷,中州古籍出版社2000年版,第144页。

平不高的武将,大老粗。一天,鲁肃经过吕蒙的防区,吕蒙突然问鲁肃:都督您肩负重任,对于相邻的守将关羽,你做了哪些防止突然袭击的部署?这一问很是让鲁肃目瞪口呆。在这个奋发读书的夹缝中,夹缝的一方是孙权,让吕蒙读书;构成夹缝另一方的是那些将士们,认为吕蒙也就一介武夫而已,成不了大气候;处在夹缝中的吕蒙,靠自己的奋斗,成为东吴的名将乃至三国的名将。

坚韧的夹缝。儒家学说鼓励人们坚强、不屈服,诸如"儒有可亲,而不可劫也;可近而不可迫也;可杀而不可辱也"[1](儒者可以亲密,却不可以利用;可以接近但不能逼迫;可以杀掉,却不能被侮辱),又说:"富贵不能淫,贫贱不能移,威武不能屈,此之谓大丈夫"[2](富贵不能使他迷乱心智,贫贱不能改变他的意志,威武不能使他屈膝变节,这样才能叫做大丈夫),这是让人们坚韧不拔,视死如归。而儒学还有一番说道:"尺蠖之屈,以求信也;龙蛇之蛰,以存身也。"(尺蠖小虫的退缩其体,是为了求得发展;巨龙长蛇的冬眠潜伏,是为了保存其自身。)"往者屈也,来者信也,屈信相感而利生焉。"[3](而所谓"往",就是屈而退缩;所谓"来"就是伸而进展。正是由于有退缩和进展的交互感应,万事万物的惠泽才得以常生。)苏轼在《留侯论》中也说:"匹夫见辱,拔剑而起,挺身而斗,此不足为勇也。天下有大勇者,卒然临之而不惊,无故加之而不怒。此其所挟持者甚大,而其志甚远也。"这两种理论在坚韧上"针锋相对",不是同一人所言,也不是针对同一"对象"所说,但其中育人的道理非常明确:一种是不成功便成仁,一种是委曲求全。这两种理论的始作者为后人架构了夹缝,当遇到辱事,是拔剑而起,还是不惊不怒,让不少"士"无所适从。

自制的夹缝。所谓自制指克制自己。在自制中,有克制自己性情的,也有克制自己火气的;有克制自己欲望的,还有克制自己热情的。而克制自己,说起来容易,做起来却十分困难。当一个人自制成功时,往往又会处在一种该不

[1]　《礼记·儒行》,见陈襄民《五经四书全译》第 2 卷,中州古籍出版社 2000 年版,第 1208 页。

[2]　《孟子·滕文公下》,见陈襄民《五经四书全译》第 4 卷,中州古籍出版社 2000 年版,第 3337 页。

[3]　《易经·系辞下传》,见陈襄民《五经四书全译》第 1 卷,中州古籍出版社 2000 年版,第 243—244 页。

该自制的夹缝之中。例如韩信“胯下之辱”的自制，是一个自制的典型。《史记·淮阴侯列传》中记载：“淮阴屠中少年有侮信者，曰：‘若虽长大，好带刀剑，中情怯耳。’众辱之曰：‘信能死，刺我；不能死，出我胯下。’于是信孰视之，俛出胯下，蒲伏。一市人皆笑信，以为怯。”[1]（淮阴县市场上有个卖肉的年轻人拦住韩信说：“别看你又高又壮，还带刀挎剑的，其实你是个胆小鬼。”于是他当众侮辱韩信说：“你要是不怕死，你就拿刀捅了我；你要是怕死，你就从我裤裆下钻过去。”韩信两眼盯着他看了半天，最终还是趴在地上，从他的胯下爬了过去。满街的人见到这情形，都笑话韩信，认为他怯懦。）传说韩信在富贵之后找到那个屠夫，屠夫很害怕，以为韩信要杀他报仇，没想到韩信却善待屠夫，封屠夫为护军卫。他对屠夫说，没有当年的“胯下之辱”，就没有今天的韩信。这是一个典型的自制夹缝。构成夹缝的一方是那屠夫，让韩信从胯下钻过去；构成夹缝另一方的是那些看景的小人，希望韩信反抗，杀了屠夫或杀伤屠夫，那样才有景看。处在夹缝中的韩信，只是两眼盯着屠夫看了半天，最后有了“胯下之辱”的故事。胯下是不好钻的，对男儿来说那是一种大辱，韩信还是控制住自己，没有动怒。

2. 慎行的夹缝

慎行是中国人处世之道中重要的一条，人们一般把慎行放在谨慎中最重要的位置。慎言、慎吃、慎交游、慎结怨等几慎，其实都包括在慎行的范围之内。慎行之道有五：一是“行必稽其所敝”（刘向《说苑·丛谈》），事前考察不利因素；二是凡有嫌疑或引起人们猜测之事莫为；三是越是看起来顺利、安全，越要警惕，行事谨慎；四是宁走十步远，莫走一步险；五是大怨之时容易失言，此时要特别留心，不要留下字迹，授人以柄。慎行对于一个人如此，对于一个群体也是如此。

敢担当的夹缝。敢担当是慎行中的度，慎行不是胆小慎为，无所作为，而是在关键时候敢于担当。在实际生活中，慎行与敢担当是辩证的，是行为互补的两个方面。慎行，需要敢担当的胆量、勇气；敢担当，更需要谨慎地担当，从而改变自己所处的不利形势。有一个故事，既讲了慎行，又讲了敢担当，同时也是一个敢担当的处事文化夹缝的例子。“碧绿液”是法国著名的矿泉水，畅

[1] 司马迁：《史记》第3卷，中华书局2008年版，第1814页。

销全球。1989年2月,美国食品卫生部门在抽样检测中,发现有十几瓶“碧绿液”矿泉水苯含量的指标超过规定的2—3倍,长期饮用会致癌。消息一出,公司商量对策:是赔偿损失,还是从媒体向消费者致歉;是换品牌,还是销毁全部剩余的1.6亿瓶价值两亿法郎的矿泉水产品,必须有所选择。公司谨慎地举行了记者招待会,宣布将同一批销往世界各地的1.6亿瓶价值两亿法郎的矿泉水全部销毁,公司另外用新产品补偿。此举一出,媒体哗然,喜爱“碧绿液”的顾客哗然,为“碧绿液”公司的“把坏东西消灭,再推出好的东西”的行为感到高兴,不仅不停用“碧绿液”矿泉水,而且更加信任“碧绿液”矿泉水,使“碧绿液”矿泉水销售量直线上升,超过了上年度几十个百分点。[1] 在这个慎行和敢担当的夹缝中,构成夹缝的一方是美国的食品卫生部门,在他们对“碧绿液”检测中发现有少量矿泉水不合格,要求赔偿顾客;构成夹缝的另一方是“碧绿液”矿泉水的消费者,希望“碧绿液”公司致歉。处在夹缝中的是“碧绿液”矿泉水公司的决策者,他们采取了谨慎的行动,在事故中敢于担当,不仅赔偿、道歉,而且销毁同类产品,不改品牌名称,反而使品牌名声大震。

修学的夹缝。中国传统的科举制度,使多少人为修学而“憔悴”,学子们期望通过修学而出人头地,修学已使多少人处在夹缝之中。孔子曾讲:“古之学者为己,今之学者为人。”[2](古代人学习是为了充实提高自己,现在的人学习是为了装饰自己给别人看。)现在,一般人求学问,的确表现出是“为人”的。如今的考大学所选的专业,出发点是好就业。考大学,主要是为了拿文凭,而不是为了提高自身的修养和学问。考不上大学,父母丢面子,朋友脸上也无光。南怀瑾说:“现在的教育,任何一系,都少有为自己的意志而研究的。曾经有一个学生告诉我,当年他在大二读书的时候,有一天真被父母逼得气了,就对父母说:‘你们再这样逼我,我就不替你读书了!’他说那时候心里真觉得自己努力读书,是为了父母在朋友面前显示荣耀而读的,在自己则并无兴趣。”[3]孩子认为读书是为父母读的,父母认为孩子读书是为了找到一个更

---

[1] 参见栀子:《被“逼”出来的智慧》,见崔钟雷《挑战的脚步》,黑龙江美术出版社2011年版,第81—82页。

[2] 《论语·宪问》,见陈襄民《五经四书全译》第4卷,中州古籍出版社2000年版,第3190页。

[3] 转引自任浩之:《中国人的精神家园》,北京联合出版社2011年版,第30页。

好的饭碗，这便形成了一个修学的夹缝。构成这个夹缝的一方是智者包括国家管修学的决策者，为了提高人们的素质、知识水平，为了国家的发达而鼓励人们修学。构成夹缝的另一方则是读书者的家长，为了孩子能有一个较为理想的饭碗，为了在朋友中能够有脸面，等等。处在夹缝中的往往是那些孩子，十年寒窗为的是能考上大学，并不是自己的爱好和兴趣，最终还是为了一个“饭碗”，这不能不说是教育的一大悲哀。

（三）处世中为己“留白”夹缝

所谓“留白”，原指书画艺术创作中为使整个作品画面、章法更为协调精美而有意留下相应的空白，留有想象的空间。书画艺术中的空白，是一种艺术、一种美、一种境界、一种智慧、一种布局。如南宋马远的《寒江独钓图》，一叶小舟，载渔翁垂钓。整幅画里没有一丝水的“表现”，而看画者感到烟波浩渺，满幅皆水。“恰是未曾着墨处，烟波浩渺满目前。”“留白”用在人的处世上，指为自己留一些“空白”，既有心灵的空白，也有生活中的空白，更有处世中的“空白”。散文家蒙田说过：“我们必须保留属于自己的后厢房，自在地在这里营造我们真正的自由，以及我们的退隐和孤寂。”人生的留白，是一种人生态度，也是一种生活方式，还是一种处世智慧，更是一种人生道路前行中的“凉亭”。人生处事的留白，又往往会构成意想不到的夹缝。

1. 偏执的心境夹缝

人生处世留白需要一种心境，并不是人人都可以为自己忙碌的心留白的。不少哲人让人们学会休息，其实就是给一个非常“忙”的心留白；不少心理咨询师总劝人们放下、想开，而没有放下和想开的往往就是在心中缺少留白。“都市的灯火太亮，遮蔽了美丽的星空；天天‘瞎忙’，让我们忘记了思考；被一些‘奖惩’、‘指标’、‘职称’搞得团团转，喜忧无常，我们忘记了什么是真正的幸福。”[1]而不会留白的人往往是因偏执造成的，偏执构成了夹缝。

过分执著的夹缝。过分执著指对某些事物的偏执，成为一种心理疾病即“偏执狂”。当然，对于偏执，有人也有不同的看法，仁者见仁，智者见智。处世之中，有不少人有自己过分偏执的感受，有时会处在偏执的夹缝之中。如父

---

[1] 邹元初：《话说中华文化》，昆仑出版社2012年版，第142页。

母对孩子的爱,说实了就是一种“偏执”。这种“偏执”的爱有时会成为孩子成功的动力,有时也会成为孩子进步的阻力,更会影响孩子的一生。2010 年 8 月 6 日北京《晨报》有一篇报道:《从小娇生惯养,小伙饿死家中》。报道说,河南信阳罗山县朱堂乡小伙子杨锁饿死缘自父母对他偏执的爱。杨锁 8 岁了,父母出门还用担子挑着,怕走路累着孩子。上小学了,杨锁不做作业,只要老师批评或者要求严了,回家一讲,父母准会找到学校。13 岁时,杨锁父亲因肝病去世,杨锁的母亲仍然宠着杨锁,不让他下地干活。18 岁时,母亲因病去世。母亲去世后,杨锁便卖光了家里所有值钱的东西,最后到村里各家讨饭吃。杨锁从来不洗衣服,穿脏了就扔,换一件再穿,从来不听村人的劝告。天冷的时候为了取暖,杨锁把家里能烧的东西都烧了,连床也烧了。2009 年 12 月,下了几天大雪,杨锁的堂哥杨德玉拿饭和被子去看杨锁时,杨锁已经冻饿死了,当时杨锁 23 岁。[1] 这种过分的偏执疼爱,的确构成了恶的夹缝,夹缝人宁愿饿死、冻死,也不去干活,自己挣饭吃。构成夹缝的一方是那偏执疼爱杨锁的父母;构成夹缝的另一方是村民们。如果杨锁小时有人劝一下杨锁的父母,不要那么偏执地疼爱杨锁,也许杨锁就不会落到如此下场。在处世之中,一定注意不可过分地偏执,必须科学对待自己的某种追求。

“爱好”的夹缝。当人们对某种行为感到有趣时,那离爱好就不远了。对于“士大夫”来讲,一般的都会有自己爱好的。但过分的爱好,则容易构成夹缝。例如,现在的网络游戏,已使不少青少年成瘾,由原来的爱好,变成为了一种病态。据百度数据显示:目前全球 2 亿多网民中,约有 1140 万人患有不同程度的网络心理障碍,约占网民人数的 6%。[2] 而 2005 年 11 月 23 日青少年网络协会正式公布的我国第一份《中国青少年网瘾报告(2005)》的数据显示,在我国上网成瘾的青少年中,13 岁到 18 岁的中学生占到 17.1%。其中初中生上网成瘾比例达到 23.3%。[3] 2011 年王大伟调查,在中国 1.3 亿网民中,35 岁以下的网民占网民的 80%,而 2000 万网络游戏玩家的平均年龄仅为 23 岁。在网瘾少年中,有 90%的家庭教育环节出了问题。在调查的 1200 名中小学生中,80%的孩子认为无法与父母沟通,家长除了成绩之外,其他方面

[1] 木鱼:《从小娇生惯养,小伙饿死家中》,北京《晨报》2010 年 8 月 6 日。
[2] 《百度百科》。
[3] 《网络游戏及成瘾问题》,《百度文库》。

不太过问,虚拟的网络世界成为他们释放压力、获得平等的好去处。[1] 在这个爱好的夹缝中,构成夹缝的一方是网络中的世界,即人为设置的游戏、网聊等;构成夹缝的另一方是孩子的父母,只顾成绩,不管其他,不沟通,不讲平等。处在这种爱好夹缝中的青少年们,往往借"网络爱好"而逃避现实。

诚实修炼的夹缝。我们把诚实修炼放在留白中,是说人生的诚实是人生最大的"留白",没有这个"留白",要么一生都不会有成就,要么有成就最终也会失去。把自己修炼成为诚实的性格、诚实的作风、诚实的为人,是一件很难的事情。故事说:我在大二时学校新开了一门实验分析课,老师很随和、慈祥,但上课要求很严,反复强调操作要规范,读数要准确,态度要认真。我感觉不错,而我感觉不妙是从实验报告开始的。实验一共做 10 次,满分为 10 分,最终总分以实验报告分数来计成绩。我每次总得 4 分,最多 5 分,可周围的同学都在 7 分、8 分,有的还是 9 分,这样下去可能会不及格。同学们劝我说,不能独出心裁,要以教科书为准,上面都有实验结果可以参照,这样老师也不会怪罪我们。可我生性偏执,非以自己实验的结果为准不可。平心而论,我态度十分认真,每次我都更努力,但分数却总不见长。充满恐惧的时刻终于来临了。我算了一下,最多也就 47 分。老师说:"你们绝大多数同学的数据都非常准确,跟教材也吻合,实验误差很小,因此分数比较理想。只有一位同学,分数不太高。"老师继续说:"这位同学态度非常认真,操作也很仔细,只是数据误差较大,跟教材上的标准答案差得太多。"突然,李老师提高了声音:"但是,他的实验结果跟我得到的实验数据很接近。同学们,我不明白,我已经带了三十多年分析课,但我很少能得到你们那么精确的答案。事实上,以我们目前的仪器设备,实验误差就是比较大。但是,看你们每个人每次的实验数据,都那么准确,这只能有一种解释——你们的数据是根据课本凑出来或是编出来的,不是真实数据。鉴于这种情况,我想给他满分。"老师又说:"我只想提醒你们,在成才前先学好如何做人。要学会负责任,不要因为任何原因丢掉你们身上最宝贵的东西。我希望你们牢记:诚实值 100 分。"这个诚实修炼的夹缝,是人生诚实夹缝的可贵"留白"。构成夹缝的一方是老师,要求同学们严格、认真、诚实;构成夹缝的另一方是同学们,要求"我"放弃自己的实验数据。处在夹

---

[1] 王大伟:《网络成瘾的危害性》,《生命与灾害》2011 年第 4 期。

缝中的“我”,一步一个脚印,诚实做完实验,最终获得了满分。

2. 自我宽心的夹缝

在“留白”的生存方式中,自我宽心是人生留白的重要环节和手段。一个做事较真的人如果不给自己宽心,那会使自己失去“留白”的可能,有时还会走入一种“难拔”的困境。自我宽心不当,容易构成夹缝。

悠闲选择的夹缝。林语堂说过:“中国人的性情,是经过了文学的熏陶和哲学的认可的。这种爱悠闲的性情是由于酷爱人生而产生的,并受了历代浪漫文学潜流的击荡,最后又由一种人生哲学——大体上可称它为道家哲学——承认它为合理近情的态度。”[1]消闲和浪漫的心情,望天空云卷云舒,看庭外花开花落,是悠闲中的一种心境。这种悠闲的心境不是一般人能够做到的。例如:选择了悠闲生活的历史名人陶渊明,正是因为处在了夹缝中,才静心选取了悠闲的田园生活。陶渊明,字元亮,世称靖节先生,诗人、文学家、辞赋家、散文家。曾做过江州祭酒、建威参军、镇军参军、彭泽县令等,后弃官归隐,成为中国第一位田园诗人。陶渊明出身官宦世家,29岁开始做官,但由于门阀制度的存在,当了官其壮志无法施展,到42岁时干脆挂冠归田,构成了悠闲文化夹缝。夹缝一方为皇帝及要臣,坚守门阀制度,不让有才能的人出头;夹缝的另一方为那些中小官员,势利钻营,不断施夹、施压;处在夹缝中的正是看透了社会实质的陶渊明,选取了悠闲的生活。

养生选择的夹缝。知识分子一旦具备了一定的生活条件之后,一般都开始讲究养生。所谓养生,指保养身体,这是中国处世文化中对己“处世”的重要一条。《论语》记载,孔子曾提倡:“食不厌精,脍不厌细。食饐而餲,鱼馁而肉败,不食。色恶不食,臭恶不食、失饪不食,不时不食,割不正不食,不得其酱不食。肉虽多,不使胜食气。唯酒无量,不及乱。沽酒、市脯不食。不撤姜食,不多食。”[2](粮食不嫌舂得精,鱼、肉不嫌切得细。食物经久腐臭变质,鱼和肉腐烂了,都不吃。食物的颜色变难看了,不吃。食物的气味变得难闻了,不吃。烹调不好的,不吃。不到吃饭时间,不吃。不按一定方法宰割的肉,不吃。

[1] 参见任浩之:《中国人的精神家园》,北京联合出版社2011年版,第136页。

[2] 《论语·乡党》,见陈襄民《五经四书全译》第4卷,中州古籍出版社2000年版,第3140页。

没有一定酱醋调味的,不吃。吃饭的时候,肉即使很多,也不吃得超过饭量。只有饮酒不限量,但不要喝醉。从市场上买来的酒和干肉,不吃。每顿饭必吃姜,但不宜多吃。)孔子的这些"不吃"属养生之道,值得我们学习和深思。在缺失诚信、假货充斥市场的现实中,养生已与吃上无毒食品紧紧连在一起了,而且很容易构成夹缝。如何吃上无毒食品如今已成为中国人最大的养生之道。在这个养生夹缝中,构成夹缝一方的是唯利是图的商人们,他们只认钱,不顾他人的死活;构成夹缝另一方的是政府的一些部门,监管不力;处在夹缝中的是百姓,尤其是那些讲究养生并追求长寿的人们,他们无所适从了。

追求逍遥的夹缝。中国的道家讲究顺其自然,在生活中追求人生的逍遥。所谓逍遥,指人生追求一种没有约束的自由自在的状态。现实生活中,没有任何约束的自由自在是很少见的,是一种理想状态。人们生活必须有一定的生存条件,这些生存条件从哪里来?要靠劳动才能获得。只有有了一定的生活条件,人们才有谈逍遥的可能。在逍遥夹缝中,构成夹缝的首先是人为的条律等方面的约束,规范着人们的言行;构成夹缝的另一方是人们"有所作为"的观念和持这种观念的人。处在夹缝中正是那些不断追求逍遥处世的人。其实,尽管人们的言行不能太随意自由,但人的思想是可以逍遥自由的,而且可以任意驰骋。所有人都应该自由地放飞心情,让思想逍遥,让人们在心理上获得自由。

二、中国处世之道"对他"方面夹缝

中国人的处世之道的"对他"是与我们上一节的"对己"相对而言的。"对他",是指对他人。在处世之道中,"对己"和"对他"是不同的。"对己"主要讲立德、树人、立身等,"对他"主要讲仁、讲信、讲功利。在讲仁、讲信、讲功利中容易构成夹缝。

(一)讲仁不当的夹缝

中国儒家文化如果用一个字概括的话那就是"仁"。中国一直有着讲仁义、重德行的传统。《论语·颜渊》记载:“樊迟问仁,子曰:‘爱人。’”[1](樊迟问什么是仁,孔子说:“爱人。”)“颜渊问仁,子曰:‘克己复礼为仁。’”[2](颜渊问孔子什么是仁,孔子说:“克制自己私欲,使自己言行回到礼的准则上去,这就是仁。”)“仲弓问仁,子曰:‘出门如见大宾,使民如承大祭。己所不欲,勿施于人。’”[3](仲弓问什么是仁,孔子说:“出门在外工作要像接待贵宾一样恭敬认真,动员百姓服劳役要像承办重大祭祀一样谨慎。自己不愿意做的事情,不要强加给别人去做。”)“司马牛问仁,子曰:‘仁者,其言也讱。’”[4](司马牛问孔子什么是仁,孔子说:“仁人,他的举止言谈是非常谨慎的。”)子曰:“志士仁人,无求生以害仁,有杀身以成仁。”[5](孔子说:“志士仁人,不以求生而损害仁义,只有杀身而成全仁义。”)“夫仁者,己欲立而立人,己欲达而达人。”[6](仁是什么呢,有仁德的人,自己立身修德,也要帮别人立身修德;自己通达事理,也要让别人通达事理。)与“仁”相配的词汇中,有仁人、仁术、仁宇(在仁德的覆蔽之下)、仁瑞(仁德的瑞兆)、仁朴(仁爱朴实)、仁笃(仁爱笃厚)、仁诲(仁爱的教诲)等。在现实社会中,讲仁以及讲仁不当同样容易构成夹缝。

1. 宽心处世夹缝

“宽”是明代吕坤所称的处人第一法。宽指仁德之人应该胸怀宽大,能包容各方面的人,容纳不同的意见,即宽以待人。《论语》说:“宽则得众。”《庄子·庚桑楚》说:“不能容人者无亲,无亲者尽人。”(心胸狭窄不能容纳别人的人,没有人肯亲近他,其结果是尽弃于人。)宽是仁的表现,仁是宽的实质。无仁德者不会宽以待人,宽以待人者必有仁德,而宽容易构成处世夹缝。

---

[1] 《论语·颜渊》,见陈襄民《五经四书全译》第4卷,中州古籍出版社2000年版,第3167页。

[2] 同上书,第3158页。

[3] 同上书,第3159页。

[4] 同上书,第3160页。

[5] 《论语·卫灵公》,见陈襄民《五经四书全译》第4卷,中州古籍出版社2000年版,第3201页。

[6] 《论语·雍也》,见陈襄民《五经四书全译》第4卷,中州古籍出版社2000年版,第3103页。

仁爱中的宽以待人的夹缝。仁爱的宽是美德，美德应该没有夹缝才对，可在社会现实中，宽以待人也会形成许多善的夹缝，让人终生感激，并会把那仁爱不断传递。有一个打工的故事讲的正是这种仁爱的夹缝。故事中的我叫孙光，六年前我们四个光着屁股长大的好朋友南下打工挣钱，蛋蛋的远房伯父把我们介绍到广州的一个工厂，正好有最后4个名额，每月二百多元的工资虽不多，但那时还是可观的。我们告别贫瘠山村的路走了24个小时终于到了那家工厂，却被告知名额只有3个，我们四个都呆了，谁回去都不是好事，但必须有一个回去。蛋蛋第一个站出来说他回去，可他家父亲常年卧床，等着蛋蛋挣钱看病；大碗说他走，因为他是我们四个中的老大，但大碗的媳妇没奶，要等钱买奶粉。我决定我走，我没有负担。我虽然眼中写满了留恋，但我坚决地走了，因为他们三个哪个都比我需要钱。我又回到了那个穷山村。转眼要过年了，我也回来一个多月了，全家人正为怎么过年而发愁的时候，我意外地收到一张汇款单。在汇款单附言里写着这样一行字："收下吧，这是我们三个凑的210元钱，算是你第一个月工资……"我落泪了，这哪是210元那么简单，我如何回报我的兄弟们。[1] 这是一个真实的故事，在这个仁爱的夹缝中，构成夹缝一方的是厂方，说好4个名额只剩3个，必须回去一个；构成夹缝另一方的是四人都争着回去，把挣钱的希望留给他人；而处在夹缝中的是"我"，负担小，坚决回去，但那三位兄弟却用凑钱的方式，给"我"发"工资"，这种仁爱让"我"感到了无以回报。

中庸处世之道的夹缝。"中国古人所推崇的'中'，既是认识事物的一种态度与方法，又是一种做人处世的道德行为准则。""在社会人生中，到处存在着两极对立的现象，是与非、善与恶、情与理、进与退……人们常常若住于此，便失于彼；或者太过，或者不及，人生的许多烦恼和痛苦由此而来。'中庸'之道正是旨在解决这种不匀和失控状态的'极高明'的处世方法，诚所谓'极高明道中庸'。"[2] 孔子说："中庸之为德也，其至矣乎！"[3]（孔子说："中庸作

---

[1] 孙光：《一张汇款单》，见崔仲雷《美德的力量》，黑龙江美术出版社2011年版，第79—81页。

[2] 郭莹：《中国文化讲习录》，北京大学出版社2008年版，第176页。

[3] 《论语·雍也》，见陈襄民《五经四书全译》第4卷，中州古籍出版社2000年版，第3102页。

为一种道德准则,该是最高的吧!")"中庸"本身对后人构成了理解和使用的夹缝。一部分人认为,"中庸"之"中",就是不彻底,就是模棱两可;"中庸"的"庸"就是"庸碌",就是庸俗。认为行"中庸之道"的人,"都是些做事不彻底,遇事模棱两可,庸碌无能,俗而不堪底人物。他们以为这种人物正是儒家的理想人物"[1]。有这种理解的人,构成了中庸处世之道的夹缝一方。另一部分人认为,"中庸"之"中","是无过不及,即是恰好或恰到好处的意思。有过或不及,都不是恰到好处"。"做事恰到好处之好,可就两方面说:一方面就道德说,一方面就利害说。就道德方面说,所谓做事恰到好处者,即谓某事必须如此做,做事者方可在道德方面得到最大底完全。就利害方面说,所谓做事恰到好处者,即谓某事必须如此做,做事者方能在事业方面得到最大底利益。所以就道德方面说,对于做某事有'中'。就利害方面说,对于做某事亦有'中',儒家讲用中,做事不可过或不及,是就道德方面说'中'。道家讲守中,凡事都要'去甚、去奢、去泰',是就利害方面说'中'。"[2]程子说:"庸者,天下之定理。""定理者,即一定不可移之理也。所谓公式公律等,都是一定不可移之理,都是定理。"说实了,这里的庸是常,不变,是经久不渝之谓,是基本真理之意。古希腊哲学家亚里士多德也认为,人的一切行为都可分为过度、不及和适中三种状态。"可见,中西哲人所推崇的中庸,是指对待事物既不过分,也无不及的适中和恰如其分,是处理世事允当、适度、恰到好处的行为道德标准,而绝非庸碌无为的、和事佬式的调和折中。"[3]这种解释和看法构成了中庸处世之道夹缝的另一方。处在夹缝中的是那些对"中庸"毫不了解和有些一知半解的人们,他们断不定听谁的解释,这种夹缝的夹力,在"文化大革命"批林批孔中表现最为明显。

以诚待人处世之道的夹缝。以诚待人是中国传统道德规范中的重要"德目"。《孟子·离娄》说:"诚者天之道也,思诚者人之道也。至诚而不动者,未之有也;不诚,未有能动者也。"[4](诚信是自然的规律,追求诚信是做人的规律。极端真诚而不能使别人感动,这是未曾有过的事;不真诚,是不能感动别

[1] 冯友兰:《冯友兰谈哲学》,当代世界出版社 2006 年版,第 171 页。

[2] 同上书,第 172 页。

[3] 郭莹:《中国文化讲习录》,北京大学出版社 2008 年版,第 177 页。

[4] 《孟子·离娄上》,见陈襄民《五经四书全译》第 4 卷,中州古籍出版社 2000 年版,第 3359 页。

人的。）以诚待人，是人的内心信念和日常行为的统一，是世间待人处事最好的方法。常言说："精诚所至，金石为开。"吕坤在《呻吟语·务实》中说："实言实行实心，无不孚人之理。"《淮南子·缪称训》中说："两心不可得一人，一心可以得百人。"说实话、办实事、表实情同样会构成意想不到的夹缝。崔儒仁讲了一个诚实的夹缝故事：一位40岁上下的经理在30岁左右时，受雇于一家染织公司做业务员，由于他的能干和勤劳，大量欠款不断收回，公司经营情况有很大的改观。老板很赏识他，多次邀他去家中吃饭。久而久之，老板唯一的女儿爱上了他，常常送他一些精美的小礼物。起初他并不接受，后来碍于情面只好收下。过了两年之后，有一天他告诉老板的女儿他不能给她太多时，这女孩寻了短见。女孩的两个哥哥扬言让他抵命。当时，他手里已有不少积蓄，有人劝他"逃亡"，但他没有。他认为要面对现实，说实话，做实事，因为他对女孩子也是说了实话的。他必须回去，实事求是地面对这一切。当他走进女孩的家门时，一群人向他扑来。正在推搡抓挠之时，女孩的父亲，他的老板出来，向家人摆了摆手，走上来握住他的手，长久才缓缓地说了一句话："一个女人愿意为你献身，说明你是一个不同凡响的人。你敢来面对这一切，说明你是一个有血有肉的人！"[1]这个以诚待人的故事，让人感动也让人悲哀。女孩以诚待业务员，以身殉爱；业务员以诚待女孩，告诉女孩两人无缘；业务员又以诚待女孩的家人，有错必认，以诚待生者；老板（女孩的父亲）以诚待业务员，坦诚而大度。朋友也以诚待业务员，关心他让他逃离。在这个夹缝中，构成夹缝一方的是女孩以及家人，认为应善待女孩才对；构成夹缝的另一方是女孩的父亲，认为他实诚；构成夹缝的第三方则是他的那些朋友，劝他一走了之；处在夹缝中的他，既痛苦而又实诚，因为实诚，才化解了这个巨大的夹缝。

2. 恕的处世夹缝

恕指以仁爱的心待人，用自己的心去推想别人的心。恕的基本含义是"己所不欲，勿施于人"。恕是以己度人，推己及人，设身处地地为他人着想。在恕己及人中容易构成夹缝。

宽恕可以化解夹缝。人的一生中会有许多过失，如何对待他人的过失，如

---

[1] 崔儒仁：《勇敢面对自己的苦难》，见崔钟雷《挑战的脚步》，黑龙江美术出版社2011年版，第93—94页。

何理解和宽恕他人的过失,并用善心对待有过失的人,从而化解夹缝,这要看一个人的悟性、良心和处世方式的宽恕程度。话说古时候伊拉克有位国王叫阿尔马蒙,他有一匹千里马。一天,有一位叫奥玛的商人路过巴格达,看到千里马,想用10个金币来换。国王不愿意。另有一位有钱人想用20金币换这匹马,国王还是不换。有人劝说,还是换出去吧,省得麻烦。国王不听,并声称这马多少金币都不换。奥玛听后十分不悦。此时,换与不换构成了夹缝。夹缝的双方是两位相中这匹马的有钱人和大臣们,处在夹缝中的是国王。商人奥玛打探到阿尔马蒙每天独自遛马的路线,选了一个离城门最远、人迹罕至的地方,乔装成病重的流浪汉,躺在路旁。善良的国王看到有人病倒,马上把装病的奥玛扶上千里马,奥玛趁机抖动缰绳,纵马逃走。阿尔马蒙追了很久,跑不动了,没想奥玛勒住马,得意扬扬回来对阿尔马蒙说:"你丢了千里马,连个铜子儿也没有得到,都是因为你太慈悲了。你还有什么要说的?"阿尔马蒙说:"马可以归你,但我有一个要求,别告诉人们你骗走千里马的方法。"奥玛大笑说:"原来国王也怕别人嘲笑!"阿尔马蒙喘着粗气说:"不! 我是担心人们听说这个骗局后,会怀疑昏倒在路边的人都是骗子、强盗。说不定哪一天,你我也会染病,倒卧路边,那时,谁来帮助我们呢?"奥玛听了非常感动,他请求国王宽恕自己的罪过。众大臣及护卫有说要杀掉奥玛,有说要判刑。国王却拉着奥玛的手回了皇宫,像贵宾一样招待奥玛,两人从此结下了深厚的友谊。后来,奥玛成为伊拉克历史上最受爱戴的大法官之一;国王因为大气和仁慈,也受到人们的拥戴。[1] 夹缝的一方想让国王杀掉奥玛,另一方想让国王判他轻刑,这便构成了夹缝。可处在夹缝中的国王,却用宽恕化解了夹缝。

推己及人可以化解夹缝。所谓推己及人指用自己的心思去推断别人的心思,指设身处地替别人着想。德国19世纪大哲学家费尔巴哈在评价"中国的圣人孔夫子"的恕道及推己及人时说:"在许多由人们思考出来的道德原理和训诫中,这个素朴的通俗的原理是最好的、最真实的,同时也是最明显而且最有说服力的。"[2] 推己及人是一种思辨的方法,而恕是推己及人之后采取的

[1] 参见崔钟雷:《美德的力量》,黑龙江美术出版社2011年版,第74—75页。
[2] 《费尔巴哈哲学著作选》上卷,商务印书馆1984年版,第577—578页。

措施。因此,推己及人时一定会采取宽恕的方式,从而化解一些不应有的夹缝。有一则关于马克·吐温的故事,讲的就是推己及人之后化解了夹缝的事情。在一个愚人节中,马克·吐温被纽约一家报纸报道说他死了。马克·吐温的亲人、朋友、故交从各地赶到马克·吐温家吊丧,发现马克·吐温正在家中写作,立刻"炸了营"。法官朋友说可以起诉;新闻媒体的记者朋友说要让报刊公开道歉;经济学家朋友说要向报纸索要名誉损失费,等等。马克·吐温一边感谢朋友们远道而来,一边招待他们。他说:报纸嘛,总想吸引读者眼球,多一些奇闻,好多一点效益,能理解,正如我自己的作品一样地想抓住读者。再说了,那家报纸报道我死是千真万确的,只不过把日期提前了些。[1] 处在夹缝中的马克·吐温,用推己及人的方法化解了因失真报道构成的夹缝。

(二)讲信不当的夹缝

在处世之道中,"信"是为人处世的基础。《说文解字》说:"信,诚也,从人言。""信"的基本要求是:"言必信,行必果。"[2] 讲"信"即要取信他人。在取信他人时,则对他人要讲和、讲让、讲防、讲藏。而讲"信"如果不当,容易构成夹缝。

1. 和的处世夹缝

"和"的含义是和谐。在处世之中,人们总是在千方百计地追求和谐,而追求和谐的处世之道同样会构成夹缝。

"和为贵"的人际关系运作中容易构成夹缝。中国人追求的和为贵,在理念和实际运作中往往容易形成夹缝,即有时表面是和谐的,而在表面之下则暗流涌动。和为贵中的"和",既是人际关系的价值尺度,又是人际关系的目标所在。"和为贵"在人际关系运作中主要有几种模式:一是各守本分,互不干涉;二是和而不同;三是保留面子,避免冲突;四是有冲突力求化解,力求不结怨。[3] 和为贵的四种运作方式,哪一种方式都会对人构成夹缝,各种不同方式之间又互相形成夹缝。和为贵可以减少对抗,减少摩擦,但又容易导致人们

---

[1] 参见宋小威:《方与圆全集》,万卷出版公司 2006 年版,第 78 页。

[2] 《论语·子路》,见陈襄民《五经四书全译》第 4 卷,中州古籍出版社 2000 年版,第 3177 页。

[3] 参见郭莹:《中国文化讲习录》,北京大学出版社 2008 年版,第 180 页。

的不满情绪和表里不一的风气。“和为贵”大到政党之间，小到家庭邻里，都容易构成夹缝。例如：1945年中国抗战胜利之后，国民党和共产党都面临着联合还是分手的问题。当时蒋介石及其智囊团认为，中国共产党不会去重庆谈判。为了试一试中国共产党的诚意，也为了有时间更好地部署兵力，蒋介石于1945年8月14日、20日和23日三次电邀毛泽东到重庆进行和平谈判。当时美国驻中国大使赫尔利在8月27日为此专程去延安。毛泽东若不去谈判，则可能要承担内战的责任；毛泽东去谈判，显然蒋介石也不会轻易让步。当时，除了前苏联之外，美英两国也不赞成中国内战。在这个夹缝中，构成夹缝的一方为蒋介石及国民党人，构成夹缝另一方的是美、苏、英，尤其以前苏联为最，要求谈判；处在“和为贵”夹缝中的是中国共产党人及毛泽东。结果是毛泽东等中共领导人于1945年8月28日到重庆，同国民党进行了为期43天的谈判，取得了主动权，化解了即时发生内战的夹缝。

忍和让的夹缝。《论语·学而》中记载：“子禽问于子贡曰：‘夫子至于是邦也，必闻其政，求之与？抑与之与？’子贡曰：‘夫子温、良、恭、俭、让以得之。夫子之求之也，其诸异乎人之求之与？’”[1]（子禽问子贡说：“孔子他老人家一到达这个国家，一定听得到这个国家政治情况，是他自己求得别人告诉他的呢？还是别人主动告诉他呢？”子贡说：“他老人家是靠自己温和、善良、恭敬、俭朴、谦逊的美德，而使别人主动地把本国政治情况告诉他的。他老人家这种求得政事方法，大概不同于别人获得的方法。”）忍让处事，必先忍然后才能让。“忍”是中国人特有处世品格之一。《说文解字》说：“忍从心、刀，谓心中含怒如怀刃。”忍之后便成就了“让”。“让”作为中国处世美德，是中国处世和谐的有效方法。但忍和让也会构成夹缝。传统文化中，中国人倡导“孔融让梨式的礼让”：“融四岁，能让梨。”认为人就应该从小培养礼让的习惯，构成夹缝的一方。改革开放之后，人们对礼让有了新的看法，强调自我以及自我利益的多了起来，对社会的影响越来越大。如今，对这让梨又有了新的争议。构成夹缝的另一方。处在夹缝中的倒是孩子和家长。

2. 防的处世夹缝

中国处世文化中还有一常常挂在嘴边的信条：“害人之心不可有，防人之

---

[1]《论语·学而》，见陈襄民《五经四书全译》第4卷，中州古籍出版社2000年版，第3047页。

心不可无”，讲的是防心常备。而防有不同的方式，中国的藏其实正是防的延伸。防、藏的处世之道容易构成夹缝和解除夹缝。

“防”的处世方式运用不当则会构成夹缝。防范是人的最基本生物特性的体现，这是美国心理学家亚伯拉罕·马斯洛著名的需要层次理论所揭示的“真理”。防范既有对人的防范，也有对物的防范即对自然的防范。这种防范的安全需要仅次于人们自身的生理需要。而人的“对人行为”中所存在的“攻击行为”或“侵犯行为”，则决定着“防人”意识的必然发生。[1]《庄子·列御寇》中讲：“凡人心险于山川，难于知天；天犹有春秋冬夏旦暮之期，人者厚貌深情。”（人心比山川还要险恶，知人比知天还要困难，天有春天、秋天、冬天、夏天及白天和夜晚的规律可把握，而人常用复杂多变的表象深深掩藏住真实的情感。）刘墉在《你不可不知的人性》中讲了许多关于人性的故事，其中有一个讲的就是小事防的困难，即“防”的处世夹缝。故事讲刘墉去水果摊买水果。老板不在，一个10岁左右的小孩在看店。刘墉问：“小弟弟，你看这两种梨，哪种比较好？”小弟弟想都没想指了指右边的梨说：“右边这个！”小弟弟刚说完，老板进来了，同刘墉打了个招呼。刘墉问老板：“我想买梨，你看我该买哪种？”老板也想都没想，指了指左边的梨说：“左边这个！”刘墉笑了说：“可是刚才小弟弟说右边的比较好耶！”“啪！”老板突然打了小弟弟一巴掌：“这是刘伯伯，好朋友，要说实话！”在这个防止买孬梨的夹缝中，到底哪边的梨好一些呢？是小弟弟讲得对，还是老板讲得对呢？世事是难防的。[2]

“藏”的处事方式的夹缝。所谓“藏”的处世方式指收敛锋芒，含而不露。藏有几种原因，一种是谦虚，不事张扬。一种是装糊涂，为了迎合权贵。还有一种是不形于色而等待时机。郭莹认为：“作为中国人的一大人生实践准则，收敛锋芒、含蓄不露的处世之道包含着深刻而实用的人生哲理，是一种精明的处世策略。而以文化学的眼光观看，‘藏锋’之道所展示的，既是一种极具文化个性的饱经世故的老练与适应性，又是一种缺乏刚劲之气与硬汉性格的

[1] 在社会心理学中，攻击行为（侵犯行为）的定义是：“任何以伤害或损害不愿意接受这种对待的其他有生命的东西为目的的行为。”参见［美］凯·杜克斯等：《当代人际交往奥秘》，云南人民出版社1991年版，第293页。

[2] 参见刘墉：《你不可不知的人性》，接力出版社2004年版，第321页。

‘诈伪圆滑’。”[1]“藏”是一种工夫，是一种修炼出来的城府，是一般人学不来和做不到的。历史上“藏”得好的要数和珅。乾隆喜爱文史，想给后世留下些经典著作，和珅便把“四书”读得滚瓜烂熟。因为乾隆喜爱“四书”，随时提问“四书”的问题时和珅都脱口而出，乾隆认为和珅很有学问，便重用和珅。在刊印《二十四史》时，乾隆十分重视，常常亲自校核，每校出一个差错，都表现出非常高兴的样子，和珅看在眼里，让校刊的大臣故意抄错些字，好让乾隆校出来，以讨皇上欢心，此“藏”心可谓良苦。有的大臣不同意，认为史书不是儿戏，如果乾隆改不出来，那不是“谬种误传”么？但谁又能“滑过”和珅呢？只好由和珅去“藏”吧。在这个“藏”的夹缝中，构成夹缝的一方是和珅，让史书有意出错，让乾隆发现改正；构成夹缝另一方的是不让史书有意出错的大臣们，要求尽量少出错。这个“藏”的夹缝人当然是乾隆了。

（三）讲功利不当的夹缝

功利是不少世人的终生追求。冯友兰说：“在功利境界中底人，其行为都有他们所确切了解底目的。他们于有此种行为时，亦自觉其有此种行为。他们的行为的目的，都是为利。在普通言语中，利与名并称。”“在功利境界中底人，所求底利，都是他自己的利。普通所谓‘求名于朝’者，所求底名，是他自己的名；普通所谓‘求利于市’者，所求底利，是他自己的利。因其所求，都是他自己的利，所以在功利境界中底人，都是‘为我’底，都是‘自私’底。大多数普通人的行为，都是为其自己的利底行为，大多数普通人的境界都是功利境界。”[2]对于普通人来说，名利之心，人皆有之。但如何把握名利，减少夹缝，是人生一大学问。在以功利为目标的进取夹缝之中，包含着以圆为方法报恩的处事夹缝。

1. 功利与境界的夹缝

功利与境界是处事之中的两个相反的“名词”。功利讲个人的利；境界讲个人如何舍利。讲利和舍利容易构成夹缝。

过分追求功利容易构成夹缝。过分追求功利往往是因为私心太重，太看

[1] 郭莹：《中国文化讲习录》，北京大学出版社2008年版，第190页。

[2] 冯友兰：《冯友兰谈哲学》，当代世界出版社2006年版，第242页。

重功利了。太看重功利往往缺少一种境界,不仅容易构成夹缝,而且会形成不良夹缝。例如:2012 年 5 月 31 日下午,位于八达岭附近的中华文化名人雕塑纪念园内的冰心、吴文藻夫妇之墓遭到污损,冰心的嫡孙——吴山用红油漆在墓碑上刷写“教子无方,枉为人表”的大字,同时还张贴印刷品,上演了一场源于家庭矛盾纠纷的闹剧。冰心之子吴平与儿子吴山有财产纠纷,吴山曾要求吴平给予其房子并现金,但是吴平拒绝了,双方两次对簿公堂,法院两次都判吴平胜诉,于是败诉的吴山采用这种方式吸引社会关注。[1] “冰心夫妇都是受到社会尊重的人,这件事情也应该引起社会的反思,道德底线没有了。”[2] 吴平与儿子吴山由财产纠纷上升为吴山侮辱已不在人世的祖母冰心,姑姑怒斥侄儿吴山,社会舆论大多谴责吴山。这便是典型的争财构成的功利夹缝。为了功利,父亲等长辈不要了,祖父母也可以侮辱,可谓天下奇闻。看来,冰心提倡的“爱的教育”在家中没有实现,这是一件可悲的事情。在这个过分追求功利的夹缝中,构成夹缝的一方是吴山及其朋友,为了功利,向父亲吴平“开战”,涂鸦祖母、祖父的墓碑;构成夹缝的另一方是吴青以及坚持道德底线的人,认为吴山此举不妥,不应侮辱老人,有财产诉求可以到法院起诉。处在夹缝中的是吴山的父亲吴平以及已故的冰心夫妇。

人对他人表现的境界容易构成夹缝。境界是指事物所达到的程度或表现的情况。“人对于宇宙人生在某种程度上所有底觉解,因此,宇宙人生对于人所有底某种不同底意义,即构成人所有底某种境界。”“各人有各人的境界,严格地说,没有两个人的境界,是完全相同底。每个人都是一个体,每个人的境界,都是一个个体底境界。没有两个个体,是完全相同底,所以亦没有两个人的境界,是完全相同底。但我们可以忽其小异,而取其大同。就大同方面看,人所可能有底境界,可以分为四种:自然境界,功利境界,道德境界,天地境界。”“自然境界的特征是:在此种境界中底人,其行为是顺才或顺习底。”“功利境界的特征是:在此种境界中底人,其行为是‘为利’底。”“道德境界的特征是:在此种境界中底人,其行为是‘行义’底。”“天地境界的特征是:在此种境界中底人,其行为是‘事天’底。”“一个人,因其所处底境界不同,其举止态度,

[1] 参见陈永辉:《假如冰心泉下有知……》,《扬子晚报》2012 年 6 月 3 日。
[2] 参见陈永辉:《冰心女儿怒斥侄儿:道德底线没有了》,《扬子晚报》2012 年 6 月 5 日。

表现于外者,亦不同。”“人所实际享受底一部分底世界有小大。其境界高者,其所实际享受底一部分底世界大;其境界低者,其所实际享受底一部分底世界小。”[1]例如:有个故事发生在中国改革开放前的用布票、肉票的年代。那时一件衣服老大穿了老二穿,老二穿破了补一下再给老三套上。冬亥有两个哥哥一个姐姐,姐姐排行老三,经常穿不太合身的男式服装。冬亥最小,男式、女式衣服都得穿。冬亥最好的一条裤子是姐姐穿小了送给他的,料子还不错,涤卡的,是做裁缝工作的姨妈送的,不过式样让他很难为情。那时候只有男的穿前开门的裤子,女式的裤子则是侧开门的。为了遮挡这个“缺陷”,他从不束褂子,为的是让褂子摭住裤子。为了减少上厕所的难堪,更憋住不解小便;实在憋不住了,就瞅个机会跑到教师专用厕所“小解”。有天终究被高年级数学老师给逮住了,带回办公室。当冬亥让老师看了自己的裤子之后,老师什么都没有说,拍了拍冬亥低垂的脑袋,让他回教室上课了。回家后冬亥哭了半晌,母亲叹了半天气,最终也没有松口给他做裤子。后来,上体育课时冬亥穿女式裤子还是被同学们发现了,一时成为了笑柄。第二天,冬亥换了条破旧的裤子去学校,没想到平时从不理他的文艺委员却在校门外拦住了他,很不好意思地说她自己有一条前开门的裤子,不好意思穿,想跟冬亥商量商量能否换换。冬亥大喜过望。换裤子后,同学们又笑他俩“合穿一条裤子”。那一天,文艺委员是哭着跑回家的。后来冬亥才知道文艺委员就是那位高年级数学老师的女儿,老师花了自己半年的布票为冬亥做了一条男裤。现在,那条被冬亥穿破了的裤子仍然放在他家的衣橱里。在这个不同境界的夹缝中,数学老师用自己不多的布票给冬亥做一条男裤,让与冬亥同班的女儿去换冬亥的女裤,给了冬亥自尊,帮助了贫穷的冬亥;构成夹缝的另一方是那些天真的同学们,笑冬亥穿女裤,笑文艺委员和冬亥合穿一条裤子。这种境况说到底还是一种天真的境界,没有恶意,而处在夹缝中的正是冬亥和文艺委员。[2]

2.“圆”、“报”的夹缝

“圆”的处世之道容易构成夹缝。“圆”是指“圆通”,即方中圆外,是既知退而又知进、有刚有柔的处世方式。如果一个人过分方方正正,有棱有角,肯

[1] 冯友兰:《冯友兰谈哲学》,当代世界出版社2006年版,第231—235页。

[2] 冬亥:《温暖一生》,见崔钟雷《美德的力量》,黑龙江美术出版社2011年版,第82—84页。

定不断地碰壁,这是中国处世所忌讳的;如果一个人八面玲珑,圆滑透顶,总是想让自己占便宜,最终也会众叛亲离。因此,中国人认为圆是必要的,而这个圆必须是方外有圆,圆中有方,外圆内方才称为正确的处世之道。老子曾有"柔弱胜刚强"之说:"人之生也柔弱,其死也坚强。草木之生也柔脆,其死也枯槁。故坚强者,死之徒;柔弱者,生之徒。是以兵强则灭,木强则折。"[1](人活着的时候身体是柔软的,死了以后身体就变得僵硬。草木生长时是柔软脆弱的,死了以后就变得干硬枯槁了。所以坚强的东西属于死亡的一类,柔弱的东西属于生长的一类。因此,用兵逞强就会遭到灭亡,树木强大了就会遭到砍伐摧折。凡是强大的,总是处于下位,凡是柔弱的,反而居于上位。)由此看来,在文化学的层面上,圆活融通的处世之道所演绎的,是中国人文化性格中的柔而刚的特性。圆通中较为典型的是隋末唐初的李渊。李渊任太原留守时,突厥兵时常来犯。突厥兵能征善战,李渊与之交战,败多胜少,于是视突厥为不共戴天之敌。一次,突厥兵又来犯,主战方建议李渊决一死战,不少战将群情激奋,促李渊率兵迎战;主和方建议李渊来个缓兵之计,先处理好国内之事,再战突厥不迟。李渊早想起兵反隋。对他来说,太原虽是军事重镇,却不是号令天下之地。但他却不能离开这个根据地。如果离太原西进,则不免将一个孤城留给突厥。经过一番思考,李渊采取了圆通的办法,他派刘文静为使臣,向突厥称臣,在书信中写道:"欲大举义兵,远迎圣上,复与贵国和亲,如文帝时故例。大汗肯发兵相应,助我南行,幸而侵暴百姓,若但俗和亲,坐受金帛,亦惟大汗是命。"突厥可汗不仅接受了李渊的妥协,还赠送了李渊不少马匹及士兵,增强了李渊的战斗力。由于没有受到突厥的侵袭,李渊得以不断地从太原得到给养,最后战胜了隋炀帝杨广,建立了大唐王朝。唐朝兴盛之时,突厥不得不向唐朝乞和称臣。[2] 在这个夹缝中,当突厥来犯之时,守城将领主战者为一方,促李渊迎战;而主和者为另一方,促李渊向突厥称臣,去战隋朝杨广,夺取江山。处在夹缝中的李渊则用了圆通之法,保突厥不犯,集中精力战杨广。

"报"的处事之道容易构成夹缝。中国人是重报答的民族,"滴水之恩,当

---

[1] 老子:《道德经》,转引自郭莹《中国文化讲习录》,北京大学出版社 2008 年版,第 191 页。

[2] 参见宋小威:《方与圆全集》,万卷出版社 2006 年版,第 53 页。

涌泉相报”讲的正是报答的必要性及重要性。《诗经·卫风·木瓜》讲:“投我以木瓜,报之以琼琚”(送我香木瓜,我用佩玉来报答);“投我以木桃,报之以琼瑶”(送我香木桃,我用美玉来报答);“投我以木李,报之以琼玖”(送我香木李,我用宝石来报答)。西方社会学把中国的“报”说成是互惠性的交换:“如果另一个帮助过某人,那么人们便期待后者表示他的感激并且在有机会时回报一次服务。如果他没有表示感激,也没有回报,人们就会把他看成一个忘恩负义的小人,不值得帮助。如果他做出恰当的报答,那么其他人所得到的社会报酬就会成为进一步扩大帮助的诱因,这种行动形成的互换就在两个人之间结成一种社会纽带。”[1]“报”可以分为五种类型:一种是“以德报怨”(即以善心回报别人对你的仇怨);二种是“以直报怨”(以正直的态度去回报别人对你的仇怨);三种是“以德报德”(报恩);四种是“以怨报怨”(其一是报仇;其二是反击,对等式的回报);五种是“礼尚往来”(即礼还礼)。[2] 现实中报答多是指以德报德,民间则多指礼尚往来。中国历史上最典型的报答当属战国时的荆轲刺秦王,报答燕国太子丹的知遇之恩了。太子丹平时广结朋友,看到秦国不断进攻其他国家,眼看打到燕国了,就见了有勇有谋的田光以求抵抗的办法。田光以自刎的方式推荐了荆轲。荆轲拜见太子丹,知道了太子丹的想法,答应去刺杀秦王。太子丹遂尊荆轲为上卿,把自己的车马给荆轲坐,自己的饭食、衣服让荆轲一起享用。公元前227年,荆轲从燕国出发去咸阳,太子丹和少数宾客穿上白衣白帽,到易水边送别。临行时荆轲给大家唱了一首歌:“风萧萧兮易水寒,壮士一去兮不复还。”结果是荆轲行刺秦王不成,慷慨赴死,报答之侠义感动天下。[3] “自曹沫至荆轲五人,此其义或成或不成,然其立意较然,不欺其志,名垂后世,岂妄也哉!”[4](从曹沫到荆轲一共五个人,他们办的事情有的成功了,有的没有成功,但他们的出发点都很明确,他们决不违背自己的良心。他们的名声流传于后世,这难道是偶然的吗?)在这个“报恩”的夹缝中,一方面是太子丹的“好”,使荆轲一时不可推卸;一方面是田光的自刎和樊於期的自刎增强荆轲的决心和信心,构成了夹缝的一方;这

---

[1] [美]P.布劳:《社会生活中的权力与交换》,华夏出版社1988年版,第4页。

[2] 参见郭莹:《中国文化讲习录》,北京大学出版社2008年版,第193—195页。

[3] 司马迁:《史记》第3卷,中华书局2008年版,第1712—1727页。

[4] 同上书,第1728页。

些计划也有反对的即鞠武,反对太子丹的做法,构成了夹缝的另一方。处在报恩夹缝中的荆轲,从人品上来讲,似乎别无选择,只能选择报答。

三、中国处世之道“对物”方面夹缝

中国人对待自然处于一种矛盾的状态。传统方面强调天人合一,即与自然和谐统一;当下是极力向自然索取,破坏自然,使人与自然不能和谐,构成了人与自然、自然对人的夹缝。

(一)敬畏自然不够的夹缝

“到底是什么动力促使上帝制造了人类,这是个有趣的问题。但是显然这是个让上帝后悔的决定。在动物学以及进化论的理论中,世界上的物种以及其依赖的生存环境之间,一直保持着微妙的互生和互克的关系。任何物种都不能独立存活,更不会有一方做大,这个理论甚至也会适用于植物和微生物界。简单说来,也就是总有你吃的,也总有吃你的。大自然一直维持着这种高度残酷冷静的民主平等的系统,直到人类出现。”“人类之后的历史就不需评论了,为了食物,为了空间,为了资源,人类对自然界的利用和开发进程越来越广,自然界被打破的平衡也就越来越广。而且种群遍布全世界,无处不在,除了部分微生物之外,能成功地将物种扩散得如此广泛的恐怕只有人类了。”[1]我们不相信“上帝制造了人类”,但这段调侃正是说明了人类对自然的随意利用、开发和破坏,连上帝都会后悔,可以说人类对“上帝”都构成了夹缝。

1. 违背自然规律的夹缝

自然规律是指不经人为干预,客观事物自身运动、变化和发展的内在必然联系,也叫做自然法则。正是因为人类以老大自居,违背或者破坏自然规律,给不同的物种构成了难以破解的夹缝。

---

[1] 阿溟:《上帝的失误》,《读者》2012年第2期。

过分地“对物”索取容易给人类构成夹缝。发达国家,为了GDP,超开发地利用自然,致使自然本身无法顺应自然法则化解人类开发的排放物,只好还给人类,让人类自受其苦。例如一百多年以来出现的自然“顽症”——酸雨,就是自然对人类的报复。人类每年向天空排放铅200万吨、汞1100吨、砷7800吨、镉5500吨,有的已经超过自然背景值的300倍,从而形成了酸雨。酸雨的危害极大,对土壤、水体、森林、建筑、名胜古迹、人类都有巨大的破坏和损害。到20世纪70年代,酸雨在发达国家泛滥。1982年,中国的重庆等地出现酸雨。在这个自然对人类的报复中,构成夹缝的仍是人类自己。有些治政者为了政绩或者为了GDP,不惜牺牲环境,构成违背自然规律的夹缝,是夹缝的一方;不少环境工作者以及开明人士,坚决反对如此地索取自然,是夹缝的另一方;夹缝人往往是一些科学工作者或者企业主,包括普通百姓。

理性的减少或者缺失造成了“对物”的规律损坏的夹缝。中国从提倡天人合一、崇尚自然,把自然人格化、人格自然化,即“天地与我并生,万物与我为一”的和谐境界,转为去征服自然、滥用科学技术,从而出现只要有“钱”、干什么都有人做的破坏自然的社会现象。有些人公然违背自然规律,追求利益最大化。一些人则好跟风走,缺少理性。而理性最基本的东西是使自己成为一个真正的人。冯友兰对理性的思考以及做人的诠释说得很有道理。他说:“我们现在常听见有许多人说:‘人要做人。’有许多人说,现在的教育,只教学生知识,不教学生‘做人’。什么叫‘做人’,这些人没有说,至少是没有说清楚。‘做人’亦是宋明道学中底名词。孟子有一句话说:‘人之所以异于禽兽者几希,庶民去之,君子存之。’人之所以异于禽兽者,即是人之所以为人者。一个人若照着人之所以为人,人之所以异于禽兽者去做,即是‘做人’。若不照着人之所以异于禽兽者去做,而且照着人之所同于禽兽者去做,即不是‘做人’,而是做禽兽了。”[1]但也有人持不同的看法。王蒙说:“我的家与此期间中国城市的许多家庭一样,进入了家用电器飞速发展时代。电视屏幕越来越大,音响质量越来越高,微波炉、电磁炉、电烤箱、各种影像产品一应俱全。等到有了这些以后,才想通了:这又算什么呢?这样普通……怎么会羡慕别人的

[1] 冯友兰:《冯友兰谈哲学》,当代世界出版社2006年版,第164页。

家用电器呢？这就是所说的发展是硬道理呀。而那些侈谈精神的人，他们有什么权利轻视对于普通人的物质要求的关怀与满足？”[1]一方谈“做人”，其实是精神；一方谈物质追求，两方并不矛盾，应该合二为一。但两方各自强调，构成了理性的夹缝。其实，无论在物质短缺还是充足的情况下，人都不能缺少精神，没有“精神”的人岂不无异于禽兽了？

2. 非理性开发自然的夹缝

所谓非理性开发自然就是破坏自然，就是在违背自然规律的情况下强行利用自然。此举必然会对人类自身以及自然构成夹缝。

对自然利用不当的夹缝。由于人类过于相信自己，大胆地开发和利用自然，的确取得了瞩目的成绩，诸如航天航空、运输、通信、天气预报等，给人类生活带来了方便。但是，人类对自然不当利用或者说在利用其一、不知防备其二时容易对人类构成夹缝。当然，这种夹缝说到底还是人类构成的。例如：2011年3月11日，日本遭遇了9.0级地震以及随之而来的海啸，造成了核泄漏。地震造成的核电站操作系统的普通和应急供电的中断，导致福岛第一和第二核电站的6个反应堆冷却系统失灵，进入“紧急”状态。从3月12日到3月15日，福岛第一核电站4个机组先后发生爆炸，并出现放射物质外泄情况。核泄漏事故的等级随着泄漏的情况而不断升级。3月13日，日本政府确定此次核事故为4级；3月18日确定为5级；4月12日确定为7级。这意味着，福岛第一核电站的核泄漏规模达到了与切尔诺贝利核电站同样的等级，属于最高级，造成的损害是长期的。事实上，这是对自然资源利用不当造成的。日本《朝日新闻》3月13日痛批日本政府危机处理工作的混乱无序；《纽约时报》3月19日称，以工业机器人、智能手机和混合动力汽车等高科技产品著称于世的日本，在福岛核危机面前却显得有些低能；《日本时报》在4月6日的报道中指出：“危机系人为，不是上帝行为。”此后，有不少国家停止了核电站的建设，有的关闭了核电站。[2] 在这个夹缝中，构成夹缝的一方是那些核科学家和核电企业主，他们坚持核电清洁安全，对地震引发核泄漏预计和防范不足；构成夹缝的另一方是那些新闻媒体，质疑政府管理能力；处在夹缝中的是政府

[1] 王蒙：《一辈子活法》，《读者》2012年第2期。

[2] 薛澜：《日本核危机事故应对过程及其启示》，《新华文摘》2011年第14期。

人以及无辜的百姓。

愚昧地处理自然的"废物"的夹缝。一直以来,我们处理废品习惯是怎么有利怎么来,因而出现了夏秋焚烧秸秆的劣行。因为麦秸茬子高,再割一次费事,卖出去还不值割运的钱,因此,便一把火烧掉。在农村,往往有一家烧,其他家"跟风上"的文化习俗,有的村甚至是统一安排焚烧秸秆。由于政府有保护地方利益的潜规则,当有人质疑或者媒体采访时,地方政府绝对不会承认,要么推说是邻省的,要么推说是邻市的、邻县的、邻镇的,烧秸秆已成为政府制止、农民漠视的现象。对于网上等媒体的现场拍摄报道,则采取封杀的政策。可以说,今天哪个村还采取漫地焚烧的方式处理麦秸,这个村的文化一定是"荒芜"的,一些人一定是愚昧的。在这种愚昧处理麦秸的夹缝中,构成夹缝的一方往往是上级政府和城市居民;构成夹缝另一方的往往是地方政府和村委会负责人。处在夹缝中的农民则要看谁管得了他们,他们最终才决定是采取愚昧措施或者采取文明的方法来处理麦秸的问题。

(二)天人合一夹缝

天人合一的文化特征影响了中国文化的许多方面。中国以农业立国,因此,中国人从"天子"到"庶民",无不重视农业。自古以来,农民都有祭天地的习俗,一方面庆祝丰收,对天地以答谢;一方面是乞求天地继续赐福,以求来年有一个好收成。中国人在办喜事中,首先要新人"一拜天地",对天地的祭拜放在最前,追求的是天人合一。中国传统文化的基础——儒道两家对天地都是敬重的,但态度却大不相同。儒家强调超越自然,化自然为人文,化天性为德性;道家则认为自然本身就是完善的状态,"人法地、地法天、天法道、道法自然"(《道德经》:人必须遵循地的规律特性,地的原则是服从于天,天以道作为运行的依据,而道就是自然而然不加造作)[1]。过于偏执地追求天人合一容易构成夹缝。

1. 以人为本的夹缝

"天人合一"运用得最好的当属道教。道教以"羽化登仙"作为人生的最

---

[1] 转引自任浩之:《中国人的精神家园》,北京联合出版公司2011年版,第249页。

高理想，"道教将人神化"。[1] 应该说，道教真正做到了以人为本，但却不科学。"得道成仙"是道教的最终目标。"得道"，"道教"解释为"德言得者，谓得于道果"（《自然经》）。道教认为，通过修道，使人返本还原，与道合一，就可以成为神仙。道教所说的神仙，不但指灵魂常在，而且指肉体永生。[2] 这本身就不科学，更容易构成夹缝。

追求成仙的夹缝。让人得道成仙看似是"以人为本"的表现，但却成为不了现实，反而构成了夹缝。如何修炼才能得道果、成神仙呢？丹鼎派、全真道认为通过内修、炼养，便可以达到长坐久视的目的；而符箓派、正一道则认为符箓咒语、科仪斋醮可以禳灾求福，祛病延年。为了成仙，道家规范了得道的许多方法，叫道功、道术。道功指修性养神的内养功夫，如清静、寡欲、息虑、坐忘、守一、抱朴、养性、存思等；道术指修命固本的具体方法，如吐纳、导引、服气、胎息、辟谷、神丹、药饵服食、符箓斋醮等。如何得道，如何实现长生不老，引发了人们追求长寿、长生的欲望。追求成仙最典型的夹缝人当属秦始皇了。"齐人徐市等上书，言海中有三神山，名曰蓬莱、方丈、瀛洲，仙人居之。请得斋戒，与童男女求之。于是遣徐市发童男女数千人，入海求仙人。"（齐地人徐市上书，说海中有三座神山，名叫蓬莱、方丈、瀛洲，有仙人居住在那里。请允许他斋戒沐浴，率领童男女前去寻觅。于是始皇便派徐市率童男女数千人入海求仙。）"使韩终、侯公、石生求仙人不死之药。"（又派韩终、侯公、石生等人去寻找仙人及长生不死之药。）最后秦始皇死在了巡游求仙的途中。秦始皇之所以处在求仙的夹缝之中，有中国独有的原因。中国历史上有不少书籍记载不死民、不死树、不死药等，如《山海经》、《穆天子传》中关于西北地区的神仙学说，在先秦时期有广泛影响，而秦国历代国王都有迷信神灵、祭祀神鬼的传统。在这种氛围中，加上方士的推波助澜，不断上书鼓吹有神仙、有仙药，吃了仙药可以长生不老等。与此同时，海市蜃楼的出现，因当时的科学水平无法解释，只好认为是海上神仙显灵。当然，也有不信神仙的人，但成不了当时文化的主流。在这种情况下，由于传统文化的影响和方士们的鼓吹，形成了"可以求仙药，助人长生不死"的夹缝一方；另有一些士大夫们认为不可听信方士

[1] 郭莹：《中国文化讲习录》，北京大学出版社 2008 年版，第 110 页。

[2] 参见张岱年：《中国文化概论》，北京师范大学出版社 1994 年版，第 308—309 页。

们的瞎说,成为夹缝的另一方。处在夹缝中的秦始皇选取了信,因而死在巡游求仙途中。

过度迷信的夹缝。迷信是指相信神灵鬼怪等超自然的东西存在。改革开放之后,民间信仰出现了多元化,有些人回到了相信超自然的神灵鬼怪存在的迷信阶段。出门要算命,出行看日期,住房看风水,节日敬神仙等,都成了民间的信仰和追求。信仰多元,必然会带来一些不应有的夹缝。民间信仰从空间上可以分为天庭、冥界(阴间)、人世;从活动主体可以分为神灵、鬼魂、人。人死了,一般认为人的灵魂要入阴间。人在世上要与神灵和鬼魂搞好关系,其手段是祭祀。祭祀是为祖先提供他们在阴间消费的物资和资金;对神灵是讨好和贿赂。还有学者认为"对于民间信仰,人们常会武断地将之统统归为'迷信',并竭力加以排斥,而不是采取理性的科学态度进行分析"[1],"不是科学地探究其合理性和规律性,而是习惯于简单地以进步或落后、有益或有害、好或坏等政治概念和二元对立的方法论给予判决,因而把民间文化特别是其中属于民间信仰(如神鬼信仰、巫术迷信等蒙昧意识)范围的种种文化的消极影响看得很重,看做是人类理性思维和当前意识形态的对立物"[2]。有理论和实践的推动,有的地方官员也开始信神鬼,信佛、道,结果,"民间信仰"越来越有市场。就算命来说,现在信的人不少,不用二元对立,允许存在,使不少人卷入迷信夹缝之中。算命是针对人的,是人们相信超自然东西存在才会出现的现象。徐凤文在《中国陋俗》中说:"算卦先生之所以能够叫人轻信,骗术得逞,并不是他们掌握了多么高深玄妙的'法术',而在于其掌握了一套察言观色、指东打西、举一反三、口若悬河的诈术。"[3]构成夹缝的是祖上传下来的无法解释清楚或一时无法理解的现象和那些口若悬河的算命先生,处在夹缝中的正是那些遇到问题无法寻找答案的前往算命的民众。

2. 改造自然的夹缝

改造自然和征服自然起源于西方。西方人从古代就开始对大自然进行探索。古希腊有伟大的数学家欧几里得,数理与建筑学家阿基米德。中世纪出

---

[1] 万建中:《中国民间文化》,北京师范大学出版社 2010 年版,第 285 页。

[2] 刘锡诚:《非物质文化遗产的文化性质问题》,《西北民族研究》2005 年第 1 期。

[3] 徐凤文:《中国陋俗》,天津人民出版社 2001 年版,第 134 页。

现了伽利略、布鲁诺等自然科学家。到了近代，哥伦布发现了新大陆，哥白尼发现了新天体。18世纪以来，牛顿推出了万有引力学说，瓦特发明了蒸汽机等。正是这些探索，使得人们得以利用和开发自然，带来了工业革命和物质文明。同时，过分强调人对自然的征服，滥用科学技术，对自然资源过度开采和索取，会导致生态环境污染和破坏，对人类构成夹缝。

工业发展造成导致的大气、水、土壤污染给人造成了夹缝（此处仅举水污染的例子）。水是人类"必需品"，是人能够生存的最基本条件，它和空气、阳光一样是自然赐予我们生存的东西。中国是一个水资源奇缺的国家，淡水资源总量为28000亿立方米，人均只有2300立方米，仅为世界平均水平的1/4，在世界排第110位。中国可利用的淡水资源量更少，仅为11000亿立方米，人均可利用水资源量约为900立方米。就是这样少的淡水，还被我们自己给污染了。如2005年冬天的松花江水污染事件、2007年太湖水蓝藻使无锡城中家家水臭事件、安徽巢湖蓝藻以及云南滇池、南京玄武湖、贵阳红枫湖、武汉市内湖等的被蓝藻所侵害事件。甚至中国的淮河、黄河、长江几大水系也都有污染。水污染一是损害人的健康，二是破坏生态，导致水生物大量死亡，从而影响工农业生产。癌症、铅中毒、克山病、大骨节病、甲状腺肿、氟牙，愈演愈烈的重金属水污染，犹如一个恐怖的潘多拉之盒，变着花样地蚕食着饮用者的肉体。造成这种状况的主要原因是片面地追求GDP，没有可持续的科学发展概念。在这个夹缝中，构成夹缝的一方是那些GDP的决策者，让人们奔小康，而忽略科学发展；构成夹缝的另一方是那些GDP的实践者，为了快富、先富，肆意地向大自然索取，根本不顾对大气、水、土壤资源的污染。处在夹缝中的是普通百姓。

能源的过度开发造成的夹缝。中国的煤炭已开发过度，不少老煤矿已无煤可采。同样，全球石油资源也迅速减少。目前，生物质能、太阳能、风能、水力发电、地热能等可再生能源已得到了应用，但化石能源的不断减少，已为人们再次敲响能源的警钟。由于中国重工业占的比例较大，使用的能源较多，因此，已构成了夹缝。构成夹缝的一方是决策者，发展经济必然消耗能源；构成夹缝的另一方为科学家，建议使用可再生能源；处在夹缝中的是重工业的经营者，如何转型，已成为可持续发展的根本问题。

第六章　教育文化夹缝

文化一般包括制度层面文化、精神层面文化和物质层面文化。也有人把制度层面文化纳入精神层面文化。就文化的精神层面而言，一般又包括三方面的内容：知识（包括经验）、价值规范和艺术。[1] 其中各项可做如下区分：知识包括宗教、哲学、语言、文学、科学；价值观包括民族精神、集体心理、世界观、人生观、规范、规则、礼仪、行为准则、风俗习俗；艺术包括艺术形式、美感等。教育是精神层面的文化。郑金洲把文化与教育相互依存的关系用图 6-1 表示。[2]

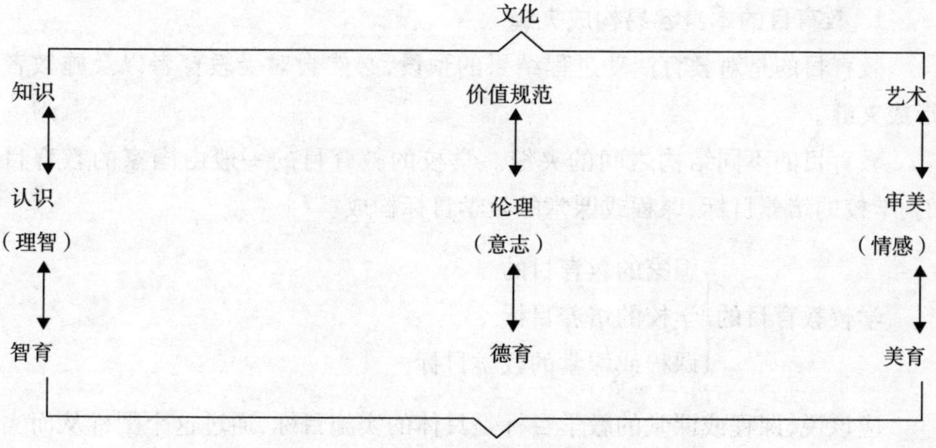

图 6-1　文化与教育相互依存关系图

[1] 丹麦宗教哲学家霍尔姆（Holm S.）在《宗教哲学》一书中指出："就文化而言，它主要通过三种形式——科学、道德、艺术来实现。"参见卓新平：《宗教与文化》，人民出版社 1988 年版，第 33 页。

[2] 参见郑金洲：《教育文化学》，人民教育出版社 2000 年版，第 7—8 页。

由图 6-1 可知,教育不仅是文化的表现形式,而且是文化中的一个重要组成部分,教育在文化三方面的内容中,是精神文化迈向物质文化的一个桥梁,是联合两者的纽带。[1] 同时,文化的流变制约着教育发展的历程。教育文化已经或正在对受教育者以及相关的人们构成教育文化的夹缝。

一、教育目的的夹缝

教育目的是对学校教育者活动过程结果的一种预设。在学校教育过程中,学校的管理、教师的教育、教学活动的开展,学校的一切工作最终都是为了实现教育目的而进行的。[2] 不同的教育目的,或相同的教育目的因执教者不同,会构成不同的教育文化的夹缝。

(一)教育目的夹缝

1. 教育目的本身容易构成夹缝

教育目的是对教育活动过程结果的预设,必然会对受教育者以及施教者形成夹缝。

教育目的不同结构之间的夹缝。学校的教育目的一般由国家的教育目的、学校的培养目标、课程或课堂的教学目标构成。[3]

学校教育目的:
- 国家的教育目的
- 学校的培养目标
- 课程或课堂的教学目标

应该说,课程或课堂的教学目标是具体的实施目标,通过这个图标从而实现学校的培养目标,又间接地实现国家的教育目的。作为学校的培养目标,是为实现国家教育目的服务的,它承上启下,规范着课程或课堂的教学目标,保

[1] 参见郑金洲:《教育文化学》,人民教育出版社 2000 年版,第 13 页。
[2] 参见周金浪:《教育学》,上海教育出版社 2006 年版,第 64 页。
[3] 同上书,第 71 页。

证国家教育目的在学校的落实。它有落实国家教育目的的责任。作为国家的教育目的，它规定了教育应当培养符合特定要求的人才，体现了国家和社会对各级各类学校教育的一般要求。在教育教学活动中，并不是每一堂课的教育形式和成果都达到了学校的培养目标和国家的教育目的；对于某一个受教者来讲，也不一定能够体会到国家或学校的培养目标的要求，这容易对受教者或施教者构成夹缝。2001年4月3日，《中国青年报》报道了一个典型的夹缝事例：湖南省株洲市某重点中学一位语文教师的《入学教育课》获得株洲市中学语文教研论文评选二等奖。文中有这样一段话："那么我又问：你读书干什么？考大学干什么？总之你为了什么？也许你会说，为了实现共产主义，为了社会主义建设。而我要明确地告诉你——读书考大学，是为了自己，不是别人。读书增强了自己的本领，提高了自己的资本，将来能找到一个好的工作，挣下大把的钱，从而有一个美好的个人生活，比如生活愉快，人生充实，前途美好，事业辉煌，甚至找一个漂亮的老婆，生一个聪明的儿子。所以，我强调读书是为了自己！"记者电话采访了他所教课班级的部分同学，同学们说："他差不多就是这样上入学教育课的。"株洲市教科所的负责人接到"举报"后说："我们鼓励学生自身发展，实现个人价值，但必须是个人价值和社会价值的统一。"[1]国家的教育目的和学校的教育目标是培养社会主义建设者和接班人，国家的教育目的为夹缝的一方，而这位老师坚持培养的是"个人主义"者——一切为了自己，为夹缝的另一方。处在夹缝中的是学生，这种教育目的夹缝对他们的影响是很大的。

教育目的的推行对政策决策者的夹缝。国家教育目的是学校教育目的的"总纲"，是各类学校必须执行的。由于学校实行的是"升学制度"，即以高考为"目的"，就使国家教育目的与学校教育目标相背离，使决策者决策教育目的与实际推行的教育目的相背离，即理论和实践相背离。高考也对教育目的决策者构成夹缝。《瞭望东方周刊》有篇文章说："高考，从来不是一场单纯的人才选拔考试。早期它是政治运动里随风摆的浮草，后来是各种商机趁势搭伙的宝库，现在则是被各方用来直指教育制度的利剑。""学生要有高分才能进高校，有重点学校学历才能找到好工作；老师要会猜题才能教出高分学生，

[1] 参见周金浪：《教育学》，上海教育出版社2006年版，第80—81页。

才有各种奖励升迁机会;学校要有高升学率才能建立信誉,才能吸引下一批优秀生源。一切都与高考相连。""单看看这些年因为高考涌现出的新名词:自费生、教育产业化、大学扩招、裸考、高考移民,甚至蚁族,也是高考的衍生品之一。""分分分,学生的命根;考考考,老师的法宝。""高考决定人生,学生只能抛却一切杂念去争取高考胜利。"[1]而《中华人民共和国教育法》第五条规定:"教育必须为社会主义现代化建设服务,必须与生产劳动相结合。培养德、智、体等方面全面发展的社会主义事业的建设者和接班人。"从教育的现实来看,"相结合"已变为"相分离","德、智、体等方面全面发展"已成为向高考高分发展。教育的实践者成为教育夹缝的一方,受教育者成为夹缝的另一方,对教育目的的决策者构成了夹缝人。

高校里教育的实践者容易成为夹缝人。经过高考进入高校的学子们,往往还带着在高中时被挤压的劲头,对高校的教育、教学方式不太适应,对高校的施教者有不同的看法。学生们与教育管理者对大学施教者构成了夹缝。《明朝那些事儿》的作者——当年明月,5岁时同爸爸逛书店,爸爸给他买了一本《上下五千年》。在随后的7年中,他把这本书看了8遍,最后他考上了一所大学的法律专业。他觉得在大学里老师没有教会他什么。他的大学四年,完全是自学度过的。他不谈女朋友,不去网吧玩通宵,自己一个人待在教室里看书,看自己喜欢的历史书。他决定在网上重写明史!每天晚上,他要写4—6小时。很快,他发在天涯网上的帖子受到追捧。他的帖子吸引了众多网友,并且拥护者和反对者发生了激烈的对抗,导致3位版主离职。他在新浪和搜狐网上的博客,点击率达300万。其实,不少大学毕业生认为在大学里没有学到什么,原因固然很多,但也使大学的教育实践者成为了夹缝人。

2. 不同教育目的观容易构成夹缝

教育目的观是指人们对教育目的所持的观点。有人把教育目的观称作教育目的价值取向。"教育目的的价值取向,是指人们在制订一定的教育目的时,作为他选择、制订这一教育目的基础的价值观的倾向性,或者说,什么样的价

---

[1] 刘芳:《一切与高考相连》,《瞭望东方周刊》2010年6月8日。

值观,决定了人们制订什么样的教育目的。”[1]

个人本位的教育目的观的夹缝。个人本位的教育目的主张把个人的发展作为教育目的制订的出发点,主张依据人的本性或者本能的需要制订教育目的,同时认为教育目的应该由个人的发展需要来确定,强调人至高无上的自由权利。这种教育观在当今社会中比较流行。不少教育工作者提倡个人奋斗,提倡教育目的应该满足个人的发展需要。这种观点与我们所提倡的国家教育目的相对立,构成了一种教育目的观的夹缝。

社会本位的教育目的观的夹缝。社会本位的教育目的观主张把社会需要作为制订教育目的出发点。持这种观点的人认为教育目的应该根据社会的需要来制订,认为教育的过程就是社会化的过程,真正的个人一直存在于社会关系之中,个人发展依赖社会才能实现,同时认为社会价值无论在何时都远远高于个人的价值。[2] 涂尔干(E.Durkeim)认为,真正的、纯粹的个人实际上是不存在的,教育目的是不能个别形成的,而应该“使儿童的身体、智力和道德状况都得到某种激励与发展,以适应整个社会在总体上对儿童的要求,并适应儿童将来所处的特定环境的要求”[3]。涂尔干还认为,教育目的应该是造就“社会我”,而不是造就“个体我”。“教育在于使年轻一代系统地社会化,在我们每个人身上,可以说都存在着双重人格,这种双重人格尽管不可以分离(除非抽象地加以分开),但确有区别。一种人格仅仅由整个与我们自身、我们生活中的事件有关的精神状态所组成。可以把这种人格称为个体我。另一种人格是这样一种思想、情感和习惯的体系,即在我们身上表现的不是我们个人,而是我们作为其中一个组成部分的社群或不同的社群。”总之,教育实际上就是年轻一代的社会化,就是“塑造社会我,这就是教育的目的”。在社会本位的教育目的观方面,还存在着一种极端性形式,这就是国家主义教育观,把国家的利益看得高于一切。当个人利益与国家利益发生矛盾时,当他国利益与本国利益发生矛盾时,国家主义主张无条件地牺牲个人利益和他国利益。在教育中,个人本位的教育目的观与社会

[1] 周金浪:《教育学》,上海教育出版社2006年版,第75页。
[2] 同上书,第79页。
[3] 涂尔干:《教育及其性质与作用》,《20世纪教育学名家名著》,广东高等教育出版社2002年版,第10页。

本位的教育目的观时常发生碰撞，对受教育者和施教者构成一种无名的夹缝。

个人与社会统整的教育目的观本身就是一个教育目的夹缝。“从我国教育理论界的现状来看，在教育目的的价值取向方面，基本的观点是一种个人与社会统整的教育目的观。”[1]一方面提倡个人取向的教育目的，把个人发展作为教育目的制订的出发点，如高考制度，完全是由个人和支持个人的教育行为；一方面提倡国家主义的教育目的观，让个人服从国家，成为“社会我”，这又与千军万马奔“高考”的教育实践相冲突。统整的出发点可能是好的，但结果不一定好。在个人与社会统整的教育目的观的夹缝中，关键时候往往社会让位于个人。

（二）成人与成才的夹缝

中国的教育要么过分强调成人，要么过分强调成才，很少能把两者结合好。对于某一个具体的个人来讲，成人中包括了成才。成人和成才是一个统一体，由于教育总是强调“成人”或“成才”，结果使成人和成才成为“两张皮”，在落实教育目的时构成了夹缝。

1.“成人”“成才”在教育目的落实中的夹缝

人为地把教育目的实施过程中培养人才分为成人、成才，是为强调“成人”即培养品德的重要性，往往会形成夹缝；而一味地求成绩，不顾个人修养的培养方式同样也容易构成夹缝。

“成人成才”两者结合照亮自己的缺点可以破除夹缝。一个成功的人士，既要有才，也要有德。只有把“成人成才”无意识地结合，才能在困境中走出，才能在夹缝中走出，才能成为真正教育目的所要培养的人才。美国亿万富翁卡尔，生在密西西比州，他天生愚笨，而且患有动作障碍症，一直到高中毕业，他的成绩都没有及格过，没有一所大学肯录取他。父亲为了满足卡尔读书的愿望，联系了一所收费较高的大学。入学前，父亲告诉他，少说话、少活动，尽量隐藏自己的缺点，以免同学们取笑。开学那天，卡尔主动找到老师，要作自我介绍，老师同意后，他把自己天生的迟钝，患有动作障碍症，成绩不及格，都

---

[1] 参见周金浪：《教育学》，上海教育出版社2006年版，第83页。

一一向同学们介绍，又走到白炽灯下，昂起头说：请同学们好好看看我，我的头颅有些大，眼睛无神，脖子转动不灵，手脚的动作僵硬，行为很慢。老师在惊讶之后没有制止他，而是用鼓励的眼光看着他，而同学们则哄堂大笑。几天后，卡尔又要求坐在教室最显眼的位置，并积极参加公益活动，上课积极举手回答问题。大学毕业后，卡尔进入珠宝行业；28 岁时，他有了属于自己的公司；15 年后，他成为拥有三百多家连锁公司的亿万富翁。同学们对他的嘲笑让他有了"斗志"，形成了夹缝的一方；老师和父亲的支持和认可，成为他的动力，形成了夹缝的另一方；而卡尔冷静面对，坚持品学一致，最终破解了原有的夹缝。

教育目的实施中"信心"误导的夹缝。美国的教育目的是以个人本位教育目的观作主导的，他们曾于 20 世纪 60 年代做过一次"自信"的心理试验。美国心理学家罗森塔尔来到一所乡村小学，对各年级学生进行语言能力和推理能力测验，之后开出一张名单给老师，说这些孩子很有潜力，将来可能更有出息。8 个月之后，他再次来到该校，奇迹出现了：名单上的学生学业上都有显著提高。此时，罗森塔尔才说明，当时根本未看测验结果，名单是按 20%随机抽取的，这完全是误导后学生个人信心发生变化的结果。这就是著名的"罗森塔尔实验"。罗森塔尔把这种现象称为"皮格马利翁效应"。这个实验表明，老师以积极的态度希望学生，学生往往向积极方向发展；相反，如果老师以消极的态度对待学生，学生也会向消极方向发展。拿破仑·希尔曾说："信心是心灵的第一号化学家。当信心融合在思想里，潜意识会立即拾起这种震撼，把它变成等量的精神力量，再转送到无限智慧的领域里促成成功思想的物质化。"[1] 在现实的学校教育中，往往有些老师会对某些学生有误解和偏见。有的课程老师肯定和鼓励多，使部分学生学习成绩进步；有的课程老师批评指责多，使个别学生厌学，形成了学习信心的夹缝。

教师的爱和鼓励会破解学生学习中的夹缝。小学生一开始往往用"家长对自己的态度"来期待老师，因为他们刚入校门，对老师的为人还不了解，希

[1]　参见周成平：《新课程名师教学 100 条建议》，中国科学技术出版社 2005 年版，第 113 页。

望老师像父母一样对待自己。如果老师用粗暴的方式对学生,学生会由怕变恨;如果老师爱学生,用和风细雨的方式对学生,学生会调动自己的学习积极性,改变自己的学习态度和人生走向。例如:有一个故事说,朋友的小孩子在上小学,开学没几天就转学了。问其究竟,朋友摇头不语。后来才知道自开学孩子班级换了老师,本来活泼好动的小家伙变得沉默寡言,后来支支吾吾不肯上学校了。追问之下,孩子才说新来的老师太厉害,不仅会批评学生,还会给做错题目的孩子起名"大木瓜",甚而会来个手与脑的"亲密接触"。孩子成天提心吊胆,怕老师批评或吃老师"白眼"。为此,朋友给小孩子转了学,转到这个班是两位30岁左右的女教师,整天领着40几个孩子一起"疯",一起"发现",孩子们经常是在"想一想,你一定能做出来"、"棒极了!你真聪明"和"请同学们出出主意,帮老师解决这个问题"的话语中不知不觉地完成了学习任务。几个月下来,孩子变得乐观了,那个本来令他"找不到北"的加减乘除也"一是一,二是二"了。[1] 这件事情说明老师的爱以及爱的方式会解除学生学习中的夹缝,这个夹缝就是原学校老师以及原学校教育环境构成的。

2. 教育科学管理可以减少夹缝

学校的教育目的有很大部分是靠学校科学管理实现的。如何管理学校,学校如何管理教师,教师如何管理学生,都有"科学"的问题。管理不科学是无法实现教育目的的。

及时与家长沟通化解对于施教者的夹缝。有人讲教师是越来越难当了。特别是遇到一些成绩差的学生,如今教师变得没有办法了。体罚不行,批评不当不行,不少教师采取了消极的态度。其实,孩子尤其是中小学生,还处在可塑造性时期,帮助学生形成一些做人的规范,帮助学生确立做人的目标,是非常必要的。要规范,就要有对于学生的惩戒:好的表扬,差的批评,立下规矩,科学管理。现在学校有一大的变化,不知何时家访变成了开家长会,这样反而使老师和家长疏远了。如果还按过去方式老师家访,即使不方便电话家访也行,对于"重点"学生老师可以直接家访。老师家访是可以改变学生的某些行

---

[1] 参见周成平:《新课程名师教学100条建议》,中国科学技术出版社2005年版,第221页。

为的。我们不能不承认,现代生活方式的加快,现代通信设备的先进,现代网络沟通的方便,但这些还是代替不了老师的家访。有的老师认为:“在整个国家民主化进程中,教师与学生不再认为是一种仿效家庭伦理的血缘关系了,在很多家长看来,教师仅仅是帮助孩子成功的‘工具’,这把工具不好使,就告你。于是,教师早已被请下神坛,新的师生关系应该被建立起来。”[1]不少家长对郑杰的这种看法有疑义。由于经济条件的变化,社会出现了择校现象,差一些的学校教师可能容易被家长怀疑他们的能力和水平,但对于“重点学校”的教师,不少家长还是“顶礼膜拜”的。告老师的只是少数家长,体罚学生的老师也是少数老师,如果把少数看作整体,得出的结论一定会有偏颇。“告老师”的家长多是老师与之沟通不够或学生家长与老师沟通不够。有一个报道说:“一个8岁的女孩被老师扯掉两撮头发,结果找到了学校,有两名同学说,好多同学都挨过唐老师的打,但唐老师其实课教得挺好,希望他们以后调皮的时候,唐老师能好好说,不要打他们。小学校长李全民说:‘唐老师不到40岁,教学很扎实,不足的就是有时候教学方式把握不准。’唐老师说:‘我也有孩子,我也是父亲,但我更是一个老师。我就是希望把人家的孩子教好,对他们没有恶意。……我心急,但是把孩子头发揪下来我知道不对……’李校长说,他会去嘟嘟家里沟通,学校会对唐老师批评教育,坚决杜绝类似事情再次发生。”[2]孩子有问题,及时与家长沟通,做细学生工作就可以化解夹缝。在这个教育夹缝中,构成夹缝的一方是家长,希望老师教好、带好自己的孩子;夹缝的另一方是学校,希望老师教好,家长满意。而处在夹缝中的是施教者。在这种夹缝中,老师与家长沟通非常重要。

学习方式容易对受教育者构成夹缝。据说丘吉尔求学时作业很差,说话也结结巴巴口齿不清,但他却成为20世纪英国最伟大的领袖和演说家。丘吉尔没有按照学校统一的学习方式学习,他是以自己的学习方式锻炼出常人不具备的才能。由此看来,统一的学习方式并不是放之每个学生身上皆能发挥作用的“真理式方式”,学校应因材施教。美国马里兰州克威市特定诊断研究

---

[1] 郑杰:《给教师的一百条新建议》,华东师范大学出版社2004年版,第168页。

[2] 张莉:《八岁女生被老师扯掉两撮头发,致手放头前就发抖》,《华商报》2012年6月19日。

会对美国、香港、日本的5300名学生进行调查结果表明,37%的学生主要通过触觉学习,34%的学生通过听觉学习,29%的学生通过视觉学习。美国纽约圣约翰大学教授肯·邓恩和丽塔·邓恩的研究表明,仅有30%的学生记得课堂内容的75%;40%的人记得3/4他们所读到的或看到的东西;15%的人通过触摸学习;15%的人通过身体运动来学习。以上的研究也解释了为什么好动的学生容易学习失败,因为好动的学生通过触摸和身体运动学习,而传统的学校教育除了视、听之外不允许学生有其他方式学习,因而总有一些好动者成为困难学生,他们实际上是因为他们独特的接收信息的方式而无辜地受到教育制度的惩罚。[1] 学校教育毫无疑问适合左半脑发达的孩子,这种局面很难改变。学生在接收信息之后经过大脑加工还有记忆和储存的问题,不同的个体也不相同。由此看来,那30%的记得课堂内容的人肯定成为老师喜欢的聪明学生,而那15%的通过身体运动来学习的学生,则容易成为老师和家长不喜欢的成绩较差学生,而处在学习方式夹缝中的这15%的学生是非常倒霉的,他们往往成为学校课堂教育的牺牲品。在这不同学习方式(接收方式)的夹缝中,构成夹缝的一方是能够记得课堂内容的那一部分学生;构成夹缝的另一方往往是学校、老师或家长;处在夹缝中的往往是15%通过身体运动来学习的学生。

(三)教育者境界的夹缝

每一个教师是否能够达到"捧着一颗心来,不带半颗草走"的"真人"境界,是由老师的爱心奉献程度决定的。教育工作者如果没有爱心,再多的知识、再好的传授知识的技能都不足为道。教育者的境界还决定了教师本身的成就。

1. 教育者的爱心与职业心不一致时容易构成夹缝

教育是心灵的事业,教师需要有特殊的心灵。苏霍姆林斯基说:"我们称之为'教育'的一切,正是在人身上再现自己的一种伟大创造。"[2] 他引用德

---

[1] 参见郑杰:《给教师的一百条新建议》,华东师范大学出版社2004年版,第185页。

[2] [苏]苏霍姆林斯基:《教育的艺术》,肖勇译,湖南教育出版社1983年版,第9页。

国著名作家歌德的话说:“没有高尚的心灵和意念,就没有心与心之间的通途。”[1]“教育要塑造学生的心灵世界,就必须先拥有那样一个世界。”[2]老师如果没有那样一个世界,就不会在学生心中培养出那样的世界。教师的爱与教师的职业心在一定条件下会形成夹缝。

教师的爱心与职业心不一致时容易构成夹缝。所谓职业心指教师把“教师”当作谋生的手段的心态。社会其实是一个大舞台,我们每一个人都在这个舞台上扮演一定的角色,职业就是我们扮演的角色之一。职业是指从业人员为获取主要生活来源所从事的社会工作类别。职业具备以下特征:其一,目的性,即职业活动以获得现金或实物等报酬为目的;其二,社会性,即职业是从业人员在特定社会生活环境中所从事的一种与其他社会成员相互关联、相互服务的社会活动;其三,稳定性,即职业在一定的历史时期内形成,并且有较长生命周期;其四,规范性,即职业活动必须符合国家法律和社会道德规范;其五,群体性,即职业具有一定的从业人数。[3] 毫无疑问,教师是老师的职业,是职业就必然具有职业的几种特征,尤其具有职业的目的性,即职业活动以“获得现金或实物等报酬为目的”。教师职业,不仅仅是以“自利”为目的,还必须具有“人类灵魂工程师”的品格,具有爱心。有了爱心,就会愿意为学生付出,就不会觉得吃亏,就会感到教书育人具有巨大的生活意义。但有人却把爱心收起来,把职业心当作“爱心”来使用。但“教师真的越来越难当了,特别是遇到一些差的学生,教师变得一点办法都没有了,打也不是骂也不是,打学生早已归入一条罪状——叫体罚,被明令禁止了;现在批评也不太敢了,批评重了孩子可能想不通,到头来是教师吃不了兜着走;批评和‘侮辱人格’,界限又到底在哪里呢?为了少惹麻烦,一些老师可能抱多一事不如少一事的心态,取不作为的消极态度。”[4]新型的师生关系应建立在国家法律制度的基础之上,建立这种新的关系意味着教师不必再扮演“一日师终身父”的角色,而应

[1]　[苏]苏霍姆林斯基:《少年的教育和自我教育》,姜励群等译,北京出版社1984年版,第134页。

[2]　李学农:《教师入职指南》,高等教育出版社2007年版,第53页。

[3]　参见国家职业分类大典和职业资格工作委员会:《中华人民共和国职业分类大典》,中国劳动社会保障出版社1999年版,第9页。

[4]　郑杰:《给教师的一百条新建议》,华东师范大学出版社2004年版,第167—168页。

与学生建立平等关系。教师对学生也不必如其父母般“恨铁不成钢”，只要对每一名学生尽心尽职，就算是对这份职业有所交代了。[1] 这种关系变化来自于爱心向职业心的转变，而这种转变，绝对不是大多数家长和学生所希望的。也正因为这种“心”的转变，使老师在完成实现教育目的工作时处在夹缝中。构成夹缝的一方是学生家长，希望老师像对待自己孩子一样对待学生；构成夹缝的另一方则是教育基层管理者，他们希望老师把学生培养成考试的尖子生，以壮学校以及区域的教育“威望”。处在夹缝中的当然是老师。

不同教师的情商容易对受教育者构成夹缝。情商也称情感智力(emotional intelligent)，包括“自我觉知，认识自己的情绪”、“管理自己的情绪，使之适时适度地表现出来”；“自我激励”；“移情，即觉察、识别、理解他人的情绪”；“处理人际关系，调控与他人的情绪反应的技巧”。[2] 刘墉曾讲过一个有关情商的故事。有一天，一个学校的训导主任见到刘墉，请他去学校为学生演讲，并且通知了学生也告诉了原定的演讲人，改变原定演讲人的演讲日期。谁知报告校长后校长不同意，认为原来定好的演讲者不能随便改，这已上了行事历，况且对人家也不礼貌。这样一来便形成了夹缝。一方面学生欢迎刘墉演讲，训导主任安排了刘墉演讲；另一方面校长坚持原则，原来的演讲人和演讲时间不能改，这使刘墉处在了夹缝中，学生对他产生了抱怨。在这种情况下，刘墉只好在演讲时解释说因为自己的身体原因，耽误了同学们的时间，很快便调整了同学们的情绪，使学生能够理解学校、训导主任和他自己，化解了校长、学生、训导主任之间的夹缝。

2. 执著的人和“两面的人”夹缝

执著的人指坚持不懈的人；“两面的人”指人格变异的人，即对一方是这样的面目，对另一方则换了一种嘴脸。两面人被称为“两面三刀”，或称为“阳奉阴违”，或被认为是“虚伪”和“油滑”。其两面性分别表现在针对不同场合、不同情境、不同对象，人会表现出两种截然相反的态度和表现，其行为表现反差太大，其人格之卑下往往受人唾弃。[3] 两面人在当下社会很有市场，尤其

[1] 郑杰：《给教师的一百条新建议》，华东师范大学出版社2004年版，第167—168页。

[2] 刘诚芳：《试析情感智力理论及其研究方法》，载中国人民大学复印报刊资料《心理学》1999年第6期。

[3] 郑杰：《给教师的一百条新建议》，华东师范大学出版社2004年版，第198—199页。

是在中国的官场上。两面人容易对无辜者构成夹缝。同样，执著也容易构成夹缝或破解夹缝。

执著的人容易破解夹缝。执著指坚持不懈。人是最容易变化的动物，当人们发现生存环境对自己不利时，往往会采用逃离或躲避的方式；当人们在前进中遇到困难时，往往有人执著，有人退缩顺从，结果完全不同。有一个故事说一男子因盗、抢、诈骗被判无期徒刑，入狱时一对双胞胎儿子才刚刚 3 岁。30 年以后，双胞胎中的老大因作恶多端被判了极刑，双胞胎中的小儿子却一反他哥哥破罐破摔的想法，凭着自己的能力成为远近闻名的企业家。这其中，法官、学校老师对他们从小就进行了教育，社会不少人也对他们予以帮助，当然也有不少人对他们冷眼旁观，讽刺打击。在这个夹缝中，夹缝的一方希望两个孩子学好，接受其父的教训，如法官、学校老师、部分乡邻；夹缝的另一方则是瞧不起他们的人，有些人甚至欺侮他们，如部分邻里等；处在夹缝中的双胞胎则选取了不同的人生道路。在记者采访他们兄弟俩时，没想到答案竟然不谋而合："有这样一个父亲，我又能怎么样呢？"[1]两个夹缝人的结果是这样的不同，双胞胎小儿子正是因为执著地坚持正道，从而走出了一条光明之路。

两面人容易构成夹缝。中国的教育非常容易培养出两面人，因为中国的教育在教育中"说做不一"，在要求教育时讲素质教育，而在实际行动时却是"分数"教育，学名称为"应试教育"。这样一来，无论老师用什么方式培养学生，其结果必然要接受"应试"的检验。当下，"应试"是检验中国中小学教育成败的唯一标准。在这种情况下，中国的中小学老师一方面要教会学生做人，一方面又要千方百计地提升学生的成绩，以求学生有一个可以说得过去的考试结果。郑杰在分析学校教育过程中形成"两面人"的现实说：那些聪明的两面人是如何造就的？他们虽不是学校培养的，却是学校这块土壤上生长的。一开始，他们绝对是"单纯"的，他们依着原来就有的样子自由自在地一天天长大，到了学校以后，老师告诉他那种自由自在的样子不是好学生的样子，告诉他们应该是什么样子，让他们努力变成应该成为的样子。然后，有一些孩子真的很努力，尤其是女孩子，他们真的变成了老师所期待的样子，因为老师所期待的样子被称为是"行为规范"，这规范本来就是依着女孩子的样子设计

[1] 崔钟雷：《成功源自追求》，黑龙江美术出版社 2011 年版，第 92—94 页。

的。另一些孩子不这样做，他们成为学校秩序的叛逆者；还有一部分孩子，这些孩子占了多数，他们慑于学校教师和家长的双重压力（在中国，学校与家长一旦合谋，可以功德无量，也可以毁灭人性），在某些特定场合服从规范（如教师在场或在学校时）。他们学会了如何不让老师发脾气，以避免因自己的行为让自己付出太大的代价。他们中有些聪明人甚至学会投教师所好，他们良好的行为表现往往超出教师的预期，因为在老师面前，孩子没有尊严，孩子的尊严来自于老师的赐予。而一旦他们中的任何一个远离了特定场合，马上会"露出真实的尾巴"，变本加厉地做回自己，"恶补"失去的"自由"。于是他们成为了"两面人"。[1] 在这两面人的夹缝中，构成夹缝的一方是制定当下教育制度和正在执行教育制度的人；构成夹缝的另一方是家长和教师；处在夹缝中的是孩子们，他们会应付这些教育制度。一旦孩子的"两面人"人格形成，将会对社会形成一种"阻碍"。试想如果当今社会上充斥着两面人，这个社会该有多么可怕。

二、教育手段的夹缝

教育手段是指为达到教育目的，政府或执教者所采取的方式方法。应该说，教育的方式方法不同，其教育结果不会相同，教育目的的实现程度也不会相同。形成教育手段夹缝的手段多是指政府或执教者所采取的教育方式，这些夹缝也往往是一种制度形态的文化夹缝，这类夹缝有时个体是无法破解的。

（一）公益化教育与产业化教育的夹缝

改革开放后，经济建设作为中心工作，使教育也左右彷徨了一段时间。1992年6月16日，中共中央、国务院颁布《关于加快发展第三产业的决定》，教育被明确列为第三产业。《关于加快发展第三产业的决定》第八条第四点

[1] 参见郑杰：《给教师的一百条新建议》，华东师范大学出版社2004年版，第199—200页。

说:“对国民经济发展具有全局性、先导性影响的基础性行业,主要是交通运输业、邮电通讯业、科学研究事业、教育事业和公用事业等。”[1]“教育产业化”的实质是教育产品商品化、教育活动市场化、教育机构企业化、学生接受教育投资化。到了2004年教育部明确表示:各级政府制定教育和经济政策应避免采用教育产业化的概念,不能以“教育产业化”思想指导教育的发展。1995年的《中华人民共和国教育法》第八条规定:“教育活动必须符合国家和社会公共利益。”第二十五条规定:“国家鼓励企业事业组织、社会团体、其他社会组织及公民个人依法举办学校及其他教育机构。任何组织和个人不得以营利为目的举办学校及其他教育机构。”产业化的目的是营利,教育被确定为产业,而教育却不得以营利为目的,这对学校以及其他教学机构构成了夹缝。

1. 公益化教育的不同阶段容易构成夹缝

因为实行了教育产业化,从20世纪80年代开始,教育开始收费。这使不少农村的孩子辍学或失学。引起领导们注意的是比较有名的《马燕日记》。马燕得知家里没有能力再支付她的学费,她将不能再读书时,写了《我想读书》的日记,日记的背面是豆子种植说明书。纸上不少地方有涂抹的痕迹,恰似作者的满腔愤怒,无法自控。日记写道:“这回我们放了一周假,妈妈对我说:‘孩子,妈妈想对你说一件事。’我就说妈妈,有什么事就说出来吧!别憋在心里,憋在心里会难受的。妈妈说:‘你怕是最后一次上学了。’我睁大眼睛望着妈妈,您怎么会说出这样的话来呢?现在没有知识是不行的,老农种田还都要知识,没有知识种粮食也不会有大收获的。妈妈接着说:‘你们姐弟三个上学,你爸一个在外地打工辜(顾)不了的啊!’妈妈你这么一说,看来我是必须回家了。妈妈说:‘是啊!’那我俩(两)弟弟呢?妈妈说:‘你俩(两)个弟弟还必须念书。’我就问妈妈为什么男孩儿能念书,女孩儿就不能念书呢?妈妈说:‘你还小不懂这些,等你长大了就会明白。’今年我上不起学了,我回来种田,公(供)养弟弟上学。我一想起校园的欢笑声,就像在学校里读书一样。我多么想读书!可是我家没钱。我想读书,妈妈,我不想回家。我想我一直待在校园里那该多好啊!(2000年5月2日)”[2]《马燕日记》是法国《解放报》

[1] 《法律图书馆》:《百度·新法规速递》。

[2] 马燕:《马燕日记》。wenku.baidu.com.

驻京记者彼埃尔·阿斯基(中文名韩石)在宁夏西海固采访时偶然发现的一个失学女童的日记,2002年由韩石整理后在巴黎出版,很快登上法国年度畅销书排行榜。其版权被转售多个国家,包括德国、意大利、西班牙、日本和英国,并成为许多国家的畅销书。欧洲人被感动了,纷纷写信慰问,不断捐款,使当地60名孩子(包括马燕)重新走进了课堂。2005年,中央政府进一步加大了对西部农村教育转移支付的力度,扩大了对农村贫苦家庭实行"两免一补"(免书本费、杂费,补助寄宿生生活费),对592个国家级贫困县约1600万名农村孩子免除书费和杂费。[1] 2005年11月11日,教育部发布《中国全民教育国家报告》,实行免费教育终于提上日程。2007年在农村家庭经济困难的学生中实行"两免一补"政策,"力争到2010年在全国农村地区全部实行免费义务教育,2015年在全国普遍实行免费义务教育"[2]。我国的义务教育体现三个本质特征:一是普及性,所有适龄的儿童、少年都必须接受义务教育。二是强制性,任何违反义务教育制度的行为,都要追究当事人的法律责任。三是免费性,主要指义务教育学费的免除。[3] 义务教育免除学费,其他教育仍在收费,这便形成了收费的夹缝。

收费的决策对学前教育形成夹缝。什么是公益化教育,怎样实现公益化教育,小学之前的教育是不是公益教育?自从全国大部分地区实行义务教育公益化之后,幼儿教育就摆在了社会人的面前,而幼儿教育没有列入国家控制的收费标准之内,因此,不少幼儿园可以因地收费,因园收费,因班收费,并且收费的标准也一提再提,涨幅堪比房价,收费贵过大学。"来南昌务工的龚女士向记者出示的南昌市广电幼儿园收费通知单上显示,下学期中班学费上涨了1000多元,达7500多元。""广州市番禺区南国奥园北师大附属幼儿园已向家长明确,原本每学期收费8900元的小班,下学期要涨到1.4万元,涨幅达57%。""目前正是幼儿园集中报名的时期,记者近日在江西、山东、广东等地采访发现,今年的学费涨价似乎比往年来得更为'猛烈'。"[4]构成幼儿教育

---

[1] 参见杨东平主编:《2005:中国教育发展报告》,社会科学文献出版社2006年版,第58页。

[2] 蒋昕捷:《新增教育经费主要用于农村》,《中国青年报》2005年11月11日。

[3] 参见周金浪:《教育学》,上海教育出版社2006年版,第115页。

[4] 徐金发:《涨幅堪比房价,收费贵过大学》,《文汇报》2012年6月8日。

夹缝的一方是收费的决策者们，他们把幼儿教育列在义务教育之外，又没有收费规范；构成夹缝另一方的是幼儿园的主办者，他们借着可以收费的政策，不停地涨价，其收费标准早已超过大学的收费标准；处在夹缝中的是幼儿的家长们，他们埋怨涨价太快，希望政府把幼儿教育列入公益教育之中。

大学教育收费决策对受教育者构成夹缝。我国从 1999 年高校扩招以来，招生人数从 1998 年的 108 万扩大到 2012 年的 685 万，录取人数已增 6.3 倍，2012 年全国录取率为 75%。办学需要经费，高校从 1989 年试点到 1997 年全部并轨收费，化解了高校部分经费紧张的矛盾，但没有彻底解决问题。大学学费对于乡村学生来讲，的确不是一笔小数字。不少人家会反复计算这笔经济账，交学费上这个大学值不值。现在大学生找工作十分困难，有些人干脆放弃高考，有的人被高校录取了也不去上，认为交那么多钱不值。《中华人民共和国高等教育法》第五条规定："高等教育的任务是培养具有创新精神和实践能力的高级专门人才，发展科学技术文化，促进社会主义现代化建设。""从现实来看，高等教育体现其公益性不仅是当前广大人民的共同诉求，也是社会的重要稳定器。""我国是社会主义国家，社会主义的本质属性是社会互助，并以实现社会福利的最大化为目的。社会互助既有个人对个人的互助、组织对个人的帮助，也有国家对个人的帮助。在我国完善社会主义市场经济体制，贫富差距不断拉大和全球高等教育大众化趋势下，我国社会主义高等教育公益性的发展显得更加重要和迫切。"[1]《人民日报》报道："4 年间高考报名人数降 105 万，弃考人数超 300 万。"[2]弃考的人到什么地方去了？除了部分家境好的出国之外，多数去"打工"了。这其中就有交不起学费的原因，也有认为交了 4 年学费还找不到工作而不值得上学的原因。如此，构成大学教育夹缝的一方为政府决策者，另一方为大学的主办者，处在夹缝中的正是那些学子们和放弃高考没有进入大学的人。

2. 化解产业化带给教育的夹缝迫在眉睫

教育产业化或称高等教育产业化一般是指大学开辟"工业园"，使研究与

---

[1] 郑维校：《对高等教育公益性与产业化的思考》。www.doc88.com/p-95620228138.html.

[2] 颜珂：《4 年间高考报名人数降 105 万，弃考人数超 300 万》，《人民日报》2012 年 6 月 18 日。

生产一体化，即产学研对接，不是单指让学生花钱读书。数十年前，美国斯坦福大学开辟了学校工业园，使教学活动、科研成果与工业园的发展双向互动，彼此推进，最终形成了世界一流的技术和知识密集型工业开发区，这就是"硅谷"。对这一成功的案例，有人提出了"教育产业化"这一概念。之后，美国的麻省理工学院、哈佛大学和英国的剑桥大学等，也在20世纪80年代开始了"教育产业化"的尝试，开辟了一些既有社会效益，也有经济效益的研究项目，如新型材料的运用、制造业的技术革新、人工智能的研究和发展、生物化学的广泛应用等。这就是教育产业化的由来，但同上学收费的"产业化"，或把学校列为"第三产业"的"产业化"有质的区别。我们必须注意化解"产业化"给中国教育造成的夹缝。

必须化解择校的夹缝。改革开放之后，中国开始把小学、初中、高中分成重点和非重点，这就使义务教育进入了择校化的状态。"令人担忧的是，实现教育公平的制度环境尚未稳固建立，社会贫富差距继续扩大，按权力大小择校与按付费多少择校的现象愈演愈烈。一些地方的择校由'小升初'延伸到'幼升小'，甚至延伸到选择幼儿园；一些中小学就近入学的学生比率不到20%；有些地方在'城乡一体'、'教育现代化'的口号下，大幅撤并乡村学校，只办城里学校。""……虽然国家三令五申取消择校费，但择校费长期顽固存在，归根到底，是因为择校利益链的存在。首先，择校费的存在，可以减轻地方政府对教育的投入，一些地方政府就是以'给学校政策'的方式，代替给学校的拨款；其次，收取择校费，还可以给地方政府带来一笔收入，一些地方的操作方法，就是将择校费、借读费变身'捐资助学费'让其合法化，家长交到政府部门，再由政府部门和学校分成。"[1]在择校的行为中，构成夹缝的是政策的执行者，即地方政府的官员们；构成夹缝的另一方则是学校，学校在市场经济大潮中收钱绝不手软；处在夹缝中的是家长们，为了孩子有好一点的读书条件，不惜出大钱，拼命挤进重点学校。化解义务教育阶段重点学校这个夹缝非常简单，认真执行2006年6月29日颁布、9月1日施行的修订后的《中华人民共和国义务教育法》就可以了。《义务教育法》第二十二条规定："县级以上人民政府及其教育行政部门应当促进学校均衡发展，缩小学校之间办学条件的差距，不得将

[1] 杜晓：《河南拟立法取消重点学校能否推进教育公平》，《法制日报》2012年6月5日。

学校分为重点学校和非重点学校，学校不得分设重点班和非重点班。”第五十三条规定：“县级以上人民政府或者其教育行政部门有下列情形之一的，由上级人民政府或者其教育行政部门责令限期改正，通报批评；情节严重的，对直接负责的主管人员和其他责任人员依法给予行政处分：(一)将学校分为重点学校和非重点学校的；(二)改变或者变相改变公办学校性质的。”最近，河南省政府法制办公布《河南省实施〈中华人民共和国义务教育法〉办法(征求意见稿)》，明确提出不得将学校分为重点学校和非重点学校，引起社会的关注，这将有助于化解择校的夹缝。

高等教育的“产业化”要科学对待，以化解自身“双面”的夹缝。美国斯坦福大学的学校工业园、英国剑桥大学的“产业化”，不是中国人所理解的“收费产业”或者自己是自己所办产业的“老板”。中国高等教育的产业化，应该同国外大学一样，搞“硅谷”式的开发区，搞产学研结合，而不是靠收学费度日。同时，搞了产学研的结合，要使产业与教学分开来，大学仅作为股东而已，不是“两面人”，即俗语讲的“一条裤子两人穿”。大学的产业经营的目的是为教学和科研补贴经费，而不是为了营利，今天中国的大学科研分成是一个不当的做法。大学的教授搞科研，申请到资金之后除了用于调研，用于购买设备，有的还用于给自己发津贴、奖金，这种“产业”分成方式有待商榷。高校产业化出现“双面”状态，是因为决策制度不明和执行制度不严。同样，构成这种夹缝的正是这两面的“人”构成的，处在夹缝中的是高校或称为高校人。要尽快化解高等教育产业化的两面人的夹缝，以求高校“产业”科学发展。

(二)中国式的家庭教育与学校教育夹缝

世界上没有一个国家的父母像中国父母那样望子成龙了。不少家庭为了孩子将来有出息，从怀孕开始就进行胎教，出生以后的教育丝毫不敢松懈，生怕输在孩子成长和教育的起跑线上，生怕自己的孩子在学习条件上比不过其他人。家长们很少考虑自己的孩子适合干什么，多是设计孩子读大学，这就构成了对孩子的夹缝。同样，为了让孩子有好的学习条件(诸如好学校、好的物质条件)，家长往往又处在夹缝之中。

1. 家庭和学校对学生的夹缝

学校教育是把教孩子做人和教孩子学知识相结合的教育，对学校来说，教学生做人与教学生知识同样重要。对于家庭来说,家长往往认为学生学知识比学做人重要,由此容易对学生形成学习方面的夹缝。

教学生做人容易构成夹缝。学校教会学生做人是其第一要务。学生品德不修炼好,即使学习好,将来也会危害社会。由于学校、家庭教育的内容,教育的环境不同,容易对学生构成夹缝。教育是一种培养人的活动,教师作为教育者,承担着社会、历史、国家和儿童之间的中介角色,肩负着国家的使命,教育活动离不开一定的纪律、秩序及管理组织形式,由于教师有一定的惩戒权,就必须控制好惩戒的度,否则会形成夹缝或者形成一种冲突。教师的惩戒要具有教育性,要尊重学生的人格,教师的惩戒行动要合理、公正,教师的惩戒要符合相关程序。[1] 一句话,教师的惩戒要有利于学生成长,教师的惩戒要争取家长的配合。在教育这个夹缝中,有些家长往往从疼爱孩子的层面出发,对老师的某些惩戒措施不理解,但老师有权也有责任对教育活动的整个过程施加某种影响和控制,有权做出职责范围内的专业性行为。陈桂生讲了这么一个故事,故事讲一个初中小"淘气包"骂学校门房的老伯伯"老不死",老师知道后,认为必须惩戒。惩戒方式很简单,让小"淘气包"真诚给老伯伯道歉,可他扭扭捏捏应付了事。老师从谈话中发现小"淘气包"的言行深受父母的影响,因此,老师就多次找小"淘气包"的父母,让父母带孩子给老伯伯道歉。[2] 小"淘气包"父母一直教育孩子谁也不要怕,在外不能吃亏;而老师教学生则是尊老爱幼,遇事学会相让。不同的教育使孩子处在了如何做人的夹缝之中。小"淘气包"家长在多次劝说下终于带着孩子给学校门房的老伯伯道了歉,孩子从此开始改变自己争强好胜的处世方式,也说明孩子好多行为是可以通过教育改变的。

看重学生学习成绩容易对学生构成夹缝。学生个体不同,学习能力、知识接受水平就有很大差别。不少老师认为学习好、成绩优秀的是好学生,这样的看法有失偏颇。应该说,每一个学生都有自己的特长,不能绝对地用考试的成绩来判断一个人的聪明和愚笨。这是因为人的思维方式有形象思维和逻辑思维的区别。逻辑思维为主的学生,善于应试;形象思维为主的学生善于动手,

[1] 参见郑杰:《给教师的一百条新建议》,华东师范大学出版社 2004 年版,第 168—169 页。

[2] 参见陈桂生:《教育实话》,华东师范大学出版社 2003 年版,第 239 页。

这种情况并没有得到教育工作者和家长的重视。富兰克林曾说过:“宝贝放错了地方便是废物。”[1]有些人不适合学习知识,这往往是现代教育忽略了的。康威尔是一位大雕塑家,他在求学方面一直遭遇失败与打击,高中还未毕业,他的老师和校长找到他的母亲说:“康威尔或许并不适合读书,他的理解能力差得让人无法接受,他甚至弄不懂两位数以上的计算。”母亲很伤心,准备自己培养孩子,可康威尔对读书不感兴趣,他记不住那些需要记忆的知识。一天,他经过正在装修的超市时,对门前一件雕刻艺术品产生了兴趣。他对雕刻认真而仔细地观察,激发了自己的好奇心。不久,母亲发现康威尔只要看到什么材料,包括木头、石头等,他一定会仔细观察,按自己的想法打磨和塑造。可是,还是没有一所大学肯收他。母亲对他说:“你走自己的路吧,没有人会为你负责,因为你已长大!”从那时开始,康威尔决定远走他乡以寻找自己的事业。学校不收他,因他记忆数字能力差,母亲也帮不了他。在这个夹缝中,夹缝的一方是校长和老师,他们认为康威尔不宜读书;构成夹缝的另一方是康威尔的母亲,她坚持让孩子读书,结果各个学校都不收康威尔,处在夹缝中的康威尔走了自己的路。许多年以后,康威尔原来所在的城市为纪念一位名人,决定在市政府门前广场上置放该名人的雕像。众多的雕塑师纷纷献上自己的作品,以期自己能与名人联系在一起,获得难得的荣耀和成功。最终,一位远道而来的雕塑师获得了市政府及专家的认可。在揭幕仪式上,这位雕塑师说:“我想把这座雕塑献给我的母亲,因为我读书时没有获得她期望中的成功,我的失败总令她伤心、失望。现在,我要告诉她,大学里没有我的位置,但生活总会有我的一个位置,而且是成功的位置。我想对母亲说的是,希望今天的我不至于让她再次失望。”这个人就是康威尔,在人群中,康威尔的母亲喜极而泣。她知道康威尔并不笨,只是接受知识的方式不同而已。而现代教育往往忽略了个体特性,不能因材施教。

2. 学校老师对学生家长的夹缝

老师对学生进行教育的活动,必然影响到家长。中国的望子成龙教育,使学校与学生的家庭形成一种割不断的关系。学校要教好学生,需要家长的配合,需要家长给力。在配合与给力中,又容易对学生的家长构成夹缝。当然,

---

[1] 转引自崔钟雷:《成功源自追求》,黑龙江美术出版社2011年版,第73页。

学生、家长同样会对老师构成夹缝,这里不作分析。

家长会的夹缝。中国的中小学教育有一种特别的教育形式,即学校对学生家长的特别教育:“家长会”。在中国,每所中学、每所小学,每学期至少得召开一次家长会,这已经是多少年来的老规矩,以致一代又一代的成年人,因其子女在学校就读而获得家长会员的资格。家长会上,绝大多数学校不是听取家长对学校办学的意见,而是要家长听学校的意见,诸如学校对学生有什么要求,你们的子女在学校中表现如何,千方百计让家长配合学校教育自己的孩子。当然,若某个学生在学校有异常表现,学校也要问问学生的家庭近况如何等。家长会上主要是听布置的任务,是配合学校教育好学生。其实,家长会的夹缝是一个良性夹缝,是以共同教育好学生为“宗旨”的,无论家长怎么忙,怎么不情愿,“家长会”是绝对不能缺席的,缺席了,孩子的座位上没了家长,那将成为孩子的“耻辱”。在这个夹缝中,构成夹缝的一方当然是学校、老师、班主任;构成夹缝另一方的是自己的孩子。家长,在这个夹缝中成为了夹缝人,尝到子女带来的酸甜苦辣的滋味。

“家长学校”的夹缝。为了让孩子能有一个好成绩,中国的教育者和中国的家长一样,使出浑身解数。不知何时起,社会上兴起了家长学校。由于多数家长并没有受过专业教育训练,从不懂“教育学”、“心理学”,对孩子的教育不能与学校同步,因此,家长到家长学校学一些专业教育的知识、技能,以便配合学校,提高孩子在学校的成绩就成为理所当然的了。为了孩子,家长进校学习,接受专门教育,为孩子们“挣前程”。在这个夹缝中,构成夹缝的是中国目前这种教育模式及其决策人,规范和引导家长和孩子们为了好成绩而学习,正如《中华人民共和国教育法》所规定的:“未成年人的父母或者其他监护人应当配合学校及其他教育机构,对其未成年子女或者其他被监护人进行教育。学校、教师可以对学生家长提供家庭教育指导。”构成夹缝另一方的则是家长学校和孩子的学校,他们希望家长懂点教育,以便更好地教育孩子。处在夹缝中的是家长。

(三)社会教育与学校教育的夹缝

史学者认为:在学校这种专门的教育机构产生之前,人类的教育活动都是以社会教育方式进行的。即使在学校诞生之后,社会教化、非正式教育仍然普遍地存在着。到了大机器生产时代，要求学校更有组织、更加专门、更讲效率地批量化培养学生，学校教育得到加强，社会教育严重萎缩，但社会教育中的社会力量办学则有了一席之地。社会教育与学校教育本身对受教育者构成夹缝，两者在教育推进实践中，又共同对受教育者构成夹缝。

1. 社会力量办学本身的夹缝

社会力量办学是学校教育的补充，是针对社会对教育的需求而学校教育又一时无法满足的一种变通。在社会力量这个概念使用之前，人们常用社会教育这个概念。社会教育包括了社会力量办学。

概念变换的夹缝。1987 年 7 月原国家教委发布的《关于社会力量办学的若干暂行规定》中说："本规定所称社会力量，是指具有法人资格的国家企业事业组织、民主党派、人民团体、集体经济组织、社会团体、艺术团体以及经国家批准的私人办学者。"[1]到了 1997 年 3 月，国务院发布的《社会力量办学条例》中"社会力量"有了变化：社会力量是"企业事业组织、社会团体及其他社会组织和公民个人利用非国家财政性教育经费，面向社会举办的学校及其他教育机构"[2]。这个《条例》变化在于："国家企业事业组织"变成了"企业事业组织"；删除了民主党派、人民团体、艺术团体、集体经济组织；"公民个人"代替了"私人办学者"。到了 2003 年，《中华人民共和国民办教育促进法》中规定："国家机构以外的社会组织或者个人，利用非国家财政性经费，面向社会举办学校及其他教育机构的活动，适用本法。""国家机构以外的社会组织或个人"比 1997 年的《社会力量办学条例》的概念更大更含糊了一些。此时，只剩办学者能够区分什么是"民办教育"，什么是"社会力量办学"，而学生以及学生的家长，则很难分得清楚。在概念的变化中，起草文件的人和决策者想法有时并不一致，再加上教育的发展，人们对教育的需求不同，便形成了社会力量办学概念的夹缝。

教育营利的夹缝。所谓"营利"是指谋求利润。《中华人民共和国教育法》第二十五条规定："国家鼓励企业事业组织、社会团体、其他社会组织及公民个人依法举办学校及其他教育机构。任何组织和个人不得以营利为目的的举

[1] 转引自陈桂生：《教育实话》，华东师范大学出版社 2003 年版，第 316—317 页。
[2] 同上。

办学校及其他教育机构。”国务院《社会力量办学条例》第六条中规定：“社会力量举办教育机构，不得以营利为目的。”《中华人民共和国民办教育促进法》第二条规定：“本法未作规定的，依照教育法和其他有关教育法律执行。”第三条规定：“民办教育事业属于公益性事业”，公益性事业当然不以营利为目的。就大学教育经济效益而言，大学从 1989 年实行收费试点开始，收费一直是办学经费的一个重要补充，否则，学校则无法正常运转。幼儿园，则一直是以营利为目的，民办教育更是以营利为目的。国家决策者一方面不让教育以营利为目的，另一方面又制定教育收费标准让教育机构按标准收费。这种说做不一的夹缝，颇具中国特色。

2. 社会教育与学校教育的夹缝

社会教育与学校教育都属于教育。中国封建社会专门上学的学生很少，社会教化是主要的。自从有了学校之后，社会教育不再被人们重视。20 世纪头 20 年，现代学制甫建，学校教育居于绝对主导地位，社会教育、成人教育位卑身微，未获重视。清末，依靠兴办简易识字学塾来发展成人教育；民国初年，又通过推行通俗教育来发展成人社会教育。从此，社会教育和学校教育逐渐兼备参用，只是因时、因地有所侧重而已，并为成人教育、社会教育跻身学制奠定了基础。[1] 社会教育自身与学校教育共同对受教育者构成夹缝。

专门形式的社会教育起始就对受教者构成夹缝，同时使自己也处在夹缝之中。所谓社会教育，指学校专门教育机构之外的所有教育形式。清末，“壬寅、癸卯”学制，几乎没有顾及成人教育。清朝消亡前才筹划兴建简易识字学塾，“专教部颁简易识字课本”，修业年限 1—3 年，每天上课 3 或 2 小时，仿照初等小学开展成人学校教育。[2] 民国初年，教育总长蔡元培“深感教育之责任，不仅在教育青年，须兼顾多数年长失学的人。故草拟官制时，于普通、专门二司外，坚持设立社会教育一司”[3]。其职能为：“一、关于通俗教育及演讲

---

[1] 参见李剑萍：《中国现代教育问题史论》，人民出版社 2005 年版，第 214 页。

[2] 参见学部：《简易识字学塾章程》（1910 年 1 月 10 日），见《中国近代学制史料》第 2 辑上册，第 350 页。

[3] 蒋维乔：《民初以后之教育行政》（1936 年），见《中国近代教育史教学参考资料》中册，第 270 页。

会事项;二、关于感化事项;三、关于通俗礼仪事项;四、关于文艺音乐演剧事项;五、关于美术馆及美术展览会事项;六、关于动植物园等学术事项;七、关于博物馆图书馆事项;八、关于各种通俗博物馆、通俗图书馆事项;九、关于公众体育及游戏事项。"[1]这时候的成人教育重点和特色就是推行富有社会教化色彩的通俗教育运动,采用小说、戏曲、讲演等方式"改良社会、普及教育"[2]。讲演面向平民,面向社会,面向底层。黄炎培曾记录过当时讲演的场景:"(庙门口)大书今日讲演字样。门外小桌陈教育画数十种,皆出售者,每纸铜圆一枚,观者如堵,以一职员司之。入门,廊下悬巨幅滑稽画,一人张口作高呼状,左右简章数条。大殿古佛一龛,讲者听者分东西向,讲坛一,黑板一,讲桌一,讲鞭一,其下设座客数十人。……其始听者三十余人,皆无辫,垂首屏息。其间老者半数,余则壮者,占其二,少者占其一,多衣青色长衣,一望而知小工小商也。续续以至,最多时得五十人。讲题似为劝戒烟。"[3]这里记录的是社会教育现场讲演的实况,当时的状况是有些讲演没有人听,也有人反对讲演某些内容,这便对讲演者构成了夹缝。

社会教育与学校教育在生源方面的夹缝。学校教育一出现,就与社会教育争夺生源,对社会人构成夹缝。"进入20世纪30年代,随着民众教育、乡村建设运动的发展,并受杜威教育思想和出于抗战的时代需要,成人教育的功能和地位空前高涨,一些民主主义教育家相约呼吁改革教育制度,要求纳入成人教育,尤其是成人社会教育。1938年以后,南京国民政府着手从体制、政策层面整合普通教育与成人教育、学校教育与社会教育,一度出现普通学校兼办成人教育、普通学校师生参与社会教育的热潮。"[4]民主主义教育家呼吁"教育应以社会为学校,全体民众为学生,整个生活为课程",都希望在现代教育制

---

[1] 《教育部官制》(1914年7月大总统令),见《中国近代学制史料》第3辑上册,第81页。

[2] 教育部:《通俗教育研究会章程》(1915年7月),见《中国近代学制史料》第3辑下册,第697页。

[3] 黄炎培:《参观京津通俗教育记》(1915年),见《中国近代学制史料》第3辑下册,第703页。

[4] 李剑萍:《中国现代教育问题史论》,人民出版社2005年版,第216页。

度中为成人教育、社会教育争取应有位置，云起响应，渐成气候。[1] 1938 年 5 月，中华民国教育部公布《各级学校兼办社会教育办法》，要求“化除学校与社会之界限，而使学校成社会教化之中心”，“各级学校兼办社会教育，教职员与学生均应参加”，例如“中学校除应兼民众识字教育及抗敌宣传外”，还要兼办通俗演讲、民众歌咏团、壁报、民众卫生指导、救护训练、成绩展览会等中的两种以上形式的社会教育。[2] 1940 年 3 月，中华民国教育部公布《国民教育实施纲要》，规定：“国民教育分义务教育及失学民众补习教育两部分，应在国民学校及乡镇中心学校内同时实施。”[3]学校办社会教育，又办正规教育，生源的区别是困难的，由此也对想学习的人构成夹缝，到底接受何种教育，成为想学习的人的一大问题。

三、教育管理和教育结果夹缝

教育的成果是培养了一批掌握了一定知识和技能的人。教育成果的使用，既对社会人构成夹缝，也使教育成果自身处在了夹缝之中。

（一）大学毕业生就业夹缝

自从大学扩招以来，大学生就业就成为一大社会问题。王小妮曾在一篇文章中讲了一段话：“北京一家出版社的编辑跟我说，他虽然每接到老家人的电话，都会叮嘱要供孩子读书，其实自己也知道这已经不是心里话，他家乡也在湖北，他们那儿称刚毕业的大学生‘废人’。苦活累活技术活都干不来，做什么都不会，白花钱白念书，不就是废人吗？”“很多来自乡村的学生还没有意识到，一旦把户口迁到大学，再想迁回去做农民已经不可能，他名下的土地被

[1] 俞庆棠：《民众教育与教育制度》（1935 年），见茅仲英主编《俞庆棠教育论著选》，人民教育出版社 1992 年版，第 183 页。

[2] 《中华民国史档案资料汇编》第 5 辑第 2 编“教育（二）”，江苏古籍出版社 1997 年版，第 31—33 页。

[3] 《中华民国教育法规选编（1912—1949）》，第 283 页。

收回了。你念了大学,变成国家的人,户口只能落在镇上。出来四年,土地没了,所以,真正的问题也许不是寒门是否出贵子,而是寒门无退路。"[1]大学毕业生就业率低的原因无非就是两点,一个是岗位太少;一个是大学生太多。在现实社会中,人们往往不思考这两个原因,而思考大学生本身,认为大学生没有学到本领,这可真是冤枉了大学毕业生。

1. 大学毕业生毕业即失业的夹缝

大学生毕业即失业已成为中国特色,真正能考上公务员的是大学毕业生中的凤毛麟角。花钱上了四年大学成了"肩不能担担,手不能提篮"而无处可去的"废人",真是一大悲哀。大学生就业已经构成了千家万户的夹缝。

国家的经济结构对大学生就业构成了夹缝。中国就业研究所副所长杨伟国说:"就业肯定是跟着经济活动走的,在中国,大学生就业完全取决于政府的资源投向。""中国经济结构目前还是处于比较低端的水平,结构调整的速度跟经济增长的速度很不相称。虽然像航天航空、计算机方面取得不小成就,但这都不占目前经济结构中的最大比重。这种状况造成大学生就业困难。很简单,你的经济结构不需要那么高素质的劳动力,农民工来了3天就能上岗甚至于来了跟他说一说马上就能做,要大学生没有意义。"[2]经济结构的调整不是一天两天的时间就可以完成的,这种夹缝会长期存在。构成大学生就业夹缝的一方是国家教育政策的决策者;另一方则为家长,往往希望孩子上大学,上了大学可以找到更为理想的工作;处在夹缝中的是那些大学毕业就失业的大学毕业生们。

学校就业排名造假构成大学生就业的心理夹缝。不少省份的媒体每年招生前几个月会公布这个省份大学生就业排行榜,以此帮助本省高校来吸引考生报名。应届高中毕业生和家长们并不知道毕业生就业排行榜大有"学问"。拿江苏而言,南京大学应届本科生就业率还不如苏北刚从专科升格的本科院校就业率高,被教育界"戏说"。有些高校为了让自己在就业排行榜中靠前,规定每个毕业生到一个企业或单位在就业协议上盖一个章,就上报该生就业了,这是公开弄虚作假。这种做假方式,影响了学生的诚信教育,影响了大学

---

[1] 王小妮:《活着就是挣扎》,《读者》2012年第2期。
[2] 杨伟国:《大学生就业难在哪里》,《南风窗》2012年4月18日。

的"科学"氛围,影响了社会风气。不少大学辅导员(班主任)用哀求的方式,求学生最后帮个就业"造假的忙";如果没有上交那份就业协议,学校则会扣下该生的某些证件,以督促毕业生上交"就业协议"。在这个夹缝中,教育主管部门是夹缝的主要构成者,他们要就业的"数字";构成夹缝的另一方是学校的领导,要迎合主管者的要求,要求学生就业造假;处在夹缝中的是大学应届毕业和新报考的学生。

2. 大学教育中数量与质量的夹缝

大学教育的数量是由决策者根据学校上报情况而确定的,大学教育的质量是因学校管理者水平、大学教师的水平而变化的。由于大学的不断扩招,学生的数量猛增,使大学的教育质量下降了许多,这对受教育者来说是看不见的损失。受教育者以及受教育者家长并没有因为缴了更多的学费而享受应该享受的教育质量。当然,这与社会普遍浮躁、急功近利有关,也与大学教育质量下降有关。"高等教育的质量是一个多层面的概念,应包括高等教育的所有功能和活动;各种教学与学术计划、研究与学术成就、教学人员、学生、楼房、设施、设备、社会服务和学术环境等。"[1]"中国作为后发国家,一方面高等教育必须维持快速增长,才能提高毛入学率,培养更多高级专门人才,满足社会需求;另一方面,又总是面临着高等教育资源严重短缺的境况。而且,在相对封闭的社会结构中,它又是实现社会正迁移的主要甚至唯一途径,统治阶级为了维护自身利益,必然严格界定其规格与质量。这样,数量增长与质量控制就构成高等教育中的一对基本矛盾关系,亦可谓公平与效益问题在高等教育领域的集中体现。"[2]这即是高等教育的规模和质量夹缝形成的主要原因。

一些学生的浮躁使校方和老师已近"黔驴技穷"。如今的大学生上课不认真几乎成为普遍的现象。大学教育抓质量,往往都是从课堂教学抓起。大学师生面对面传授知识还是当今的主要教育方式,虽然现代多媒体的教课手段几乎替代了粉笔黑板的教课手段,但师生面对面授课仍在大学中流行。为

[1] 联合国教科文组织:《21世纪的高等教育:展望和行动》(1998年),见赵中建选编《全球教育发展的研究热点——90年代来自联合国教科文组织的报告》,教育科学出版社1999年版,第422页。

[2] 李剑萍:《中国现代教育问题史论》,人民出版社2005年版,第158页。

了让大学生们能走进课堂按时上课，不同学校采用了不同的方法，但学校深感“力不从心”。过去大学的点名被先进的刷卡替代，但由于刷卡易被别人代刷，因此又出现了座位相对固定、上课前老师拍照的新的方式，以查逃课者，好对学生进行教育和处罚，以此保证教学质量。实施拍照点名后，班上的出勤率提高了，原本缺席专业户也“露面”了。[1] 拍照点名后，学院相关负责老师会找缺席的同学单独谈话。一名张姓老师说，如果一个班只有一个学生总是旷课打游戏，同学不说，任课老师不说，学校也就无从知道；还说，在国外很多大学，都有相当严格的点名制度，有的甚至缺席两次就取消所学科目的学分。[2] 更绝的是，重庆工商大学用指纹考勤机让学生上下课打考勤。采取了非常措施之后，学生虽然都来上课了，但“人在曹营心在汉”，上课玩手机、上网成为一道风景。于是，扬州大学又出新招：上课前，同学们得把手机交出来，集中放在“手机袋”中，等下了课，大家再把自己的手机拿走。[3] 学生逃课、上课不集中精力，学校采取“新招”，引起社会不同的反响。有专家分析学生逃课或者上课不集中精力的原因有三：学生学习态度不端正、课程设置有问题、课堂教学缺乏新意等，就是说学生逃课和上课不集中精力有学生的原因，也有学校的原因和老师的原因。[4] 在大学上课的夹缝中，构成夹缝的一方是个别学生，逃课、上课不听课；构成夹缝的另一方是一些专家和相关大学教育人士，认为学生不听课是学生的原因，殊不知更是学校的原因；处在夹缝中的倒是学校管理者和学校的老师，他们应该想办法化解夹缝。

坚守大学理想的学子往往处在就业夹缝之中。上大学干什么？多数学生回答肯定是：好找工作。花钱接受教育，似乎成为了一种“买卖”，这种买卖就是功利主义的形式。上大学不为了找工作，不如不读，还可以为家庭省些钱，这恐怕是最简单的道理了。在这桩“买卖”中，让学生坚守“理想”，怕也困难。某报刊发表一封江西农业大学学生杜克海的来信——《为什么我的大学越上越迷茫》。信中这名汉语言文学专业的大三学生流露出自己的困惑：有人劝他考证，

---

[1] 宋璟：《南师大体科院防逃课出招更绝：中小学式排座位，桌上贴姓名学号》，《扬子晚报》2012年3月12日。

[2] 参见宋璟：《南师大“拍照点名”实施3周效果不错》，《扬子晚报》2012年3月22日。

[3] 参见杨雪媛：《上课咯，同学们先把手机“交出来”》，《扬子晚报》2012年3月23日。

[4] 参见胡乐乐：《高校“点名创新”是一条歧路》，《中国教育报》2012年4月4日。

不必死读书,他不愿屈从这种风潮;老师让他们有所坚守,因此他坚持自己想要的东西,每天看书、写字(练书法)、摄影,但又为自己这种做法感到惴惴不安。在这种求质量轻形式的夹缝中,夹缝的一方是同学们以及家长希望杜克海考证,做好找工作的准备;夹缝的另一方是学者老师对理想的坚守,让学生保持一种精神。处在夹缝中的只能是像杜克海一样的学生们。如何让杜克海们既能为就业准备好条件,又能为坚守理想而不断前行,的确是一件两难的事情。

(二)大学创新、创业的夹缝

创新是大学的重要教育内容,不少大学在自己的校训中都有"创新"的要求和规范。中央财经大学的校训:"忠诚、团结、求实、创新";北京体育大学的校训:"爱国、拼搏、求实、创新";中央民族大学的校训:"团结、求实、文明、创新";华北电力大学的校训:"团结、勤奋、求实、创新",等等。我们理解的大学创新的内涵一是在精神方面,二是在学问和研究方面,但不少大学却仅一而再地创新校名,这种创新容易对往届毕业生和社会人构成夹缝。

1. 大学名称、院系名称和教师名号的夹缝

大学名称如同一个人的名字,不宜换来换去,换勤了搞得谁都不认识,绝对不是好事。大学内的院系也不是名称越大越好,专科学校办学院,同样会贻笑大方。大学教师都冠某某著名学者,亦让人有些眼花缭乱。大学的名称、院系名称、学者名号已构成浮夸的夹缝。

大学不断更名已对过去热爱本校的往届生、社会人构成了夹缝。有一所"师范学院",在当地、本省乃至全国都是比较有名气的。在"改名风"的推动下,1996 年更名为"师范大学"。2009 年,这所大学冲击博士点没成功,便全力以赴更名为带有省份的前两字(不含"省"字)的"师范大学"。据说,这一届领导班子如果还冲不上博士点,准备把学校改名为"中国师范大学",后听说教育部不让冠"中国"两字才作罢。大学频频更名,更让热爱这所学校的老校友们伤感。为什么有的大学不断更名?南方科技大学校长朱清时解释说:"扩招、改名、办校庆是政绩工程。而踏踏实实搞教学,效果可能要一二十年后才显现,那就等于为他人作嫁衣裳,只考虑政绩的人是不愿意的。"[1]原来

[1] 朱清时:《高教专家会诊高校改革》,《新华日报》2012 年 5 月 29 日。

“改校名”是政绩工程，大学不断更名就能够理解了。在变更校名的夹缝中，一部分校内老师赞成，而校友几乎全部反对，在这种情况下仍坚持更换校名，与大学领导的追求政绩肯定相关。不少叫某某学院的大学，也把系改为院，说是与其他大学对接，变成了“院”管“院”，有些不伦不类。甚至有的专科院校也把系改为了院，更是啼笑皆非了。而我们所知的北京大学中文系建于1910年，出了那么多著名的学者，诸如：林纾、陈独秀、鲁迅、刘师培、吴梅、周作人、黄侃、钱玄同、杨振声、刘半农、胡适、孙楷第、游国恩、王力、俞平伯、沈从文、吴组湘、杨伯峻等，却没有把中文系更名为“文学院”之类的事情，说明“山不在高，有仙则灵”。一个不注重内涵建设的大学，即便更名为“宇宙大学”，也还是一个三流学校，无非只是校领导的政绩多了一条而已。

大学内“名号”泛滥对社会人构成夹缝。大学学者的“名号”越来越多，让社会人目不暇接，连在学校读书的人，如不细细考究，同样也弄不懂这些名号的由来和作用。高校内，从导师来分，有硕士生导师、博士生导师；从职称来看，有讲师、副教授和教授，教授系列中又分为七级，包括了正副教授；从最高荣誉来看，有中国科学院院士和中国工程院院士；从学者称号来看，有38种之多，如长江学者、黄河学者、泰山学者、天山学者、闽江学者、赣江学者、珠江学者，等等。学术界及教育界这么多的名号，着实让人眼花缭乱。当不同的学者对某一问题有了不同看法时，社会人一定会处在学者名号的夹缝中，因为不少社会人搞不清也搞不懂不同学者的名号。

2. 创业和就业的夹缝

十七大报告说：“实施扩大就业的发展战略，促进以创业带动就业。就业是民生之本。”“完善支持自主创业、自谋职业政策，加强就业观念教育，使更多劳动者成为创业者。”“积极做好高校毕业生就业工作。”[1]大学生是就业还是创业，是一个比较难的选择。中央希望大家创业，但创什么样的业，有什么样的条件才可以创业，创业者没有底，家长也没有底，家长们只希望孩子尽快就业。在今年浙江城市学院的就业会上，记者问及一名叫王濛的同学时，他说：“现在没有考虑过薪水，只要有个坑，自己先跨进去就行。”[2]这种饥不择

[1]　胡锦涛：《高举中国特色社会主义伟大旗帜 为夺取全面建设小康社会新胜利而奋斗》，2007年10月24日。

[2]　转引自陈文蕾：《调整就业心态，以创业推动就业》，《浙江城市学院宣传部网》。

食的心态是大多数大学毕业生的心态。企业希望要专业对口、有一定的实践经验、表现优秀的毕业生;家长希望先有个“坑”蹲着再说;夹缝中的大学生既希望自己选择一个好单位,又无可奈何地希望有“坑”可蹲。

就业见习岗能够化解部分大学生就业的夹缝。大学生就业难、创业难已成为社会问题。江苏省从2009年开始,推出了高校毕业生见习计划,见习主要对象为毕业后两年内未就业的江苏籍全日制普通高校毕业生和离毕业时间不足三个月尚未落实工作单位的江苏籍全日制普通高校毕业生。这一举措,有效地化解了大学毕业生就业的夹缝。见习岗位成功就业的南京师范大学中北学院金融专业毕业的徐州籍学生吴迪说,他自己最大的感受就是见习在一定程度上缓解了找工作的压力,与直接找工作相比,先在见习岗位上锻炼一下,熟悉工作性质、了解用人单位的情况,把自己的实战能力练好了,再找工作更有竞争力,也更有底气。吴迪很真诚地跟记者说,现在不少大学生毕业找工作不顺利,其实很多同学并不了解就业见习岗位的情况,他希望通过自己的例子让更多的同学有所了解,当然也希望政府能提供更多的就业见习岗位。[1]江苏省人民政府的举措,是促进大学生就业的重要措施,是化解大学生就业夹缝的一个成功的例子,也是大学毕业生接受就业训练的很好途径。

通过创业实现就业有成功也有夹缝。创业是指创办事业,在现代社会又多指创办企业。大学生通过创业实现就业有成功的例子,也有夹缝现象。大学生的创业夹缝,有些夹缝创业人可以化解,有些夹缝创业人化解不了。构成创业夹缝有市场的原因,有创业人自身的原因,有学校限制的原因,等等。福建警察学院2009级行政管理专业的杨子阳已有好几次创业的经历,至今还处在创业的夹缝之中。杨子阳的第一次创业是卖洗洁用品,开始几次都很好,结果因团队中的管理问题、产品质量问题、市场调查盲目等问题而失败。在这次创业过程中,家长希望他创业,学校却认为他不务正业,本身就处在了夹缝中。第二次创业是销售养颜茶饮料。但因自己所在学校管理制度办不了走读而失败。第三次创业是创办网站,加入者开始热情很高,后来又全部退出,只剩下他自己,这是因为第六次网站域名备案申请被拒绝而放弃。第四次创业是成功注册了“学生花园网”和“闲置物品回收”两个项目,报中国青年创业国际计

[1] 参见王赟:《找不到工作? 试试就业见习岗吧》,《扬子晚报》2012年2月6日。

划(YBC)福建办事处,受到主办方的重视,可望被列入“千名大学生创业扶持计划”帮扶对象。[1] 看来这次创业有望成功。在杨子阳创业过程中,构成夹缝的往往是一些管事的部门以及同事和他的家长,四次创业三次失败主要原因还在于管事的那些部门的“管”,使创业夭折。大学生创业,要减少那些管事部门不应有的作为。

(三)大学自治与社会干预的夹缝

中国大学建设可以说是步履蹒跚。大学由原先的大学校长负责制到后来党委领导下的校长负责制,使大学自治成为泡影。大学自治不自治,责任不在大学,而在政府的主管部门。这就使大学处在了管理的夹缝之中。

1. 大学管理的夹缝

大学管理有自身的管理,更重要的是大学的被管理,应该说大学是中国最没有自主权的法人之一。《中华人民共和国高等教育法》规定:“高等学校自批准设立之起取得法人资格。高等学校的校长为高等学校的法定代表人。”是法人,就有“责权利”结合的问题。责任到人就要权力到人。只交责任不交权力,责任制非落空不可。大学校长是法定代表人,有了责任,可权力呢?大学这样的制度规范本身就对大学校长形成了一种管理上的夹缝,也构成了千校千面的校长独立负责行使职权的模式。

大学自治的夹缝。所谓大学自治,指大学在法律的规范下自我管理,从而实现教育的目的,不受司法和行政的干涉。现在的大学,校长、副校长都是上级行政、组织部门任命的,“结果部里的局长、处长都派到各个学校里当校长、副校长,学校成了教育部提拔官员的地方,这很可怕”[2]。省属高校更甚,一旦地方不好安排,就把行政官员安排到高校中,这已成为官场提拔的经验。一旦高校自治了,没有级别,教育部以及地方政府将如何任命自己的手下去任职?如今的高校,处长一走廊、科长一礼堂成为普遍现象。“中国之士,困于权力者,久矣!‘自由之思想,独立之精神’的号召力,竟然敌不过科级干部。士犹如此,国何以堪!”[3] 在这种状态下谈大学自治,那绝对是空谈。2010

---

[1] 参见柴见金:《一位警院学生的4次创业》,《中国青年报》2012年2月13日。

[2] 马相武:《大学的自治问题》。wenku.baidu.com.

[3] 怀海:《国风》,凤凰出版集团2011年版,第299页。

年5月14日,温家宝到北京大学与同学们共度"五四"青年节指出,大学改革要为学生创造独立思考、勇于创新的环境。大学应该逐步改变行政化,按照教育规律办学。[1] 改变行政化是大学自治的首要条件,政府如果还把大学作为自己管理的有行政级别的一个部门,大学就永远实现不了自治。马相武认为,大学自治应该做四件事:第一,解决大学的外部干涉问题;第二,解决大学行政化和官僚化的问题;第三,有权自主地处理内部事务;第四,学术自由,学术自治。政府的决策者要大学去行政化,实现大学自治;学校的主管者却在加大行政化,过细过严地管理学校,这对大学的校长们形成了夹缝。化解这个夹缝,还必须由政府完成。

假文凭对高校构成了夹缝。假文凭有两种"形态",一种是电线杆上、墙壁上、地面上那种"办证电话"办的假文凭;一种是高校自己办的假的"真文凭"。真的假文凭只要到原来的学校查一下原件,即可判断,而假的"真文凭",如"官员读博"获得的文凭,还没有人敢去验证。"从武汉理工大学廊坊班被曝滥发学历,到一些高校举办行政官员的内部班;从一些官员的学位论文涉嫌作假,到在职研究生教育背后的学术腐败……""'官员博士化'之风愈演愈烈,其中不乏真心好学者,但也有不少混文凭的人。""高校眼里盯着的其实是他们手中的科研经费、土地审批、计划指标等资源。官员得学位,高校捞资源,看似双赢的结局中,学术的尊严、高校的公信力和文凭的含金量成为最大的输家。"[2]其实,真正的输家是执政者,是执政者治理下属不严。高校是执政者的下属,"买文凭"的官员也是执政者的下属。只要从严治政或者不唯文凭论,官员"混博士"也就没有了市场。构成假文凭夹缝的一方是执政者,他们在选人和用人时看重学历和文凭;构成夹缝的另一方是那些正需要文凭的"士"们,没有能力读,但可以花资源买;处在夹缝中受到谴责的是高校的领导者,"孙子般"地为了资源而甘愿成为夹缝人。

2. 留学的夹缝

当下的中国,只要是有钱人或有地位的人,就一定会千方百计把自己的孩子送出国,望子成龙是一方面的原因,为把孩子造就成"海归"是另一方面,目

---

[1] 参见张红梅:《温家宝:大学应逐步改变行政化,按教育规律办学》,《中国新闻网》2010年5月5日。

[2] 历正:《防止权力绑架学位》,《人民日报》2012年5月10日。

的都是想让孩子通过在国外学习而有所成就。为此,在中国形成了一股不小的留学风。据教育部统计数字显示:中国出国留学数量近年来不断上升:2008年18万,2009年23万,2010年28万,2011年34万,2012年40余万(预计)。[1] 2012年高考报名人数为915万,出国留学人数占1/23左右。留学,家长揪心,孩子痛苦,但为了实现梦想,跳出中国单一的评价体系,必然有人选择。

远行学习的夹缝。为什么越来越多的人选择出国留学?出国就那么好?出国回来就会有金饭碗?其实,中国的传统仍是:父母在,不远游。中华民族是最讲亲情的民族,让孩子离乡背井,家长要付出沉重的代价。许多家长选择让孩子留学正是为了逃避中国教育的夹缝。吴乃天讲述了他当时在上初中的女儿出国的感受。给女儿的临别赠言中,一位在全年级排名二三十名左右(如果中考正常发挥,可以稳进本校高中部)的同学写道:"很嫉妒你,不用中考了。"一个朋友的女儿,在另一所城市顶尖重点中学上初二,且成绩名列前茅,现在,每天晚上12点才能上床睡觉,但老师还在提醒:你们要珍惜现在这段轻松的时光,下学期就该辛苦了!记得签证下来后的第三天,女儿一边洗衣服,一边对我们说,终于可以轻松地洗衣服了。以前洗的时候,总是想着赶紧洗完,好去做练习题。这话以前女儿从来没有对我们说过。我们只知道,以上初三为分水岭,女儿最大的变化是,此前得不时叮嘱她多做习题,而此后,却得不时拉着她出去锻炼身体。而这样做的时候,每每面对的是女儿九头牛都拉不动的背影。我们的教育似乎热衷于将还在成长中的孩子划分三六九等。从小学到中学,红领巾、团员、三好学生、实验班、重点校,制造差别的游戏频频上演。尽管也有教育达人历数美国教育的种种弊端,我依然坚持这个选择——让孩子告别尺度单一的评价体系,重拾被压抑的学习兴趣,是最直接的动因。这位家长的动因虽说是一家之谈,恰恰代表了不少家长的心声。家长让孩子们出国读书,除了家庭境况好的人家为了给孩子镀金外,不少家长也是为了逃避中国教育方式的痛苦的选择。构成这个夹缝的是中国教育方式的决策者和中国教育方式的执行者。这两者虽然也是从教育夹缝中走出来的,但远没有

[1] 参见颜珂:《4年间高考报名人数降105万,弃考人数超300万》,《人民日报》2012年6月13日。

破除这个夹缝的行动。

远行混文凭的夹缝。说“混文凭”似乎有些不雅,而在留学生队伍中的确存在孩子因在国内文化成绩偏低,不得不出国远行的现象。这种“混”也为他人造成麻烦。《现代快报》2012 年有一篇《“文凭工厂”院长自杀》的报道:美国狄克森州立大学面临处罚。“据查,2003 年起,共有 816 名学生参与了该校的国际课程,然而经调查后发现,其中 743 名学生的档案文件存在问题;被授予联合学位的 410 名学生中,只有 10 位完成了所有的必修课程;120 名在读学生中,仅 39 名学生修完所有课程,并有资格获取学位;584 名学生之前已获得过其他证书或者学位。据统计,不合格学生中约 95%来自中国,其余的来自俄罗斯。”[1]报告发布后,主管留学生事务的副校长乔恩·布拉迪格辞职,该大学教育、商务与应用科学学院院长道格·拉普兰特自杀身亡。“混文凭”给美国大学造成了夹缝。

---

[1] 郭培健:《“文凭工厂”院长自杀》,《现代快报》2012 年 2 月 15 日。

第七章　文化产业夹缝

文化产业是由文化产品、文化生产、文化消费等构成的。文化产业的类别界定,文化生产的产品类别,文化消费的满足等,都容易构成夹缝。文化产业又因文化需求而兴衰,文化需求又受文化消费的制约。文化产品更新较快。不同时代有不同的文化需求,也就有不同的文化产品。这种不断更新的产品方式,同样会构成夹缝,影响文化产业的发展。

一、文化生产是在文化夹缝中进行的

文化生产(cultural production)既是文化经济形成的前提,也是文化经济发展的原动力。文化生产包括文化生产的主体、组织,文化产品的生产方式,文化产品的生产流程等。所谓文化生产,是指形成文化产品和文化商品的活动,是精神创作形态物态化的过程系统。文化生产是在文化和物质的夹缝中完成的。

(一)文化生产是一种创造性活动

文化生产一般分为三个时期:一是原始文化生产时期,被称为人类文化生产的第一次革命,标志为石器的发明。二是古代文化生产时期,被称为人类文化生产的第二次革命,标志为纸的制造运用和印刷术的发明。三是现代文化生产时期。文化生产是一种创造性活动,是在人类进步的夹缝中完成的。由于文化生产既要追求社会效益,又要追求经济效益;既要遵循经济规律、市场规律,又要遵循文化自身的发展规律,这使文化生产处在“价值”的夹缝中。

1. 文化生产性质的夹缝

一般说来,文化生产的性质是由其社会经济结构,即社会生产方式决定的。在不同的社会生产方式下,会有不同的思想意识和政治内容的精神文化生产,也因此规范了文化产品“物态化”的过程,使文化生产处在夹缝中。

工具是在“生产”斗争的夹缝中产生的。人类文化的标志是从制造和使用工具那天开始的。人类为什么要创造和使用工具?是因为生产、生活、生存的需要。工具可以生产,可以护身。人类最早的工具当属石器和树枝了。这两种工具都需要打磨,才可以顺手和方便。人类要面对自然界的风、雨、雷、电,又要面对凶猛动物,在这种恶劣的环境中生存,必须制造工具,才可以捕猎和防身,才能保证自身的生存和生活。传说在鲁班之前,伐树都要用斧头砍,费力不说,砍得还不整齐。有一年夏天,鲁国国王要鲁班监工营造一座宫殿,期限为三年,但这座宫殿所需要的木料,工匠们砍上三年也砍不完。为了尽快砍树,节省时间,有一天天刚蒙蒙亮,鲁班便带着工人们抄小路去伐木地方。山坡太陡,鲁班拽着茅草往上爬,手被茅草的叶子划破了。鲁班拔下茅草一看,叶子两边都有小细齿,鲁班用手在茅草叶子上再划一下,手又破开一个小口子。鲁班想,如果做一件工具带细齿,用它来伐树,是不是更快一些?在铁匠的帮助下,鲁班做了许多带细齿的铁条,用它伐树,果然又快又省力。就这样,在国王催工、工匠太慢完不成建造宫殿任务的夹缝中,鲁班发明了锯子。

文化生产者在生活夹缝中创新。生活夹缝有良有恶,有大有小。接受生活中的夹缝并进行文化创造的人数不多,应该说这为数不多的人是非常优秀的夹缝人。伟大的史学家、《史记》作者司马迁在天汉二年(公元前 99 年),因李陵事件而受“腐刑”。这年夏天,汉武帝派宠妃李夫人的哥哥,贰师将军李广利领兵讨伐匈奴,另派李广的孙子别将李陵随李广利押运辎重。结果李陵遇 8 万单于骑兵,战斗 8 昼夜,斩杀 1 万多匈奴,在没有后援、矢尽粮绝的情况下被俘。武帝询问太史令司马迁的看法。司马迁看法与众大臣不同,公然为李陵辩护。汉武帝一怒之下,对司马迁施了“腐刑”。在这样生不如死的状态下,司马迁完成了《史记》的创作。在他完成《史记》之后,司马迁写了一封信,即《报任安书》。信中说:“古者富贵而名摩灭,不可胜记,唯倜傥非常之人称焉。盖西伯拘而演《周易》,仲尼厄而作《春秋》;屈原放逐,乃赋《离骚》;左丘失明，厥有《国语》；孙子膑脚，《兵法》修列；不韦迁蜀，世传《吕览》；韩非囚秦，《说难》、《孤愤》；《诗》三百篇，大抵圣贤发愤之所为作也。此人皆意有所郁结，不得通其道，故述往事，思来者。乃如左丘无目，孙子断足，终不可用，退而论书策，以舒其愤，思垂空文以自见。"（古时候虽然富贵而名声却泯灭不传的人，是无法都记载下来的，只有卓越不凡的特殊人物能够名扬后世。周文王被拘禁后推演出《周易》的六十四卦；孔子受困回来后开始作《春秋》；屈原被放逐后，才创作了《离骚》；左丘明失明后，才有《国语》的写作；孙子受"膑"刑，编撰出《兵法》著作；吕不韦贬官迁徙蜀地，世上流传《吕氏春秋》；韩非被秦国囚禁，写出了《说难》、《孤愤》等文章；《诗经》三百篇，大都是圣贤为抒发忧愤而创作出来的。这些人都是心中忧郁苦闷，不能实现他的理想，所以才记述以往的史事，想让后来的人看到并了解自己的心意。至于左丘明失去双目，孙子被断双足，终于不可能被任用，便退而著书立说，以此来舒散他们的愤慨，想让文章流传后世以表现自己的志向。）这些文人都是在世俗者和统治者的夹缝中愤而前行，因此有了文化创造，也成为千古留名的大家。

2. 精神生产物态化时容易构成夹缝

文化生产是一定社会形态下的自由的精神生产。因此，不少学者认为文化生产的产品是精神产品，由此而推断"文化生产是非商品生产，而其产品也非商品"[1]。在社会主义市场经济条件下的今天，文化生产已成为名副其实的商品生产，不少作家已进入了富豪排行榜，专业作者已把"写作"作为谋生的手段。文化的不少形态已成为产业形态，以产业的方式进行经营，像影视剧、图书、流行音乐产品、演出类产品、动漫产品等。文化生产过程是文化生产者对人们社会生活进行提炼、加工，创造出文化产品和商品的过程。

文化生产在满足社会需求时的夹缝。在文化生产化为文化产品形态时，文化生产结果的精神、文化和艺术价值的永久性与它的市场价格的不等性并存，价格低于价值，价值与使用价值相悖，审美和文化的价值与"票房价值"相悖，因而构成夹缝，导致了文化艺术产品的第一生产者（创造者）与第二生产者（经营者）收入的严重倒挂，即价值与使用价值倒挂；也导致了高雅艺术和高品位文化市场的萎缩和生产的萎缩。文化艺术产品第一生产者一直处在经

[1] 司马云杰：《文化社会学》，华夏出版社 2011 年版，第 247 页。

营者和消费者的夹缝之中。为了满足社会人对文化生产的需求,有不少文化生产者不断地创新,从而化解这种倒挂式的夹缝。有一个出书的故事,讲的虽是文化创意的事,但同时使创意者与经营者利益相一致。故事说国外有一家出版公司要出版一本超级畅销书。为了让这本书一炮打响,他们请来了策划专家出谋划策。专家出了这样一个主意:出一本书,书的名字就叫《你也能写一本书》。这本书除了封面、扉页之外,里面既不印字,也不印图,全是白纸。凡是购书者只要把自己想写的话写在上面,然后寄回公司,公司将会派专人认真审阅,并从中选出几部最佳作品出版。此举一出,全国轰动。几十万册"书"很快销售一空,为公司赢得了丰厚的利润。记者采访专家为什么会有这样出奇制胜的创意,专家说:让更多的人跟你动起来,你离成功就不远了。这是由于营销者知道社会人具有爱成名和爱占便宜的心理,从而用某种创意满足他们的这种心理需求,同时获得营销成功。这个创意夹缝是由老板和请来专家构成的,夹缝人正是那些准备出书的人。

独立思考和特立独行可以化解日常生活中的夹缝。科学家们的创新和创造都是在对事物反复琢磨中完成的,他们的成功,正是由于他们的善于思考和特立独行。人们通过现象观察,认真思考,可以解决生产生活的夹缝。例如,在瓦特的故乡——英国格林诺克的小镇,家家生火烧水做饭。一天,瓦特在厨房看祖母做饭,开水在沸腾,壶盖啪啪地作响,不停地往上跳动。瓦特问祖母:"什么玩意使壶盖跳动呢?"祖母回答为:"水开了,就这样。"连续几天,每当做饭时,他都蹲在火炉旁边仔细观察。他把壶盖盖上又揭开,反复地做。瓦特终于弄明白,是水蒸气推动壶盖跳动,因而他发明了蒸汽机。蒸汽机的发明,使英国成为世界上最早利用蒸汽推动铁制"海轮"的国家,19世纪伊始,船只就行驶在茫茫无际的海洋上了。随之而来,煤矿、工厂、火车也全应用蒸汽机,体力劳动解放了,经济发展了。蒸汽机车的发明,化解了统治者使用人力效率低和求高速发展的夹缝。

(二)现代化文化生产形成了生产过程的夹缝

现代文化生产有不同的生产形态,不同的生产形态容易构成不同的夹缝,而且这些夹缝,对于文化生产有很强的夹力。

1. 原创性文化生产夹缝

所谓原创性文化生产指文化生产者——作家、艺术家、理论家、网络文化创作者以个体性精神劳动形式，按照个人的意愿，为表达自己的思想、情感和对社会、人生、宇宙等的看法而进行的劳动，这些劳动容易对他人形成夹缝，他人也会对他们形成夹缝。

反映民间疾苦或个人义愤容易构成夹缝。中国封建社会几千年里，不让平民讲话已成为一种默认的传统，让平民讲话、讲理，恐怕天会塌了下来。在传统的文学创作中，有不少反映民间疾苦的作品不能出版，即使出版了也会被列为禁书。网络盛行的今天，不少网民用这个短、平、快的方式反映一些社会问题，诸如反腐、反贪、特殊事情的曝光等，民间的网络"高手"往往会对一些贪官构成夹缝。

"遵命式文学"的原创态文化生产容易构成夹缝。原创态文化生产是高度的精神劳动过程，尽管这个过程的结果有时也表现为物化形态（如雕塑），但他们生产的欲望和动机则完全取决于文化生产者的文化冲动和激动。原创态文化生产是个体性行为。这种创造性生产的成果是这个精神劳动过程的终结——表现物。对这个"表现物"的出世，社会可能会有几种反应：一种是被社会接受；一种是没有被社会接受；还有一种是社会既不接受也不拒绝。为了使个体的原创态文化生产达到统治者的要求，一般要对原创态文化生产者进行培训，使原创态文化生产成为"遵命的文化生产"。所谓遵命的文化生产，是指文化生产者按照执政者的要求生产执政者所需要或希望看到的文化产品。在集权时代，不搞遵命文学生产是无法打开市场的，尽管现在有了网络情况稍微有些变化，但是绝大多数出版物及文学生产必须符合执政者的要求。在这个文化生产的夹缝中，构成夹缝的一方是平民百姓，他们希望文化生产能够切合自己的生活实际；构成夹缝另一方的则是统治者，他们要求文化生产者必须按要求进行文化生产。处在夹缝中的正是原创态文化生产者。

2. 物态性文化生产夹缝

物态性文化生产的夹缝指文化生产者运用社会化生产工具，将原创性文化产品制作、加工、复制、转化为社会产品的过程，即在原创态成果转化为具有使用价值的物化成果过程中构成的夹缝。

文化生产物化过程中的计划性容易构成夹缝。原创态的文化是由个体完成的。在古代,原创态文化生产并不是生产者的职业。例如,中国古代社会的诗歌、绘画等艺术创作多出自官僚和士大夫之手。他们吟诗、作画等进行的文化生产,或者是为了发泄心中的不平,或者是为了朋友之间的应酬,并不是把文化、艺术生产当作一种职业的。即使像张衡、蔡伦、沈括这样的科学家和发明家,他们都在各自的王朝中担任着一定的职务,是以政务为主的,而发明创造不过是闲暇余事。在今天,为了完成某项科学任务,可以集中专家群有组织大规模地进行生产,同时,这种生产又都是有计划地进行的,这是科学的需要。除此之外,文化生产即使在物态化过程中,一般是不能有指令性计划的,如哲学、文学、艺术、网络文学等,但是,中国还在使用这种计划式。计划式、规模式的物态文化生产在统治者的"扶持"下,必然会对文化生产者构成夹缝,因为他们的做法违背了文化生产规律,不符合促进文化繁荣的需求。

知识密集型的文化生产容易构成夹缝。知识密集型文化生产指具有新兴高科技、拥有自主知识产权、以专利技术为主导、科技人员比重大、操作人员的素质比较高的生产形式,产品也是"高、尖、精、独"的文化产品。在这样的文化集体生产中,可以集中几千名来自各个方面的专家、学者,他们拥有各种各样的专门知识,可以集体进行一项甚至多项科技攻关,一次取得前所未有的文化成果。这正是利用各种知识的集结,综合地进行文化创造的结果。[1] 辩证法认为,任何事物都有两面性,"我们必须学会全面地看问题,不但要看到事物的正面,也要看到它的反面。在一定条件下,坏的东西可以引出好的结果,好的东西也可以引出坏的结果。"[2] 同样,知识密集型的文化生产,需要一种凝聚力,需要人们的组织才能,否则会浪费人才和知识。另外,在这样的集体文化生产中,组织不好,可能会使优秀者变成平庸者,从而扼杀了他们的独立创造性。知识密集型的决策者主观愿望是好的,他们要求知识分子们努力工作,但决策执行者们的水平和能力必须是一流的,这样才能带领知识分子踏实工作。否则,决策者和执行者就会对知识分子构成夹缝。

---

[1] 参见司马云杰:《文化社会学》,华夏出版社 2011 年版,第 265—267 页。

[2] 《毛泽东文集》第七卷,人民出版社 1999 年版,第 238 页。

二、文化产业的夹缝

文化产业一词产生于20世纪，最早出现在霍克海默和阿多诺合著的《启蒙的辩证法》一书中。文化产业英文为 Culture Industry，可以译为文化工业，也可以译为文化产业。由于文化产业是一种特殊的文化形态和特殊的经济形态，影响了人们对文化产业本质的把握，也引发了对文化产业的不同理解，从而对文化产业构成了认识上的夹缝。

（一）文化产业的概念及文化产业的夹缝

由于文化产业是一种特殊的文化形态和特殊的经济形态，所以，人们对文化产业的认识就有很大的差别，因此，也就构成了概念的夹缝。

1. 文化产业概念的夹缝

产业是社会分工的产物，文化产业更是如此，它随着社会分工的产生而产生，并随着社会分工的发展而发展。文化产业是社会生产力不断发展的必然结果，是具有某种同类属性的企业经济活动的集合。[1]

否定文化产业构成夹缝。由于人们对文化产业的认识不同，对文化产业的概念就产生了分歧，也就形成了概念的夹缝。非常有意思的是，阿多诺和霍克海默1947年在《启蒙的辩证法》中首次提出"文化产业"，正是为了否定这个概念，从哲学与艺术学价值判断的双重角度对文化产业进行了否定性的批判，认为它是"资本主义技术统治和工具理性的发展"，指出"文化元素一旦与现代科技结合形成工业体系就会产生巨大的影响社会的力量"。[2] 这是对文化产业的批判。但随着社会和经济的发展，文化产业也不断发展壮大成为具有极大潜力、对经济贡献较大的产业组织，丰富的产品和多元化的经营模式让人们对文化产业有了新的理解和认识，尤其是网络文学和网店的出现，使文

---

[1] 参见李怀亮：《文化市场学》，首都经济贸易大学出版社2010年版，第34页。

[2] 阿多诺、霍克海默：《启蒙的辩证法》，转引自李怀亮《文化市场学》，首都经济贸易大学出版社2010年版，第35页。

化产业与百姓紧紧相连,人们对文化产业由听任批判到充分利用,使否定文化产业的人们和观念处在了夹缝之中。

文化产业概念的内容不同构成了认识夹缝。在对文化产业的认定中,有从具体内容划分上确定概念的,有从抽象层面上确定概念的,还有从辩证法方面确定概念的,众说纷纭,构成了文化产业概念认识上的夹缝。例如:欧盟用具体描述内容的方式阐述文化产业内容。欧盟认为文化产业是指那些"制造、开发、包装和销售信息产品及其服务的产业",它包括"各种媒介上所传播的印刷品内容(报纸、书籍、杂志等)、音像电子出版社、音像传播内容、用做消费的各种数字化软件等"[1]。美国、日本则用抽象化的方式定义文化产业。美国定义为:"通过工业化和商品化方式进行的文化产品和文化服务的生产、交换和传播。"日本学者定义为:"文化产业的目的就是创造一种文化符号,然后销售这种文化和文化符号。"[2]中国是从文化的生产和服务的层面定义文化产业的。2003年文化部颁布的《关于支持和促进文化产业发展的若干意见》把文化产业定义为:"文化产业是指从事文化生产和提供文化服务的经营性行业。"2004年国家统计局在颁布文化产业统计指标时指出,文化产业是"从事文化产品的生产、流通和提供文化服务的经营性活动的行业总称。其特征是以产业作为手段来发展文化事业,以文化为资源来进行生产,向社会提供文化产品和服务,目的是为了满足人民群众日益增长的精神文化生活需要"[3]。这里的"精神文化"带有一定意识形态的说法。联合国教科文组织从工业化和商业化层面定义文化产业为:"文化产业是以工业化和商业化发展方式所进行的文化产品和文化服务的生产与再生产。"[4]概念的角度层面不同,规范出的概念内容也不相同。马克思指出:"体现生产工人的劳动的商品,其使用价值可能是最微不足道的。劳动的这种物质规定性同劳动作为生产劳动的特性毫无关系,相反,劳动作为生产劳动的特性只表现一定的社会生产关系。我们在这里指的劳动的这种规定性,不是从劳动的内容或劳动的结

---

[1] 蔡尚伟、温洪泉:《文化产业论》,转引自李怀亮《文化市场学》,首都经济贸易大学出版社2010年版,第35页。

[2] 转引自李怀亮:《文化市场学》,首都经济贸易大学出版社2010年版,第35页。

[3] 同上书,第36页。

[4] 同上书,第35页。

果产生的，而是从劳动的一定的社会形式产生的。"[1]"生产劳动就是一切加入商品生产的劳动……不管这个劳动是体力劳动还是非体力劳动（科学方面的劳动），而非生产劳动就是不加入商品生产的劳动，是不以生产商品为目的的劳动。"[2]在马克思看来，如果生产出来的产品用于市场交换，这种劳动便是商品性生产。此后，马克思还做了进一步说明。他举例说："密尔顿创作《失乐园》得到5镑，他是非生产劳动者。相反，为书商提供工厂式劳动的作家，则是生产劳动者。密尔顿出于春蚕吐丝一样的必要而创作《失乐园》，那是他的天性的能动表现。后来，他把作品卖了5镑。但是，在书商指示下编写书籍（例如政治经济学大纲）的莱比锡的一位无产者作家却是生产劳动者。因为他的产品从一开始就从属于资本，只是为了增加资本的价值才完成的。一个自行卖唱的歌女是非生产劳动者。但是，同一个歌女，被剧院老板雇用，老板为了赚钱让她去唱歌，她就是生产劳动者，因为她生产资本。"[3]在今天社会中，构成普通人日常文化生活的不外乎是由电视、电影、报刊、网络、休闲、娱乐等众多形式组合而成的文化构件，尤其是每天有数亿人在网络虚拟世界中游走，这种文化的联系、传播和影响正向文化主流迈进，其夹缝力量之大绝不容忽视。在这种文化产业概念的夹缝中，学者们分析和确立概念的层面不同，对人们构成了关于文化产业认识的夹缝。

2. 文化产业内部层次构成和文化类别夹缝

文化的内部层次和文化的类别是两个概念。文化产业的内部层次指文化产业内部不同层面；文化的类别指从服务和经营层面分析文化带有公益性和产业性的不同性质。文化内部层面划分和文化类别人为的区分，很容易构成夹缝。

文化产业内部不同的层次划分容易构成夹缝。澳大利亚经济学家大卫·索斯比在《经济与文化》一书中用一个同心圆来划分文化产业。按这种划分方法，可以划分为核心层、基础层和延伸层等。文化产业同心圆的核心层为：音乐、舞蹈、戏剧、文学、视觉艺术、工艺等创造性的艺术等；基础层为：电影、电

[1] 《马克思恩格斯全集》第二十六卷第一册，人民出版社1972年版，第149页。
[2] 《马克思恩格斯全集》第二十六卷第三册，人民出版社1973年版，第476页。
[3] 《马克思恩格斯全集》第二十六卷第一册，人民出版社1972年版，第432页。

视、广播、报刊和书籍等;延伸层为具有文化内容的行业,包括广告、咨询、建筑等。[1] 不同的国家有不同的划分方法和标准。例如美国采用了世界知识产业组织的界定方法,将文化产业分为核心版权产业、交叉产业、部分版权产业以及边缘产业。"核心版权产业"是指受版权保护的作品或其他物品的创造、生产与制造、表演、宣传、传播与展示或分销和销售的产业;"交叉版权产业"指的是那些生产、制造和销售功能主要是为了促进有版权作品的创造、生产或使用的设备的产业;"部分版权产业"是指那些拥有部分版权的产品的产业;"边缘版权产业"包括将版权产品发行给商家和消费者的产业,这样的经济组织有为发行版权产品的运输服务以及批发商和零售商。英国把文化产业理解为创意产业,诸如将广告、建筑、艺术和文物交易、工艺品、设计、时装设计、电影、互动休闲、音乐、表演艺术、出版、软件、电视和广播等需要创造性思维的行业确定为创意产业。中国对于文化产业内部层次构成,"采用了索斯比的同心圆理论划分法,将文化产业划分为核心层、外围层和相关产业层。文化产业核心层是指直接参与文化产品生产和传播的行业,包括新闻服务、出版发行和版权服务、广播、电视、电影服务、文化艺术服务;文化产业外围层是指为提供休闲服务的文化行业,包括网络文化服务、文化休闲娱乐服务和其他文化服务;相关文化产业层包括文化用品、设备及相关文化产品的生产,文化用品、文化设备及相关文化产品的销售"[2]。由于各国的文化习俗、文化发展的历史不同,对文化产业内部构成的划分有不小的差异,也容易引起文化争端。美国人认为应有版权保护的作品,别的国家不一定保护,容易对其他文化形态的国家构成夹缝。

公益性和经营性文化形态的划分容易构成夹缝。在文化类别划分中,硬是把文化分为公益性和经营性应该说是不科学的。公益性也好,经营性也好,都是为满足人们对文化的需求,过分地强调其类别归属,忽略法律和道德的规范,是一种文明的倒退。像人们津津乐道的美国人学雷锋,并不是美国人接受了中国的意识形态,而是在赞许雷锋的品德修养。中国学者马平到美国做访问学者时,在国防部五角大楼一位官员的办公室里见到了雷锋的大幅照片和

---

[1] David Throsby, *Economics and Culture*, Cambridge University Press, 2001。

[2] 参见李怀亮:《文化市场学》,首都经济贸易大学出版社 2010 年版,第 38 页。

有关书籍。这位官员说:“雷锋是一位了不起的军人,我崇拜他的牺牲精神。作为军人,无论是中国的军人,还是美国的军人,都应该具备军人特有的牺牲精神,这是一种至高无上的军魂。”[1]按我们的划分方法,学雷锋的文化一定是公益性的文化。有学者把公益文化定义为由政府或非营利的组织和个人参与,以满足大众文化需求为目的的公共文化产品或服务的传播;同时又认为之所以产生公益性文化,主要是与文化产品的双重属性以及市场的缺陷有关。他们还认为,文化消费属于“注意力”消费,人们往往对那些吸引眼球的文化产品感兴趣,却忽略了那些具有高文化内涵的产品。[2] 一般的,公共文化产品包括街头的雕塑、广场音乐会、图书馆、博物馆、历史文化遗址、免费公园、公共广播电视等。这其中绝大多数产品都是用纳税人的钱建的,理应为纳税人服务。而经营性文化,“是指对文化产品进行赢利性质的经济活动,其目的是为了实现产品交换”[3]。这里的产品交换与马克思讲的“生产劳动者”的划分是两个概念,我们一定要从目的性层面把这两种“概念”厘清。马克思讲:“一个自行卖唱的歌女是非生产劳动者。但是,同一个歌女,被剧院老板雇用,老板为了赚钱而让她去唱歌,她就是生产劳动者,因为她生产资本。”[4]其实,同一种生产,可以是商品性的,也可以是非商品性的,关键就是看它是否进入了“商品生产链条”,而公益性文化有些内容早已进入了“商品生产链条”。以电视媒介为例,商业性质的电视媒介是通过提供电视产品达到盈利的目标。美国是商业媒介运营最为发达的国家,大多数的电视台都是由公司拥有和运作的,其经营手段与市场经济体制下企业的运作手段完全相符。与发达国家相比,中国媒介仍属于公共文化的一部分,主要体现在对大众文化的传播上。中国虽然实行市场经济,但在文化发展上,有质的区别。因此,产业文化也就有公益性和经营性之别,这也使不少文化人处在了文化产业的夹缝之中。

---

[1] Kalayang:《美国人“学雷锋”的劲头不减》。www.Copyright@ 2006-2011Ryedu Net.

[2] 参见李怀亮:《文化市场学》,首都经济贸易大学出版社 2010 年版,第 39 页。

[3] 同上书,第 44 页。

[4] 《马克思恩格斯全集》第二十六卷第一册,人民出版社 1972 年版,第 432 页。

（二）文化产品夹缝

文化产品是指用一定的物质载体表现出来的有形文化实物和一定的无形的文化服务。文化产品的夹缝主要指文化产品组成特征的夹缝、文化产品营销的夹缝和文化产品整合营销传播的夹缝。

1. 文化产品组成的夹缝

文化产品是多样的，正因为它的多样，文化产品也就有了不同的组成形式和类别，从而构成了不同的夹缝。

文化产品的组成类别在不同区域构成不同的夹缝。从文化产品研究者公布的类别来看，文化产品组成有不同的形式。有人根据物质载体的有无把文化产品分为服务性文化产品和实物性文化产品。服务性文化产品，如表演艺术（音乐、舞蹈）、语言艺术（文学）和综合艺术（戏剧、影视）以及网络、剧院、娱乐场所、图书馆、博物馆、展览馆、广播电台、电视台提供的表演性演出服务、游艺娱乐服务、阅读展览服务、广播电视服务以及网络服务等。实物性文化产品指造型艺术（绘画、雕塑）、美术品、工艺制品以及书籍、报刊、音像制品和电脑光盘等传媒出版物。有的学者又以文化产品艺术形象的存在方式为标准，将文化产品分为空间的文化产品、时间的文化产品和时空的文化产品。他们把绘画、雕塑、工艺美术称空间艺术，把音乐、文学等称时间艺术，把舞蹈、戏剧、电影等称时空艺术。这些都是研究者们的“专业术语”，社会人不十分理解。文化产业者和文化产业研究者的分类方式已对社会人构成了文化产品组成类别的夹缝。在文化产业的实际运转中，文化产业的分类是根据文化产品的特征来区分的。根据国家统计局《文化及相关产业分类》标准和中国文化产业市场的现实业态表现，可以把文化产品区分为传媒出版产品、广播影视产品、广告产品、动漫产品、演出娱乐产品、文物艺术品、旅游产品和网络文化产品。文化产品的外延在某种程度上还可以包括策划、咨询、竞技体育、会展、公关和培训等文化产品外围层和文化用品、玩具、设备产品等文化产品相关层。正是因为文化产品具有互通性和相关性特点，任何的截然分类都是不科学的。在这些分类中，包括前面的实物性、服务性产品，有些产品的内涵是相通的，即实物产品也具有服务性，服务性产品也具有实物性。社会人消费文化产品时根本不去分类，需要了就去消费，绝对不会因是服务类或实物类而刻意地选择。文化产业者和文化产业研究者的文化产品类别夹缝对社会人的夹力并不大,但会影响社会人的消费心理。“事实上,各种产业活动都是紧密联系在一起的,随着信息技术的发展,文化产业的产业融合现象越来越显著,任何分类都难以做到清晰和完备。”[1]

过分强调文化产品的意识形态性容易构成夹缝。在抗日战争时期,反帝反封建是当时斗争形势的需要。在中国特色社会主义的今天,我们的文化是否还要带有“阶级性”?人类有没有共同的文化?当然有,美的东西哪个阶层都会认同。中国的文化产品非常注重意识形态,与世界文化产品的大众性和全民性构成了夹缝。不少文化学者至今还在坚持意识形态性。“从文化产品的认识、审美和伦理的价值功能来看,它都不是一般意义上的满足生理需要的‘纯物质’,而是表现为其作为文化精神产品的存在特性,那就是社会意识形态性。”“尽管并不是全部文化作品都直接和政治相联系并为阶级利益服务,但却为共同的经济基础所决定,反过来总是和政治紧密联系在一起的,融思想性、艺术性、知识性、审美性和群众性于一体,通过自己独特的潜移默化的方式行使意识形态功能。”[2] 如今,网络文化快速发展,网络产业作用越来越大,人们并不会因学者们强调意识形态而改变自己的购物以及消费心理。一方面强调文化产品科学发展,另一方面又强调文化产品注重意识形态,这便对社会人构成了文化产品意识上的夹缝。

2. 文化产品营销环境夹缝

营销环境是指在营销活动之外,能够影响营销部门建立和保持与目标顾客良好关系能力的各种因素和力量。[3] 文化产品的营销环境应注重精神性和物质性的结合,因为许多文化产品是人们精神层面的需求。

文化产品营销宏观环境的夹缝现象。因文化产品包括了文化企业向社会提供的为了满足人们某些精神需求的事物,包括实物、服务、场所、组织、策划、理念等,因此,它的营销也就受到了经济、技术、政治、法律、文化、人口等环境的影响。以技术环境为例,美国电影大量使用新技术,使电影业一路领先。如《指环王》通过数字特技手段,带给人们巨大的视觉冲击;《阿凡达》

---

[1] 李怀亮:《文化市场学》,首都经济贸易大学出版社 2010 年版,第 54 页。

[2] 同上书,第 52 页。

[3] 菲利普·科特勒:《市场营销学》,转引自李怀亮《文化市场学》,首都经济贸易大学出版社 2010 年版,第 87 页。

中电脑动画场景占了60%，特技镜头达3000个，可谓史无前例。《阿凡达》在中国内地掘金13.2亿人民币（约2亿美元），让中国电影界眼红。美国的电影商和导演对中国电影人和世界电影人，用技术构成了夹缝，而且夹力很大。

文化产品营销微观环境的夹缝现象。所谓微观环境，指对文化产品营销活动过程和结果直接影响的各种微观层面的力量，这些要素与文化产品经营的供应链直接发生关联，包括了文化产品、文化企业、市场、竞争者、营销渠道机构、社会公众等。以竞争市场为例，同一产品可能有不同的推销者，这就需要文化产品的营销者广开渠道，善用技能，找到出路。例如售书，过去只有新华书店一家，现在民营书店很多，尤其是近几年的网上购书，已对实体书店形成了巨大的冲击。如果实体书店还死抱传统的营销方式，倒闭是必然的。竞争构成的文化产品夹缝是我们都能感受到的微观环境夹缝现象。

文化产品的知识产权夹缝。文化产品第一大特性就是与生俱来的知识产权性，这是文化产品所有特性中的首要特性。文化产业的各行各业几乎都涉及知识产权问题。文化产品以内容为中心，其内容版权是产权的核心。一个作家把作品的内容交付出版社的同时，也将与之相关的版权转移给出版商，作家同时享有获得版税的权利。但是，作品的衍生性极强。一部小说可以被改编成戏剧、电影、电视剧、网络游戏等，作品中的人物形象和名称可以被授权成为玩具、服装、运动品和文具等产品的外形和品牌，这就有了诸多的版权问题。美国是把知识产权保护与产业发展紧密结合起来并取得巨大成功的国家，美国的电影围绕着版权衍生出剧本创意、音像出版、图书出版、特许营销、主题游乐园甚至是主题宾馆等宏大产业群，产业群上每个链条都给版权产业这棵大树带来了充足的营养，这正是美国先进而又严厉的知识产权保护制度带来的“效益链”。中国知识产权的保护力度十分薄弱，盗版猖獗，严重地损害了从作者开始的所有文化产业。[1] 以《三大音乐协会再战百度，多家唱片公司发表联合声明》为例：2008年6月，中国音乐著作权协会（MCSC）、中国音像著作权集体管理协会（CAVCA）和国际唱片业协会（IFPI）三大音乐协会对外宣布

[1] 参见李怀亮：《文化市场学》，首都经济贸易大学出版社2010年版，第109—111页。

联合抵制中国最大的搜索引擎百度音乐下载侵权。2008年6月的这次三大协会发起的反盗版行动最终以百度胜诉而告一段落,虽然最终的结果并不如众多版权人所愿的那样,但百度同意同唱片业进一步扩大进行广告分成的做法,至少说明了三大协会的努力在一定程度上给了百度极大的舆论压力,也反映了国内知识产权保护社会大环境的好转。[1] 在这个夹缝中,构成夹缝的是著作权人和各类音像协会。

3. 文化产品整合营销传播夹缝

整合营销传播(Integrated Marketing Communications,简称IMC)的概念是20世纪90年代后期在促销策略组合的基础上发展起来的。整合营销传播是以消费者为中心,建立在对消费者的深入了解基础上的一种传播方式,它将所有的营销传播手段协调统一起来,将一度各自为政的广告、公关、促销、组织传播等各种传播方式看作一个整体,向目标受众传送统一的说服性信息,在文化产业和消费者之间建立关系,从而达到文化产业营销的目的。[2]

文化产品促销组合的夹缝。文化产品促销组合指文化产业经营者把产品或服务信息及时地通过各种方式传递给目标市场,引起消费者的购买行为。为了实现产品促销,引起消费者的注意并予以购买,一般要有实施过程。在实施过程中,要注意确定目标受众,确定沟通的目标,设计促销信息,选择信息沟通渠道,制订促销预算等。文化产品信息传播一般过程如图7-1[3]所示:

发送者:文化产业。

编码:把发送者的思想、要传播的信息转变成消费者能够感受的信息符号。

信息符号:可传播以及感知的信号,像语言、文学、图画、色彩、表情、动作、标识、象征物等。

媒体:介于信息发送者和接受者之间的传递信号的各种载体。

解码:对信息的感知和理解。

---

[1] 《三大音乐协会再战百度,多家唱片公司发表联合声明》。http://news.163.com/08/0604/09/4DJ731DN000120GU:html,2008-06.

[2] 参见李怀亮:《文化市场学》,首都经济贸易大学出版社2010年版,第327页。

[3] 同上书,第280页。

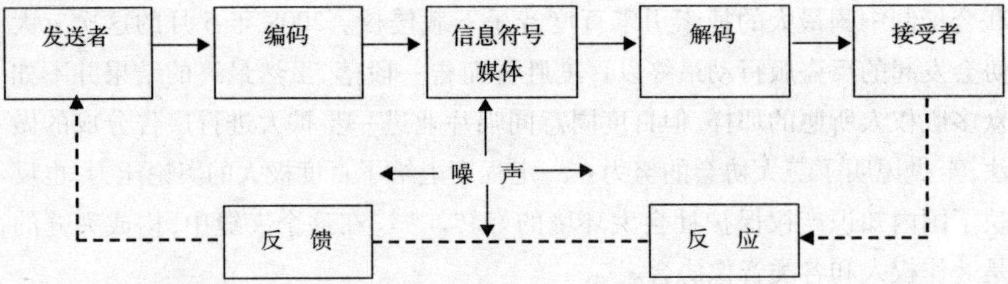

图 7-1 信息传播的一般过程

接受者:感知信息传播的那部分人。

噪声:指对正常信息传播的干扰。

信息的反应、反馈:社会人和信息接受者对文化产业信息的实际反应。

就文化产业的促销组合的信息传播来看,从发送者到接受者中间至少有四个以上的环节,这些环节全部是通过人来完成的,就媒体而言,也是由人主持操作而进行的。怎么样完成信息的传递,这些环节中的人处在了发送者和接受者的夹缝之中。发送者希望信息越真实越快越好;接受者希望信息越真实越是自己需要的越好。文化产品促销组合的夹缝在文化产品信息传播时无时不在。

文化产品整合营销传播步骤的夹缝。文化产品的营销传播是一个系统,每个传播环节都应按照总设计的目标进行。文化产品的整合营销是以消费者为核心的,一切设计都应以消费者为核心制订。文化产品实施整合营销传播一般分为五个步骤,如图 7-2 [1] 所示:

在这个流程图中,我们以步骤四为例,文化产品拥有者要营销人员准确地预测和评估每一个顾客或每一种顾客对文化产品的态度,从而决定对顾客营销传播值得不值得。文化产品的拥有者和那些欲购文化产品的顾客往往对营销者构成夹缝,文化产品拥有者所希望的,并不是顾客所希望的。同样,在营销者推销过程中,不同的营销者会对顾客构成夹缝。

---

[1] 参见李怀亮:《文化市场学》,首都经济贸易大学出版社 2010 年版,第 334 页。

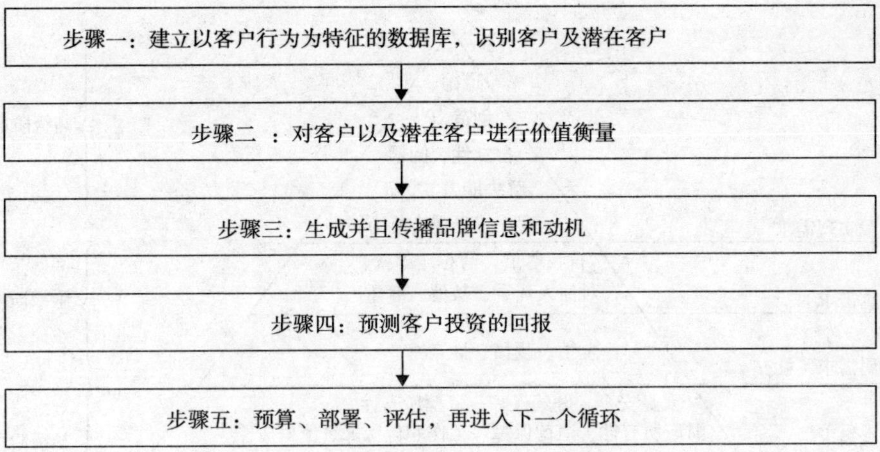

图 7-2　整合文化产品营销传播实施流程图

三、文化消费的夹缝

文化消费一般必须具备三个要素：文化产品（或叫文化产品拥有者）、文化产品需求者、文化产品经销者。文化消费主要源自文化产品需求者的需要。每个不同的消费者个体，对文化产品的需求是不同的，因此，文化产品需求的差异又是文化消费的重要特点，而这些不同的消费者个体的需求差异往往容易构成一些文化消费的夹缝。

（一）文化需求夹缝

美国心理学家马斯洛认为，人类的需求可以分为不同的层次。马斯洛的理论首先强调人是有需求的动物，其需求取决于他已经得到了的东西，只有尚未满足的需要能够影响其行为；其次强调人的需求是有层次的，一旦某种需求得到了满足。另一种需求又会出现，又需要满足，马斯洛用图表示人们需求的不同层次，如图 7-3 所示。

马斯洛认为需求分为五个层次，且逐级上升。当低层次的需求获得相对

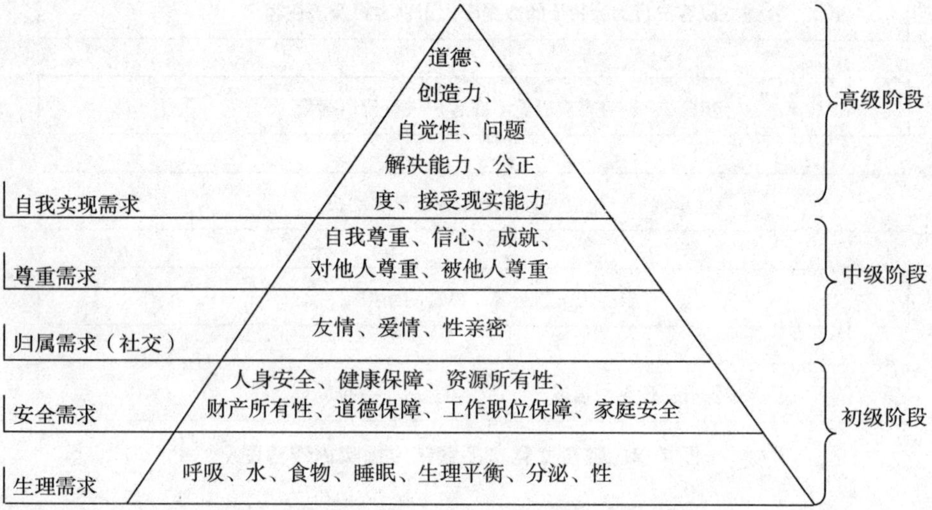

图 7-3　马斯洛需求层次理论

满足之后，追求高层次的需求就成了驱动力。我们套用马斯洛的需求理论，发现文化产品的需求是属于较高层次的需求，应是中级阶段以上的需求，即归属需求、尊重需求和自我实现的需求。为什么这样归类，因为“文化产品或服务是满足人们精神需求的一种消费，主要包括教育、文化娱乐、体育健康、旅游观光等方面。文化消费的内容十分广泛，不仅包括专门的精神、理论和其他文化产品的消费，也包括文化消费工具和手段的消费；既包括对文化产品的直接消费，如电影电视节目、电子游戏软件、书籍、杂志的消费，也包括为了消费文化产品而消费的各种物质消费品，如电视机、照相机、影碟机和计算机等；此外也需要各种各样的文化设施，如图书馆、展览馆和影剧院等”[1]。不同的消费个体有不同的文化需求，相同的文化层面又有不同的文化产品和服务的需求，这便构成了需求的夹缝。

1. 个人文化产品需求的夹缝

个人的文化产品需求是文化产品需求的主体。个人的文化产品需求受不同的因素制约，一般有年龄因素、职业因素、收入因素等，这些不同的因素制约着人们对文化产品的需求，也构成了不同因素夹缝。

---

[1] 李怀亮：《文化市场学》，首都经济贸易大学出版社 2010 年版，第 115—116 页。

不同年龄层面或相同年龄层面不同性别的文化产品消费者容易构成夹缝。不同年龄段的人群文化产品的消费习惯、消费偏好不同,他们的价值观、认知结构和社会经验不同,对文化产品的解读有可能会截然相反。例如:如今的汽车广告,已从汽车转向了汽车加美女,用美女来吸引购车者的眼球。但是,美女对于女购车者来说,怕是失去不少的吸引力。如果夫妇同去购车,男士喜欢美女做广告的那一款式,女士一般会反对,购买者已对汽车广告商和汽车商形成了夹缝。对于网络文学,年龄段的差别更为明显。"80后"的文化消费能力强,他们是独生子女,赶上了我国历史上最富裕的时期;他们要买书,于是郭敬明变成了文化英雄;他们要玩游戏,于是陈天桥变成了网游大亨;他们要看电影,于是《头文字D》卖座。"随着这代年轻人的崛起,一种独特的文学创作和阅读市场也逐渐形成。'青春化写作'崛起并占据了文学市场的重要位置,引发了文学领域的许多变化;首先是作家'换代',原来走红的王朔等人渐趋沉寂,而郭敬明、韩寒、春树等人开始崛起。"[1]这些现象有网络的原因,也有文化产品市场的原因。"80后"成为文学消费的主体之后,对同龄作家和作品有一种相容、相融的亲切感。年轻的文化产品消费者选择了年轻一些的文化生产者,尽管他们的东西有时并不算很成熟。王朔等作家们当然希望自己的作品继续走红,而新生代郭敬明等也希望引领年轻读者队伍。当不同年龄段的作家对年轻读者形成夹缝时,年轻人就会有所选择。同样,不同年龄段的文化产品消费者会对文学作者构成文化产品夹缝。

不同收入层面对文化产品需求会形成夹缝。文化产品的消费需要经济收入作为基础,不同收入的人会有不同的文化产品需求。低收入的往往先满足生活基本需求;高收入阶层往往在文化产品消费上强势,倾向于选择图书、电影、音乐会等高消费的文化产品,不同的收入层已对文化产品生产者和经营者构成了"消费"的夹缝。为了化解文化产品夹缝的夹力,不少城市已采取了低保家庭免费看演出的措施。北京在2009年共推出8场面向城区低保家庭的免费演出。目前,已在东城、西城、崇文和丰台举办了4场,共有3100名低保家庭市民免费看了演出。这是政府买单化解"穷人"对文化需求的夹缝。

---

[1] 张颐武:《"80后"一代成为文学消费主力军》,转引自李怀亮《文化市场学》,首都经济贸易大学出版社2010年版,第116—117页。

2. 心理需求夹缝

对文化产品的需求，不同的个体有差异，这种差异有表现在职业方面，有表现在个体收入方面，还有的表现在心理方面。不同的心理，会选择不同的文化产品，从而构成心理需求文化产品的夹缝。

需求动机不同的夹缝。所谓动机，是指达到一定强度的想法和愿望。人的动机产生于需求，而动机又左右人们的行动，对文化产品的需求是先从动机开始的。研究者把人的动机分为求实动机、求廉动机、求新动机、求美动机、求奇动机、求名动机、求快动机、追崇动机等。著名作家阿来有一篇回忆文章——《词典的故事》，讲述他在文化荒芜时期对"词典"的渴求。阿来在20世纪70年代初，小学五年级毕业了，到县城照相，每个小伙伴的手里都有一张小面额的钞票，当时家长已把吃饭的钱和照相的钱都给了老师，父亲又给了阿来一元钱。阿来表姐手里攥着五毛钱，照过相走向了百货公司，出来时，手里拿着许多五颜六色的彩色丝线。而阿来去了新华书店。书店有马克思、列宁、毛主席的书，有鲁迅的作品和当时流行的几部小说。阿来在一个装满了小红书的柜台前停了下来，认出了那本同毛主席语录差不多厚的《汉语成语小词典》。阿来要买那本《汉语成语小词典》，可营业员要证明。阿来必须证明自己是哪个学校的学生。可阿来不是县城的，便不能买了。阿来回忆说：我的泪水便很没出息地流下来了。营业员吃惊地看着我，脸上露出了怜悯的表情。"你真的这么喜欢这本书?"阿来说："我在老师那里看见过，我还梦见过。""那我要考考你。"阿来看到了希望，擦干了眼泪。营业员说了一个简单的成语，阿来解释了。营业员又说了一个，阿来又解释了。然后，营业员的手越出柜台，落在阿来的头顶，深深地叹了口气说："不容易，一个乡下的孩子。"然后破例把这本词典卖给了阿来。从此，很长一段时间，阿来像阅读一本小说一样阅读这本词典；从此，阿来有了第一本自己的藏书；从此，阿来对于任何一本好书都怀着好奇与珍重之感。[1] 阿来的需求是一本《现代汉语小词典》，而其他同学则不是。在这个夹缝中，小朋友们各有所需，阿来购书，书店不卖，形成夹缝。由于阿来的心诚和聪明，他的购书愿望实现了。

人们的兴趣可以形成文化产品消费的夹缝。兴趣是指人们喜好的情绪，

[1] 参见阿来：《词典的故事》，《读者》2012年第2期。

是人们积极认识事物的一种倾向性，也是推动人们某些心理活动的一种力量。[1] 兴趣具有很强的指向性、持久性、偏好性、感染性，这些特点决定了人们可以具有相同的兴趣，也可以具有不同的兴趣。人们的文化产品兴趣一旦形成，便可以成为人们生活中的某种习惯，诸如网瘾、集邮、音乐发烧友、体育迷、文化名人的粉丝等。文化消费兴趣不是一种坏事，但过于偏执则可能成为坏事。偏执的文化消费兴趣不仅会对其他兴趣的人构成夹缝，还会对同兴趣的人构成夹缝，变成一种坏事。网瘾即如此。

3. 社会环境对文化消费的夹缝

文化消费除了受到经济条件、个人心理影响之外，还受社会环境的影响，即受社会阶层、地域文化、生活方式、价值观的影响，这些不同的社会因素，会形成文化消费的夹缝。

社会阶层形成的文化消费夹缝。社会阶层指社会共同的经济状况或其他某种共同特征形成的社会群体。在社会群体中，人们的经济状况、受教育的程度、职业类型、社交范围有着明显的阶层差异。一般情况下，社会阶层的差异直接影响人的消费方式，其文化消费行为也表现出很大的差异，从而构成文化消费的夹缝。李升讲的《互联网带来的“数字鸿沟”》[2] 证明了这种夹缝的夹力之大。“数字鸿沟”(Digital Divide)一词频繁出现于20世纪90年代中期以后的美国。1999年7月，美国商务部公布了一份《在网络中落伍：定义数字鸿沟》的报告，指出：美国年收入在7.5万美元以上的家庭使用互联网络的比率是最低收入层的20倍以上，电脑的持有率也达到9倍以上。另外，接受过最高教育的阶层与只接受过最低教育的阶层之间的使用差距一年间上升了25%。从这份报告可以看出，在IT革命进行的同时，一方面，互联网络也开始向一般大众普及，年轻人、高学历者及高收入者等群体通过使用IT而逐渐获得更高的收入及更好的被雇佣机会；另一方面，那些不会使用电脑的高龄群体和因贫困无法获得信息工具(电脑)的群体则陷入一种较困难的生活状态之中。如今，中国的电脑在城市已经普及，但农村还远没有达到这一水平。在这个文化消费夹缝中，一方面政府希望和要求人们掌握电脑，使用电脑，提高收

---

[1] 参见李怀亮：《文化市场学》，首都经济贸易大学出版社2010年版，第120页。

[2] 参见李升：《数字鸿沟：当代社会阶层分析的新视角》，《社会》2006年第6期。

入，是夹缝的一方；一方面是电脑商极力推荐电脑，促使人们去购买，从而实现他们的利润；处在夹缝中的往往是那些想使用电脑，提高自己被雇佣机会的人们，他们是心有余而力不足。

区域文化形成的文化消费夹缝。区域文化也称地域文化，地域文化、城乡差异对于文化消费容易构成夹缝。区域中，地域差异、城乡差异决定了人们语言、风俗、习惯、生活方式、处世方式、价值观、文化需求的走向，因此，也必然会对文化消费形成夹缝。例如，以2008年各省电视收视率排行榜中，电视剧《乡村爱情》、《闯关东》在吉林、黑龙江、辽宁均位列前两名，而《李小龙传奇》则在云南、贵州、海南等地区位居榜首。如表7-1所示：

表7-1　2008年电视剧TOP 3排行比较

2008年吉林市场电视剧收视率排名前三位				
名次	**电视剧名称**	**频道**	**平均收视率(%)**	**平均占有率(%)**
1	乡村爱情第二部	中央电视台综合频道	32.1	60.7
2	闯关东	中央电视台综合频道	12.8	28.2
3	清凌凌的水蓝莹莹的天	中央电视台综合频道	9.9	23
2008年黑龙江市场电视剧收视率排名前三位				
名次	**电视剧名称**	**频道**	**平均收视率(%)**	**平均占有率(%)**
1	乡村爱情第二部	中央电视台综合频道	36.6	64.5
2	闯关东	中央电视台综合频道	14.9	31.2
3	笑着活下去	黑龙江电视台影视频道	13.8	28.8
2008年辽宁市场电视剧收视率排名前三位				
名次	**电视剧名称**	**频道**	**平均收视率(%)**	**平均占有率(%)**
1	乡村爱情第二部	中央电视台综合频道	21.7	47.6
2	闯关东	中央电视台综合频道	9.3	22.1
3	乡村爱情第二部	辽宁卫视	7.6	27.7
2008年云南市场电视剧收视率排名前三位				
名次	**电视剧名称**	**频道**	**平均收视率(%)**	**平均占有率(%)**
1	李小龙传奇	中央电视台综合频道	16.7	26.7
2	暖春	云南电视台都市频道	8.4	16.3
3	魔幻手机	中央电视台第八套	7.9	14.0

续表

2008 年海南市场电视剧收视率排名前三位				
名次	**电视剧名称**	**频道**	**平均收视率(%)**	**平均占有率(%)**
1	李小龙传奇	中央电视台综合频道	24.5	45.1
2	精武陈真	海南电视台综合频道	21.6	42.5
3	少林寺传奇	海南电视台综合频道	20.2	37.2
2008 年贵州市场电视剧收视率排名前三位				
名次	**电视剧名称**	**频道**	**平均收视率(%)**	**平均占有率(%)**
1	李小龙传奇	中央电视台综合频道	16.6	31
2	五月的鲜花	贵州卫视	7.9	17.6
3	生死十日	贵州卫视	7.8	18.7

数据来源:CSM 媒介研究。

从表 7-1 中我们可以感受到不同区域人们对电视内容的喜好有很大的差别,对电视剧的内容构成了夹缝。南方爱看“李小龙”,东北喜爱“闯关东”。在文化消费中,要注意这种区域的特点,以求破解夹缝。

生活方式构成的文化消费夹缝。所谓生活方式指人们的生活模式,通常包括了人们的衣、食、住、行、工作、劳动、休息、娱乐、社会交往、待人接物等物质生活和精神生活的价值观、审美观、道德观等内容,这些物质生活和精神生活的内容大多与文化有关,有的直接与文化消费有关。生活方式有区域性、民族性,在一个家庭中,生活方式还与年龄有关。生活方式的不同,决定了文化消费方式的变化。以传统的家庭为主的文化消费方式为例,在 20 世纪后半叶,一家人听广播、看电视、读看报纸是文化消费的主体;而现在,这一文化消费的模式早已被打破。今天的文化消费,已转为上网、网聊、博客、K 歌、追星、蹦迪、泡吧、看演唱会等。这种变化并没有停止,还会因为计算机作用的扩大而变化。传统的以家庭为主的文化消费方式已经转为以群体或个体为主的文化消费方式,求实的文化消费内容正向虚幻的文化消费内容转变。生活方式的变化引起的文化消费方式的转变,对不同的人群构成了夹缝。不上网、不写博客成为“没有文化”的代名词。

(二)文化消费行为夹缝

在文化消费的过程中,不同层面的人们会选择不同的文化产品和服务,选择不同的消费方式。当人们采取了某种文化消费方式后,便构成了文化的消费行为。不同的文化消费行为会对他人以及文化产品生产者、服务者构成夹缝。

1. 休闲消费夹缝

文化消费说到底是典型的"闲暇消费",是一种闲暇时间的消费活动。闲暇时间是指人们的全部生活时间减去必需的生存时间(吃饭、休息等)和必要的工作时间(上班、家务等)之后的可自由支配的时间。既然是自由支配的时间,不同的人会运用这些时间做自己感兴趣的或认为对自己有帮助的事情,诸如娱乐、享受、休息等。而在选择休闲消费时,容易构成夹缝。

休闲消费多样化的夹缝。随着社会的发展,人们休闲消费的内容在不断增多,休闲消费已体现出多样化的特征。闲时上上网,聊聊天,写写博客,看看"八卦";或者旅游、看电影、听音乐会、参加民间协会活动等,五花八门。一个工作很忙的人一旦有了休闲时间,便会有人劝旅游、劝参加协会活动等,使闲暇者处在了夹缝之中。同样,由于不同旅游点的服务方式的不同,旅行社的服务也往往使休闲者成为夹缝人,使休闲者出现了选择难的现象。

重视休闲大众化可以化解夹缝。由于城市人民生活水平的提高,加上城市化进程的加快,城市扩张速度前所未有,人口不断翻番,随之而来的是,休闲的人士多了,休闲的场所少了。人们有休闲的需求,城市要休闲场所,过去的博物馆开放率不足,于是全国开始了开放各种馆所的举措。从 2008 年 3 月 28 日起,北京的 29 家博物馆开始免费向公众开放。这项关乎群众文化权益的惠民政策赢得了一致好评。来自国家文物局的数字显示,先期实施免费开放的博物馆客流量增加了 5—15 倍。而在以前,这些依靠政府财政资金建设和运营的博物馆每天接待量明显不足,造成公共资源的闲置浪费。[1] 据了解,除北京之外,甘肃、山西、新疆、广东、吉林等地从 2008 年 3 月 28 日起,有 400 余座博物馆、纪念馆、爱国主义教育基地加入了免费开放的行列。有媒体称:一个新的博物馆免费时代正向民众走来。全国开放博物馆、爱国主义教育基地、公园,较好地化解了人们休闲场所短缺的问题,化解了人们日益增长的休闲文化夹缝的问题。

---

[1] 李韵:《首都地区博物馆免费开放头三天见闻》,《光明日报》2008 年 3 月 31 日。

2. 感性消费夹缝

所谓感性消费,指人们凭着自己的情绪和情感体验而进行的消费行为,这种“由感而消费”的方式很容易形成夹缝。著名营销专家菲利浦·科特勒将消费者的行为划分为三个基本阶段:一是量的消费阶段,即人们追逐买得到和买得起的东西;二是质的消费阶段,即人们寻求货真价实、有特色、质量好的商品;三是感性消费阶段,即人们注重购物时的情感体验和人际沟通,以个人满足、个性实现、精神愉悦为主要消费目标。[1] 正是由于这种追求个人满足的消费行为,会对他们构成夹缝。

感性消费的主观性夹缝。感性消费追求的是个性化、满足感、愉悦感,很容易跟着自己的感觉走,还有极强的趋同性。所谓趋同,最明显的表现是:朋友或其他人可以有,我也可以有。有一个故事讲一位女同事的丈夫外出旅游,“驴友”都买石头,她的丈夫也花了两千元买了一块两人才能抬动的灵璧石,请朋友抬回来后,却不知放在哪儿好。家中房子倒不小,放一两块石头不成问题,可这块石头放哪儿都不太协调。老婆说没处放,儿子说瞎花钱。最后放在楼道里吧,楼道是公用的,邻居认为不合适,影响观瞻不说,还妨碍了楼道的出行。妻子问为什么要买石头,丈夫说当时一高兴就买了,朋友们有的买了好几块,我才买一块。妻子哭笑不得,最后把石头送朋友了事。老婆、孩子、邻居对女同事的丈夫购买石头行为形成了文化消费的夹缝,这是由于女同事丈夫感性消费的行为造成的。

关联消费的夹缝。关联消费指当购买某类产品对其有好感后,还会购买与原产品相关的产品和服务。关联消费有很强的感性因素,关联的文化消费行为是商家欢迎的,但容易对购买者构成夹缝。例如,《后宫·甄嬛传》,先是由网上连载,引起了轰动,随后印刷出版,成为畅销书。不少读者觉得网上读书不过瘾,买回小说再读,这便是一种关联消费。再后,《后宫·甄嬛传》又拍成电视剧,那些甄嬛的粉丝们又接着购买电视剧光盘,观看和收藏,使关联消费继续下延。在这个关联消费的夹缝中,构成夹缝的一方是商家,运用各种营销策略,尽量推动关联消费;构成夹缝的另一方是作者,写了小说,又当编剧,把故事做成更大的“故事”;处在夹缝中的是那些粉丝们,“可怜”他们跟着喜

[1] 参见李怀亮:《文化市场学》,首都经济贸易大学出版社 2010 年版,第 128—129 页。

好的感觉走。

（三）导引文化消费化解夹缝

信息、广告、行为示范是文化消费的导引形式，有了正确的导引，才可能实现促进文化消费的目的，并可以化解许多文化消费的夹缝。

1. 优化文化消费环境化解夹缝

文化消费环境一般分为自然环境和社会环境，对文化消费影响最大的是文化消费的社会环境。文化消费的社会环境主要包括社会宗教信仰、价值观念、消费习俗、道德规范、制度法规等。执政者要为社会创造一个良好的文化消费环境，让人们乐于消费、安心消费。

确立正确的价值观，化解文化消费迷茫的夹缝。物质富有了，不可能代替精神的富有。要用实实在在的理想和道德标准规范人们的文化消费。要从官员自身做起，确立官德，用制度和法律抵制和清除消极的、不健康的文化消费方式，确立文明、健康、向上的文化消费方式。

确立知识产权理念，化解文化生产亚健康的夹缝。知识产权保护是文化产业得以健康发展的保障之一，国家不仅要有立法，还要有严格的执法，不能地方保护，不能各行其是，这样才能保证文化生产健康发展。要在与世界文化交流的同时，促进知识资源共享和文化科技的进步，化解文化生产侵权的夹缝。

加大公共文化基础建设的力度，化解供不应求的夹缝。公共文化设施是人们文化消费的基础，是人们文化生活质量的保障。不仅把开放馆所作为公共文化服务项目，还要把公园、宗教文化建筑列入免费系列，让更多的人用“平民的价格”享受高品位的文化，让更多的人参与文化消费，化解因公共文化服务不到位而形成的夹缝。

2. 建立市场机制化解文化消费低迷的夹缝

文化市场机制指文化市场的运行机制，政府一定要用好市场这只手，建立和健全文化市场的运行机制，让文化市场在规范的市场机制下自由运行。同时，政府还必须用好自己这只手，控制文化市场的价格，引导文化市场消费，促使文化产品的创新，化解文化市场消费总量不高的夹缝。

调控文化产品和服务的价格，化解文化产品和服务购买的夹缝。发达国家经济文化发展的经验表明，当人均GDP超过3000美元时，文化消费会快速增长；接近5000美元时，文化消费会出现“井喷”。2008年，我国人均GDP已经超过3000美元，按发达国家的文化消费规律估计，我国文化消费支出总量应当在4万亿元以上，而实际上只有不到8000亿元。这意味着我国居民文化消费潜力远未得到释放。[1] 文化消费潜力没有得到释放，有几方面的原因：一是文化市场中文化产品和文化服务价格太高。以文化演出为例，一般票价几百元，高的达几千元，让居民望票价兴叹；二是文化市场中的服务不到位；三是市场引导不够，没有激活居民的消费潜力。文化消费的服务和购买，必须化解价格这个夹缝，让居民能够从心理到现实接受文化产品和服务的价格。

以需求引导市场，化解文化产品供求的夹缝。现在的文化产品市场，一方面是大量文化产品难以进入市场，一方面是文化产品不受民众欢迎，这是一种供求的夹缝。在这个夹缝中，以电视剧为例，构成夹缝的一方是文化产品的生产者，他们为了追求速度，忽视了质量，高品位受欢迎的文化产品很少；构成夹缝另一方的是各电视台播放者，他们倒是从市场出发，便宜的、广告收入多的电视剧先播，使大量的“烂剧”充斥黄金档。处在夹缝中的是观众，他们没有选播权，但他们有选看权，对劣质电视剧可以选择不看。政府的这只手要引导电视剧的生产者，更加贴近生活，生产出好作品；引导电视剧播放者，择优播放；引导居民，扩大消费量，以满足自己的兴趣。

加快文化产品创新，化解文化市场潜在需求的夹缝。文化大繁荣需要文化大消费的推动。为什么我们文化市场的潜力那么大，却没有按常规发挥出来呢？主要原因是民众没有见到自己想消费的文化产品和服务。文化产品要加大创新创意的力度，挖掘原创性，优化创意思维，使文化产品成为创新的产品，引导人们的文化消费。就发展空间巨大的动漫产业来说，动漫生产最早与国际接轨的深圳，九成以上的动漫企业仍以加工为主，原创作品少，优秀原创作品更少。政府希望民众扩大文化消费，文化产品的作者希望文化产品消费者购买自己的产品，但是，多数民众是根据自己需求而消费的，因此，创新文化产品，满足民众需求，才能化解潜力需求的夹缝。

---

[1] 参见赵卫东：《什么因素制约了我国文化消费增长》，《人民日报》2009年7月6日。

3. 提升国民文化素质化解文化负面夹缝

国民文化素质整体在提升，但也有不少人文化素质在下降。以教育为例，读书能够干什么，读书值不值一直是人们议论的话题。在文化教育方面，一定要看到部分国民素质在下降的现实，看到文化产品的负面效应对人们生活构成的夹缝。

贫困学生大量辍学已构成提升国民素质的夹缝。据《新世纪》第25期报道，甘肃陇南市南部某县有二十几所初中，初中生辍学现象在当地几为常态，农村初中生的流失率普遍在30%乃至40%。而对西部贫困地区46所学校进行跟踪调查也发现，在2009—2010年期间，初中阶段一届学生的辍学率高达25%以上，初中辍学将重新构成国民素质下降的夹缝，必须着力解决。

文化产品的负面作用构成夹缝，必须化解。由于我们推行市场经济，文化产品同样是市场经济中的文化市场，在这种市场状态下，一些文化产品产生了巨大的负面作用，构成了文化夹缝。例如，福建省曾对少年管教所和女子劳教所做的一项调查表明，电影、电视、录像、文艺书刊中消极因素对青少年的不良影响是造成青少年犯罪的重要诱因之一。[1] 其中，影视、录像和文艺书刊中侠客、暴力、武打等惊险情节、场面、镜头，容易诱发凶杀犯罪，这类犯罪情节占所调查1700多人的20.56%；影视、录像、文艺书刊中对豪华阔气场面的过分渲染，容易诱发青少年走向盗窃、抢劫犯罪，这类犯罪情节占所调查1700多人的41.4%；文化产品对色情的露骨描写容易诱发性犯罪，影视、录像、文艺书刊中对犯罪过程的详细描述，为一些青少年所仿效而诱发犯罪。因此，要化解文化产品的负面作用，一方面要提升社会人的素质，另一方面要对影视等文化产品加以必要的控制。这种控制又可以分为两方面，即对文化产品内容本身的控制和国家限制看读的层次等，以求化解文化产品负面效应的夹缝。

[1] 刘培光：《浅谈文化市场中消极因素对青少年犯罪的影响》，《福建青少年研究》2008年第10期。

第八章　公共文化服务夹缝

公共文化服务夹缝是在公共文化服务中形成的，是常见的一种社会文化现象。公共文化的常规夹缝是由政府决策和决策执行者构成的，民众是这个常规夹缝中的夹缝人。有时，民众之间的不同需求也会对决策者或政府决策者构成夹缝，这种夹缝不是常规的，而且夹力不大，往往是由民众用脚投票——走人为表现形式。我们拟从公共文化理论、实践的夹缝，来分析夹缝现象以及化解夹缝的方法；在公共文化服务创新夹缝中，把新的公共文化服务现象——网络公共文化服务作简单的分析。

一、公共文化服务理论夹缝

1948 年《世界人权宣言》第二十七条申明："人人有权自由参加社会的文化生活，享受艺术，并分享科学进步及其产生的福利。"[1] 1966 年联合国通过《经济、社会和文化权利国际公约》，多数国家的宪法均确认人权不仅包括政治权利，还包括经济权利。1997 年 10 月 27 日，中国签署了《经济、社会和文化权利国际公约》，体现中国政府对公民文化权利的重视。"这意味着无论从国际视野还是从国家角度上看，文化权利同其他权利一样不再是国家层面道德义务式的恩赐，而成为了政府应该承担的法律责任。""文化权利的人权属性决定了公平性是文化权利的核心，它意味着公民都有平等享受文化资源

[1]　胡志强：《中国国际人权公约》，中国对外翻译出版公司 2004 年版，第 255 页。

的机会和权利，并且这种机会和权利不受性别、身份、种族等因素制约和影响。"[1]这些均是公共文化服务指导的理论，是公共文化服务的实践依据。而所谓公共文化理论夹缝，是指公共文化服务这个概念以及立论从一开始就处在一种夹缝状态。经过长期的分析和研究，公共文化服务的理论已逐渐成形，并为广大民众和理论工作者所接受。

(一)公共文化服务概念夹缝

什么是公共文化服务，是公共文化还是公共服务中的文化，或者是文化服务带有公共性质，在概念的中心词方面已经构成了夹缝。

1. 中心词分歧所构成的夹缝

中心词的移动不定，会使概念发生歧义，尤其会使理论工作者在研究中抓不住中心，从而使研究走上歧路。这种夹缝多是因理解层面不同而形成的。

"公共文化"说的概念夹缝。有人认为没有公共文化一说，只有公共服务之说，而有学者又认为有"公共文化"之说。"公共文化是以国家福利性配置机制的'第三部门'志愿性配置机制为核心，并通过公益性文化营销的路径，由代表国家、社会或社团的法人或其他组织，向公共领域提供文化产品和文化服务的公益性文化的一种组织形态。公共文化作为西方各国文化发展必不可少的组成部分，已经进入了公民的日常文化生活。公共文化作为国家提供的公共产品的一部分，其范式也随着西方国家行政管理范式(分别是古典范式、现代范式和后现代范式)的发展而发展。"[2]李少惠、余君萍不仅认为有"公共文化"，而且是"公益性文化的一种组织形式"。不少学者认为有"大众文化"之说而很少有"公共文化"之说；有的学者认为这个"公共文化"实际就是"公共文化服务"。不同理论工作者对"公共文化"服务的描述有的似曾相识，有的针锋相对，让似懂非懂的民众无所适从，处在概念夹缝之中。

"公共服务说"的概念夹缝。有的学者认为，"公共文化"这一概念不存

---

[1] 杨泽善：《构建公共文化服务体系的逻辑原点与路径选择》，《江汉论坛》2012年第5期。

[2] 李少惠、余君萍：《西方公共文化服务体系综述及其启示》，《图书馆理论与实践》2012年第3期。

在，认为“公共文化服务是公共服务的一部分，与文化产品、文化服务息息相关，它满足的是人类素质提升与自我发展的需要，面向的是全体社会成员，内容丰富、形式多样，其结果是人的幸福感、成就感的增强，人类文明的提升和经济社会的进步”[1]。很明显，曹爱军、杨平认为“公共文化服务是公共服务的一部分”。“从公共管理学角度看，公共服务是公共部门与准公共部门为满足社会公共需要，共同提供公共产品的服务行为的总和。”而“公共文化服务属于公共服务中的社会性公共服务，公共文化服务包含纯公共文化产品和准公共文化产品。”[2]“公共文化服务体系是政府主导、社会参与形成的普及文化知识、传播先进文化、提供精神食粮、满足人民群众需求、保障人民群众文化权益的各种公益性文化机构和服务的总和。”[3]由此看来，文化服务是公共服务的组成部分，不存在“公共文化”之说。由此，又为民众构成了公共文化服务概念的夹缝。通过研究综合分析，我们感到，文化服务是公共服务的组成部分，公共文化之说概念界定不科学，较科学的概念应该是“公共文化服务”。

2. 不同学科定义“公共文化服务”构成定义夹缝

目前，学术界对公共文化服务体系内涵的争论聚焦在“公共文化服务”的界定上，这种争论构成了公共文化服务体系“公共性”的夹缝。

“公共文化服务”“经济学式”的定义构成的夹缝。经济学式定义“公共文化服务”，把公共文化服务单独列出，以区别于一般市场方式提供的文化商品（产品及服务）及其相关活动，这使“公共文化服务”的定义走向一个极端，让人们狭窄地理解为“公共文化服务”就是由政府或相关部门向社会公众提供免费享受的文化产品或服务。如陈威认为，公共文化服务就是由公共部门或准公共部门共同生产或提供的，以满足社会成员的基本文化需求为目的，着眼于提高全体公众的文化素质和文化生活水平。[4] 周晓丽、毛寿龙把公共文化服务界定为基于社会效益，不以营利为目的，为社会提供

[1] 曹爱军、杨平：《公共文化服务》，科学出版社2011年版，第21页。

[2] 同上书，第24—25页。

[3] 王悦荣：《公共文化服务能力省际比较》，《广东行政学院学报》第24卷第1期。

[4] 参见陈威：《公共文化服务体系研究》，见夏国锋、吴理财《公共文化服务体系研究述评》，《理论与改革》2011年第1期。

非竞争性、非排他性的公共文化产品的资源配置活动。[1] 这种公共文化服务的定义，把公共文化服务确定在政府或相关部门提供免费的产品和服务层面，对市场化以及需要不同层次公共文化服务的部分民众构成了夹缝。

“公共文化服务”“管理学式”的定义构成的夹缝。管理学式的定义把“公共文化服务”定义为除提供公共文化产品或文化服务外，还包含文化政策服务（包括文化相关法律、法规、政策等）和文化市场监理服务。这使“公共文化服务”的定义走向另一个极端，让人们理解为政府是公共文化的唯一主体。如闫平认为公共文化服务并非简单地直接提供公共文化产品和服务，而是要求政府承担好文化建设与发展的管理职能。[2] 还有学者认为，公共文化服务建设的内涵，除了政府负责投资公益事业外，还包括服务水平、产品创新、机制和体制，加快机制和体制改革是推动公共文化服务的重要内涵。[3] 在公共文化服务中，不仅仅政府以及相关部门是主体，还有最为重要的主体——公众。公众在这些定义中被视为文化权益的被动享受者，忽略了其作为公共文化服务或文化建设主体的自主性价值。公共文化服务体系最根本的核心目标之一在于社会大众文化需求的满足和文化权益的获取。社会大众需求什么以及作为需求主体如何参与公共文化服务的问题，是完成公共文化服务体系最根本的核心目标之一，是同一个问题的另一方面。[4] 供方主体和需求主体往往是共同存在的，理论上只注意供方主体，因而对需求主体容易构成夹缝。形成夹缝的双方是供方主体和理论研究者。

（二）公共文化服务内容夹缝

公共文化服务是为满足社会文化的需求，向公众提供公共文化产品和服

---

[1] 参见周晓丽、毛寿龙：《论我国公共文化服务及其模式选择》，《江苏社会科学》2008 年第 1 期。

[2] 参见闫平：《服务型政府的公共性特征与公共文化服务体系建设》，《理论学刊》2008 年第 12 期。

[3] 公共文化服务系列报道之二：《让文化阳光普照大众》。http://hxd.wenming.cn/whtzgg/2010-05/13content-118240.htm.2010-5-3.

[4] 参见夏国锋、吴理财：《公共文化服务体系研究述评》，《理论与改革》2011 年第 1 期。

务行为及其相关制度与系统的总称，涵盖了广播电视、电影、出版、报刊、互联网、演出、博物馆、图书馆、档案馆和哲学社会科学研究等诸多文化领域。从公共管理学角度分析，公共文化服务属于公共服务中的社会性公共服务，公共文化服务包含纯公共文化产品和准公共文化产品。[1] 还有的学者认为公共文化服务内容分为基础设施建设和服务体系的构建。内容的复杂和可变性容易形成夹缝。我们把公共文化服务的内容夹缝分为精神和物质两个层面进行分析。

1. 公共文化服务的制度、政策、理论指导的夹缝

公共文化服务的制度、政策、理论指导是精神层面的内涵，它和物质层面的内涵是相对而言的，两者容易对公众构成夹缝。从公共文化服务的精神层面看，制度建设、政策落实和解读、理论的研究和指导，也容易对公共文化服务的执行者和公众构成夹缝。

公共文化服务理论体系的夹缝。中央提出"构建公共文化服务体系"[2]，正是因为我们缺少一个完整的公共文化服务的理论体系。公共文化服务理论体系应该包括文化、公共文化服务、公共文化服务体系得以确立的国家经济和社会发展的纲领性构架，公共文化服务体系所遵循的指导思想，公共文化服务政策，公共文化服务政策蕴含的价值理念和价值诉求，公共文化服务所涉及的专业性理论知识和科学性方法等等，这些，是公共文化服务体系的理论指导、政策性指导思想和价值性理论引导部分[3]，是公共文化服务理论体系的内涵。决策者提出构建公共文化服务体系，民众需要优秀的公共文化服务，两者之间需要理论的支撑和公共文化服务的理论引导，公共文化服务理论工作者便处在了夹缝之中。

公共文化服务活动体系的夹缝。公共文化服务活动体系指各类具有广泛群众性的文化活动和文化节日的组织、谋划、实施的总和。春节、清明、端午、中秋等全民性传统节日的文化活动，民间的习俗性文化活动，国庆节、五一国

---

[1] 参见曹爱军、杨平：《公共文化服务的理论与实践》，科学出版社 2011 年版，第 25 页。

[2] 《中共中央关于深化文化体制改革推动社会主义文化大发展大繁荣若干重大问题的决定》，见《党委中心组学习参考》，红旗出版社 2012 年版，第 16 页。

[3] 参见张都爱：《构建公共文化服务体系，促进公共文化服务均等化》，《保定学院学报》2012 年第 3 期。

际劳动节、六一儿童节、五四青年节等纪念性节日的文化活动,都应该让民众积极参与,共同创造,快乐分享。要对民间的各种文化活动加强引导,并把政府承办的文化科技卫生"三下乡"、科教文体法律卫生"四进社区"、"送欢乐下基层"等活动常态化,在节日活动中,应尊重民俗,了解民意,顺应民心,化解夹缝。

公共文化服务监督体系的夹缝。公共文化服务需要建立和运转公共文化服务各方面的科学合理的评估系统和有效严格的监督系统。怎么监督和评估,让谁监督和评估必须科学地界定。在中国的监督系统中,往往是执政党监督执政党,基层监督基层,即"自己监督自己",需要公共文化和使用公共文化的民众没有监督的权力,这样一来,公共文化监督和评估最终会流于形式。在公共文化服务体系建设中,执政上层往往是决策较好,可到了执政基层,决策就会变样。民众常说"歪嘴和尚念歪了经",就是对这种现象的诠释。公共文化服务要做到可量化评估和监督,明确服务各方面的标准和规范,使物力、财力、人力各项资源得到科学的运用,就必须让民众进行监督。在监督体系的夹缝中,构成夹缝是执政上级和基层民众,处在监督夹缝中的是公共文化服务的基层官员。

2. 公共文化服务的设施、网络、资金、产品和人员的夹缝

公共文化服务除了精神内容之外,还必须有物质内容,这是公共文化服务不可缺少的支撑。俗语讲:巧妇难为无米之炊。公共文化服务同样离不开实实在在的物质保障,而物质保障在人为的操作中同样会构成公共文化服务的夹缝。

公共文化服务基础设施体系的夹缝。公共文化服务设施体系指各种文化历史遗存和各类群艺馆、文化馆、文化站、图书馆、博物馆、美术馆、科技馆、纪念馆、文化广场、公园、爱国主义教育示范基地、文化中心、工人文化宫、青少年宫、体育场、剧院、电影院、音乐厅、书屋、网站等设施和场所。文化场所不少,但开放的时间和服务的水平往往达不到民众的要求。国家用了那么多的钱建设,公众有时用不上或没有得到应有的服务时,就容易使这些场所的管理人员和工作人员处在了民众和文化服务主管部门人员的夹缝之中。

公共文化服务高科技信息体系的夹缝。公共文化服务的高科技信息指公

共文化服务信息的收集、分析、发布系统,互联网的电子政务系统、文化信息资源共享工程、中国数字图书馆工程,公共电子阅览室、网上博物馆、网上艺术馆等等,实现公共文化服务体系的信息化、数字化、网络化。在公共文化服务高科技信息体系夹缝中,一方面是公众,他们有高科技信息的要求,成为夹缝的一方;另一方面是公共文化服务决策人,要求公共文化服务部门的人逐步成为“内行”,推动信息化、数字化、网络化的实现,成为夹缝的另一方;处在夹缝中的是公共文化服务部门的人员。

公共文化服务资金保障体系的夹缝。公共文化服务,“服务”是基本内涵,必须要有资金作保障。资金来源可以是多渠道的,诸如政府投入、企业投入、社会成员投入等,形成政府拨款、项目补贴、定向资助、贴息贷款、税收减免及融资、集资、社会捐助、赞助、基金等多种投资形式的公共文化服务资金保障机制。公共文化服务的资金投入在理想、理论层面是好的,实践中资金却不能够及时地、足额地到位,公共文化服务又往往因资金问题不能服务到位而形成夹缝。资金夹缝的一方为政府决策者,另一方为资金拨款者或捐款者,处在夹缝中的是公共文化服务的“服务者”。

公共文化服务供给的产品体系夹缝。文化产品是指书刊报等读物、电子读物、音乐、剧目、舞蹈、画作、雕塑、文化节目、电视、广播、象棋等娱乐物品、运动器械、网络作品、网络信息等,一般采用政府购买,集中配送、连锁服务等文化产品的供给方式。目前的文化产品在公共文化服务中是非常缺乏的,而且品种单一,使公共文化服务处在了产品的夹缝之中。

公共文化服务队伍体系的夹缝。公共文化服务的队伍包括了公共文化服务的管理、服务人员,参与公共文化服务的人员、各类艺术人才、乡土文化能人、民族民间文化传承人、民间艺人、业余文化队伍、文化志愿服务者等等。公共文化服务队伍与公众的要求和决策者的设想有很大的差距,这支队伍一直处在公共文化服务的夹缝之中,如何提升专业队伍、业务队伍的素质,提升服务质量,扶持民间文化活动积极分子,实施公共文化服务的人才工程,是公共文化服务工作的重点和难点。

(三)公共文化服务体系建设理论层面夹缝

公共文化服务体系指面向大众的公益性的文化服务方面互相联系的若干

事物构成的整体。公共文化服务体系由七个方面的体系构成:先进文化理论研究服务体系、文艺精品创作服务体系、文化知识传授服务体系、文化传播服务体系、文化娱乐服务体系、文化传承服务体系、农村文化服务体系等等。发达国家在公共文化服务方面起步早且形成了许多可供借鉴的模式。诸如以法国为代表的"政府主导"模式;以美国为代表的"民间主导"模式;以英国为代表的政府与民间共同参与建设管理的"合作共建"模式等,都是我们可以借鉴的模式。[1] 中国公共文化服务体系建设的理论研究,已经构成了公共文化服务体系主体性夹缝和权益性夹缝。

1. 公共文化服务体系理论研究中的部分主体缺失性夹缝

主体指公共文化服务体系理论研究和实践中发挥主导和引领作用的主要部分。在理论研究中,研究者注意了国家主导的本位,忽视了民众作为公共文化建设主体的自主性价值,或者说在公共文化服务体系理论研究和实践中,国家本位不可缺失,公众主位同样不可缺失。而在理论研究和实践中,公众在公共文化服务体系建设中缺失了,构成了建设与需求脱节的夹缝。

主体构成中缺失了民众的主位,构成了"主位"缺失的夹缝。刘艳艳等研究者认为,"一个合理的、科学的公共文化服务体系主要由以下四个方面组成:政府、文化事业单位、非政府组织、企业",而没有体现民众在公共文化服务体系建设中的地位和作用,民众只是被动享受者。"公共文化服务体系怎么建","建什么内容",民众没有话语权,民众只管享受服务,这是公共文化服务体系建设中重要主体的缺失。邓小平曾讲过以"人民拥护不拥护,人民赞成不赞成、人民高兴不高兴、人民答应不答应"为标准,我们在构建公共文化服务体系之前是否问过民众赞成不赞成呢?我们在构建公共文化服务体系之后是否问过民众赞成不赞成呢?"公众主位研究意识的缺失,导致现在的研究关注公众的公共文化需求的不多。尽管在运行机制或体制完善的研究中,较多人认识到公共文化服务供给以公众为主体的绩效评估体制和政府行为约束机制的引入问题,但缺少公共文化服务供给前的需求信息、采集、分析与分类分级确定的机制。如果脱离了这一点,任何构建起来的宏观的公共文化服

[1] 参见刘艳艳:《公共文化服务体系建设的几个问题》,《华章》2012 年第 5 期。

务体系都是缺少根基的，或者说很有可能造成政府供给与公众需求的脱节，最终影响公民基本文化权益的快速实现和公共文化服务的社会效用最大化。"[1]理论研究者和公共文化服务决策者对民众构成了公众主位缺失的夹缝。

2. 公共文化服务个性化缺失夹缝

公共文化服务缺失个性化容易构成夹缝。公共文化服务中公民享受的服务一般分为：享受文化成果的权利；参与文化活动的权利；开展文化创造的权利；文化成果受到保护的权利；基本文化需求的满足的权利。公共文化服务以普遍实现公民的基本文化需求和基本文化权利为目的，为全体公民提供最基本的普及的、无差别的公共文化服务，全体公民公平地、同等地、无差别地享用所有的公共文化服务。当人们反复地强调普及的、无差别的、最基本的公共文化服务的时候，往往注意了普遍性、公益性、均等性、公平性、便利性，忽略了人性化与个性化功能。某些文化服务，有人并不喜好；某些场馆，有些人不愿意去，结果是这些人没有"被服务"，也就有了不普及的、有差别的公共文化服务的问题。公共文化服务，既要注意共性，即大部分人喜欢的文化服务，又要注意个性，满足不同个体对公共文化服务的需求。例如图书馆要把电子邮件、文件传递、信息查询、科技新数据镜像服务、专题数据库等等作为日常工作内容，为不同的"读者"做好服务。在公共文化服务中，决策者和实施者缺少个性化的思考和服务手段，容易对个别公共文化服务的需求者构成夹缝。

二、公共文化服务实践夹缝

公共文化服务体系建设以及公共文化服务的实践过程中，出现了不少问题，有不少学者研究出不同的解决方法。有人认为公共文化服务与GDP相比，要软许多，是吃饱肚子之后的"工作"，因此主动性、积极性缺乏，创新

[1] 夏国锋、吴理财：《公共文化服务体系研究述评》，《理论与改革》2011年第1期。

思维缺乏,公共文化服务的理论与实践脱节,形成了公共文化服务实践的夹缝。

(一)实践中的夹缝

陈立旭梳理了浙江改革开放以来文化体制改革和发展的实践,总结了浙江省公共文化服务建设的经验。他认为,浙江经历了由政府"大包大揽"的文化事业发展到不加区分地将所有文化部门推向市场的模式,即让文化部门在市场化的压力下被动地开展"生产自救";再到把公益性文化事业和经营性文化产业区分开来实行分类指导、分类发展的原则,进而实现了从传统"文化事业"到新型"公共文化服务体系"的转变。[1] 这一改革走过了曲折的道路,是探索也是经验。在这次重大的文化体制改革中,对实践经验以及理论研究、对基础性研究和应用型研究都相对较少,微观管理体制的研究也比较少,出现夹缝就必然了。

1. 公共文化服务实践中决策层面的夹缝

所谓决策层面是指相对于基层公共文化服务的单位和个人而言的中上层决策者。决策一般由决策者对基层的了解之后而做出的,由于决策者对基层的了解不够,或者看不到基层的真相,就容易形成决策不合实际的夹缝。

公共文化产品供给决策权过于集中构成夹缝。一个区域公共文化服务水平的高低,取决于决策者的决策。之所以这么说,是因为公共文化服务的产品供给权在决策者手中。行政管理过程是从上到下进行的,不是双向互动的,最终是由决策者决定的。在文化服务中,不少决策者把公众的精神文化需求看作是固定的,同一的,决策时很少考虑提供的服务内容与形式接受者是否需要,接受者在文化服务中成了"被接受者"[2],文化消费的实践中,政府所提供的文化产品和服务,有时民众并不买账,也不领情,原因是决策远离了公众对公共文化服务需求的意愿。

---

[1] 陈立旭:《从传统"文化事业"到"公共文化服务体系"浙江重构公共文化发展模式的过程》,《中共宁波市委党校学报》2008 年第 6 期。

[2] 参见王富军:《公共文化服务体系建设要彰显公平正义的价值目标》,《石河子大学学报》第 26 卷第 2 期。

公共文化服务某些决策者误读“二分理论”[1],使某些基本文化产品与服务远离了公众,形成了夹缝。所谓“二分理论”指文化服务的公益性和产业性的理论,不少决策者过于追求文化的经济利益,把准公共文化服务划归纯文化产业,并运作成为完全的市场行为,损害了一部分公众的公共文化服务的权利,对这部分公众构成了夹缝。

2. 公共文化服务过于偏向城市和高端文化设施的夹缝

公共文化服务过于偏向城市和高端文化设施构成了夹缝。公共文化服务被不少治政者看作政绩工程,公共文化服务设施建在城市,是脸面;建在农村,上级领导看不见。同时,不少决策者认为,农村人消费水平低,文化设施投入没有效益。2007 年度统计,全国财政对城市和农村的文化投入的比例是 71.8%和 28%,而农村人口远远多于城市。[2] 就高端文化设施而言,自国家大剧院落成后,全国各地纷纷矗立起高端剧院,背后是巨额公共财政投入。杭州大剧院是 10 亿元,东莞玉兰大剧院是 6.18 亿元,东北大庆歌剧院是 2.7 亿元,河南洛阳歌剧院是 1.3 亿元等,与之对应的是每年对运营的巨额财政补贴。[3] 如果用这些资金来建设基层文化设施或者生产公共文化产品,会使更多的公众受惠。决策者和实施者偏向城市和高端文化设施,对大部分公众构成了不公平的夹缝。

3. 公共文化服务的内容不能适应服务群体的夹缝

公共文化服务的内容不能适应服务群体需要构成了夹缝。什么样的文化内容是公共文化服务的内容,群众需要和欢迎什么样的公共文化服务内容,又由于群体、个体之间文化消费和参与能力存在差异,构成了“供给”与“需要”的夹缝。决策往往来自上层,公众需求与决策者之间隔层太多,公众的需求表达渠道不畅,实施决策的公共文化服务内容不受公众欢迎,政府在明确时空定位的条件下,“在充分文化活动在场的情况下确立公民的无条件进入资格和个体文化身份。任何形式的不充分性或者对个体的文化歧视都是对平等文化活动参与权的侵害,而政府对个体参与能力和文化接受素质的缺乏培育,同样

---

[1] 参见王富军:《公共文化服务体系建设要彰显公平正义的价值目标》,《石河子大学学报》第 26 卷第 2 期。

[2] 参见王列生:《论公民基本文化权益意义内置》,《学习与探索》2009 年第 6 期。

[3] 参见陈安庆:《中国高端剧院“跃进”潮》,《瞭望东方周刊》2010 年第 49 期。

可以看做某种程度的文化保障缺位。”[1]当然，由于不同群体和不同个体对公共文化的诉求不同，容易对公共文化服务构成夹缝。但是，决策者与公众相隔“太远”，使公共文化服务成为了某种摆设，在这个夹缝中，不同个体和群众的不同公共文化服务需求对公共文化的供应者和决策者构成夹缝；公共文化的决策者和实施者对公众也容易构成夹缝。

（二）增强公共文化服务功能，化解公共文化服务夹缝

从全国公共文化服务体系建设来看，浙江一直走在全国的前面，“十一五”期末，浙江省城市中每10万人拥有公共文化服务机构数达0.95个，全省共有全国文化先进县27个，省级文化先进县42个，浙江东海文化明珠乡镇545个，省级文化示范村（社区）431个，县级图书馆、县级文化馆、乡镇综合文化站基本实现全覆盖，村级文化活动室的覆盖率达到85%，“文化信息资源共享工程”覆盖农村，基层服务站达4万余个，其中乡镇覆盖率达100%，村覆盖率98.5%，建成“职工电子书屋”6000余家，拥有教学辅导、组织管理和技术服务三支骨干队伍5万余人。管理体系不断完善，不断充实公共文化服务体系内涵，不断增加公共文化产品和服务供给，丰富了群众文化生活，改善了文化民生。但是，“浙江省公共文化服务体系建设仍然存在着一些突出的问题：与满足城乡居民文化生活的需求相比，公共文化领域财政投入仅仅停留于低水平的保障，对欠发达地区仍显不足，地区间、城乡间差异仍然明显；与文化民生关系密切的公共文化需求表达不足，表达机制不健全，文化产品和服务供给与文化需求不平衡现象仍然突出；一些公共文化部门经过引入市场机制改革，服务效率、服务态度和水平都有了显著的提高，但手续烦琐、收费贵等现象仍然存在；一些公共文化场所拥挤，服务质量难以保障，甚至连维持自身运营都存在困难，从而妨碍了文化民生的改善；民营经济进入公共文化服务领域的门槛仍然过高，影响了公共文化产品和服务的供给效率；文化管理体制上仍然存在条块分割的现象，影响了公共文化机构功能的发挥。”[2]公共文化服务先进

[1] 王列生：《论公民基本文化权益的意义内置》，《学习与探索》2009年第6期。

[2] 陈立旭：《增强浙江公共文化服务能力的五点建议》，《理论热点面对面》2012年第1期。

省份尚有那么多不足,存在着公共文化服务明显的夹缝,执政者必须努力化解。

1. 提高公共文化服务决策水平,化解决策夹缝

有人讲“细节决定成败”,在公共文化服务方面,我们感到是“决策决定成败”。公共文化服务的决策来自于公众对公共文化的需求。公众的文化需求是什么,公共文化服务建立什么样的体系,公共文化服务绩效如何评估等,都容易构成夹缝,应该注意化解。

要建立和健全公共文化需求表达和决策参与机制,化解决策与公共需求的夹缝。正是因为文化管理部门的决策与公众对文化需求脱节,所以,构成了公共文化服务需求的夹缝。这些夹缝,一种是针对公共文化服务管理部门的,即有的公众要求公共文化服务应该这样服务,有的公众要求公共文化服务应该那样服务,因而构成夹缝;另一种夹缝则是公共文化服务决策和具体实施者构成的,决策者这样决策,实施者认为应该那样决策和服务,结果对公众构成了夹缝。公共文化服务的管理部门要通过调查研究,接触公众代表、人民代表大会代表等多种方法,尤其是到基层去,到公众中间去,广泛调动和汇聚民智民力,形成市民文化需求表达、意见搜集和公共文化决策参与机制,改变公共文化服务和文化产品供给与民众多样化诉求目标错位、需求结构不对称现象,促进公共文化服务决策的科学化、民主化,把保障人民群众知情权、参与权、监督权贯彻于“文化惠民”过程中,化解因公共文化服务构成的不同文化夹缝。

要创新推动公共文化服务体制机制和模式,化解机制体制夹缝。公共文化服务走过了曲折的道路,从新中国成立初到“文化大革命”期间,各种公共文化服务、农业技术服务到乡,有些还到了村。改革开放之后,公共文化服务的设施被分配,人员也早已流失。近几年,政府加大了对公共文化设施的投入,形成了由政府大包大揽的模式,忽略了公共文化服务的社会资源。要通过对基层的切实了解,形成科学有效的宏观文化管理机制,创新公共文化服务体系建设的投入机制。在推动政府公共财政投入的同时,吸引社会资金参与文化发展项目,化解因资金短缺而形成的公共文化服务投入的短腿夹缝。与此同时,必须创新公共文化设施的管理机制,化解公共文化服务设施“重建设、轻管理、轻服务”的夹缝。通过委托经营、国有民办、民

办国助等多种途径，发挥市场机制和社会力量的作用，提高公共文化设施的运行和管理效率，化解建、管、用分离的夹缝。[1] 在公共文化服务的建设、管理和使用中，出现了决策者指挥建设者只管“建”，管理者在设施建好之后只管“管”（凭管理者的“感觉”和“良心”在管），使用者（被服务者）往往成为“被服务”的现象。在这个建、管、用夹缝中，建方与被服务方对管理方构成了夹缝。

建立公共文化服务的标准和绩效评估体系，化解服务质量的夹缝。在公共文化服务中，应该说不同地区各自为政，各行其是，缺少统一的从公众中来的绩效评估体系和服务的标准，决策者的决策结果和被服务者的公众往往成为绩效评估的“局外人”，也同时对服务者构成了夹缝。要化解公共文化服务标准和范围的夹缝，必须建立衡量、监管、评估、考核的标准和范围，建立包括设施、设备、人员配备以及日常运行费用的内容和标准，科学地，实事求是地建立公共文化服务标准和范围；要从下而上，研究出切合各地实际的公共文化服务体系建设绩效评价指标体系，并进行相应的制度设计，使公共文化服务体系建设指标化、项目化、实事化、科学化、规范化、制度化，使公共文化服务真正成为硬任务、硬指标，成为可衡量、可检查、可考核的对象，将对各地各部门公共文化服务决策者和实施者的考核纳入评价体系之中，让民众参与，让民众有评价权，从而化解公共文化服务的夹缝。

2. 提高公共文化服务能力，化解供求夹缝

供求也许永远达不到平衡，因为平衡了，供求运动也就停业了。这里的平衡是指双方乃至多方的满足，这是一件困难的事情。虽然实现平衡困难，但不断提高公共文化服务能力，化解供求夹缝是公共文化服务决策者、实施者和被服务者的共同责任。

充分发挥公共财政的作用，激活民间资源，化解公共文化投入的夹缝。政府的决策者要进一步调整公共财政的支出结构，提高公共文化服务支出的比重，明确投入重点。县、乡、村和社区基层公共文化服务机构是提供基本公共文化服务的基础，也一直是公共文化服务体系的短板和薄弱环节，要重点投入

[1] 参见陈立旭：《增强浙江公共文化服务功能的五点建议》，《理论热点面对面》2012 年第 1 期。

农村和欠发达地区文化建设以及艺术馆、文化馆等设施建设，重点投入城乡基层文化建设、基础设施建设、文化普及和精品生产。[1] 在找准投入方向之后，政府的决策者要加大投入力度，并想方设法让民间资本投入，使民众需要的设施得以建设，让民众需求的文化产品能够到位，让民众需求的公共文化服务能够满足。只有有了资金的投入，才能分出公共文化服务建设的轻、重、缓、急，化解公共文化服务投入的夹缝。

增加公共文化产品和服务的供给，化解公共文化服务需求的夹缝。公共文化产品和服务是公共文化服务的主要内容，要坚持"供给项目多、供给对象广、供给模式优、供给服务全"的原则，完善群众文化配送机制，扩大服务范围，开展民众喜闻乐见的公共文化活动，建立以民众需求为导向、优质高效的、普遍均等化的新型城乡公共文化服务机制，形成城乡公共文化产品和服务"超市式"供给、"菜单化"服务的模式，使公共文化服务实现纵向到底，横向到边的全方位服务，化解公共文化服务由来已久的需求和供给的夹缝。

（三）提升公共文化服务质量，化解民众文化需求差异夹缝

对提供文化服务的公共部门来说，服务对象即全体公民的文化需求理应成为自变量，而服务的内容和方式、相关的制度设计则是因变量。"一个国家或地区公民群体对文化需求的差异性，在很大程度上决定着这个国家或地区公共文化服务的基本面貌，也决定着他们彼此之间服务模式的差异。但事实上，由于政府提供基本公共服务的思想是国际社会最近三四十年来才逐步达成的共识，兼之各个国家和地区发展水平和人口素质参差不齐，公民对公共文化服务的主观理解和实际供需状况可谓天差地别。"[2] 这种天差地别的公共文化服务的理解和需求则构成了不同的文化夹缝。化解这些差异的夹缝，才能真正实现公共文化服务的无差别性、公正性、均衡性，才能化解地区间不平衡、资源配置不平衡、民众需求间不对称的夹缝等等。

1. 公共文化服务注意化解历史文化层面的夹缝

由于文化历史的原因，不少公众对公共文化的需求不相同，公共文化建

---

[1] 参见陈立旭：《增强浙江公共文化服务能力的五点建议》，《理论热点面对面》2012年第1期。

[2] 袁敦卫：《论公共文化服务的有效性与有限性》，《岭南学刊》2012年第3期。

设，要注意这些因历史文化原因形成的差异夹缝，做好公共文化服务工作。

化解传统文化差异构成的夹缝。由于历史以及区域的原因，不同的区域有着不同的传统文化，这种传统文化的差异的主要特点为传统方面为主，对其他文化形式形成了一种排斥力或夹缝力。当一部分民众要求这样的公共文化服务形式时，另一部分民众会要求另一种公共文化服务形式，这样一来，文化夹缝就形成了。要注意寻求化解公共文化服务夹缝的方式，满足不同民众对公共文化服务的需求。以广东东莞为例，到2010年年末，东莞总人口为822万人，其中外来务工人员为640多万人，占总人口的78%。相当一部分本地居民（包括部分被同化的外来居民）仍然部分保留或延续着传统的生活方式，如欣赏粤剧粤曲（包括木鱼歌、成舟歌、南音、粤讴四种曲艺）和粤语歌、观看龙舟比赛、品饮地方特色茶点等，而大部分外来务工人员则与上面的民众不同，有各种各样的文化喜好，这是文化传统形成的，要求文化部门注意化解文化需求构成的夹缝。

化解区域文化差异构成的夹缝。区域文化与传统文化在传统层面上是重合的，在其他层面则是有差异的。就区域文化本身而言，同一区域中人们的文化需求不同，不同区域的人们文化需求更有差别，人们公共文化服务需求的区域差异容易构成夹缝，需要进行化解。文化工作者对东莞地区文化需求进行调查研究，他们发现，越是文化生活丰富的镇（街），其市民文化需求的表达欲望就越强，诉求也越丰富，从而促使政府部门提供更为完善的公共文化服务，形成了一种良性循环。而文化生活相对单调的镇（街），其市民的文化需求也受到一定的抑制，对政府提供文化服务的期望值亦相应低，形成一种惰性循环。这种区域文化诉求的差异，构成了公共文化服务的夹缝，需要政府针对区域文化的差异，逐步予以化解。

化解性别文化差异构成的夹缝。性别文化差异一直存在，即从有了文化那天起，男女对文化诉求就有着明显的差异。这种差异当人类群体从母系氏族转为“父系氏族”时，进一步发展为男主外、女主内的生产、生活的文化格局。由于男女文化差异，即女性保守、内敛，较少主动提出文化娱乐方面的要求；男性则开放、外向，敢于表达，对文化娱乐需求直抒胸臆，对于完善公共文化服务有直接推动作用。公共文化服务要根据民众性别不同文化诉求不同的现实，做好公共文化服务，化解不同文化诉求的夹缝。

2. 公共文化服务注意化解现实层面的夹缝

公共文化服务历史层面夹缝和现实层面的夹缝是相对而言的，现实层面的夹缝是有历史原因的，而历史层面的夹缝往往通过现实文化层面表现出来。现实层面的文化夹缝是我们现实生活中存在的文化夹缝，又需要在现实中予以化解。

注意化解代际文化差异的夹缝。代际文化差异夹缝是不同时代的人对文化诉求不同而构成的文化夹缝。就工业发达的东莞来讲，20 世纪 50—70 年代出生的外来务工人员，受成长环境的影响，整体上对文化的需求意识相对淡薄。他们从 20 世纪 80 年代开始外出务工的主要目标，基本上离不开“挣钱—盖房—嫁娶—养家”这条中心线，他们在特定环境中养成的节俭、隐忍、乖顺的性格使他们对文化生活缺少明确的诉求。相比之下，20 世纪 80—90 年代出生的新一代务工者由于生长环境比父辈优越，教育程度也普遍高于父辈，大多数人又不必担心家庭的生计问题，因此文化需求较为旺盛，一方面这一批年轻的务工者个性活跃、表现欲强，而且具有一定的创新精神，往往不满足于做文化活动的旁观者，而渴望亲自参与和体验现代文化带来的全新感受；另一方面，他们也容易对周围的环境产生不满甚至厌倦情绪，受挫能力和耐受能力都不及父辈，因此跳槽频繁，影响了企业的稳定性。[1] 这不同代际的人，对公共文化需求大不相同，形成的文化品格也不一样，也最容易构成文化夹缝，公共文化服务部门应该区别对待，化解这些夹缝。

注意化解阶层文化差异夹缝。所谓阶层文化差异指不同层面的人对文化需求的差异。人们受教育的程度、专业技能、企业环境、家庭背景等方面大不相同，以东莞为例，在这一地区的外来务工人员中，从研究生到文盲，从外资企业的高层管理和研发人员到小作坊式企业的普通工人，从富裕家庭的儿女到贫寒人家的子弟，在东莞各行各业都有广泛分布。文化阶层不同，文化诉求就有差异。从加入各种文化俱乐部到观看社区、工业区的免费电影，从欣赏高端的文化演出到看电视、打麻将、泡网吧……文化需求多样化、多层化已成为文化生活的现实，并对公共文化服务构成了不同层面和不同类别的夹缝，需要公共文化服务部门加以化解。

---

[1]　参见袁敦卫：《论公共文化服务的有效性与有限性》，《岭南学刊》2012 年第 3 期。

注意化解个体文化差异的夹缝。在公共文化服务方面，不同的个体会有不同的文化需求，因为对公共文化服务的需求与每一个人的性情、爱好和内心的倾向有关，所以，不同的个体便对文化产品、文化服务有了不同的诉求。有人在业余时间喜欢练练书法、绘画；有人喜爱球类、棋类、摄影；有人喜欢搞一些文学创作，可谓五花八门。这些文化需求和表达，需要公共文化服务部门引导好，服务好，减少文化夹缝的夹力。

三、公共文化服务创新夹缝

公共文化服务的创新，是化解公共文化服务夹缝的必由之路。公共文化服务具有基础性、公共性、公平性、保障性、发展性、服务性、引导性和潜化性的特征，是创新公共文化服务应该注意的原则。有人提出公共文化服务创新要注意投入力、效益力、人力、设施力、信息力、供给力、传播力等能力[1]，也是化解公共文化服务创新夹缝时应该注意的。

（一）创新公共文化服务体系建设，化解管理夹缝

公共文化服务近年来已成为民生问题、社会问题以及被中国领导者看重的政治问题。公共文化服务存在管理手段单一，社会评估、监督体系缺失，责任不清，分配不公，民众诉求不被重视的现象，因而构成了不同的公共文化服务的夹缝。

1. 创新参与模式，化解政府一枝独放的夹缝

一提到公共文化服务体系建设，不少人总认为是政府的事，应该由政府来做，近几年来政府的确在大力推进公共文化服务体系建设，取得了很大成效。但是，在公共文化服务体系建设中光靠政府的力量还是不够的，必须变单元化的主体为多元化的主体，创新参与模式，转变政府职能，化解公共文化建设中单一主体的夹缝。

---

[1] 参见王悦荣：《公共文化服务能力省际比较》，《广东行政学院学报》第24卷第1期。

要注意扶持非政府组织的发展，化解公共文化建设的不平衡夹缝。公共文化建设，需要政府之外的非政府组织的力量参与，以此化解公共文化服务由政府一家包办的夹缝。非政府组织是政府、市场之外的第三支社会中间力量，它的存在本身就是对政府、市场在公共文化服务方面的补充。利用非政府组织，可以化解公共文化建设中主体不平衡的夹缝。在西方，非政府组织已经成为公共文化服务和产品的主要参与者和生产者，而我国，目前还只是发挥补充作用，参与公共文化服务活动非常有限。[1] 政府决策者和政府决策的执行者，要使非政府组织成为公共文化服务体系构建的重要力量，成为构建公共文化服务的另一主体。

要注意引导和鼓励企业参与公共文化建设，化解社会化管理欠缺的夹缝。公共文化服务的社会化管理将成为公共文化服务管理的主要形式，由企业扮演公共文化产品和服务提供者的角色，充分发挥作用，弥补政府不足，提高服务质量和效率。同时，要看到企业是政府转变职能的承担者，也是政府顺利转型的促进者。要想方设法引导和鼓励企业参与公共文化建设，推进公共文化服务社会化的进程，化解公共文化服务社会管理不到位的夹缝。

2. 创新高技术数字平台，化解文化技能自然“增长”的夹缝

所谓自然“增长”指政府对数字平台放任自流，任其“自我生长”的状态。当前，以互联网、手机等为代表的新媒体技术发展突飞猛进，高清数字电视、3G手机、多媒体播放器、电子阅读器等各种新型数字终端、新业态层出不穷，云计算、物联网、下一代互联网等新兴信息技术加速应用，深刻地改变着人们的生活方式、学习方式和工作方式，然而，目前我国公共文化体系建设仍以广播、电视、图书、电影等传统文化传播载体为主，没有跟上新信息技术的管理和推广，文化传播模式处在了夹缝之中。[2]

建立公共文化服务数字平台，与互联网同步和互动，化解数字平台管理滞后的夹缝。公共文化服务数字平台，能够通过互联网等新兴媒体带来的虚拟空间，跨越不同地域以及不同文化、身份、阶层之间的界限，构成一个前所未有

---

[1] 参见刘亮、高福安：《关于创新公共文化服务体系建设与管理研究》，《中国广播电视学刊》2012年第2期。

[2] 同上。

的传播模式,构成一个物理空间无法达到的共享共用模式,实现千家万户的多元化需求,有效对接政府、企业、社会组织提供的千姿百态的文化服务产品,从而使文化管理跟上电子信息进步的时代步伐,减少滞后和不必要的干预,使文化阳光沐浴全体公众,化解文化管理、文化服务落后于民众需求所构成的夹缝。

建设国家公共文化服务网站,化解文化产品不能共享的夹缝。现在网站很多,有各种不同的服务和不同的文化产品,但是缺少国家层面的公共文化服务的网站,国家有关部门应该建立这类网站,基层应该建立地方公共文化服务的专题网站,建立网站联盟,组成全民共享的网络军团阵地。让公民可以通过计算机、手机等终端直接阅读期刊及图书数字资源,查看讲座、展览等动态文化活动信息。建设数字博物馆,运用数字、网络技术,将现存的实体博物馆的职能以数字化方式完整呈现于网络,从而化解文化产品、文化服务不能共享的夹缝,让文化通过现代传播技术,时时刻刻为公众服务。

3. 创新制度,化解公共文化服务体系的夹缝

由于文化传播方式的改变,必须建立不同的文化评估制度,更好地服务公众,从而化解公共文化服务体系的夹缝。

建立各类评估体系,化解供求和服务质量的夹缝。评估既是对公共文化服务工作的质量检查,又是对公共文化服务的调控,还是对公共文化决策的验证。首先要建立公共文化服务需求的采集、政府决策、部门实施的社会评估系统,化解决策和实施对需求者的夹缝,同时也化解需求者与实施者对决策者的夹缝。香港康文署为了更好地服务于公众,开发了公众意见登记系统,用以记录、储存和处理由各公共文化部门工作人员从不同渠道收集的公众对康文署服务、设施及员工表现的评估和建议。其次建立健全公共文化服务绩效评估体系。绩效评估体系的建立要科学合理,要坚持评估主体的多元化,要实现全流程公开化、透明化,防止决策部门和实施部门在评估中自吹自擂,自我表彰,化解评估不实的夹缝,让被服务者有参与评估的权利,表明自己对公共文化建设的意见。

建立健全政策支持体系和法规体系,化解公共文化法规体系与公共文化服务体系建设不同步的夹缝。中国政策和法规有时是一个概念,有时又是两个概念。因此,根据“中国特色”这一特点,我们有必要强调政策体系和法规

体系的建设。新中国公共文化建设政策确立较晚,“政策支持体系层面的跛足,延缓了公共文化服务体系建设的步伐”[1]。2007 年,中办、国办首次下发《关于进一步加强公共文化服务体系建设的若干意见》,2011 年中共中央做出了《关于深化文化体制改革推动社会主义文化大发展大繁荣若干重大问题的决定》,从宏观层面提出了公共文化服务体系建设的主要目标和主要任务,可是,在微观的执行和操作层面上,缺乏刚性的政策体系支撑,对实施者和被服务者构成了建设和使用的夹缝。在建立健全法规体系层面上,要实现法制化、规范化管理,有时要为公共文化服务立法,用法来规范公共文化服务体系建设,化解在公共文化服务体系建设上无法可依的夹缝。韩国作为一个文化出口大国,可以说是一个政策样本,支撑韩国文化产业爆炸式增长的背后是一系列卓有成效的产业振兴政策。韩国从 1994 年颁布《文化振兴基本法》到成立专门管理机构;从针对不同文化行业建立支持机制到有计划地积极推行一系列产业振兴扶持政策,仅用十年,就将自身在世界文化产业市场中所占的份额跃升到 5%,成为世界第五大文化产业国。政策和法规必须紧扣产业发展的需要,以此化解公共文化服务的夹缝。

4. 创新管理方法,化解管理不科学的夹缝

管理是一门科学,科学管理是公共文化服务发展的关键所在。“管理就是服务”,公共文化服务的管理是重大的服务。要创新管理方法,化解管理不科学、互相扯皮的夹缝。

创新公共文化的领导机制,不搞“齐抓共管”,以求化解多头领导而又多头不管的夹缝。中国管理体系中创造了一个新词:“齐抓共管”。“齐抓共管”的本意是好的,即整合领导力量,共同负责,共同管理。但由于职责不明确,利益也不明确,齐抓共管往往成为不抓不管,使本来该做的工作耽搁了。一讲公共文化建设,就搬出了组织部、宣传部、发改委、民政局、财政局、国土房管局、城乡建设局、规划局、文化广电局、新闻出版局等等部门齐抓共管,结果肯定效率低下。要创新领导机制、工作机制、运行管理机制,权力到人,责任到人,使公共文化服务建设成为突破“齐抓共管”夹缝的试点。

---

[1] 参见刘亮、高福安:《关于创新公共文化服务体系建设与管理研究》,《中国广播电视学刊》2012 年第 2 期。

创新环境，化解劣质文化产品的夹缝。文化环境，一方面靠监管，一方面靠引导。引导主要是靠决策者、管理者为公众提供优质的文化资源，对文化市场和文化服务进行导引。但是，由于市场监管和优质公共文化资源供给的缺位，劣质文化产品充斥着社会生活的方方面面。网络、报纸、期刊、电视、广播、电影等文化传播载体，为了获得利益而迎合不良的消费倾向，使得暴力、色情等寻求感官刺激和享受的庸俗文化、低级文化有了生存和发展的空间，有些地区封建迷信早已出现，甚至一些邪教也乘虚而入，极大地影响了公民身心健康，形成了建国以来严重的精神夹缝。[1] 在这个夹缝中，一方面执政党宣传社会主义核心价值观，力度不够而且还用传统说教的老方式；一方面乱七八糟的价值观存在于民众的周围，构成了非常严重的精神夹缝，执政党应该重视。

创新人才成长的条件，化解人才匮乏的夹缝。公共文化人才本来就短缺，近几年又出现了流失。在人才管理、培养和使用上，决策者、管理者创新意识不强、机制不灵活，用人体制死板，造成了人才的夹缝。形成人才夹缝的主要责任在决策者，他们是构成人才缺失夹缝的主要方面；次要责任者是公共文化建设的实施者，是构成人才缺乏的次要方面，处在夹缝中是那些公共文化服务的人才。

（二）新农村建设中公共文化服务夹缝

"增加农村文化服务总量，缩小城乡文化发展差距，对推进社会主义新农村建设、形成城乡经济社会发展一体化新格局具有重大意义。要以农村和中西部地区为重点，加强县级文化馆和图书馆、乡镇综合文化站、村文化室建设，深入实施广播电视村村通、文化信息资源共享、农村电影放映、农家书屋等文化惠民工程，扩大覆盖、消除盲点、提高标准、完善服务、改进管理。""推动文化科技卫生'三下乡'、科教文体法律卫生'四进社区'、'送欢乐下基层'等活动经常化。"[2] 公共文化服务要与新农村建设同步、一体，在新农村建设的同

---

[1] 参见刘亮、高福安：《关于创新公共文化服务体系建设与管理研究》，《中国广播电视学刊》2012 年第 2 期。

[2] 《中共中央关于深化文化体制改革推动社会主义文化大发展大繁荣若干重大问题的决定》，见《党委中心组学习参考》，红旗出版社 2012 年版，第 17—18 页。

时，推动农村公共文化服务，减少公共文化服务对农村构成的夹缝。

1.“村落终结”构成的文化夹缝

在传统的中国农村中，农民有一定程度的组织性和自治性，所谓“皇权止于郡县”之类的理论判断是建立在农民“横向联结”和“自我管理”的基础之上的。[1] 但是，伴随着工业文明和城市化的推进，村落组织不可避免地走向衰落和解体。“村落”这个绵延几千年的中国文化现象，也处在文明的夹缝之中。

“村落终结”步伐加快，文化传统消解，新文化现象出现，构成了不同的公共文化服务的夹缝。所谓“村落终结”主要是指村落组织形态的解体、或通过“村改居”等形式实现由传统村落组织形态向城市组织形态转变的过程。直观上看是“化乡为城”，“化农民为市民”的发展过程，这种速度还在加快。按国家统计局公布资料，从1978—2007年，全国城镇化率从17.9%上升到44.9%，年均上升0.9个百分点，城镇总人口年均增加1453万人，乡村总人口年均减少216万人。在此过程中，村庄相应进行撤并，全国行政村从90多万个减至60多万个，减少了1/3，远远超过了农村人口转移的幅度。但是，如果按照计生部门的估算，中国人口在将2033年达峰值15亿，如果中国城市化率同期达到70%的水平，那么仍然有4.5亿人口还将生活在农村。[2] 在城市周边地区，村民早已变为“市民”，可这些失去了土地的市民，有的去打工或经商，有的则无所事事，“吃”土地赔偿那点死钱，似乎看不到“富裕”的前景。在这部分人群中，原来的村庄组织消解了，村庄中的文化传统也在村庄组织化解中慢慢地消失了。而村改居，这些居民并没有融进城市的文化之中，处在了公共文化服务的边缘地带，处在了城乡结构变换的文化夹缝之中。

“村城共存”构成了新农村建设时期特有的文化夹缝。从20世纪80年代开始，伴随着联产承包制的推行和乡镇企业的崛起，形成了一些“超级村庄”，它们既不同于传统意义上的“乡”，也不同于现代意义上的“城”，表现出了诸多的中间性特征。可以看到，超级村庄既可以以企业或企业集团方式存在，又保留有典型的“村社区”的特点；既是自治性的民间社会，又执行着“准

[1] 参见田毅鹏：《“村落组织”与农民的再组织化》，《人文杂志》2012年第1期。
[2] 参见毛丹：《村庄前景系乎国家愿景》，《人文杂志》2012年第1期。

政府”的各种职能，还在国家与农民的关系中起着中介的作用；既是工业化的社区，又保留着乡土社会的某些生活秩序和原则，表现出非城非乡又亦城亦乡的特点。[1] 学者蓝宇蕴通过对广东石牌村的研究发现：因为都市村社型共同体的生成和它所发挥的作用，在由“村”向“城”的转化中，石牌村并没有采用以“城”去同化“乡”的方式，而是采用以村社型共同体的组织架构和本土化的资源去吸纳“城”，实现与大都市融合的路径，这都是寄居于本土组织的。这种非城非乡亦城亦乡又寄居于本土组织的文化现象，往往构成了过渡时期公共文化服务的夹缝。有些人希望住“城”，有些人希望存“乡”，还有些人希望就如此下去，由此就构成了多重形式的文化夹缝。

2. 村庄衰落中“农民再组织”文化夹缝

在城市化式的新农村建设中，村庄撤并了，农民有一个再组织的问题。同样，村庄被并入其他村庄，仍有再组织的问题，这便构成了农民再组织的夹缝。

防止村民“原子化”构成的夹缝。所谓村民“原子化”指当村民组织消失之后，村民还原成最基本的个体。当所有村民都成为最基本个体时，便对执政党和公共文化服务实施者构成了夹缝。有的学者研究认为，农民工流动特别是初次外出所依靠的社会资源最主要的不是来自政府和市场，而是乡土网络。农民工生活和交往的整个过程中，外出前就存在的初级乡土关系和外出后建立的次级乡土关系都起着重要的作用。受农村村落原子化的影响，同时因乡土同质群体内部可利用的资源本来就非常有限，随着时间的推移，农民工脱离群体的原子化倾向亦非常普遍。[2] 这种原子化倾向越来越明显，农民的再组织已成为农村公共文化服务建设的当务之机。

继续加强村委会的作用，化解农民脱离“政府”而构成的夹缝。村委会作为联结农民和政府的主要纽带，一直发挥着非常重要的作用，因为“村落终结”背景下的乡村组织衰败将导致农民与国家的关系发生变化，使农民直接与国家相对。20世纪80年代以来，中国农村实行家庭联产承包责任制后，农民与国家的关系格局发生了明显的变化。“公社行政体制和村集体经济解体，村庄组织在经济和行政两个方面的职能都大大削弱，个体农户与国家在更

---

[1] 参见田毅鹏：《“村落终结”与农民的再组织化》，《人文杂志》2012年第1期。

[2] 同上。

高的行政层面上相遇。"农民的利益诉求有很大的区别，这就会对国家政权直接构成夹缝，使原来的层级制的夹缝由低层推向了高层。

（三）网络公共文化服务夹缝

计算机网络的诞生和发展是20世纪后半叶最具震撼力的科技进步，它是一场技术革命和信息革命引发的生活方式的革命，给人类社会的物质和文化生活带来翻天覆地的变化，形成了一种少有的不分国界、不分地区的人类"公共文化"，网络公共文化服务也成为政府的一大重要任务。由于网络这个"公共文化"具有其他文化不可替代的特征，也就构成了网络文化的不同性质的夹缝。诸如网络文化的数字技术特征、虚拟特征、开放特征、平等特征、公共特征、个人特征、多元特征、互动特征、动态特征、青春特征等，构成了物质的和精神的不同形态的夹缝。

1. 网络物质文化夹缝

网络物质文化是指以计算机、网络设施、虚拟现实等构成的网络环境，是人们在此环境中进行活动和交融的成果。人们常见的网络物质文化有网络音乐、网络商店、网络银行等依托互联网存在的物化形态。

网络化中新型的交易模式：电子商务容易构成夹缝。比尔·盖茨曾说过："要么电子商务，要么无商可务。"2007年，亚洲最大的网络零售商圈淘宝网宣布，其交易总额已突破433.1亿元人民币，同比增长156.3%，跃升为中国第二大综合卖场。从成立到突破400亿交易额，淘宝仅用了4年多，而沃尔玛则花了29年才达到这个业绩。[1] 而到了2011年淘宝商城宣布已达1000亿元人民币。[2] 当前国内的电子商务（网络交易）热潮主要集中在C2C（Customer to Customer，个人对个人），即网上购物这一块上，但这只是电子商务的一部分。相对而言，B2C（Business to Customer，企业对个人）和B2B（Business to Business，企业对企业）的盈利模式更为清晰，发展的空间也更大，但目前还没能引起各方的关注。目前，尽管电子商务发展迅速，国内的电子商务状况仍严

---

[1] 参见叶辛、蒯大申：《城市文化研究新视点》，上海社会科学院出版社2008年版，第243页。

[2] 参见雷风：《淘宝商城年交易额为1000亿元，同比增长3.5倍》，《搜狐IT》2012年1月11日。

重落后于发达国家,根本原因是电子商务有时处在诚信的夹缝之中。现有的网络交易第三方平台大多停留在信息资讯的层次,相关的法律、法规和服务意识滞后,引致不少网络交易者都有过被欺骗和不如意的经历,给网上交易的积极性造成较大伤害。同时,买家的信誉也同样重要。2008 年,淘宝网的一个纠纷吸引了天涯网友的关注。一个题为"我是刚开店的卖家,想请教各位我是不是遇到骗子了"的帖子,被连续回复到几百页,火爆非常。其中被指为骗子的买家最后被人搜索出了所有信息,包括照片,被迫返回了不当得利。如此曝光有着一定的威慑作用。[1] 一方面网上卖家积极经商,另一方面有人在网上玩小聪明,构成了一种夹缝,使网上公众处在了夹缝之中。

网络文化中公共空间的拓展,容易构成参与公共事务的夹缝。参与公共事务,在民主国度中是极为正常的事情。"自互联网诞生之日起,'参与'就成为这一新媒体的基本元素。"[2] 目前,网络讨论方式日趋多元化,网民常用的网络社区大致有 BBS/论坛、公告栏、群组讨论、在线聊天、交友、个人空间和无线增值服务等。近两年来,博客(微博)发展速度很快,成为另一个被关注焦点。到 2011 年我国微博客用户已达 2.5 亿,较上一年增长了 296.0%,到 2011 年年底,中国网民达 5.13 亿。有专家认为,博客正渐渐成为"意见领袖",成为引导网民舆论潮流的场所,他们所发表意见通常会在极短时间内在网上迅速传开,造成巨大影响。博客在很大程度上是一个自媒体的工具,早在 2001 年,丹·吉尔默就率先提出"新闻媒体 3.0"的概念[3],指出了这一以博客为趋势的个人媒体(自媒体)现象。网络介入公共事务发挥巨大作用的例子很多,早期的有孙志刚事件,引发了无数人对收容遣送制度的批评,直接促使国务院审议通过《城市生活无着的流浪乞讨人员救助管理办法(草案)》,同时废止了 1982 年发布的《城市流浪人员乞讨收容遣送办法》,后来的"华南虎事件",2011 年的"微博打拐"都引起全国的关注,弄明白了事件的真相。但网络中也有不少虚假信息,对当事人造成了伤害。正因为如此,网络参与公共事

---

[1] 参见叶辛、蒯大申:《城市文化研究新视点》,上海社会科学院出版社 2008 年版,第 245 页。

[2] 中国互联网信息中心:《2011 年中国互联网发展大事记结果公布》。

[3] Web1.0 指传统媒体或旧媒体(old media),web2.0 即人们通常所说的新媒体(new media),或者叫跨媒体。

务,容易给网民构成夹缝。从积极的角度看,网络提供了"一个真正的政治演讲论坛、文化发展的独特机会和智力活动的无数途径。"[1]但是,由于任何用户都可以发布信息,而网络本身的管理又相当宽松,导致网络承载了过多的信息量,人们必须具备独立思考和判断及抗干扰的能力,防止夹缝的出现。网友北风在 Blog 中如此写道:"只要中国保留与国际互联网的互通,只要国内不实行严格的先审后发,只要中国不禁止使用电子邮件,中国的公民报道就有其生存的空间。"[2]

网络文化中的原创文学,容易构成阅读与写作的夹缝。原创文学有时属于精神文化系列,有时也属于物质文化系列,原创文学是可以摸得着看得见的东西,不同于思想行为。因此,我们这里把它放入物质文化系列。网络文学与传统文学相比,在文本内容、写作方式、创作者与读者素质方面,都存在着较大的差异。网络文学大致可以分为两类,一类是源自生活体验,容易引起共鸣,是"新写实主义";另一类是以娱乐性为主,奇侠玄幻,这类文学多以情节诡异、曲折多变而引人注目。网络文学的出现,给那些喜欢文学的朋友提供了一个几乎不受限制的发表与阅读的空间,形成了大量的网络写手和阅读群。余秋雨在一次为网络原创大赛颁奖时说:"网络写手正在拯救文坛,也许不是拯救,而是颠覆阅读的方式。"[3]一方面是谁都可以写,谁都可以读,有成为"快餐"的可能;一方面是情绪化,缺乏系统的学理分析和指导,与传统的精品文化相差很远。这对于网民来说,很容易进入网络文学的夹缝,必须注意化解。

2. 网络精神文化夹缝

"互联网用户构成的社区将成为日常生活的主流。"[4]日常生活包括了人们的精神生活和物质生活,由于上网逐渐成为一部分人的"依赖",因而构成了网络精神文化的夹缝。

---

[1] 约翰·D.泽莱兹尼:《传播法判例:自由、限制与现代媒介》,王秀丽译,北京大学出版社 2007 年版,第 88 页。

[2] 《北风的网易博客》。http//wenyc1230.blog.163.com.

[3] 转引自叶辛、蒯大申:《城市文化研究新视点》,上海社会科学院出版社 2008 年版,第 252 页。

[4] 尼葛洛庞帝:《数字化生存》,胡泳、范海燕译,海南出版社 1996 年版,第 213 页。

网络文化中新的交际方式，容易构成虚拟生存夹缝。据互联网调查，不少网民对网络产生了难以抗拒的依赖性，高达38.3%的网民感觉“一天不上网就缺少了什么”。中国网民上网的一项重要活动是结交朋友，在网民中，想找和已经找到网友的人高达57.2%，在总人口中达17.3%。网络的力量正在把庞大的传统社会联系方式打散，在一种混沌状态中重建人们的关系，让大众按个人兴趣、需求、价值观念和文化认同，自发地组织成不同的虚拟社会（Visual Communities），进行相关主题交流和互动。[1] 但是，过多地沉迷虚拟世界，在交结关系中有人遭到欺骗和伤害，引发了部分网民的负面效应，比如有些网民淡化现实，有人甚至厌恶和拒绝现实。那些个别网上左右逢源的风云人物，在真实的人际关系面前很可能显得迟钝、自卑和内向，个别严重的还会患上“网络痴迷症”。“当新型的交流方式得以构成并发展时，就会使得个人紧缩在更独特的圈子内和狭小的有限的网络中，同时还加剧了社会差异和社会文化的不平等，进而推进了后现代社会的碎片化进程。”[2]网络与现实中的“同人不同面”，网络人在现实中的多面、双面，网络的虚拟生存的交际方式，已对不同的人群构成了夹缝。主要的夹缝形式是网络主办者、网友，处在夹缝中的往往是带有“网瘾”的人。当然，构成夹缝的有时又是不同的“网友”。

网络文化中新的休闲方式，容易构成娱乐的夹缝。中国的网上娱乐功能中，网络游戏（网游）受到的关注最多。国内网民的网游使用率达到了59.3%，这一比例甚至高于56.5%的电子邮件使用率，有9.3%的网民上网第一件事就是玩网游，当然，中国年轻的网民们忙着联机打游戏，把视频和音乐下载到手机和MP3上，但多数年轻的网民还是上网打游戏，网游已成为网民的休闲娱乐方式之一，也使不少网游者成为“网游上瘾者”，影响了学业和正常生活，上演了一出出因网游上瘾的人生和家庭悲剧。网游构成的夹缝，夹缝的一方是开发商，夹缝的另一方是运营商，处在夹缝中不能自拔的往往是网游上瘾者。解决的办法是做好引导和规范工作。

网络文化中自由表述的方式，容易构成人身攻击的夹缝。网络中的言论自由，曾一度为民众所推崇。网络表述，是网民的自由。网络表述曾揪出了

---

[1] 叶辛、蒯大申：《城市文化研究新视点》，上海社会科学院出版社2008年版，第241页。

[2] 让·查尔斯·拉葛雷：《青年与全球化——现代性及其挑战》，陈玉生、冯跃译，社会科学文献出版社2007年版，第322页。

“腐败烟案”周久耕、“腐败表案”李丙春等，网络表述一度成为人们反腐败的工具，还出现了网络的“反腐英雄”。由于人们的思维方式、对社会问题理解的方式不同，个别人借网络的功能，对他人进行网络攻击，对社会人构成夹缝。构成这种夹缝的一方为提供材料者，另一方为网上写手，处在夹缝中有时是一些无辜的人。要化解这类夹缝，网络立法、网络管理、网络实名，应尽快跟上。

参考文献

1.《马克思恩格斯选集》第一——四卷，人民出版社 1995 年版。

2.《马克思恩格斯全集》第一、二、三、十、二十六、四十七卷，人民出版社 1956 年、1975 年、1972 年、1998 年、1972 年、1979 年版。

3. 马克思：《资本论》，人民出版社 1975 年版。

4.《毛泽东选集》第一——四卷，人民出版社 1991 年版。

5.《毛泽东文集》第一——八卷，人民出版社 1999 年版。

6.《邓小平文选》第一——三卷，人民出版社 1999 年版。

7.《中共中央关于深化文化体制改革 推动社会主义文化大发展大繁荣若干重大问题的决定》，见《党委中心组学习参考》，红旗出版社 2012 年版。

8. 司马云杰：《文化社会学》，华夏出版社 2011 年版。

9. 张岱年、方克立主编：《中国文化概论》，北京师范大学出版社 1994 年版。

10. 高占祥：《文化力》，北京大学出版社 2007 年版。

11. 金元浦主编：《中国文化概论》，中国人民大学出版社 2007 年版。

12. 宋开之：《中外文化概论》，河海大学出版社 1999 年版。

13. 陈华文主编：《文化学概论新编》，首都经济贸易大学出版社 2009 年版。

14. 冯友兰：《人生哲学》，广西师范大学出版社 2005 年版。

15. 冯友兰：《冯友兰谈哲学》，当代世界出版社 2006 年版。

16. [法]阿尔贝特·施韦泽：《文化哲学》，上海世纪出版集团 2008 年版。

17. 蔡元培：《中国人的修养》，中国工人出版社 2008 年版。

18. 林语堂：《林语堂谈人生》，哈尔滨出版社 2009 年版。

19. 杨国枢主编：《中国人的心理》，凤凰出版传媒集团 2006 年版。

20. 郭莹主编：《中国文化讲习录》，北京大学出版社 2008 年版。

21. 易中天:《闲话中国人》,上海文艺出版社 2006 年版。
22. 高占祥、王青青:《道德力》,北京大学出版社 2010 年版。
23. 何平编:《中国文明简史》,四川出版集团 2011 年版。
24. 夏雨人:《中国人的故事》,中国社会科学出版社 2005 年版。
25. 柏杨:《丑陋的中国人》,古吴轩出版社 2004 年版。
26. 李甲孚:《中国文化故事》,广西师范大学出版社 2007 年版。
27. 叶辛、蒯大申主编:《城市文化研究新视点》,上海社会科学院出版社 2008 年版。
28. 张向持:《酒煮中国》,民族出版社 2005 年版。
29. 惠焕章:《关中百怪》,陕西旅游出版社 2005 年版。
30. 任骋:《民间禁忌》,天津人民出版社 2004 年版。
31. 万建中:《中国民间禁忌风俗》,中央编译出版社 2010 年版。
32. 肖建华:《民俗语言初探》,中国社会出版社 2010 年版。
33. 徐凤文、王昆江:《中国陋俗》,天津人民出版社 2001 年版。
34. 孙有中等编:《美国文化产业》,外语教学与研究出版社 2007 年版。
35. 朱世达:《当代美国文化》,社会科学文献出版社 2011 年版。
36. 邹广文:《当代文化哲学》,人民出版社 2007 年版。
37. 任浩之:《中国人的精神家园》,北京联合出版社 2011 年版。
38. 陆玖译:《吕氏春秋》,中华书局 2011 年版。
39. 司马迁撰:《史记》,中华书局 2008 年版。
40. 陈襄民等:《五经四书全译》,中州古籍出版社 2000 年版。
41. 邹元初:《话说中华文化》,昆仑出版社 2012 年版。
42. 高丙中:《中国民俗概论》,北京大学出版社 2009 年版。
43. 桂翔:《文化交往论》,人民出版社 2011 年版。
44. 李怀亮、金雪涛主编:《文化市场学》,首都经济贸易大学出版社 2010 年版。
45. 刘其伟编译:《文化人类学》,百花文艺出版社 2012 年版。
46. 王充闾:《龙墩上的悖论》,中信出版社 2007 年版。
47. 刘墉:《你不可不知道的人性》,接力出版社 2003 年版。
48. 宋小威:《方与圆全集》,万卷出版公司 2006 年版。

49. 李剑萍:《中国现代教育问题史论》,人民出版社 2005 年版。

50. 戴晓霞、莫家豪、谢安邦主编:《高等教育市场化》,北京大学出版社 2004 年版。

51. 张春兴:《教育心理学——三化取向的理论与实践》,浙江教育出版社 1998 年版。

52. 周金浪主编:《教育学》,上海教育出版社 2006 年版。

53. [美]Lynda Fielstein & Patricia Phelps:《教师新概念》,王建平等译,中国轻工业出版社 2002 年版。

54. 陈桂生:《教育实话》,华东师范大学出版社 2003 年版。

55. 李学农:《教师入职指南》,高等教育出版社 2007 年版。

56. 郑杰:《给教师的一百条新建议》,华东师范大学出版社 2004 年版。

57. 周成平主编:《新课程名师教学 100 条建议》,中国科学技术出版社 2005 年版。

58. 陈瑶主编:《公共文化服务:制度与模式》,浙江大学出版社 2012 年版。

59. 曹爱军、杨平:《公共文化服务的理论与实践》,科学出版社 2011 年版。

60. 崔钟雷主编:《知书达理易学馆》,黑龙江美术出版社 2011 年版。

61. 张都爱:《构建公共文化服务体系 促进公共文化服务均等化》,《保定学院学报》第 25 卷第 3 期。

62. 夏国锋、吴理财:《公共文化服务体系研究述评》,《理论与改革》2011 年第 1 期。

63. 王富军:《公共文化服务体系建设要彰显公平正义的价值目标》,《石河子大学学报》第 26 卷第 2 期。

64. 杨泽喜:《构建公共文化服务体系的逻辑原点与路径选择》,《江汉论坛》2012 年第 5 期。

65. 袁敦卫:《论公共文化服务的有效性与有限性》,《岭南学刊》2012 年第 3 期。

66. 王悦荣:《公共文化服务能力省际比较》,《广东行政学院学报》第 24 卷第 1 期。

后 记

《文化夹缝谈》在磕磕碰碰中完成了。在写作《文化夹缝谈》时，我感到了夹缝的存在，感到了夹缝的夹力。关于文化的内容，我一直不敢写，因为文化太博大精深、太浩瀚了，仅文化的定义就有三百多个，其中有些定义很有道理，你不得不佩服专家们对文化研究的深透。在写作中，我自己弄明白了两个概念：一个是文化是从人类制造工具时开始的；一个是文明是从人类创造文字时开始的。我在书中也大胆地给文化下了一个定义：文化指纯自然物体之外的人类在生存、生活、发展过程中的生产能力和创造出来的一切成果。有人解释为文化就是“自然的人化”，似乎也无不可。什么是文化夹缝呢，我们的定义是：指两个以上的人（群体）的意识或利用文化事物对第三方形成具有文化内容的挤压态势。

文化不仅仅有积累、生产、冲突、传播、分化、整合、变迁、发展，文化还有夹缝，文化夹缝是一种常态的文化现象。文化夹缝的性质、功能、作用是我们在推动文化大发展、大繁荣中应该认真研究的问题，研究这些问题是为了在发展文化中化解夹缝。

这本书正是在夹缝中完成的。司马迁在《报任安书》中说：“盖西伯（文王）拘而演《周易》；仲尼厄而作《春秋》；屈原放逐，乃赋《离骚》；左丘失明，厥有《国语》；孙子膑脚，《兵法》修列；不韦迁蜀，世传《吕览》；韩非囚秦，《说难》、《孤愤》；《诗》三百篇，大底圣贤发愤之所为作也。此人皆意有所郁结，不得通其道，故述往事，思来者。”《周易》等作品多为夹缝中的杰作，然《文化夹缝谈》不是。因为它既不是杰作，作者也非圣贤，只是作者在休闲夹缝中用《文化夹缝谈》强调“通其道”而已。说《文化夹缝谈》是在夹缝中完成的，是因为我的工作有了较大的调整，我从徐州调到连云港师范高等专科学校工作。

工作的环境、生活的环境、生存的环境都发生了变化，“世态炎凉我先知”，一切从头开始，个中滋味，难以说得清。

在本书写作过程中，感谢周辉同志的打印，感谢胡林超同志的传递，感谢师专同志们提供的时间和生活条件，感谢在我工作调整中关心我的同志们。

朱其训

2013 年 12 月 23 日